AF524908

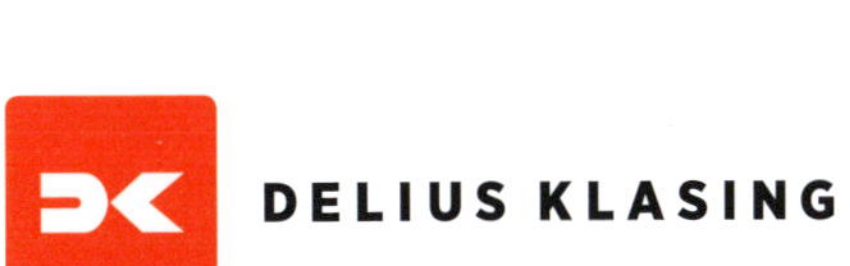
DELIUS KLASING

DEUTSCHES TAUCHSPORTABZEICHEN **/*** (CMAS **/***)

SICHERES TAUCHEN LERNEN

German Diver Licence
GDL Advanced Sports Diver**
GDL* Dive Leader**

DELIUS KLASING VERLAG

Inhalt

Die Unterwasserwelt erleben und genießen!

Mit der Ausbildung GDL/DTSA**/*** werden die Grundlagen für anspruchsvolle, erlebnisreiche Tauchgänge gelegt. Praktische und theoretische Kompetenzen und Fähigkeiten stehen im Mittelpunkt dieser Ausbildungen, die es erlauben, auch unter schwierigeren Bedingungen und mit mehr Verantwortung für die Mittaucherinnen und Mittaucher die Unterwasserwelt zu entdecken. Damit ist dieses Buch ein unumgänglicher Baustein für alle, die das Sporttauchen intensiver betreiben wollen.

Sporttauchen im Freigewässer, egal ob in Binnengewässern oder im Meer, erfordert viel Umsicht und auch theoretischen Hintergrund. Dies wird im Verband Deutscher Sporttaucher (VDST) durch ein bewährtes Ausbildungskonzept vermittelt. Nach der GDL*/DTSA*-Qualifikation folgt mit der **-Ausbildung eine Vertiefung der Grundkenntnisse, um auch ungewöhnlichere Herausforderungen sicher zu meistern. In der dritten Ausbildungsstufe (GDL***/DTSA***) werden dann alle Aspekte vermittelt, die die sichere Leitung von Tauchgängen erfordern, auch wenn unerfahrenere Gruppenmitglieder geführt werden sollen. Aus der Erfahrung über Jahrzehnte ist so nun eine aktualisierte Zusammenfassung des notwendigen, theoretischen Wissens entstanden.

Dieses Ausbildungsbuch soll auch Anreiz sein, seine eigenen Kompetenzen noch weiter zu steigern. Der Einstieg in die Trainer- und Tauchlehrerausbildung bietet sich da genauso an wie die Vertiefung der taucherischen Kompetenzen. Unterwasser-Foto- und -Videographie, Tauchen mit speziellen Tauchgeräten, die den eigenen Aktionsradius und das Naturerlebnis noch weiter steigern oder auch die Begleitung von Kindern und Jugendlichen sind hier Stichworte für die nächsten Schritte. Ich hoffe, dieses Buch macht daher Appetit auf mehr!

Den VDST-Taucherlehrern und -Tauchlehrerinnen, die an dieser Ausgabe mitgewirkt haben, möchte ich an dieser Stelle ganz herzlich danken! Gerade die Darstellung der manchmal doch ungewöhnlichen und etwas komplizierten Sachverhalte, die sich beim Tauchen ergeben, bedürfen größter Erfahrung, die hier eingebracht wurde. Technisches und medizinisches Fachwissen ist genauso gefragt wie die Kenntnisse über die Natur in einer für den Menschen besonderen Umgebung.

Allen Taucherinnen und Tauchern, die dieses Buch zur eigenen Fort- und Weiterbildung nun nutzen, wünsche ich viel Erfolg in der Ausbildung und viel Spaß bei dann noch schöneren und anspruchsvolleren Tauchgängen!

Dr. Uwe Hoffmann

VDST-Präsident

Einleitung

Das Tauchen in der Welt unter Wasser, das Entdecken der Schönheit der Unterwasserlandschaften, der Pflanzen- und Tierwelt, das Erkunden unbekannter Riffe oder einfach nur das Erleben des Schwebens unter Wasser hast du kennengelernt. Du hast Freude am Tauchen und mit dem Deutschen Tauchsportabzeichen (DTSA)* bzw. GDL* Sports Diver die Grundlagen für das Tauchen in Begleitung eines erfahrenen Tauchers erlernt. Um nun selbst Tauchgänge zu planen, durchzuführen und gemeinsam mit anderen Tauchern zu erleben, benötigst du weitere Kenntnisse und Fertigkeiten. Durch die Zahl deiner Tauchgänge wachsen deine Erfahrung, deine Sicherheit und deine Routine im Umgang mit deiner Ausrüstung und mit deinem Bewegen, Tarieren und Wahrnehmen unter Wasser. Durch die Aufbaukurse »Orientierung beim Tauchen« und »Gruppenführung« erlangst du die Kompetenzen, um als autonomer Taucher auch gemeinsam mit anderen autonomen Tauchern Gruppen zu führen. Die Qualifikation dazu erlangst du mit dem DTSA** bzw. GDL** Advanced Sports Diver. Mit dem DTSA*** bzw. GDL*** Dive Leader wirst du dann auch qualifiziert, Tauchgänge unter erschwerten Bedingungen oder mit unerfahreneren Tauchern zu führen. Das DTSA** und das DTSA*** sind international anerkannte Tauchsportabzeichen des Verbandes Deutscher Sporttaucher e. V. (VDST). In diesem Buch werden die für das Deutsche Tauchsportabzeichen** (GDL** Advanced Sports Diver) und für das darauf aufbauende Deutsche Tauchsportabzeichen*** (GDL*** Dive Leader) erforderlichen Kenntnisse vermittelt, sodass du damit die im Unterricht durch einen VDST-Tauchlehrer vermittelten Inhalte nacharbeiten, vertiefen und schließlich im Rahmen einer theoretischen Lernerfolgskontrolle nachweisen kannst.
Im weiteren Verlauf wird aus Gründen der Vereinfachung der Textrezeption auf die zusätzliche Formulierung der femininen und neutralen Form verzichtet. Die ausschließliche Verwendung der maskulinen Form soll explizit als geschlechtsunabhängig verstanden werden.

VDST
Verband Deutscher Sporttaucher e. V.

Die Unterwasserwelt mit all ihren Schönheiten und Erlebnismöglichkeiten selbst aktiv zu entdecken und kennenzulernen ist für viele der entscheidende Anreiz, im Tauchen mehr als nur ein Hobby zu sehen. Viele lassen sich von der einzigartigen Schönheit der Korallenriffe faszinieren, andere genießen die Schwerelosigkeit im weiten Blau des Meeres und der Seen, und wieder andere treibt der sportliche Eifer unter die Wasseroberfläche. Abenteuer und Mystik sind beim Tauchen natürlich immer dabei. Doch ganz gleich, welche Motive zum Sporttauchen führen, am Anfang eines jeden Taucherdaseins steht eine fundierte und professionelle tauchsportliche Ausbildung. Nur so sind die größtmögliche Sicherheit und die Freude beim Tauchen garantiert.
Mitglieder im VDST sind neben den Sporttauchern auch die Tauchsportvereine und Landestauchsportverbände in ganz Deutschland. Dazu kommen die angeschlossenen Tauchbasen und Tauchschulen in Deutschland und im Ausland, die ebenfalls nach seinen Standards ausbilden. Mit einer Gesamt-Mitgliederzahl von mehr als 75.000 Mitgliedern ist er der größte Non-profit-Tauchsportverband Europas. In seinen rund 1.000 Vereinen bietet der VDST die besten Möglichkeiten, das Sporttauchen zuverlässig, kostengünstig und vor allem sicher zu erlernen und auszuüben – das Trainieren im Hallenbad eingeschlossen.
Jedes Verbandsmitglied profitiert dabei von einem umfangreichen Versicherungspaket mit Tauchunfall-, Haftpflicht- und Rechtschutzversicherung. Eine medizinische Notfall-Hotline ist bei Tauchunfällen, aber auch bei allen anderen Erkrankungen oder Unfällen 24 Stunden am Tag für VDST-Mitglieder da. Sogar eine allgemeine Auslandreisekrankenversicherung ist im VDST-Mitgliedsbeitrag bereits inklusive. Als deutscher Vertreter des Welttauchsportverbands Confédération Mondiale des Activités Subaquatiques (CMAS) bietet der VDST seinen Mitgliedern eine international anerkannte Brevetierung. Das hohe Qualitätsniveau seiner Ausbildung ist durch die »European Underwater Federation« (EUF) nach europäischen Normen zertifiziert und durch den Deutschen Olympischen Sportbund (DOSB) lizensiert. Die internationale Bezeichnung der Deutschen Tauchsportabzeichen (DTSA) ist die German Diver Licence (GDL).

GDL**/DTSA** (CMAS**)

Voraussetzungen zum DTSA**

Mit dem DTSA* hast du die Qualifikation zum Tauchen als Mitglied einer Gruppe unter Leitung eines erfahrenen Tauchers mit höherer Qualifikation erlangt. Mit zunehmender Erfahrung und mit steigender Anzahl an Tauchgängen möchtest du nun selbstständig Tauchgänge planen und mit anderen Tauchern deines Erfahrungsstandes durchführen. Hierzu benötigst du das deutsche Tauchsportabzeichen DTSA**.

Die dafür erforderlichen Voraussetzungen und Rahmenbedingungen findest du in der aktuellen VDST-DTSA-Ordnung auf der Website des VDST (www.vdst.de/mediathek/downloads).

Das Mindestalter für das DTSA** ist 16 Jahre. Bei Minderjährigen ist die Einverständniserklärung der sorgeberechtigten Eltern (in der Regel beider Elternteile) erforderlich.

Als Erfahrungsnachweis musst du 25 Tauchgänge bis nach der Brevetierung vorweisen können. Davon müssen mindestens zehn auf 15 bis 25 Meter Tiefe durchgeführt worden sein. Dies ist eine Mindestzahl. Sprich mit deinem Tauchlehrer, ob du schon den Erfahrungsstand und die taucherischen Fertigkeiten für die Prüfung zum DTSA** besitzt.

Eine gültige Tauchtauglichkeitsbescheinigung ist ebenfalls erforderlich.

Mit dem DTSA** erlangst du die Qualifikation zur sicheren Planung und selbstständigen Durchführung von Tauchgängen im Freigewässer. Neu sind für dich insbesondere die Aufgaben der Gruppenführung und der Orientierung. Daher sind auch die Aufbaukurse »Orientierung beim Tauchen« und »Gruppenführung« wichtige Ausbildungsstationen, die vor der Prüfung des DTSA** absolviert werden müssen. Damit du auch bei einem Unfall Erste Hilfe leisten kannst, gehört der Aufbaukurs »Herz-Lungen-Wiederbelebung« zu den Voraussetzungen. Empfohlen werden auch die Spezialkurse »Meeresbiologie« und »Süßwasserbiologie«, welche jedoch nicht verpflichtend sind.

GDL**/DTSA** (CMAS**) – Theorie

In der Theorieausbildung zum DTSA* wurden bereits viele Grundlagen behandelt, die zum Tauchen wichtig sind. Mit dem DTSA** wirst du in Theorie und Praxis mit den Grundsätzen der selbstständigen Durchführung von Tauchgängen im Freigewässer vertraut gemacht, sodass du Tauchgänge sicher planen und durchführen kannst. Hierzu ist auch ein gutes theoretisches Wissen über die physikalischen Grundlagen und die sich daraus ergebenden Einflüsse auf den menschlichen Körper erforderlich. Fundierte Kenntnisse der Tauchausrüstung und der praktischen Durchführung von Tauchgängen und Übungen sind hierzu unerlässlich.
Einige dieser Themen hast du bereits in der Ausbildung zum DTSA* behandelt. Im Folgenden werden diese noch einmal vertieft und weiter erläutert.

1 Tauchphysik

Die Vorgänge im menschlichen Körper folgen überwiegend einfachen physikalischen Gesetzmäßigkeiten. Unter Wasser verändern sich jedoch die Rahmenbedingungen und somit auch die physikalischen Einflüsse auf unseren Körper. Um diese Einflüsse und deren Unterschiede über und unter Wasser zu verstehen, sind einige physikalische Kenntnisse erforderlich, die dir nachfolgend erklärt werden.

1.1 Masse, Gewichtskraft, Volumen

Bevor wir physikalische Zusammenhänge und Gesetzmäßigkeiten behandeln, benötigen wir die hierfür maßgeblichen physikalischen Größen und deren Einheiten. In den nachfolgenden Formeln werden die physikalischen Größen zur einfacheren Darstellung durch ihr Formelzeichen abgekürzt.
Die **Masse** ist eine Grundeinheit, die nicht aus anderen Größen hergeleitet werden kann. Jeder Körper hat eine bestimmte Masse. Sie wird in der Einheit Kilogramm (abgekürzt kg) gemessen. Die Masse eines Körpers kann mit einer Balkenwaage durch den Vergleich mit einem Körper bekannter Masse festgestellt werden. Mit einer Feder- oder Personenwaage geht das nicht unmittelbar, da diese Waagen von

der einwirkenden Schwerkraft abhängig sind. Beispiel: Ein Liter Wasser hat eine Masse von ca. 1 kg.

Für kleinere Mengen wird die Masse auch in Gramm (g) angegeben: 1 g ist 1/1000 kg.

Die Abkürzung für die Masse in Formeln ist m.

Auf einen Körper auf der Erde wirkt durch die Erdanziehung eine **Kraft** in die Richtung zum Erdmittelpunkt, welche als **Gewichtskraft** bezeichnet wird. Die Gewichtskraft ergibt sich als Produkt der Masse des Körpers und der Erdbeschleunigung:

Gewichtskraft = Masse · Erdbeschleunigung

Die Abkürzung für eine Kraft in Formeln ist F, die für die Erdbeschleunigung g. Damit lautet diese Formel

$$F = m \cdot g$$

Die Erdbeschleunigung beträgt 9,81 m/s^2, näherungsweise rechnen wir mit 10 m/s^2. Kräfte werden in der Einheit Newton (abgekürzt N) gemessen, $1\ N = 1\ kg \cdot 1\ m/s^2$. Die Gewichtskraft eines Körpers auf der Erde ergibt sich also einfach aus der Masse:

$$F = m \cdot 10\ m/s^2$$

Beispiel:
Die Gewichtskraft eines Körpers mit einer Masse von 1 kg beträgt auf der Erde $F = 1\ kg \cdot 10\ m/s^2 = 10\ N$.

Das **Volumen** beschreibt den Inhalt eines Raumes und ergibt sich aus der Multiplikation von Länge, Höhe und Breite. **Strecken** werden mit s bezeichnet und in der Einheit Meter (m) gemessen, **Flächen** werden mit A bezeichnet und in m^2 gemessen, das Volumen hat die Einheit Kubikmeter (m^3). Ein Würfel mit einer Kantenlänge (Länge, Höhe und Breite) von 1 m hat ein Volumen von 1 m^3. Ein Würfel mit einer Kantenlänge von 10 cm hat ein Volumen von:

$$V = 10\ cm \cdot 10\ cm \cdot 10\ cm = 1.000\ cm^3$$

Mit der Umrechnung 10 cm = 1 dm entspricht dieses Volumen auch 1 dm^3. Das Volumen von 1 dm^3 wird auch alternativ zur Maßeinheit 1 Liter (l) verwendet.
Schließlich benötigen wir noch die **Dichte** eines Körpers. Die Dichte ergibt sich aus der Masse m geteilt durch das Volumen V eines Körpers. Sie wird mit dem Formelzeichen ρ (Rho) bezeichnet und in kg/m^3 gemessen, bei flüssigen Körpern auch in kg/l.

$$\rho = m / V$$

Die Dichte von Wasser beträgt ungefähr 1 kg/l, da die Masse von einem Liter Wasser rund 1 kg beträgt. Je nach Salzgehalt ist die Dichte des Meerwassers jedoch etwas höher.

1.2 Druck

Für uns Taucher ist der **Druck** eine ganz entscheidende Größe, weil sich der Druck mit zunehmender Wassertiefe erhöht, wodurch sich die physikalischen Rahmenbedingungen je nach Wassertiefe verändern. Der Druck ist die Kraft, die auf eine bestimmte Fläche wirkt. Er wird mit p bezeichnet.

Druck = Kraft / Fläche

oder in Formelschreibweise

$p = F/A$

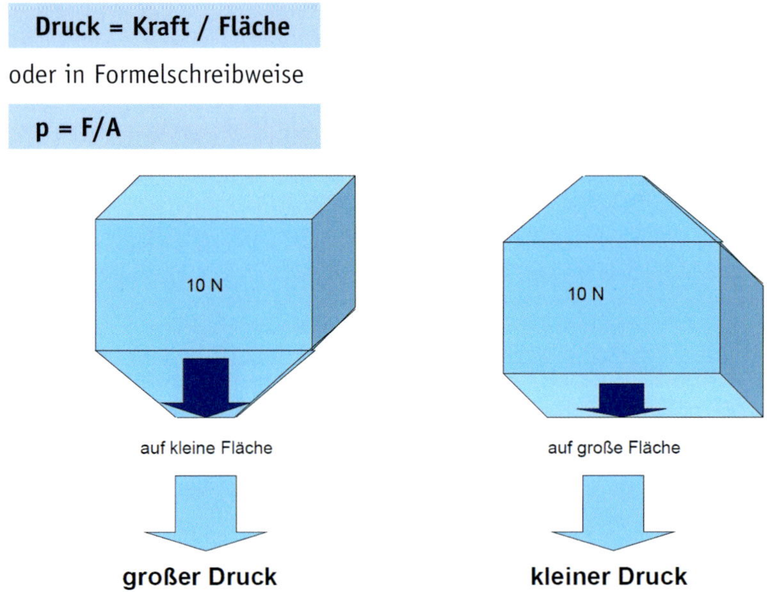

Druck = Kraft / Fläche

Je größer die Fläche ist, auf die eine Kraft wirkt, desto kleiner ist der Druck und umgekehrt. Wenn wir mit einem spitzen Absatz auf einen weichen Untergrund treten, hinterlassen wir einen tieferen Abdruck als mit einer flachen Sohle.
Die Maßeinheit des Drucks ergibt sich aus der Maßeinheit der Kraft (Newton) geteilt durch die Maßeinheit der Fläche (m^2), also N/m^2. Die Einheit 1 N/m^2 wird auch mit 1 Pascal (1 Pa) bezeichnet. Diese wäre jedoch so klein, dass wir die beim Tauchen üblichen Druckangaben sechsstellig angeben müssten. Daher wird beim Tauchen der Druck auch in Bar angegeben (1 bar = 10 N/cm^2 = 100.000 Pa). 1 bar

entspricht dem Druck eines 1 kg schweren Körpers auf eine Fläche von 1 cm² oder einer Wassersäule von 10 m Höhe.
Auf den Taucher wirken der Luftdruck durch die über uns befindliche Atmosphäre und der Wasserdruck durch das Wasser. Beides zusammen ergibt den Umgebungsdruck. Der Luftdruck ist abhängig von der Höhe, in der das Tauchgewässer liegt. Für unsere Tauchgänge, die ungefähr auf Meereshöhe beginnen, legen wir einen Luftdruck von 1 bar zugrunde.
Der Wasserdruck nimmt mit steigender Tiefe zu. Jeweils 10 m Wassersäule ergeben einen Wasserdruck von 1 bar.
Das bedeutet, dass die Wassertiefe geteilt durch 10 den Wasserdruck ergibt. Hinzu kommt noch der Luftdruck von 1 bar durch die Atmosphäre an der Wasseroberfläche.

Umgebungsdruck = (Wassertiefe / 10 m) bar + 1 bar

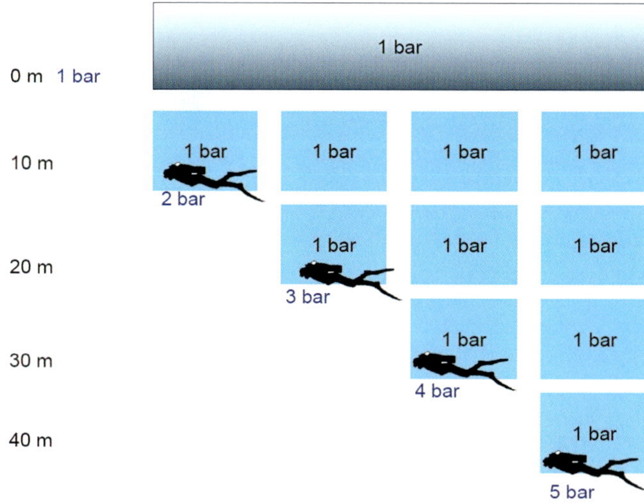

Umgebungsdruck unter Wasser

Der Umgebungsdruck, der in der jeweiligen Tauchtiefe auf uns wirkt, ist also die Summe aus Luftdruck und Wasserdruck. Man teilt die aktuelle Wassertiefe durch 10 und addiert dazu 1 bar Luftdruck. Der Druck wird mit dem Buchstaben p bezeichnet und in der Einheit bar angegeben.

1.3 Gesetz von Boyle-Mariotte

Je tiefer wir tauchen, desto größer wird der Umgebungsdruck. Dies hast du bereits gelernt. Der Druck wirkt auf unseren gesamten Körper. Da unser Körper zum größten Teil aus Wasser besteht, wird er durch diese Druckzunahme nahezu überhaupt nicht belastet, da Wasser nicht kompressibel ist. Es gibt aber auch einige luftgefüllte Hohlräume in unserem Körper (z. B. die Lunge), bei denen die Zunahme der Tiefe und somit der größere Umgebungsdruck nicht ohne Auswirkungen bleibt. Luftgefüllte, abgeschlossene Hohlräume verändern unter höherem oder niedrigerem Druck ihr Volumen.
Was passiert zum Beispiel mit einem Luftballon, den du im Schwimmbad von der Wasseroberfläche mit auf den Grund nimmst? Er verkleinert sich!
Umgekehrt wird ein Luftballon, den du am Schwimmbadgrund aufbläst, auf dem Weg zur Wasseroberfläche deutlich größer.
Wenn wir beispielsweise einen mit 12 l Luft gefüllten Eimer mit unter Wasser nehmen, verändert sich das darin befindliche Volumen wie in folgender Abbildung:

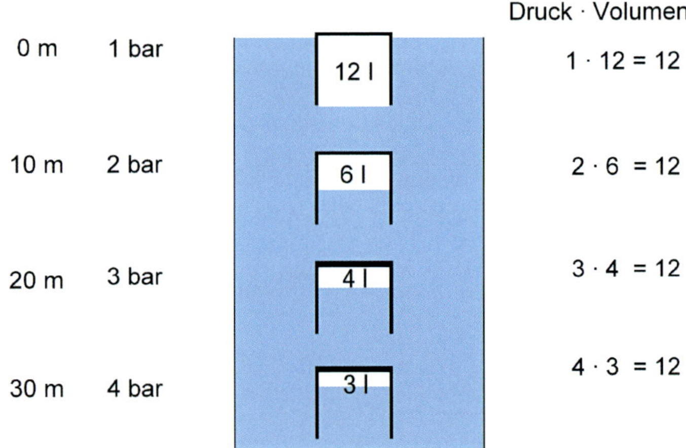

Komprimierte Luft in einem Eimer unter Wasser

Im Ergebnis stellen wir fest, dass das Produkt von Druck und Volumen bei einer festen Luftmenge und bei einer festen Temperatur auf jeder Tiefe gleich ist.
Diese Gesetzmäßigkeit beschreibt das **Gesetz von Boyle-Mariotte**:

Bei gleichbleibender Temperatur steht für eine gegebene Gasmenge der *Druck* im umgekehrten Verhältnis zum *Volumen*.

Der Druck wird mit p bezeichnet, das Volumen mit V. Damit erhalten wir auch als Formel:

$$p \cdot V = \text{konstant}$$

Mit dieser wichtigen Gesetzmäßigkeit und der Formel können wir zwei Zustände unterschiedlichen Drucks oder Volumens bei einer gegebenen Gasmenge miteinander vergleichen.
Anschaulich bedeutet das:
Verdoppeln wir den Druck, so halbiert sich das Volumen.
Verdreifachen wir den Druck, so bleibt nur ein Drittel des Volumens.
Zum Verdoppeln des Volumens muss der Druck halbiert werden.
Da der Druck in 10 m Wassertiefe mit 2 bar doppelt so groß ist wie der Druck an der Wasseroberfläche mit 1 bar, verdoppelt sich also das Volumen eines Luftballons, den wir von 10 m Tiefe bis an die Oberfläche steigen lassen.
Dies gilt auch für die abgeschlossenen Luftmengen, die wir in unserer Lunge, im Jacket oder in anderen Hohlräumen unseres Körpers haben.
Da der Druck multipliziert mit dem Volumen konstant bleibt, kann man zum Vergleich zweier Zustände (Anfangszustand und Endzustand) die obige Formel auch so ausdrücken:

$$p_1 \cdot V_1 = p_2 \cdot V_2$$

mit

p_1 = Anfangsdruck
V_1 = Anfangsvolumen
p_2 = Enddruck
V_2 = Endvolumen

Wenn wir in dieser Gleichung drei Größen kennen, können wir daraus die vierte berechnen.

Beispiel 1:

Wie voll ist die Lunge auf 5 m Tiefe, wenn sie in 10 m Tiefe mit 3 Litern gefüllt ist und beim Auftauchen die Luft angehalten wird?

p_1 = Anfangsdruck = 2 bar (auf 10 m)
V_1 = Anfangsvolumen = 3 Liter (auf 10 m)
p_2 = Enddruck = 1,5 bar (auf 5 m)
V_2 = Endvolumen auf 5 m

Dann gilt nach der obigen Formel

$$V_2 = \frac{p_1 \cdot V_1}{p_2} = \frac{2\ \text{bar} \cdot 3\ \text{l}}{1{,}5\ \text{bar}} = 4\ \text{l}$$

Unsere Lunge passt ihr Volumen dem Umgebungsdruck an, solange wir ein- und ausatmen. Dann handelt es sich auch nicht um eine abgeschlossene Gasmenge. Wenn wir aber beim Auftauchen den Atem anhalten, ist die Luftmenge darin abgeschlossen und nimmt beim Auftauchen nach dem Gesetz von Boyle-Mariotte an Volumen zu. Dabei kann die Volumenzunahme so groß sein, dass die Lunge reißen kann.

Daher darf beim Auftauchen niemals die Luft angehalten werden!

Weiteratmen oder ständiges leichtes Ausatmen sind unbedingt nötig.
Das Gesetz von Boyle-Mariotte ist für uns das wichtigste physikalische Gesetz beim Tauchen!

Beispiel 2:
Ein Jacket ist in 20 m Tiefe mit 4 Litern Luft gefüllt. Der Taucher steigt auf 10 m Tiefe auf und lässt dabei keine Luft aus seinem Jacket ab.

p_1 = Anfangsdruck = 3 bar (auf 20 m)
V_1 = Anfangsvolumen = 4 Liter (auf 20 m)
p_2 = Enddruck = 2 bar (auf 10 m)
V_2 = Endvolumen auf 10 m

Dann gilt nach der obigen Formel

$$V_2 = \frac{p_1 \cdot V_1}{p_2} = \frac{3\ \text{bar} \cdot 4\ \text{l}}{2\ \text{bar}} = 6\ \text{l}$$

Das Luftvolumen erhöht sich also auf das 1,5-fache. Wird die Luft beim Aufstieg nicht abgelassen, so steigt der Taucher immer schneller an die Wasseroberfläche, ohne die erforderliche Aufstiegsgeschwindigkeit oder eventuelle Stopps einhalten zu können.

1.4 Gesetze von Amontons und Gay-Lussac

Wenn die Temperatur zunimmt, erhöht sich der Druck einer abgeschlossenen Gasmenge (zum Beispiel des Tauchgerätes), und mit fallender Temperatur sinkt der Druck.

Wenn du zum Beispiel dein Tauchgerät direkt nach dem Füllen am Kompressor abholst, ist es noch warm. Während es dabei noch einen Druck von 220 bar hatte, zeigt dein Unterwasser-Manometer Tage später im kalten Wasser bei dem gleichen DTG nur noch 190 bar an. Niemand hat zwischendurch Luft abgelassen, und das Ventil ist auch nicht undicht.
Das physikalische **Gesetz von Amontons** beschreibt diesen Zusammenhang:

Bei konstantem Volumen wächst der Druck einer gegebenen Gasmenge im gleichen Verhältnis wie die absolute Temperatur.

Genauer besagt das Gesetz, dass sich Gase bei 1 °C Temperaturerhöhung um 1/273 ihres Anfangsvolumens bei 0 °C ausdehnen. Ist ein Ausdehnen nicht möglich, so erhöht sich der Druck. Dies ergibt die beschriebene Gesetzmäßigkeit.
Dieser Zusammenhang zwischen Druck und Temperatur wurde von dem Physiker Amontons entdeckt. Gay-Lussac beschrieb dagegen den Zusammenhang zwischen Volumen und Temperatur einer abgeschlossenen Gasmenge. Im Sprachgebrauch der Taucher hat sich jedoch eingeprägt, dass der Zusammenhang von Druck und Temperatur durch das Gesetz von Gay-Lussac beschrieben wird. Daher wird dies auch hier so beibehalten.
Physikinteressierten lässt sich der Zusammenhang zwischen Temperatur- und Druckerhöhung mit der Bewegung der Moleküle erklären. Die Wärme eines Gases ergibt sich aus der Geschwindigkeit, mit der sich die einzelnen Gasmoleküle im Raum frei bewegen. Je wärmer ein Gas ist, desto schneller bewegen sich die Moleküle und desto mehr Moleküle stoßen pro Zeiteinheit an die Gefäßwand. Da die Anzahl der Stöße an die Gefäßwand pro Zeiteinheit dem Druck entspricht, bedeutet dies also eine Druckerhöhung.

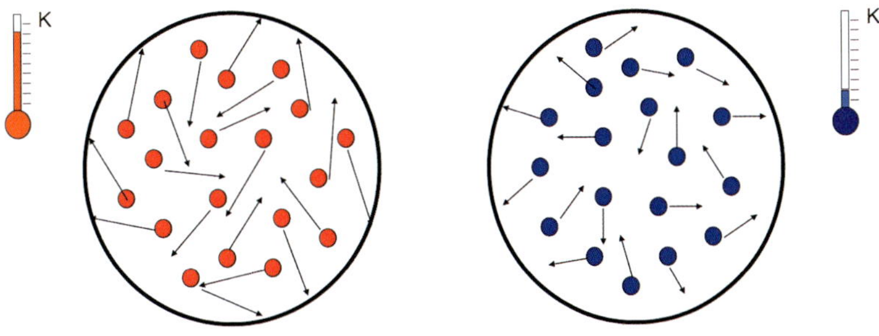

Molekülbewegung

Der Begriff der **absoluten Temperatur** ist hier sicherlich neu. Bei der Behandlung von Gasen wird die absolute Temperatur verwendet, da sie als absoluten Nullpunkt die Temperatur hat, bei der sich keine Gasteilchen mehr bewegen. Niedrigere Gastemperaturen gibt es nicht. Dieser absolute Nullpunkt liegt bei rund −273 °C. Das Formelzeichen für die absolute Temperatur ist T, und sie wird in Kelvin, abgekürzt K, gemessen. Die Gradabstände sind die gleichen wie bei der Celsius-Einteilung. 0 °C entsprechen daher 273 K. Allgemein gilt für die **Berechnung der absoluten Temperatur T**:

Die absolute Temperatur T ergibt sich aus der Celsius-Temperatur ϑ (Theta) durch Addition von 273 K, d. h. $T = (\vartheta/°C + 273)$ K.

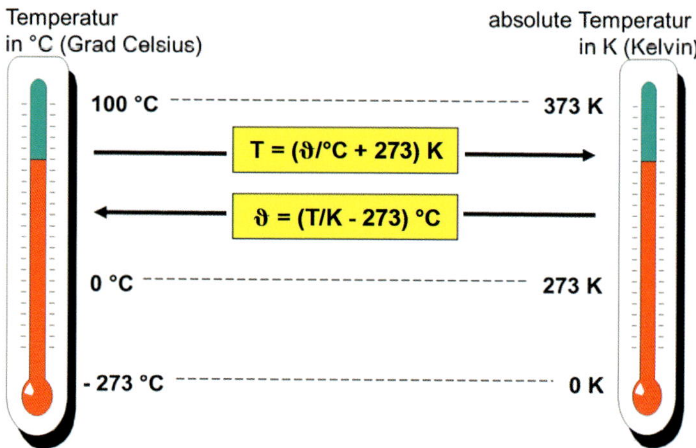

Umrechnung von Celsius-Temperatur und absoluter Temperatur

Mithilfe des Gesetzes von Gay-Lussac können wir berechnen, wie sich der Druck verändert, wenn sich die Temperatur des Gases erhöht oder verringert, beispielsweise beim Füllen des DTG oder auch nach Sonneneinstrahlung. Das Gesetz von Gay-Lussac sagt aus, dass das Verhältnis vom Druck p zur absoluten Temperatur T (in Kelvin) gleich bleibt, also:

p / T = konstant

Mit diesem Zusammenhang können wir wie beim Gesetz von Boyle-Mariotte zwei Zustände unterschiedlichen Drucks bzw. unterschiedlicher Temperatur vergleichen. Hierzu wählen wir folgende Bezeichnungen:

p_1 = Anfangsdruck des Gases
T_1 = Anfangstemperatur des Gases
p_2 = Enddruck des Gases
T_2 = Endtemperatur des Gases

Da die Verhältnisse gleich bleiben, besteht folgender Zusammenhang:

$$\frac{p_1}{T_1} = \frac{p_2}{T_2}$$

Beispiel:
Beim Füllen eines Tauchgerätes erhitzt es sich auf 45 °C. Das DTG hat nach dem Füllen einen Druck von 210 bar. Wir berechnen nun den Druck dieses DTG, der auf dem Unterwasser-Manometer nach dem Eintauchen in 10 °C kaltes Wasser angezeigt wird.
Wir suchen also den Druck p_2 nach Abkühlung auf die Temperatur T_2. Unsere Vergleichsformel ergibt durch Umstellen

$$p_2 = \frac{p_1}{T_1} \cdot T_2$$

Mit

Anfangsdruck p_1 = 210 bar
Anfangstemperatur T_1 = (45 + 273) K = 318 K
Endtemperatur T_2 = (10 + 273) K = 283 K

erhalten wir für den gesuchten Enddruck durch Einsetzen

p_2 = 210 bar / 318 K · 283 K = 186,9 bar

Das Manometer zeigt also einen deutlich geringeren Druck an als nach dem Füllen.

Das hat aber keinen Einfluss darauf, wie lange du tauchen kannst, denn die Menge an Luft in deinem DTG bleibt die gleiche. Sie ist im Wesentlichen unabhängig von der Umgebungstemperatur, da die Luft bei der Einatmung immer auf deine Körpertemperatur erwärmt wird. Daher hast du beim Tauchen die Luft zur Verfügung, die sich bei deiner Körpertemperatur von ca. 37 °C ergibt.
Auch durch Sonneneinstrahlung nimmt der Druck im DTG zu. Das kannst du beobachten, wenn dein Tauchgerät vor dem Tauchen länger in der Sonne liegt. Die Druckerhöhung ist aber nur gering, und nach dem Einstieg ins kalte Wasser nimmt der Druck wieder ab.

1.5 Zusammensetzung der Atemluft

Unsere Einatemluft setzt sich aus folgenden Bestandteilen zusammen:

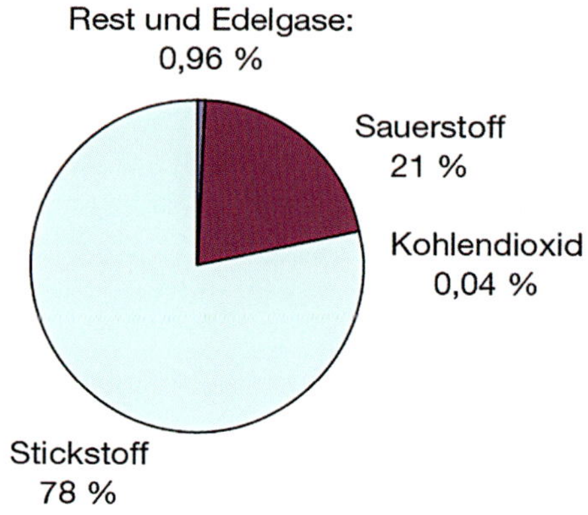

Zusammensetzung der Atemluft

Stickstoff (N_2)	78 %
Sauerstoff (O_2)	21 %
Kohlendioxid (CO_2)	0,04 %
Rest und Edelgase	0,96 %

Für uns Taucher sind diese Zahlen gerundet.

Im Körper wird Sauerstoff verbraucht, dabei entsteht Kohlendioxid.
Wenn wir ausatmen, enthält die Luft daher nur noch ca. 17 % Sauerstoff und dafür ca. 4 % Kohlendioxid. Während der Sauerstoff der Erhaltung der Lebensvorgänge in unserem Körper dient, ist der Stickstoff nur ein Füllgas und geht keine chemische Reaktion im Körper ein. Der Stickstoffanteil verändert sich zwischen Ein- und Ausatmung nicht. Der Stickstoff wird daher als »Inertgas« bezeichnet (von lat. *inertia* = Trägheit, Untätigkeit).

Bei der Ausatmung erhalten wir folgendes Gasgemisch (an der Wasseroberfläche):

Stickstoff (N_2)	78 %
Sauerstoff (O_2)	17 %
Kohlendioxid (CO_2)	4 %
Rest und Edelgase	0,96 %

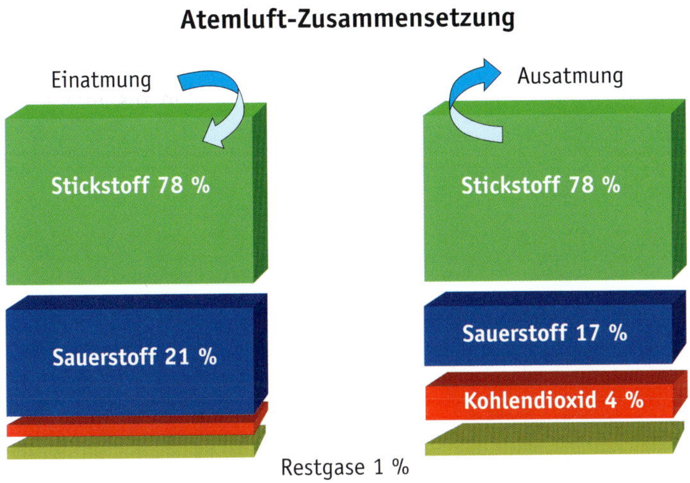

Atemluft-Zusammensetzung

Einatmung

Stickstoff 78 %

Sauerstoff 21 %

Ausatmung

Stickstoff 78 %

Sauerstoff 17 %

Kohlendioxid 4 %

Restgase 1 %

Zusammensetzung der Atemluft über der Wasseroberfläche

Neben den aufgeführten Gasen enthält unsere Atemluft einen Anteil an Wasserdampf. Die aufgeführten prozentualen Anteile beziehen sich daher auf die Ein- und Ausatmung nach Abzug des Wasserdampfanteils.

1.6 Gesetz von Dalton, Partialdruckberechnung

Wir kennen nun den Umgebungsdruck auf der jeweiligen Tauchtiefe und die prozentualen Bestandteile unserer Atemluft. Für die Vorgänge in unserem Körper ist jedoch nicht der prozentuale Anteil eines Atemgases maßgebend, sondern der Druck, mit dem es auf unseren Körper wirkt. Dieser bestimmt, wie viel von dem Gas im Körper gelöst wird. Jedes einzelne Gas trägt zu dem Gesamtdruck bei. Wir sprechen daher von Teildrücken oder auch Partialdrücken. Alle Teildrücke der Atemluftbestandteile zusammengenommen ergeben also wieder den Gesamtdruck.

Das **Gesetz von Dalton** beschreibt diesen Sachverhalt:

Der Gesamtdruck eines Gases ist die Summe der Teildrücke seiner Bestandteile.

$$p_{gesamt} = p_{Gas1} + p_{Gas2} + p_{Gas3} + ... + p_{Gas\ n}$$

Den Partialdruck eines Gases (ohne Berücksichtigung des Wasserdampfanteils) p_{Gas} kannst du also errechnen, indem du den Gesamtdruck des Gasgemisches p_{gesamt} mit dem Volumenanteil des einzelnen Gases f_{Gas} multiplizierst.

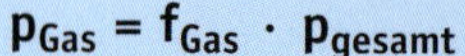

$$p_{Gas} = f_{Gas} \cdot p_{gesamt}$$

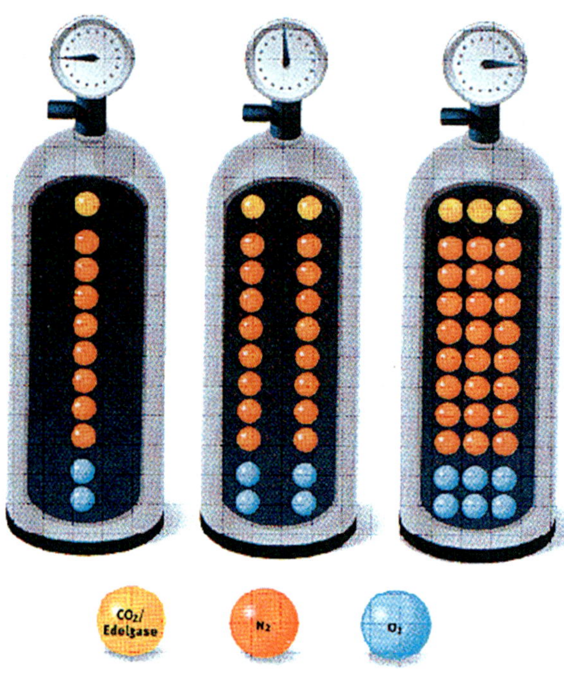

Der Anteil der Gase bleibt bei Verdoppelung oder Verdreifachung des Drucks gleich.

Beispiel:
An der Oberfläche haben wir einen Umgebungsdruck von 1 bar. Der Stickstoffanteil beträgt 78 %. Daher beträgt der Stickstoffpartialdruck dort 78 % von 1 bar:

$$p_{N_2} = 1\ \text{bar} \cdot 78/100 = 0{,}78\ \text{bar}$$

In 20 m Tiefe ist der Umgebungsdruck 3 bar. Der Stickstoffanteil ist weiterhin 78 %. Der Stickstoffpartialdruck auf 20 m Tiefe beträgt dort 78 % von 3 bar:

$$p_{N_2} = 3\ \text{bar} \cdot 78/100 = 2{,}34\ \text{bar}$$

Umgekehrt kann so auch ermittelt werden, auf welcher Tiefe beispielsweise der Stickstoff einen Partialdruck von 4 bar erreicht. Hierzu dividiert man diesen Partialdruck durch den prozentualen Anteil:

p_{ges} = 4 bar / (78/100) = 5,1 bar

Dieser Umgebungsdruck entspricht einer Tiefe von 41 m, dort beträgt also der Stickstoffteildruck 4 bar.
Auf diese Art und Weise ergeben sich dann die Teildrücke der einzelnen Atemgasbestandteile für die jeweiligen Tiefen bzw. Umgebungsdrücke:

		0 m	10 m	20 m	30 m
	Anteil	1 bar	2 bar	3 bar	4 bar
Sauerstoff	21 %	0,21 bar	0,42 bar	0,63 bar	0,84 bar
Stickstoff	78 %	0,78 bar	1,56 bar	2,34 bar	3,12 bar
Rest	~1 %	0,01 bar	0,02 bar	0,03 bar	0,04 bar

Partialdrücke der Bestandteile von Druckluft in verschiedenen Tiefen

Mit dem Gesetz von Dalton kann also der Partialdruck eines Atemgasbestandteils in verschiedenen Wassertiefen berechnet werden.
Dies ist wichtig für das Tauchen, weil unsere Atemgasbestandteile bei Überschreiten gewisser Teildrücke durch zu tiefes Tauchen giftig werden können. Auch für die Art unseres Auftauchens ist es wichtig, wie viel Stickstoff zuvor in unserem Körper gelöst wurde, denn dieser muss durch das Einhalten der Auftauchgeschwindigkeit und der Austauchpausen wieder abgegeben werden.

1.7 Prinzip des Archimedes

Jeder Körper hat eine Gewichtskraft durch die Erdanziehung. Im Wasser wirkt eine entgegengerichtete Auftriebskraft, die unter anderem vom Körpervolumen abhängt. Ob ein Körper insgesamt nach oben steigt, also Auftrieb erzeugt, oder nach unten sinkt, also Abtrieb erzeugt, hängt davon ab, ob er leichter oder schwerer als das Wasser ist, das er verdrängt.
Das hat bereits Archimedes entdeckt und daraus folgendes Prinzip abgeleitet:

Ein Körper verliert beim Eintauchen in eine Flüssigkeit scheinbar so viel an Gewichtskraft, wie die von ihm verdrängte Flüssigkeitsmenge wiegt.

Wenn also mehr Flüssigkeit verdrängt wird, ist der Auftrieb größer. Wir können beim Tauchen mehr Flüssigkeit verdrängen, indem wir unser Volumen vergrößern. Das geschieht in erster Linie durch die Atmung, indem wir unsere Lunge mit Luft füllen. Durch Aufnahme einer entsprechenden Luftmenge können wir die Gewichtskraft ausgleichen. Reicht das nicht mehr aus, können wir auch noch Luft in unser Jacket geben. Dann treiben wir nicht nach oben und nicht nach unten, sondern wir schweben. Dieser Schwebezustand heißt »hydrostatisches Gleichgewicht«.

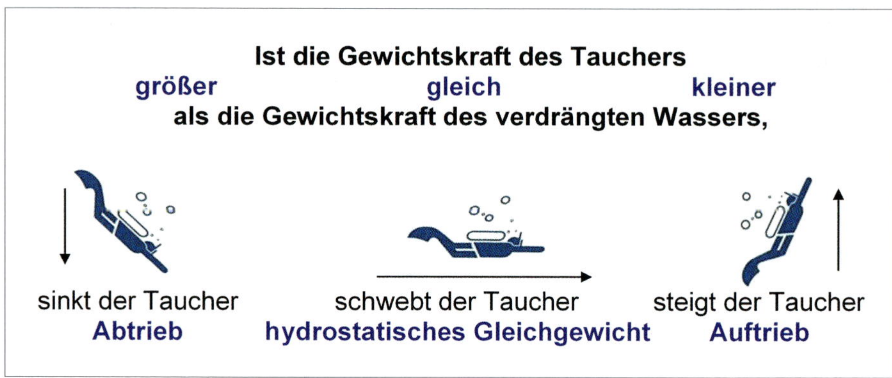

Gewichtskraft des Tauchers im Verhältnis zur verdrängten Wassermenge

Beim Tauchen sollte das hydrostatische Gleichgewicht erreicht werden, um Risiken zu vermeiden und auch im Hinblick auf den Umweltschutz möglichst wenig Sediment aufzuwirbeln.

Damit du unter Wasser gut tariert bist, solltest du deine Ausrüstung so zusammenstellen, dass du möglichst wenig Abtrieb hast, aber abtauchen kannst. Dies kannst du über die Menge an Blei bestimmen. Um selbst zu erkennen, ob du die richtige Menge Blei hast, leerst du zunächst an der Oberfläche dein Jacket vollständig und nimmst den Atemregler in den Mund. Atmest du nun voll ein, sollte der Kopf noch mit der Nase aus dem Wasser ragen. Atmest du aus, solltest du absinken. Dann kannst du durch Ausatmung abtauchen, und an der Oberfläche kannst du noch mit dem Mund atmen. So hast du die richtige Menge Blei.

Hast du zu viel Blei dabei, so muss der größere Abtrieb durch eine einatemorientierte Atmung oder durch Einblasen von Luft in das Jacket ausgeglichen werden. Das einatemorientierte Tauchen mit überwiegend gefüllter Lunge führt zu anstrengendem und unbequemem Tauchen bei gleichzeitig reduzierter CO_2-Abgabe. Durch die Jacketfüllung erhöht sich der Wasserwiderstand, der Körper nimmt eine Schräglage ein und vergrößert den Wasserwiderstand weiter, sodass dies mit vermehrtem Flossenschlag und folglich größerer Anstrengung ausgeglichen werden muss. Auch an der Wasseroberfläche führt zu viel Blei in Verbindung mit aufgeblasenem Jacket und schräger Wasserlage zu einer erhöhten Anstrengung.

Beim Tauchen erreichst du das hydrostatische Gleichgewicht, indem du so atmest, dass dein Körpervolumen einschließlich Füllungszustand der Lungen so viel Auftrieb erzeugt, dass die Gewichtskraft ausgeglichen wird. Tauchst du tiefer, verringert sich dein Gesamtvolumen, weil dein Tauchanzug durch den höheren Druck an Volumen verliert. Dann reicht das Lungenvolumen nicht mehr zum Ausgleich aus, und daher wird das Jacket dann so weit mit Luft befüllt, dass wieder ein Ausgleich durch die Atmung erfolgen kann.
Weil Salzwasser eine höhere Dichte hat als Süßwasser, benötigst du hier mehr Blei als im Süßwasser. Da du dann aber meistens auch mit einer anderen Ausrüstung tauchst, checkst du beim ersten Tauchgang im Meer nochmals die richtige Bleimenge. Beim ersten Tauchgang im Süßwasser sollte dann auch wieder ein Bleicheck vorgenommen und das überflüssige Blei abgelegt werden.
Die Auftriebskraft lässt sich rechnerisch ermitteln, indem die Gewichtskraft des verdrängten Wassers bestimmt wird. Die Masse des verdrängten Wassers ergibt sich, indem das Volumen des verdrängten Wassers, das bei einem untergetauchten Körper dem Volumen dieses Körpers entspricht, mit der Dichte des Wassers multipliziert wird. Aus der Masse erhalten wir die Gewichtskraft durch Multiplikation mit der Erdbeschleunigung g (9,81 m/s²).

$$F_{Auftrieb} = V \cdot \rho_{Wasser} \cdot g$$

Setzen wir die Dichte des Wassers mit 1 kg/dm³ und die Erdbeschleunigung näherungsweise mit 10 m/s² an, so ergibt sich der Auftrieb aus dem Volumen durch Multiplikation mit 10 N/dm³:

$$F_{Auftrieb} = V \cdot 1\ kg/dm^3 \cdot 10\ m/s^2 = V \cdot 10\ N/dm^3$$

Ob ein Körper nun sinkt, steigt oder schwebt, hängt von seiner Auftriebskraft und von seiner Gewichtskraft ab. Ist die Differenz von Auftriebskraft und Gewichtskraft positiv, so steigt der Körper. Ist sie negativ, sinkt der Körper, und sind beide Kräfte gleich groß, so ist das hydrostatische Gleichgewicht erreicht.

Beispiel:

Auf ein Tauchgerät (DTG) wirkt unter Wasser eine Auftriebskraft aufgrund der Wasserverdrängung durch ihr Volumen und als Abtrieb die Gewichtskräfte durch die Masse der Stahlflasche und der darin befindlichen Luft.

Um zu berechnen, wie hoch die resultierende Auf- oder Abtriebskraft eines DTG ist, sind diese Kräfte zunächst separat zu ermitteln.

Ausgangsgrößen für diese Beispielrechnung:

Innenvolumen des DTG V_{DTG} =	10 l = 10 dm^3
Masse des DTG (Stahl) m_{Stahl} =	11 kg
Flaschendruck p_{DTG} =	200 bar
Dichte der Luft Đρ_{Luft} =	0,00123 kg/dm^3
Dichte von Wasser Đρ_{Wasser} =	1 kg/dm^3
Dichte von Stahl Đρ_{Stahl} =	7,9 kg/dm^3
Erdbeschleunigung g =	9,81 m/s^2

Volumen des Stahlmantels des DTG:

$$V_{Stahl} = m_{Stahl} / \rho_{Stahl} = 11\ kg / 7{,}9\ kg/dm^3 = 1{,}39\ dm^3$$

Gesamtvolumen $V_{Gesamt} = V_{DTG} + V_{Stahl} = 10\ dm^3 + 1{,}39\ dm^3 = 11{,}39\ dm^3$

Auftriebskraft $F_{Auftrieb} = V_{Gesamt} \cdot \rho_{Wasser} \cdot g = 11{,}39\ dm^3 \cdot 1\ kg/dm^3 \cdot 9{,}81\ m/s^2 = 111{,}74\ N$

Volumen der Luft im DTG bei 1 bar:

$$V_{Luft\ 1\ bar} = V_{DTG} \cdot p_{DTG} / 1\ bar = 10\ l \cdot 200\ bar / 1\ bar = 2.000\ l$$

Gewichtskraft der Luft im DTG:

$$F_{Luft} = m_{Luft} \cdot g = V_{Luft\ 1\ bar} \cdot \rho_{Luft} \cdot g = 2.000\ dm^3 \cdot 0{,}00123\ kg/dm^3 \cdot 9{,}81\ m/s^2 = 24{,}13\ N$$

Abtrieb

$$F_{Abtrieb} = F_{Flasche} + F_{Luft} = m_{Stahl} \cdot g + F_{Luft} = 11\ kg \cdot 9{,}81\ m/s^2 + 24{,}13\ N = 132{,}04\ N$$

Resultierende Kraft

$$F_{Gesamt} = F_{Auftrieb} - F_{Abtrieb} = 111{,}74\ N - 132{,}04\ N = -20{,}3\ N$$

Im Ergebnis ergibt sich also eine nach unten gerichtete Kraft von 20,3 N. Wird die Flasche während des Tauchgangs durch die Atmung geleert, so reduziert sich die Gewichtskraft der Luft im DTG, und der daraus resultierende Abtrieb wird geringer.

1.8 Diffusion und Gesetz von Henry

Wenn Gase mit einer Flüssigkeit in Kontakt kommen, so stoßen Gasteilchen (Moleküle) gegen die Oberfläche der Flüssigkeit und dringen zum Teil in sie ein, sie treten aber auch wieder aus. So gehen Gasmoleküle in diese Flüssigkeit über und umgekehrt. Diesen Vorgang des Übergangs oder Eindringens nennen wir Diffusion. Die Lösung von Gasen in Flüssigkeiten ist insbesondere auch für den menschlichen Körper relevant, denn so gelangen die Bestandteile unserer Atemluft in das Blut und in die Zellen.

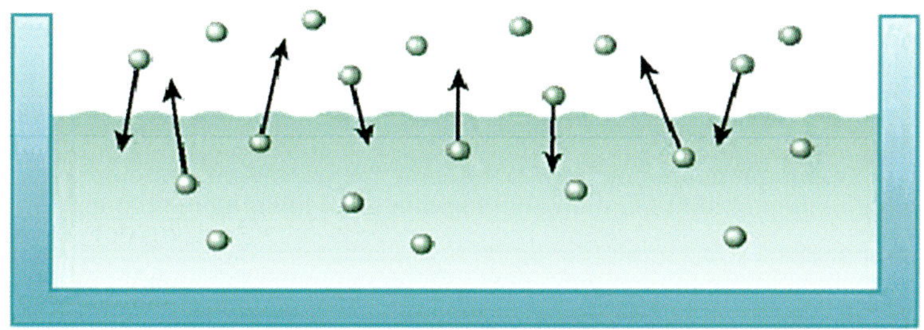

Lösung von Gas in einer Flüssigkeit

Die Geschwindigkeit, mit der die Gasteilchen in die Flüssigkeit übergehen, ist von verschiedenen Faktoren abhängig, die auch beim Tauchen wichtig sind.

Partialdruckunterschied

Den größten Einfluss auf die Diffusion hat der Unterschied des Partialdrucks des Gases über der Flüssigkeit und in der Flüssigkeit. Ist der Teildruck des Gases über der Flüssigkeit größer als in der Flüssigkeit, so gehen zunächst mehr Gasteilchen in die Flüssigkeit über als umgekehrt. Diese Lösung erfolgt so lange, bis der Teildruck des Gases in der Flüssigkeit genau so groß ist wie über der Flüssigkeit.

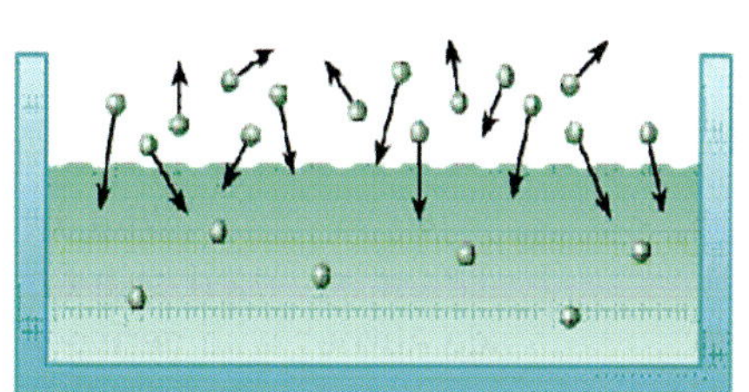

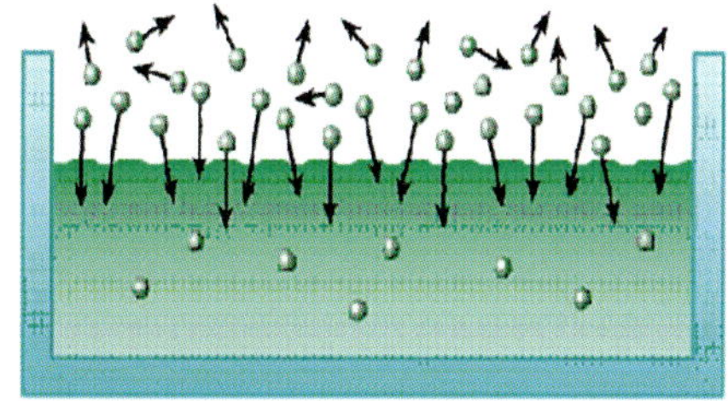

Niedriger und hoher Partialdruck

Welche Menge an Gasmolekülen (pro Zeiteinheit) aufgenommen werden kann, hängt also von der Differenz zwischen den Teildrücken des Gases über der Flüssigkeit und in der Flüssigkeit selbst ab. Beim Tauchen ist der Druckanstieg beim Abtauchen für die vermehrte Aufnahme von Stickstoff im Körper verantwortlich.

Zeit

Der Übergang von Gasen in die Flüssigkeit braucht seine Zeit. Je länger ein erhöhter Partialdruck des Gases über der Flüssigkeit ansteht, desto mehr Gas wird gelöst. Beim Tauchen ist die Zeit, die wir in der Tiefe verbringen und in der wir einem erhöhten Umgebungsdruck ausgesetzt sind, der beeinflussende Faktor.

Temperatur

Je niedriger die Flüssigkeitstemperatur ist, desto mehr Gas kann gelöst werden. Bei längeren Tauchgängen im kalten Wasser werden außerdem die Arme und Beine kälter, weil der Körper zuerst deren Durchblutung reduziert, um den Körperkern warm zu halten. Zu Beginn des Tauchgangs wird der Körper noch am stärksten durchblutet und nimmt entsprechend den Stickstoff auf, der dann bei schlechterer Durchblutung nach Auskühlung nicht mehr schnell genug abtransportiert werden kann. So kommt es zu einer verzögerten Stickstoffabgabe in der Dekompressionsphase.

Oberfläche

Wichtig ist auch die Größe der Oberfläche, über die die Flüssigkeit das Gas aufnehmen kann. Je größer sie ist, desto schneller erfolgt die Diffusion. Beispielsweise entweicht aus einer geöffneten Mineralwasserflasche das gelöste Kohlendioxid langsamer, als wenn das Wasser in eine breite Schale gegossen wird.

Beim Tauchen wird der Stickstoff zuerst von der Lunge aufgenommen, die eine sehr große Oberfläche von etwa 100 m² hat. Begrenzender Faktor ist jedoch das Blut, das den Stickstoff dann von der Lunge zu den verschiedenen Geweben transportiert. Beim Tauchen beschleunigt eine vermehrte Durchblutung die Stickstoffaufnahme und -abgabe entsprechend einer Oberflächenvergrößerung, zum Beispiel bei Anstrengung. Dagegen wird der Effekt durch eine verminderte Durchblutung verlangsamt.

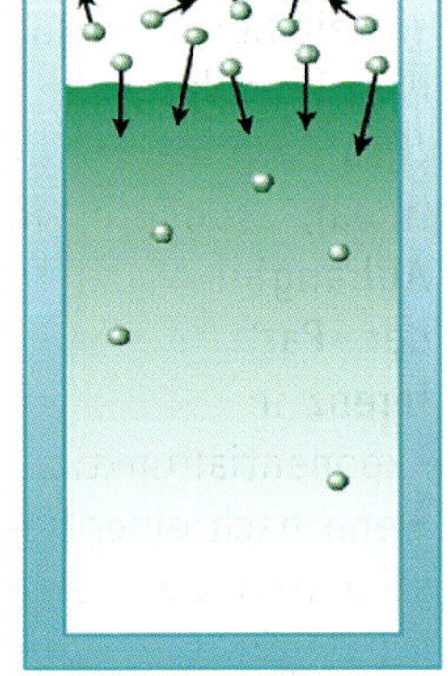

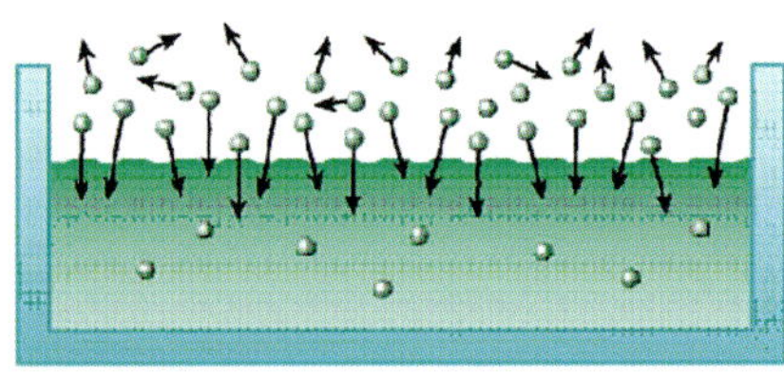

Bei kleinerer Oberfläche ist die Diffusionsgeschwindigkeit geringer.

Lösungskoeffizient der Flüssigkeit

Je nach Art der Flüssigkeit kann mehr oder weniger Gas gelöst werden. Beispielsweise kann eine ölige Flüssigkeit bei gleichem Druck etwa fünfmal mehr Stickstoff aufnehmen als eine wässerige Flüssigkeit. Fettleibige Taucher haben dadurch eine andere Stickstoffaufnahme und -abgabe als magere Taucher.

Lösungskoeffizient des Gases

Auch von der Art des Gases hängen die Menge des in einer Flüssigkeit gelösten Gases und die Schnelligkeit des Lösungsvorgangs ab. Je kleiner die Masse des Gasteilchens ist, desto höher ist seine Eindringungs- und somit Diffusionsgeschwindigkeit. Beispielsweise löst sich Helium deutlich schneller als Stickstoff, sodass beim Tauchen mit Mischgasen andere Dekompressionstabellen gelten.

Sättigungszustand

Wenn schließlich die Flüssigkeit so viel Gas aufgenommen hat, dass genau so viele Gasteilchen in die Flüssigkeit eindringen wie austreten, dann stellt sich ein Gleichgewichtszustand ein, der Sättigungszustand. Dann kann kein zusätzliches Gas mehr in der Flüssigkeit gelöst werden.

Anders als bei der Lösung von Feststoffen in Flüssigkeiten (z. B. Zucker im Kaffee) kann die Lösungsmenge von Gasen in Flüssigkeiten im Sättigungszustand durch Erhöhung des Teildrucks weiter erhöht werden, während Feststoffe nur bis zu einem festen prozentualen Gewichtsanteil gelöst werden können.

Halbwertszeiten

Der Vorgang der Aufnahme (Sättigung) und Abgabe (Entsättigung) einer Flüssigkeit bei Änderung des Umgebungsdruckes erfolgt nicht linear, sondern in Abhängigkeit von der Partialdruckdifferenz in Form einer Exponentialfunktion. Wenn nach einer bestimmten Zeit eine Flüssigkeit zur

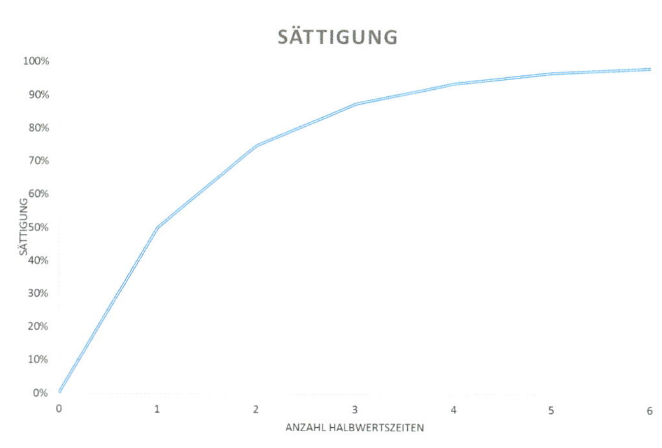

Verlauf der Sättigung nach Halbwertszeiten

Hälfte mit dem Gas gesättigt ist, so ist der Partialdruckunterschied nur noch halb so hoch wie am Anfang, und die Diffusionsgeschwindigkeit nimmt ab. Die Zeit, nach der eine Flüssigkeit zur Hälfte mit dem Gas gesättigt ist, wird als Halbsättigungszeit oder Halbwertszeit bezeichnet. Nach zwei Halbwertszeiten ist die Flüssigkeit wiederum um die Hälfte der verbliebenen Hälfte mit dem Gas gesättigt, also zu 75 %, nach drei Halbwertszeiten zu 87,5 % usw. Nach der sechsfachen Halbwertszeit hat die Sättigung 98,4 % des Zustands der vollen Sättigung erreicht. Näherungsweise gehen wir daher nach sechs Halbwertszeiten von einer vollen Sättigung aus.
Umgekehrt kehren sich bei einer Entsättigung die Verhältnisse um. Die noch gesättigte Flüssigkeit hat sich dann nach einer Halbwertszeit zu 50 % wieder entsättigt. Die Halbwertszeit ist also ein Maß für die Geschwindigkeit des Lösungsvorgangs eines bestimmten Gases in einer bestimmten Flüssigkeit.

Gesetz von Henry

Nicht der Diffusionsvorgang, sondern der Zustand der Sättigung wird bei dem Gesetz von Henry beschrieben! Es besagt einfach, dass umso mehr Gas in einer Flüssigkeit im Sättigungszustand gelöst ist, je höher der Teildruck des Gases über der Flüssigkeit ist.

Bei konstanter Temperatur steht die Konzentration des in der Flüssigkeit gelösten Gases im Sättigungszustand in direktem Verhältnis zum Druck des über der Flüssigkeit stehenden Gases.

Die Menge an Gas, die im Sättigungszustand in einer Flüssigkeit gelöst werden kann, steigt mit

- dem Teildruck des Gases,
- abnehmender Temperatur der Flüssigkeit,
- der Löslichkeit des Gases in der betreffenden Flüssigkeit,
- der Flüssigkeitsmenge.

Sättigungsverlauf der Gewebe

Unser Körper besteht nicht aus einer homogenen Flüssigkeit, sondern aus vielen unterschiedlichen Geweben, die auch unterschiedlich stark durchblutet werden. Die Sättigungsgeschwindigkeit der Gewebe hängt im Wesentlichen von ihrer Durchblutung ab. Je nach Gewebeart erfolgt der Lösungsvorgang schneller oder langsamer. Die Gewebe können modellhaft in Klassen mit bestimmten Halbwertszeiten eingeteilt werden. Die Übergänge zwischen den Kategorien sind fließend. Eine grobe Einteilung kann erfolgen in

- schnelle Gewebe, z. B. Blut, Nervengewebe, Lungengewebe und Muskulatur,
- mittlere Gewebe, z. B. innere Organe (Niere), Haut (jedoch nicht Unterhautfett)
- langsame Gewebe, z. B. Bänder, Sehnen, Knorpel und Knochen.

1.9 Dekompression

Durch den Aufenthalt unter Wasser und den damit verbundenen höheren Druck löst sich vermehrt Gas, insbesondere der Stickstoff, in unserem Körper. Beim Auftauchen sinkt der Umgebungsdruck, und die Gasteilchen treten wieder aus der Flüssigkeit aus.
Dieser Vorgang lässt sich mit dem Öffnen einer Mineralwasserflasche vergleichen. Wird die Flasche langsam geöffnet, so erfolgt nur ein langsamer Druckabfall, und beim Öffnen entweicht das Gas mit einem leichten Zischen. Wird die Flasche hingegen erst geschüttelt, sodass sich ein gewisser Druck aufbaut, und dann schnell geöffnet, so wird der aufgebaute Druck plötzlich reduziert, und das im Mineralwasser gelöste Kohlendioxid perlt in Form von Blasen aus.
Wenn nun beim Auftauchen der Druck bei einem langsamen Aufstieg wieder abnimmt, wird der Stickstoff wieder erst in das Blut und dann mit der Atmung an die Umgebung abgegeben. Nimmt der Druck jedoch bei einem schnellen Aufstieg plötzlich ab, so kann der Stickstoff bereits in der Flüssigkeit, also in unserem Körper, aus dem gelösten Zustand wieder in den gasförmigen Zustand übergehen, wenn ein kritischer Überdruck im Gewebe überschritten wird. Dies kann also zur Bildung von Gasblasen führen. Da die Lösung von Stickstoff im Körper nicht überall gleichmäßig oder gleich schnell erfolgt, können die Blasen an unterschiedlichen Orten entstehen und zur Dekompressionskrankheit führen.
Um dies zu vermeiden, sind vorbeugende Verhaltensregeln und bestimmte Regeln für das Auftauchen zu beachten. Insbesondere ist die zulässige Aufstiegsgeschwindigkeit einzuhalten, und je nach Tauchgangstiefe und -zeit sind beim Aufstieg Pausen einzuhalten. Da der Aufstieg unter Einhaltung dieser Regeln auch Austauchen genannt wird, heißen diese Pausen Austauchpausen oder auch einfach Dekopausen.

1.10 Licht

Das Licht unterliegt beim Eindringen in das Wasser Veränderungen und führt so auch zu einem veränderten Sehen unter Wasser. Diese Einflüsse auf das Licht sind

- die Brechung,
- die Streuung und
- die Absorption.

Außerdem wird das Licht an der Wasseroberfläche reflektiert.

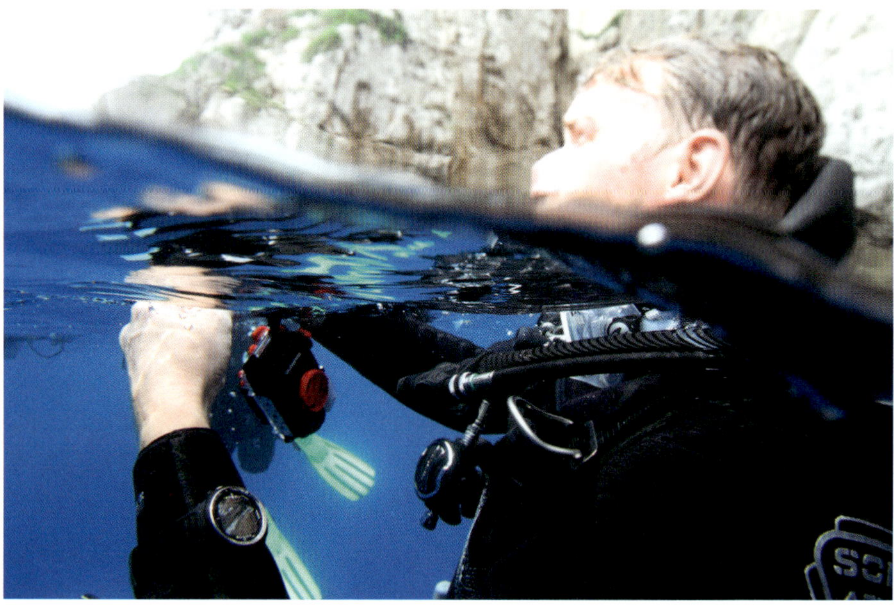

Veränderung des Sehens unter Wasser

Die Sichtverhältnisse unter Wasser werden beeinflusst durch die
- Intensität des Oberflächenlichtes (Wetter, Tageszeit, Einfallswinkel der Sonnenstrahlen),
- Tauchtiefe,
- Durchsichtigkeit des Wassers (Trübungsgrad),
- Beschaffenheit des Grundes (heller Sand, dunkler Fels, Schlick).

Über Wasser, also an der Luft, können wir Gegenstände sehen, indem die Lichtstrahlen von dort auf unser Auge treffen, durch Hornhaut und Linse gebündelt werden und dann auf die Netzhaut treffen. Wir sehen einen Gegenstand scharf, wenn die von jedem Punkt dieses Gegenstands reflektierten Lichtstrahlen wieder genau zu einem Punkt auf der Netzhaut gebündelt werden. Das dort entstandene Bild wird dann über unsere Sehnerven zum Gehirn geleitet.

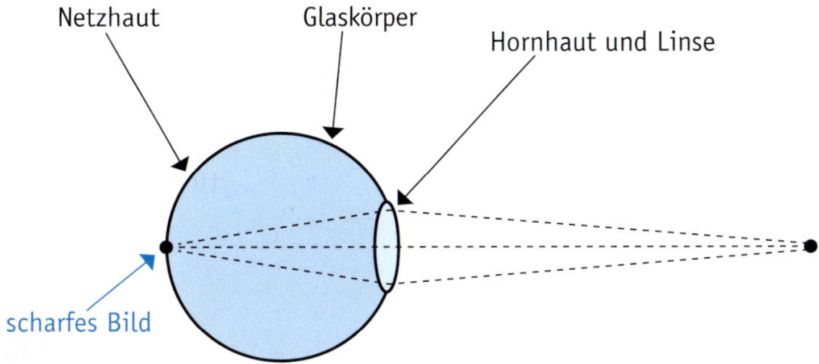

Scharfes Sehen

Wenn jedoch Wasser vor unserem Auge ist, verändern sich die Verhältnisse, weil Lichtstrahlen beim Übergang vom Wasser ins Auge anders gebrochen werden als beim Übergang von Luft ins Auge. Diese **Brechung** eines Lichtstrahls beim Übergang von einem Medium in ein anderes bestimmt, in welchem Winkel der Lichtstrahl nach dem Übergang weiter verläuft. Aufgrund der unterschiedlichen Brechung des Lichtes im Wasser gegenüber der Luft werden die von dem Gegenstand ausgehenden Lichtstrahlen erst hinter der Netzhaut gebündelt und erzeugen so auf der Netzhaut ein unscharfes Bild.

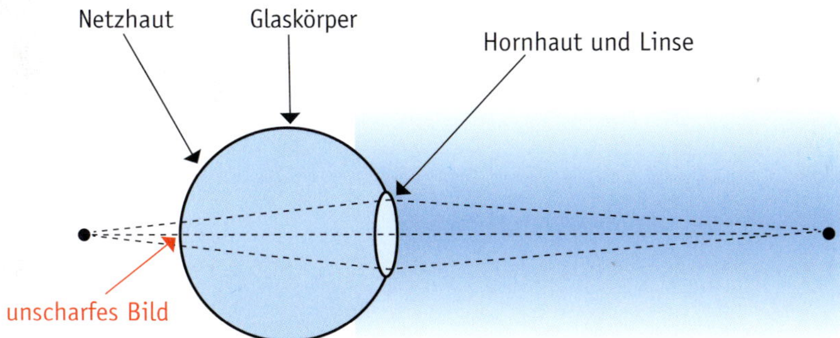

Bündelung der Strahlen hinter der Netzhaut

Dieser Effekt ist der gleiche wie bei einer starken Weitsichtigkeit und kann nicht durch die Linse des Auges ausgeglichen werden. Unser Sehvermögen beträgt so nur etwa ein Zehntel von dem an der Wasseroberfläche.
Damit wir unter Wasser wieder scharf sehen können, muss ein Medium zwischen Augen und Wasser geschaltet werden, das die natürlichen Brechungsverhältnisse wieder herstellt. Dies erreichen wir durch das Tragen einer Tauchermaske, da sich so wieder eine Luftschicht vor den Augen befindet.

Dann allerdings hat die Lichtbrechung Auswirkungen auf das Erkennen von Größen und Entfernungen. Der Blickwinkel verändert sich im Verhältnis des Brechungsindex von Luft zu Wasser. Die Brechung ergibt sich aus der ungefähr 1,33-fachen (also 4/3) Geschwindigkeit des Lichtes in der Luft im Vergleich zum Wasser.
Daher erscheinen uns Gegenstände unter Wasser 4/3 so groß wie sie in Wirklichkeit sind, also ein Drittel größer. Ist ein Fisch beispielsweise in Wirklichkeit 1 m lang, so erscheint er uns 4/3-mal so groß, also 1,33 m. Erscheint er uns hingegen 1 m groß zu sein, so sind das 4/3 seiner wirklichen Größe. Daher müssen wir die scheinbare Größe durch 4/3 teilen, um die tatsächliche Größe zu erhalten. Das ist das Gleiche wie eine Multiplikation mit 3/4. Die tatsächliche Größe beträgt also 3/4 von 1 m, also 0,75 m.

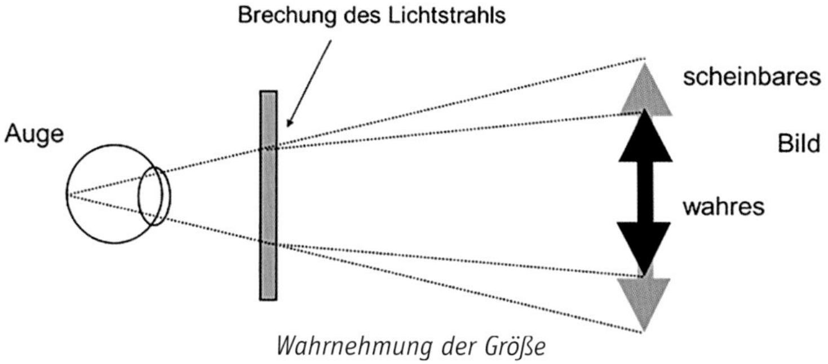

Wahrnehmung der Größe

Entfernungen können wir einschätzen, indem die Winkel, mit denen ein Punkt auf unsere beiden Augen trifft, vom Gehirn ausgewertet werden. Entfernungen können daher nur durch das Sehen mit beiden Augen erkannt werden. Durch die Brechung an der Tauchermaske ändern sich jedoch auch diese Winkel. Gegenstände scheinen nur noch 3/4 ihrer tatsächlichen Distanz entfernt zu sein.

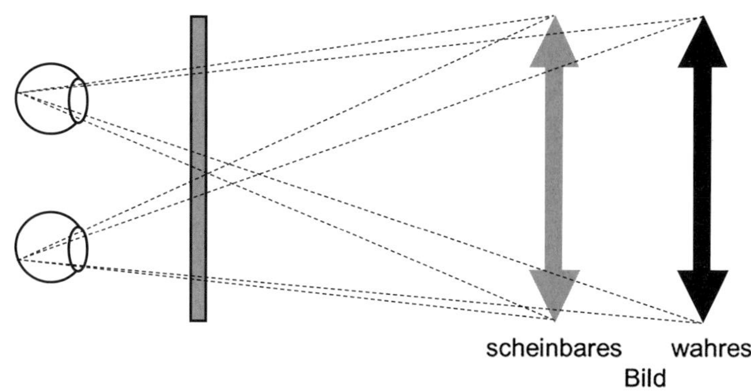

Entfernungssehen mit zwei Augen

Ist beispielsweise der Anker 8 m weit von uns entfernt, so erscheint er uns nur 3/4 von 8 m, also 6 m weit entfernt zu sein. Scheint er dagegen in 3 m Entfernung zu liegen, so ist er tatsächlich noch 4 m weit weg, nämlich 4/3 von 3 m. Zur Umrechnung merken wir uns also die Faktoren 3/4 und 4/3, je nachdem, ob das Ergebnis größer oder kleiner sein soll.
Das richtige Einschätzen von Größen und Entfernungen fällt uns aber nach einer gewissen Gewöhnung an das Sehen unter Wasser immer leichter.
Einen weiteren Einfluss auf das Sehen unter Wasser hat die **Streuung** des Lichtes an feinsten Partikeln im Wasser. Wenn ein Lichtstrahl auf Teilchen trifft, wird er daran in unterschiedliche Richtungen abgelenkt. Für uns Taucher hat dies Einfluss auf die Sicht, denn wir sehen alles wie bei Nebel oder hinter einem Schleier. Auch in klarem Wasser wird Licht gestreut, aber je mehr Teilchen im Wasser sind, desto stärker wird dieser Effekt, der unsere Sicht beim Tauchen verschlechtert.

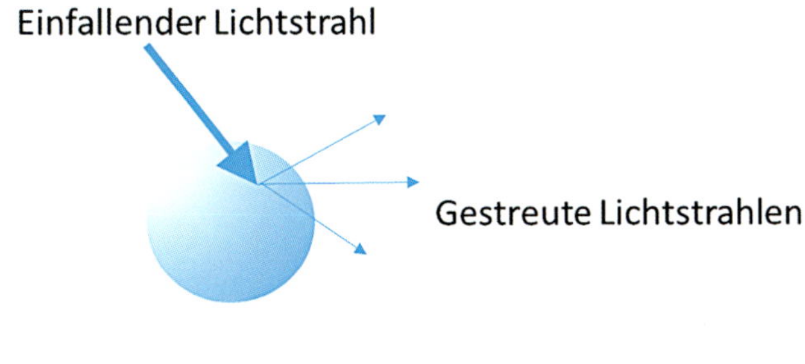

Streuung

Schließlich wird das Licht auf seinem Weg durch das Wasser geschwächt, quasi verschluckt. Dies wird als **Absorption** bezeichnet. Allerdings erfolgt diese Schwächung nicht gleichmäßig, sondern je nach Farbe bzw. Wellenlänge des Lichtes unterschiedlich. Mit zunehmender Tiefe nimmt also die Intensität des Lichtes ab, wobei rotes Licht eher absorbiert wird als blaues. So sehen wir Farben unter Wasser anders als an der Oberfläche. Rote Gegenstände sehen schon in wenigen Metern Tiefe einfach grau aus, und auch die Korallen und Fische haben dann nicht mehr die Farbenpracht, die wir sonst von ihnen kennen.
Die Sichtbarkeit der verschiedenen Farben des Lichtes hängt also von dem Weg ab, den das Licht durch das Wasser zurücklegt, bis es an unser Auge gelangt.
Die Farben werden im Wasser nach und nach ausgefiltert. Je tiefer man taucht, desto weniger Farben kann man erkennen.
Um die Farben auch dort wieder sichtbar zu machen, nehmen wir eine Lampe beim Tauchen mit. Im Licht der Lampe sind die Farben wieder zu sehen.

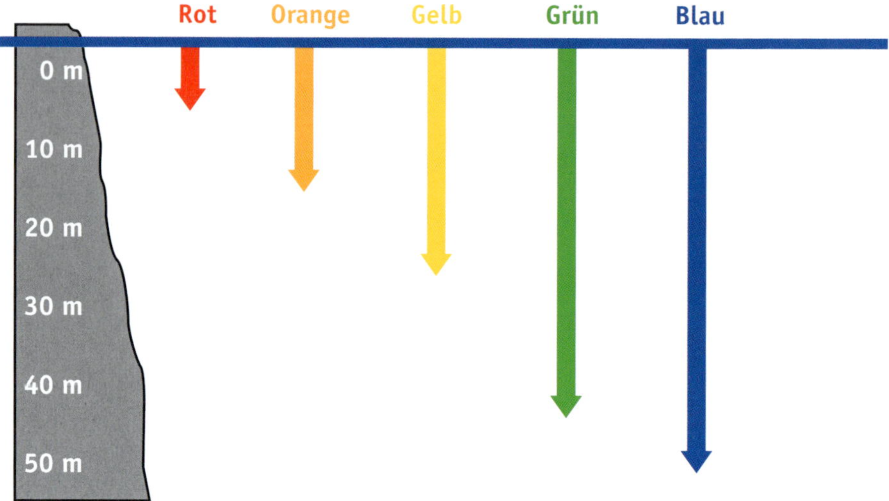

Die Farben dringen unterschiedlich tief ins Wasser vor.

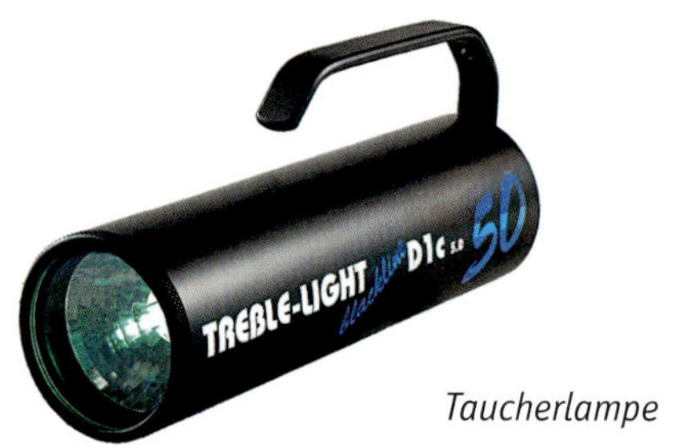

Taucherlampe

1.11 Schall

Unter Wasser breitet sich der Schall wesentlich schneller aus als an der Luft, weil die einzelnen Wassermoleküle wesentlich besser aneinander gekoppelt sind und so die Schwingungen der Schallwellen besser weitergeben können. Dies hängt mit der fast 800-fach größeren Dichte des Wassers im Vergleich zur Dichte der Luft zusammen.

An der Luft beträgt die Schallgeschwindigkeit etwa 340 m/s (bei 20 °C und bei 1 bar Luftdruck), im Salzwasser dagegen 1.485 m/s (bei gleicher Temperatur, gleichem Druck, 3,5 % Salzgehalt, Wasserdichte ca. 1,025 kg/dm³). Im Wasser wird der Schall also mehr als viermal so schnell übertragen wie an der Luft.

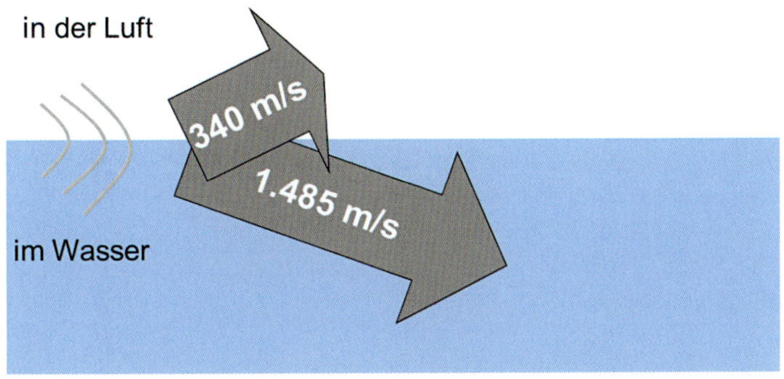

Schallgeschwindigkeit in der Luft und im Wasser

Das hat für uns beim Tauchen Folgen für das Hören unter Wasser. Wegen der besseren Schallübertragung hören wir Geräusche unter Wasser besser und auch weiter als an der Oberfläche, beispielsweise auch Schraubengeräusche von Booten. Allerdings können wir unter Wasser Geräusche von der Oberfläche praktisch nicht hören, da die Schallwellen an der Wasseroberfläche zum größten Teil reflektiert werden.
Daher werden Töne unter Wasser wegen der schnelleren Ausbreitung beim Tauchen eher wahrgenommen, und die Schätzung der Entfernung einer Schallquelle ist aus den Erfahrungen des Hörens über Wasser nicht mehr ableitbar.
Die Richtung einer Schallquelle können wir an der Luft orten, da der Schall mit einem zeitlichen Unterschied an unseren beiden Ohren ankommt. Aus diesem Unterschied kann unser Gehirn auf die Richtung schließen. Unter Wasser ist dieser Zeitunterschied viel zu gering. Außerdem wird der Schall nicht nur über die Trommelfelle, sondern vom gesamten Kopf aufgenommen, sodass die Richtung einer Schallquelle unter Wasser nicht geortet werden kann.
Das ist insbesondere dann von Bedeutung, wenn an dem Tauchgebiet Motorboote verkehren, denn diese stellen eine Gefahr beim Auftauchen dar. Wir hören zwar ganz gut aufgrund der besseren Schallübertragung, dass ein Boot sich annähert oder entfernt, aber nicht die Richtung, aus der das Schraubengeräusch kommt.
Die bessere Schallübertragung unter Wasser können wir uns zunutze machen, wenn wir akustische Signale zur Verständigung oder zur Erregung von Aufmerksamkeit verwenden, beispielsweise Klopfzeichen an Metallteilen.

1.12 Wärme

Der Körper gibt im Wasser mehr Wärme ab als an der Luft. Zum Ausgleich der Wärmeabgabe wird im Körper neue Wärme produziert (thermische Energie). Während dieser Ausgleich an der Luft grundsätzlich gut reguliert werden kann, ist dies im Wasser nur eingeschränkt möglich.
Wärme ist eine Form der Energie und ergibt sich aus der Geschwindigkeit, mit der sich die einzelnen Moleküle bewegen.

Wir unterscheiden die folgenden Arten der Wärmeabgabe:
- die Wärmeleitung, auch Konduktion genannt,
- die Wärmeströmung, auch Konvektion genannt,
- die Wärmestrahlung.

Die direkte Übertragung von Wärmeenergie von einem Körper an das angrenzende Medium (z. B. Luft oder Wasser) wird als **Wärmeleitung** bezeichnet. Durch direkte Berührung geben dann die Moleküle ihre Bewegungsenergie an das nächste Molekül ab, ähnlich wie die Kugeln beim Billard.

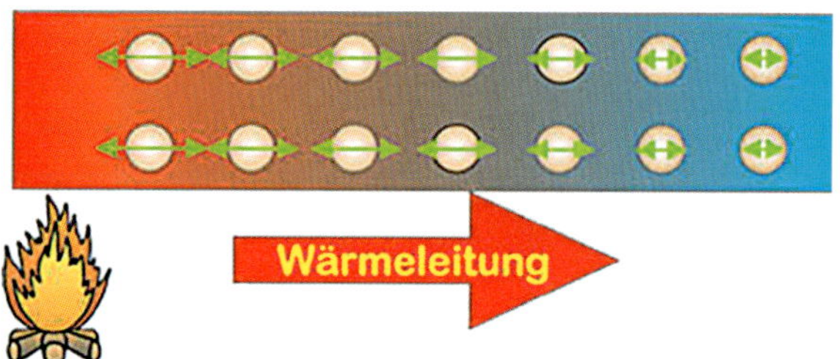

Wärmeleitung

Wenn wir mit unserem Körper im Wasser sind, geben wir so unmittelbar Wärme an das Wasser ab. Da das Wasser diese besser leitet als die Luft, ist der Wärmeverlust im Wasser deutlich höher als an der Luft. Schon bei 21 °C Wassertemperatur verliert ein unbekleideter Mensch im Wasser mehr Wärme, als der Körper neu produzieren kann.
Daher tragen wir beim Tauchen einen Tauchanzug. Hierzu verwenden wir meist Tauchanzüge aus Neopren, denn dieses aufgeschäumte Material enthält zum größten Teil kleinste Gasbläschen, und gerade Gase sind ein guter Schutz vor Wärmeverlust, weil sie die Wärme schlecht leiten.
Eine weitere Art der Wärmeabgabe ist die **Wärmeströmung.** Hier wird Wärme durch das umgebende Medium (z. B. Wasser oder Luft) abtransportiert. Beim Tauchen

erfolgt die Wärmeabgabe durch Wärmeströmung, indem das uns umgebende und bereits erwärmte Wasser durch kaltes Wasser ersetzt wird. Auch beim Tauchen mit einem Nasstauchanzug geben wir so Wärme ab, wenn der Tauchanzug nicht gut sitzt und einen Wasseraustausch ermöglicht. Ein guter Sitz des Tauchanzuges ist daher zum Schutz vor Wärmeabgabe unerlässlich.
Schließlich wird Wärme auch durch **Wärmestrahlung** in Form von elektromagnetischen Wellen abgegeben. Auch die Sonneneinstrahlung ist eine Art der Wärmestrahlung. Unser Körper strahlt auch Wärme ab. Du kannst dies auch spüren, indem du z. B. deine Hand ganz nah vor das Gesicht hältst. Die Wärmeabgabe durch Strahlung können wir beim Tauchen jedoch bereits durch das Tragen eines Tauchanzuges weitestgehend ausschalten.
Was jedoch unter Wasser von Vorteil ist, kann über Wasser zu Problemen führen. Wenn wir den Tauchanzug bei hohen Außentemperaturen schon längere Zeit vor dem Tauchen anziehen, ist unsere notwendige Wärmeabgabe behindert und unser Körper kann sich überhitzen.
Auch über die Atmung geben wir einen großen Teil unserer Wärme ab. Während dies in Ruhe etwa 10 % unserer gesamten Wärmeabgabe ausmacht, kann sich die Wärmeabgabe über die Atmung mit zunehmender Tiefe sogar auf bis zu 40 % erhöhen.
Die Wärmedämmung durch unseren Neopren-Tauchanzug nimmt mit zunehmender Tiefe ab, da der Tauchanzug wie jeder luftgefüllte Körper nach dem Gesetz von Boyle-Mariotte bei zunehmendem Druck an Volumen verliert – der Anzug wird also dünner. Einen besseren Schutz vor Wärmeabgabe stellen sogenannte Trockentauchanzüge dar, die einerseits über Dichtmanschetten an den Armen und am Kopf komplett ein Eindringen von Wasser und einen Wasseraustausch (Konvektion) verhindern, andererseits über Luftzufuhrmöglichkeiten ein konstantes Innenvolumen auch in unterschiedlichen Tauchtiefen ermöglichen.

2 Tauchmedizin

2.1 Gewebearten

Der menschliche Körper besteht aus verschiedenen Bestandteilen. Zusammenschlüsse von Zellen gleichen Aufbaus und gleicher Form zum Zweck einer bestimmten Funktion werden Gewebe genannt. Für das Tauchen ist die Kenntnis der Gewebearten wichtig, weil in diesen je nach Art und Durchblutung unterschiedlich schnell Stickstoff gelöst wird. Der Vorgang der Sättigung und Entsättigung ist davon abhängig, und daher werden langsame und schnelle Gewebe unterschieden. Die menschlichen Gewebe sind jedoch von den in den Dekompressionsmodellen rechnerisch verwendeten Geweben zu unterscheiden, die durch eine bestimmte Halbsättigungszeit charakterisiert sind.

Zu unterscheiden sind folgende Gewebe:

- **Epithelgewebe** stellen die äußere oder innere auskleidende Oberfläche eines Körperteils oder Organs dar.
- **Nervengewebe** weisen aufgrund des hohen Fettgehaltes eine vielfach höhere Stickstofflöslichkeit als andere Gewebe auf. Es wird unterschieden zwischen dem zentralen Nervensystem (Gehirn und Rückenmark) und dem peripheren Nervensystem. Die peripheren Nerven dienen der Erregungsleitung zwischen den Nervenendigungen und Sinnesorganen an das Gehirn und vom Gehirn und Rückenmark an die Muskulatur.
- **Binde- und Stützgewebe** können straff (Sehnen) oder starr (Knochen) sein und sind wegen der schlechteren Durchblutung eher als langsam einzustufen.
- **Muskelgewebe** bewegen einerseits das Skelett und sind andererseits die Gewebe des Herzens und andere Organe. Die Muskulatur ist gut durchblutet und zählt daher zu den schnellen Geweben.
- **Blut** macht etwa 8 % des Körpergewichtes aus und besteht aus dem **Blutplasma** sowie den **Blutzellen**. Zu den Blutzellen gehören
  - die etwa 8 µm (0,008 mm) großen **roten Blutkörperchen (Erythrozyten)**, die mit dem roten Blutfarbstoff Hämoglobin den wesentlichen Anteil des Sauerstofftransportes in chemisch gebundener Form übernehmen,

- die **weißen Blutkörperchen (Leukozyten)**, die Fremdkörper aufnehmen können und so bei Abwehrvorgängen, insbesondere auch bei Entzündungen, entscheidenden Anteil haben,
- die **Blutplättchen (Thrombozyten)**, die an der Blutgerinnung mitwirken.

2.2 Anatomie und Physiologie des Herz-Kreislauf-Systems

Das Herz- und Kreislaufsystem des Menschen ist ein geschlossenes und über den gesamten Körper verzweigtes Organsystem.

Es besteht aus

- Herz,
- Arterien, Haargefäßen (Kapillaren) und Venen.

Das Herz-Kreislauf-System transportiert das Blut von der sauerstoffaufnehmenden Lunge zu den Organen und ist für den Nährstoffaustausch, den Gasaustausch und den Austausch von Botenstoffen (Hormonen) verantwortlich. Die Zusammensetzung des Blutes wiederum garantiert ein Gleichgewicht des Säure-Basen-Haushalts, der Blutsalze und des Botenstoffaustausches aller Organe. Weitere Aufgaben sind die Temperaturregulation über die Hautblutgefäße und der Transport von Abwehrzellen (weiße Blutkörperchen) und Blutplättchen zur Blutgerinnung.

Aufbau des Herzens und des Blutkreislaufs

Das Herz ist das zentrale Kreislauforgan. Es besteht aus der rechten Herzhälfte, die den Lungenkreislauf versorgt, und der linken Herzhälfte, die das Blut in den Körperkreislauf und insbesondere auch zum Gehirn pumpt. Beide Herzhälften bestehen aus einer Vorkammer und einer Hauptkammer. Herzmuskelzellen ermöglichen das rhythmische Zusammenziehen der Herzkammern und sind für die Erregungsleitung innerhalb des Herzens über bestimmte Leitungsbahnen geprägt. Das Herz wird umgeben vom Herzbeutel, der eine feste, nicht dehnbare Hülle darstellt und als »Ölwanne« eine möglichst reibungslose Arbeit ermöglicht. Die Durchblutung des Herzens erfolgt über die Herzkranzgefäße.

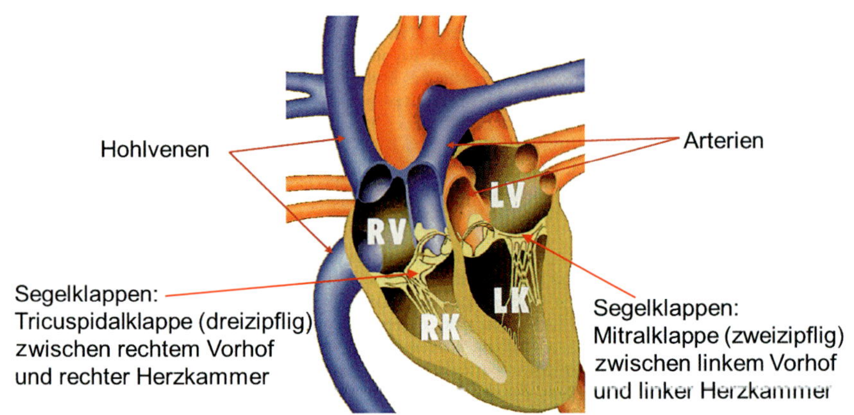

Herz-Aufbau

Das Herz arbeitet als Saug- und Druckpumpe mithilfe von Ventilen, den **Herzklappen.** Bei jedem Herzschlag wird aus der linken Herzkammer eine Blutmenge von etwa 60–80 ml in die große Körperschlagader (Aorta) ausgeworfen. Ein Zurückfließen des Blutes wird durch die Aortenklappe verhindert. Das pro Minute geförderte Blutvolumen wird als **Herz-Zeit-Volumen** bezeichnet (korrekt: Volumen/Zeit, vgl. »Stundenkilometer«).

Eine Herzschlagfolge von 60 Schlägen pro Minute (ein Herzschlag pro Sekunde) mit einem Schlagvolumen von 80 ml bedeutet ein Herz-Zeit-Volumen von 60/min · 80 ml = 4.800 ml/min. Auf einen Tag hochgerechnet, ergibt das eine durchschnittliche Pumpleistung des Herzens von knapp 6.000 Litern/24 Stunden.

Von der großen Körperschlagader (**Aorta**) aus wird das sauerstoffhaltige arterielle Blut über die **Arterien** den Körperorganen zugeführt. Als Arterien werden die Blutgefäße bezeichnet, die vom Herzen wegführen. Die Verteilung und die Regelung der Blutzufuhr erfolgt entsprechend dem Bedarf, z. B. zur Muskulatur bei körperlicher Belastung, zu den Eingeweideorganen bei den Mahlzeiten und in gleichmäßigem Fluss zum Gehirn.

In den Geweben und Organen des Körpers verzweigt sich das Blutgefäßsystem in kleinste Haargefäße (**Kapillaren**), die aufgrund ihres Aufbaus den Austausch von Sauerstoff, Kohlendioxid, Nährstoffen und Hormonen ermöglichen. Die Kapillaren führen das Blut zurück zu kleinsten **Venen** bis hin zur oberen und zur unteren Hohlvene, die gemeinsam in den rechten Herzvorhof münden. Als Venen werden die Blutgefäße bezeichnet, die zum Herzen hinführen.

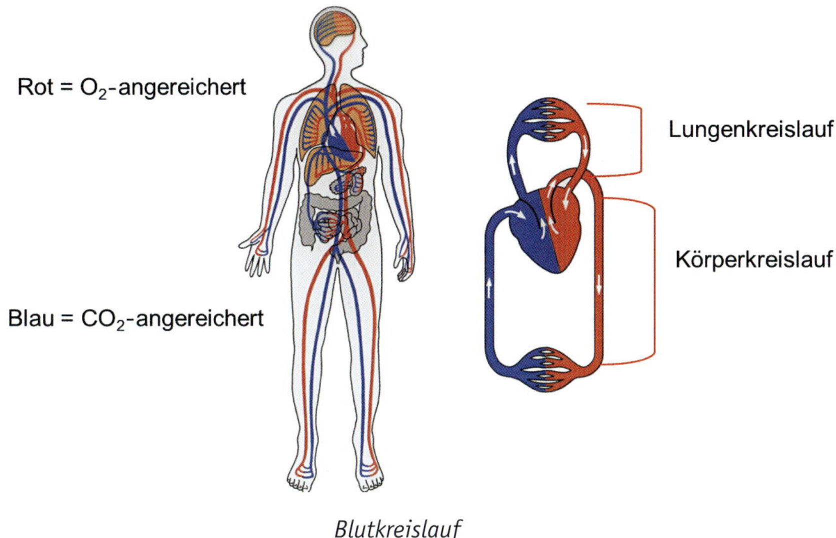

Blutkreislauf

Der Blutstrom wird mit dem sauerstoffarmen Blut aus dem gesamten Körperkreislauf vom rechten Vorhof in die rechte Herzkammer geleitet. Bei der gleichzeitig mit der Kontraktion der linken Herzkammer erfolgenden Kontraktion der rechten Herzkammer wird das Blut in den Lungenkreislauf gepumpt. In den Lungenarterien ist der Blutdruck deutlich niedriger als im Körperkreislauf. Die Haargefäße der Lunge umspannen die **Lungenbläschen** und ermöglichen so den **Gasaustausch**: Sauerstoffaufnahme und Kohlendioxidabgabe. Das sauerstoffreiche Blut fließt in den Lungenvenen zusammen und mündet aus beiden Lungenhälften in den linken Herzvorhof – der Kreislauf ist geschlossen.

Arbeitsweise des Herzens

Das Herz hat einen **Vierkammer-Aufbau**: linker Herzvorhof, linke Herzkammer, rechter Herzvorhof und rechte Herzkammer. Die Herzklappen zwischen den Vorhöfen und den Kammern verhindern einen Rückfluss des Blutes in der Auswurfphase der Kammern in die Herzvorhöfe. Das heißt: Die Aortenklappe und die Pulmonalklappe verhindern jeweils den Blutrückfluss aus dem großen Körperkreislauf (Aortenklappe) bzw. aus dem Lungenkreislauf (Pulmonalklappe). Die Tricuspidalklappe und die Mitralklappe verhindern jeweils den Blutrückfluss von der jeweiligen Hauptkammer in die Vorkammer und damit in den Körper- bzw. Lungenkreislauf. Der große (Körper-)Kreislauf hat einen hohen Blutdruck, der kleine (Lungen-) Kreislauf hat einen niedrigen Blutdruck. Die Drucktrennung zwischen den Herz-

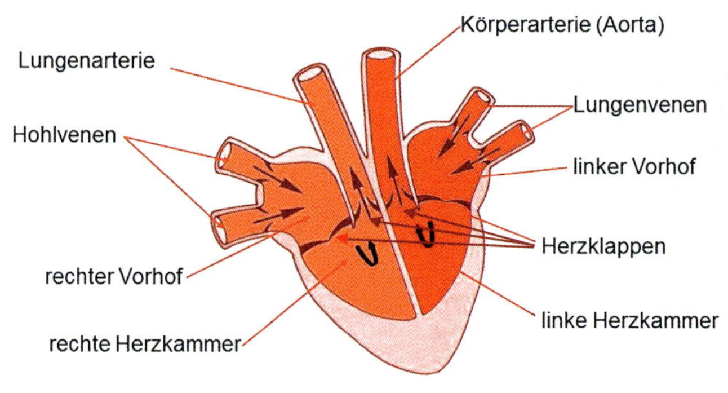

Blutfluss im Herzen

kammern und den Herzvorhöfen wird ermöglicht durch die **Vorhofscheidewand** und die **Kammerscheidewand**.

Während der Entwicklung des Menschen in der vorgeburtlichen Phase ist der Lungenkreislauf »kurzgeschaltet«, weil die Lunge nicht belüftet ist. Dieser Kurzschluss (Shunt) erfolgt über ein »Loch« in der Vorhofscheidewand, das *Foramen ovale*, ein Kulissenventil. Nach dem ersten Atemzug nach der Geburt wird diese Kurzschlussverbindung nicht mehr benötigt und schließt sich. Bei einem Drittel der Menschen kann eine schlitzförmige Öffnung verbleiben (ein sogenanntes *offenes* oder *persistierendes Foramen ovale*, PFO).
Das Herz schlägt zwischen 60- und 80-mal pro Minute, dies nennt man die **Herzfrequenz.** Bedarfsangepasst kann sie bei Gesunden bis auf nahezu 200 Schläge pro Minute ansteigen oder in Ruhe bis auf 40 Schläge pro Minute absinken. Die Herzfrequenz wird gesteuert vom vegetativen Nervensystem und unterliegt Einflüssen durch die Körpertemperatur, durch körperliche und seelische Belastung sowie durch verschiedene Krankheiten, z. B. der Schilddrüse.

Gefäße des Körpers: Arterien und Venen

Der **Blutdruck** in den Gefäßen ist ein physikalisch messbarer Druck, der durch die Pumpleistung des Herzens und die Wandspannung der Gefäße entsteht. Der arterielle Blutdruck wird in den **Körperschlagadern (Arterien)** gemessen. Er kann durch Veränderung der Wandspannung der Gefäße aufgrund verschiedener Faktoren gesenkt bzw. erhöht werden. Hierzu sind die Arterien mit einer Muskelschicht umgeben, über die der Querschnitt der Gefäße verändert werden kann. Krankhafte Erhöhungen der Blutdruckwerte in den Arterien werden als **Bluthochdruck** bezeichnet **(arterielle Hypertonie)**.

In den **Venen**, die das Blut zum Herzen zurückführen, herrschen niedrige Blutdruckwerte. Auch der Blutdruck im Lungenkreislauf ist, wie oben bereits beschrieben, deutlich niedriger als der Blutdruck im Körperkreislauf. Die Blutdruckwerte und die Blutflussregulierung der einzelnen Organe können sehr unterschiedlich sein. Nur das Gehirn hat, aufgrund seiner eigenen Blutdruckregulation, einen konstanten Blutfluss.
Die vom Herzen wegführenden Gefäße (Arterien) haben einen dreilagigen Wandaufbau und sind aufgrund einer Muskelschicht in der Lage, ihren Durchmesser den Durchflussbedingungen anzupassen und darüber auch den Blutfluss zu dem jeweiligen Versorgungsgebiet zu regulieren. Die Arterien des Körperkreislaufs führen sauerstoffreiches Blut, die Lungenarterien hingegen sauerstoffarmes Blut.
Die Venen sind vom Aufbau her viel dünnwandiger und haben keine den Arterien vergleichbare Muskelschicht. Sie dienen als Blutpool und können Blutverluste durch Umverteilung ausgleichen. Im Körperkreislauf führen sie sauerstoffarmes Blut zum Herzen zurück, die Lungenvenen hingegen sauerstoffreiches Blut zum Herzen hin.
Die Blutdruckregulierung erfolgt hormonell und nervös unter Mitwirkung von Kontrollorganen im Herzen, der Aorta und in den Halsschlagadern (Carotis-Sinusknoten). Wenn auf die Halsschlagader ein Druck ausgeübt wird, kann dies bei manchen Menschen ein plötzliches Absinken der Herzfrequenz bewirken. Dies kann bis zur Bewusstlosigkeit führen und wird als Carotis-Sinussyndrom bezeichnet. Daher: Nicht mit zu enger Halsmanschette beim Trockentauchanzug tauchen!

Tauchreflex

Als Schutzmaßnahme des Körpers, also um Sauerstoff einzusparen, haben wir aus unserer Entwicklungsgeschichte einen Reflex geerbt, durch den es beim Eintauchen des Gesichtes in kaltes Wasser zu einer Verlangsamung des Herzschlags, also des Pulses, kommt. Dieser Reflex wird daher auch als Tauchreflex bezeichnet und ist insbesondere für das Tauchen mit angehaltenem Atem, das Apnoetauchen, von Nutzen. Die Rezeptoren für diesen Reflex liegen im Mund- und Nasenbereich. Der Blutdruck hingegen ändert sich durch das Eintauchen nicht, auch wenn die Blutgefäße enger gestellt werden.

2.3 Anatomie der Atmungsorgane und Physiologie der Atmung

Um die Lebensvorgänge in unserem Körper und in jeder Zelle aufrechtzuerhalten, benötigen die Zellen **Sauerstoff**. Die Atmung hat die Aufgabe, die Körperzellen mit Sauerstoff zu versorgen und das entstandene **Kohlendioxid** wieder zu entsorgen. Der Weg der Luft geht über den Nasen-Rachen-Raum und den Kehlkopf mit der Stimmritze durch die Luftröhre in die Lunge, dort durch die Bronchien bis zu den Lungenbläschen, den Alveolen. In den Atemwegen findet kein Gasaustausch statt, daher stellen sie einen sogenannten Totraum dar. Erst in den Alveolen findet ein Gasaustausch mit den sie umgebenden Blutgefäßen statt. In den oberen Atemwegen wird die Luft gefiltert, angefeuchtet und erwärmt. Schon die Nasenschleimhaut ist mit Flimmerhärchen überzogen, die Verunreinigungen zurückhalten. Die Anfeuchtung erfolgt durch Schleimdrüsen.

Der Kehlkopf mit den Stimmbändern dient der Stimmerzeugung. Für das Tauchen ist der Spalt zwischen den Stimmbändern, die Stimmritze, von Bedeutung, da bei einem Stimmritzenkrampf der Luftweg verschlossen werden kann, sodass es beim Auftauchen zum Lungenüberdruckunfall kommen kann.

Die **Lunge** besteht aus zwei Lungenflügeln, die wiederum rechts in drei und links in zwei Lungenlappen aufgeteilt ist. Die Lunge liegt eingebettet in den Brustkorb, den aus zwölf Rippenpaaren gebildeten knöchernen Thorax. Dieser ist beweglich und kann seine Größe verändern, da die Rippen mit der Wirbelsäule und dem Brustbein beweglich verbunden sind. Durch diese Volumenveränderung des Brustkorbs kann eine Volumenänderung der Lunge bewirkt werden.

Da das Lungengewebe selbst mit elastischen Fasern durchsetzt und bestrebt ist, sich wie ein Luftballon zusammenzuziehen, ist eine Art Befestigung am Brustkorb nötig, damit die Lunge mit dem Brustkorb bewegt werden kann. Hierzu ist die Lungenoberfläche mit dem Lungenfell, einem dünnen Häutchen, umgeben, und der Brustkorb ist in analoger Weise mit dem Rippenfell von innen ausgekleidet. Beide gehen an der Lungenwurzel ineinander über, sodass zwischen ihnen ein dünner Zwischenraum besteht, der sogenannte Pleuraspalt. Dieser ist allseits geschlossen. In ihm herrscht ein leichter Unterdruck, und zwischen dem Lungen- und Rippenfell befindet sich ein dünner Flüssigkeitsfilm. Wie bei zwei Glasplatten oder Plastikkarten, zwischen die etwas Wasser gegeben wird, klebt so die Lunge am Brustkorb, sodass sie sich nicht zusammenziehen kann, aber trotzdem beweglich gelagert ist.

In der Lunge verzweigen sich die Atemwege in den beiden Lungenflügeln wie bei einem Baum in immer weitere und kleinere Verästelungen, bis sie am Ende in die

Lungenbläschen (Alveolen) gelangen, die von feinsten Blutgefäßen (Kapillaren) umgeben sind. Dort findet der Gasaustausch statt. Der Sauerstoff gelangt in das Blut und wird über den Kreislauf zu den Zellen des Körpers transportiert.
Die gesamte Funktionsfläche, über die ein Atemzug Luft in der Lunge verteilt wird, beträgt etwa 100 m².

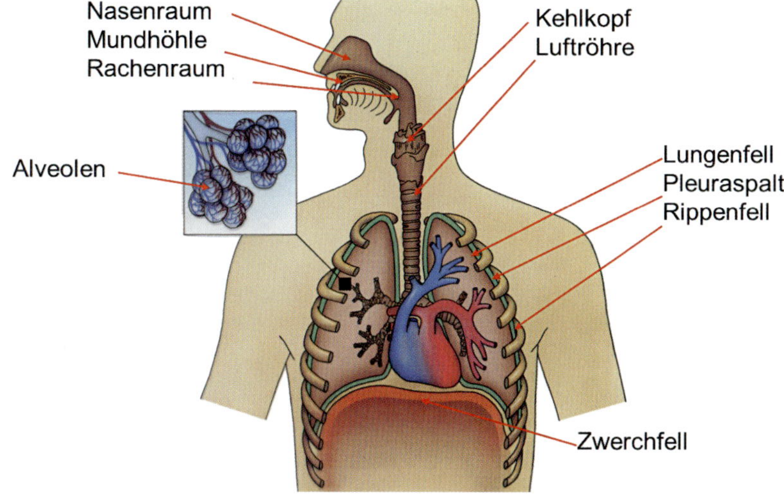

Lunge und Atemwege

Mechanik der Atmung

Wie gelangt nun die Luft in die Lunge? Ohne den Atmungsvorgang, die sogenannte Ventilation, würde die Luft in der Lunge nicht erneuert, und es könnte kein neuer Sauerstoff zugeführt werden. Daher ist eine regelmäßige Ein- und Ausatmung erforderlich.
Die **Einatmung** (Inspiration) erfolgt durch eine aktive Muskelarbeit, indem durch Anspannung des Zwerchfells und Anheben des Brustkorbs das Lungenvolumen vergrößert wird, und so kann durch die offenen Atemwege Atemluft in die Lunge strömen. Daran hat das Zwerchfell den größten Anteil, aber auch mit der Atemhilfsmuskulatur zum Beispiel zwischen den Rippen kann der Brustkorb weiter vergrößert werden.
Das **Ausatmen** (Exspiration) erfolgt passiv beim Entspannen der Atemmuskulatur, da die elastischen Fasern der Lunge das Bestreben haben, sich wieder zusammenzuziehen. So geht der Brustkorb immer wieder in seine Ausgangslage, die Atemruhelage, zurück.

Physiologie der Atmung

Die Atmung dient der Versorgung der Zellen mit Sauerstoff und dort der Energiegewinnung durch den Stoffwechsel. Als Endprodukt des Stoffwechsels entsteht dabei Kohlendioxid, welches wieder aus dem Körper heraustransportiert werden muss. Auch hierzu dient die Atmung, indem das Kohlendioxid von den Zellen über das Blut zu den Alveolen transportiert und beim Ausatmen wieder an die Umgebung abgegeben wird. Den größten Anteil an unserer Atemluft hat der Stickstoff, der jedoch nicht am Stoffwechsel teilnimmt, keine chemische Bindung im Körper eingeht und daher auch als Inertgas bezeichnet wird (von lat. *inertia* = Trägheit, Untätigkeit). Schließlich enthält die Einatemluft noch Edelgase, die ebenfalls an der Atmung nicht beteiligt sind.

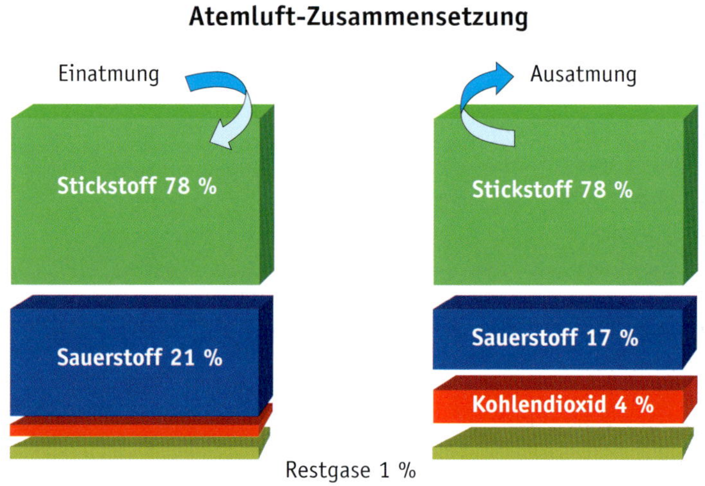

Atemluft-Zusammensetzung

Zusammensetzung der Atemluft an der Wasseroberfläche

Wir unterscheiden zwischen der äußeren und der inneren Atmung. Die **äußere Atmung** beschreibt den Weg des Sauerstoffs von der Einatemluft bis zu den Zellen im Körper. Dies umfasst die Beförderung mit der Atemluft durch die Atemwege bis zu den Alveolen und den Gasaustausch sowie den Transport des an das Hämoglobin gebundenen Sauerstoffs zu den Zellen. Nur ein geringer Teil wird bei normalem Umgebungsdruck physikalisch gelöst. Bei hohem Umgebungsdruck, insbesondere bei einer hyperbaren Sauerstofftherapie (HBO-Therapie), kann der physikalisch gelöste Teil deutlich erhöht werden. Umgekehrt gehört der Abtransport von Kohlendioxid und dessen Abatmung mit der Ausatemluft zur Atmung.

Durch die dünnen Wände der Alveolen findet aufgrund eines Konzentrationsgefälles durch Diffusion der Gasaustausch statt. Gase diffundieren vom Ort der höheren Konzentration zum Ort der niedrigeren Konzentration.
Im Gewebe erfolgt in den Kapillargefäßen die Abgabe des Sauerstoffs aus der Bindung an das Hämoglobin, und der Sauerstoff diffundiert durch die dünnen Kapillarwandzellen zu den Gewebezellen.
Kohlendioxid und Stickstoff werden nur physikalisch gelöst und sind nicht auf den Transport durch Blutkörperchen angewiesen. Kohlendioxid wird wesentlich besser abgegeben als Sauerstoff aufgenommen werden kann.
Mit der **inneren Atmung** werden die Vorgänge bezeichnet, die sich in der Zelle unter Verwendung des Sauerstoffs zur Energiegewinnung abspielen.

Die **Atemregulation** erfolgt gesteuert durch unser Atemzentrum, welches im verlängerten Rückenmark des zentralen Nervensystems liegt. Hierüber wird die Atemfrequenz und -tiefe geregelt.
Beeinflusst wird dies durch folgende Faktoren:

- Chemorezeptoren messen den Partialdruck des Kohlendioxids (p_{CO_2}) im arteriellen System. Bei einem Anstieg des p_{CO_2} über einen gewissen Grenzwert wird der Atemreiz ausgelöst.
- Ein Absinken des Sauerstoffpartialdrucks im Blut (p_{O_2}) bedeutet Sauerstoffmangel und bewirkt einen – aber deutlich schwächeren – Atemreiz.
- Dehnungsrezeptoren in der Lunge dienen der Begrenzung der Einatmung.
- Eintauchen in kaltes Wasser bewirkt ebenfalls einen Atemreiz.
- Psychische Faktoren können die Atmung beeinflussen.

Hauptatemreiz ist also der Kohlendioxid-Partialdruck, der im Zusammenhang mit dem pH-Wert bei einer Erhöhung eine höhere Atemfrequenz und Atemtiefe bewirkt.

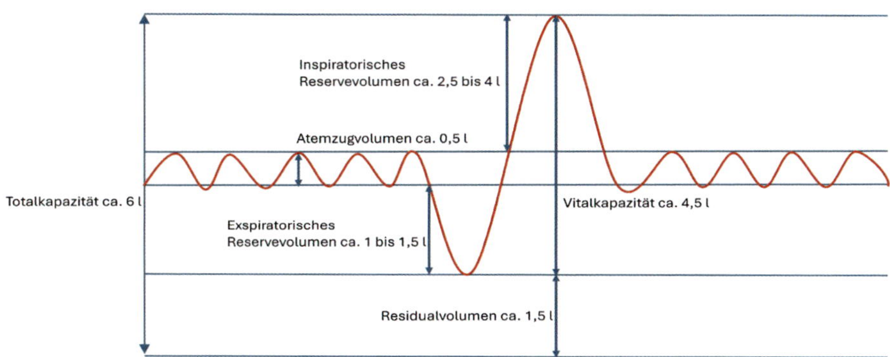

Atemvolumina

Wir unterscheiden folgende Atemwerte:

Atemzugvolumen	bei einem normalen Atemzug in Ruhe bewegtes Luftvolumen	ca. 0,5 l
inspiratorisches Reservevolumen	Luftvolumen, das zusätzlich zum Atemzugvolumen maximal eingeatmet werden kann	ca. 2,5 bis 4 l
exspiratorisches Reservevolumen	Luftvolumen, das zusätzlich zum Atemzugvolumen maximal ausgeatmet werden kann	ca. 1 bis 1,5 l
Vitalkapazität	Luftvolumen, das nach maximaler Einatmung maximal ausgeatmet werden kann	ca. 4,5 l
Residualvolumen	nach vollständiger Ausatmung in der Lunge verbleibendes Restvolumen	ca. 1,5 l
Totalkapazität	gesamtes Luftvolumen der Lunge nach maximaler Einatmung	ca. 6 l

Die angegebenen Größen sind ungefähre Mittelwerte und stark abhängig von Körpergröße, Gewicht, Alter, Geschlecht und Trainingszustand. Die Vitalkapazität kann durch Training erheblich gesteigert werden.
In Ruhe atmet ein Erwachsener etwa 16- bis 20-mal pro Minute, Kleinkinder öfter. Bei einem Atemzugvolumen von 0,5 l bedeutet das ein Ruhe-Atemminutenvolumen von 8 bis 10 l/min. Durch hohe Anstrengung und andere Faktoren kann der Atembedarf auf über 60 l/min ansteigen.

2.4 Anatomie des Ohres und der Schädelhöhlen

Die Auswirkungen von Druckveränderungen auf das Volumen gelten für alle abgeschlossenen Hohlräume unseres Körpers. Dazu gehören die Schädelhöhlen, die Brustkorbhöhle mit den Lungen und die Bauchhöhle mit den Hohlräumen im Magen-Darm-Bereich. Eines der wichtigsten Organe für den Taucher ist das Ohr.
Das **Ohr** besteht aus dem äußeren Ohr mit Ohrmuschel, äußerem Gehörgang bis hin zum Trommelfell, aus dem Mittelohr mit den in der Paukenhöhle gelegenen Gehörknöchelchen (Hammer, Amboss und Steigbügel) und dem Innenohr mit der Gehörschnecke und dem Gleichgewichtsorgan, den Bogengängen.
Das Ohr dient der Weiterleitung des Schalls zu unserem Hörsinn. Zunächst wird der Schall über den äußeren Gehörgang zum Trommelfell geleitet und bewirkt dort eine Schwingung, die über die Gehörknöchelchen zum ovalen Fenster, einer flexib-

len Schicht vor dem Innenohr, weitergeleitet wird. Von dort gelangt der Schall in die Gehörschnecke und anschließend zurück zum runden Fenster, einer weiteren flexiblen Schicht zwischen Innen- und Mittelohr, um die Gehörschnecke wieder von der Druckwelle zu entlasten. Die Gehörschnecke und die Bogengänge sind mit Endolymphe bzw. Perilymphe gefüllt, welche die Schwingungen aufnehmen und über eine Volumenverschiebung die Sinneszellen in der Gehörschnecke bzw. in den Bogengängen aktivieren. Größere Druckschwankungen können über die Peri- und Endolymphe zu Störungen des Dreh- und Lagesinns führen.
Das Mittelohr steht über die Ohrtube oder Eustachische Röhre in Verbindung mit dem Nasen-Rachen-Raum. Diese ist allerdings nicht dauerhaft geöffnet, sondern ähnelt einem Entenschnabelventil, das einen Überdruck aus dem Mittelohr zwar entweichen lässt, aber nicht umgekehrt einen höheren Druck im Nasen-Rachen-Raum in das Mittelohr überträgt. Erst durch den aktiven Druckausgleich wird die Ohrtube geöffnet, sodass ein Ausgleich der Druckverhältnisse zwischen dem Mittelohr (Paukenhöhle) und dem Umgebungsdruck im Nasen-Rachen-Raum erfolgen kann. Bei Erkältung kann eine angeschwollene Schleimhaut bewirken, dass ein Druckausgleich nicht funktioniert.

Daher: kein Tauchen bei Erkältungskrankheiten!

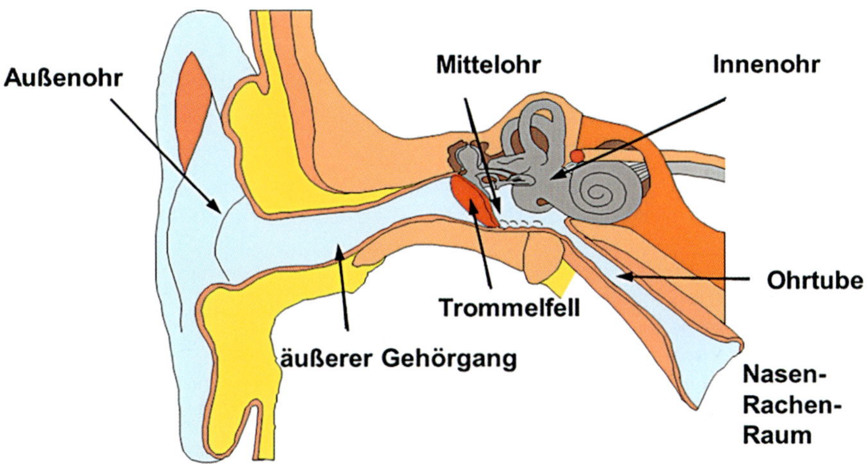

Aufbau des Ohrs

Die Schädelhöhlen sind luftgefüllte Hohlräume innerhalb der Knochensubstanz unseres Schädels. Sie sind über dünne Kanäle mit dem Nasen-Rachen-Raum oder untereinander verbunden. Wenn diese Verbindungswege verlegt sind, z. B. bei Erkältung, kann es beim Tauchen zu Schädigungen kommen.

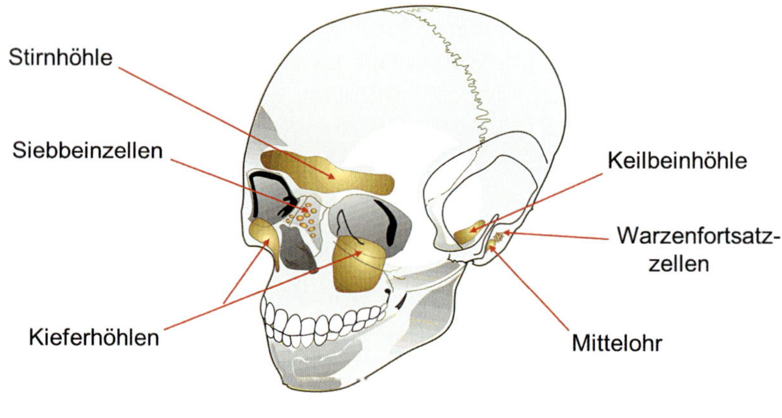

Schädelhöhlen

2.5 Barotraumen

Wenn beim Abtauchen der Druck um uns herum zunimmt und beim Auftauchen abnimmt, so wirken diese Druckänderungen auf unseren gesamten Körper. Auch unsere luftgefüllten Hohlräume, wie zum Beispiel die Schädelhöhlen und das Ohr, unterliegen diesen Druckänderungen. Solange die Schädelhöhlen eine offene Verbindung nach außen haben, ist der Druck innen genauso groß wie außen, es findet ein Ausgleich statt. Wenn diese Verbindung verlegt ist, nimmt beim Abtauchen der Außendruck zu, während der Druck in der Schädelhöhle gleich bleibt, sodass es zu einem relativen Unterdruck kommt. Dies merkst du an Schmerzen, und es kann zu einem Flüssigkeitsaustritt kommen. Eine solche Schädigung aufgrund von Druckunterschieden zwischen der Umgebung und den luftgefüllten Körperhöhlen wird als Barotrauma bezeichnet.

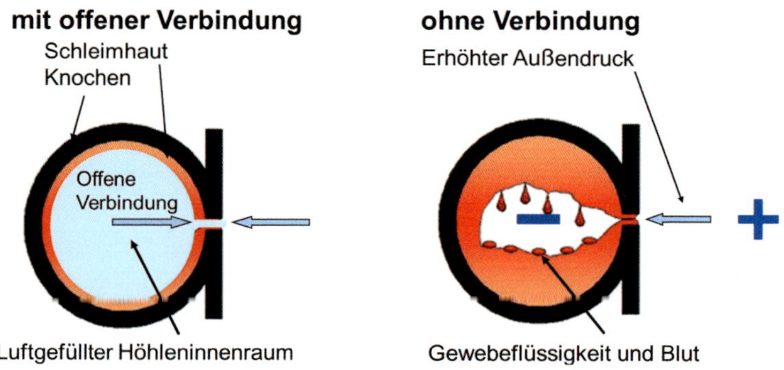

Entstehung eines Barotraumas

Bei den Schädelhöhlen ist meistens eine Erkältung die Ursache dafür, dass die Verbindung nach außen durch Schleimhautschwellungen verlegt ist.

Merke: Tauche nie bei Erkältung!

Abschwellende Nasensprays sind hier keine Lösung, da sie nach einer gewissen Zeit ihre Wirkung verlieren und dann beim Auftauchen zur Verlegung der Verbindung führen, sodass sich ein schmerzhafter Überdruck in der Höhle entwickelt (»Umkehrblockade«).

Merke: Keine Nasensprays beim Tauchen!

Die Schmerzen können an den verschiedenen Nasennebenhöhlen auftreten. Heftige stechende Schmerzen in der Stirngegend nach einem Tauchgang sind in der Regel eine Folge eines Barotraumas der Stirnhöhle. Bei solchen Schmerzen darf auf keinen Fall weiter getaucht werden, sondern der Tauchgang ist zu beenden.

Barotrauma der Nasennebenhöhlen	
Symptome	Schmerz an der betroffenen Nasennebenhöhle sofort beim Abstieg: ▸ Kieferhöhle: Schmerz im Oberkiefer, ähnelt Zahnschmerz ▸ Stirnhöhle: stechender Schmerz in der Stirngegend ▸ Siebbeinzellen: Schmerz an der Nasenwurzel
Behandlung	In geringere Tiefe tauchen und Tauchgang abbrechen, HNO-ärztliche Behandlung, Nasensalbe, ggf. Antibiotikum
Vorbeugung	▸ Kein Tauchgang bei Erkältungskrankheiten ▸ Ausschluss anderer Ursachen durch HNO-Arzt ▸ Keine Verwendung von Nasensprays

Auch beim Ohr ist es wichtig, dass über eine Verbindung ein Ausgleich zwischen dem Druck im luftgefüllten Mittelohr und dem Umgebungsdruck hergestellt wird. Diese Verbindung ist die Ohrtube (Ohrtrompete, Eustachische Röhre). Sie verbindet das Mittelohr mit dem Nasen-Rachen-Raum. Die Ohrtube öffnet sich regelmäßig beim Schlucken oder Gähnen und bewirkt so einen Ausgleich des Drucks zwischen Mittelohr und Umgebung.

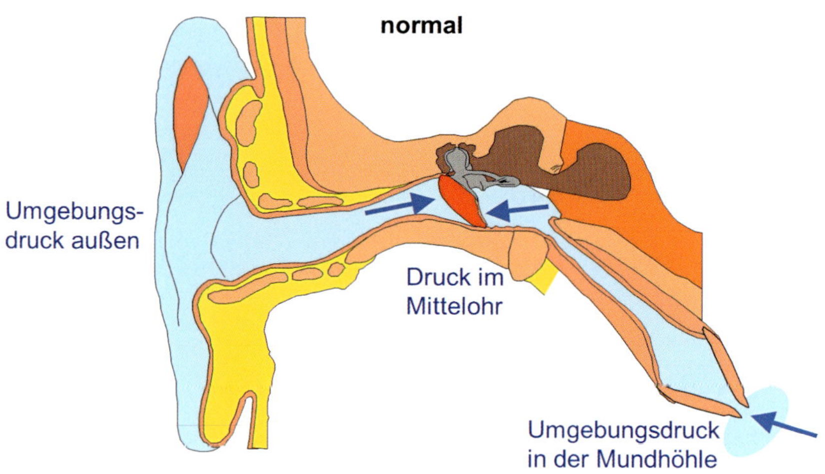

Ausgeglichener Druck zwischen Mittelohr und Umgebung

Wenn wir tiefer tauchen, nimmt der Druck auf die Tubenlippen am Eingang der Ohrtube zu. Dann ist die Verbindung über die Ohrtube geschlossen, und der Druck im Mittelohr ist kleiner als der Umgebungsdruck. Das Trommelfell wird dabei nach innen gewölbt, und wir spüren das mit einem Druck auf den Ohren.

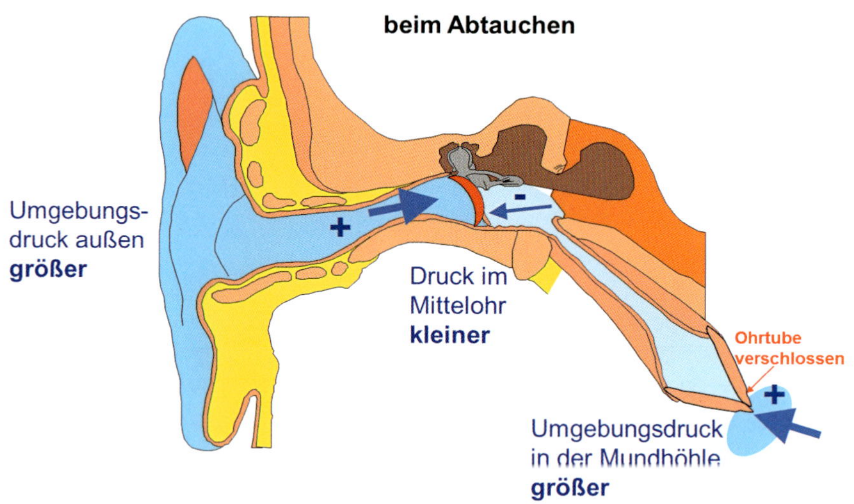

Unterdruck im Mittelohr beim Abtauchen

Nur durch einen aktiven Druckausgleich kann dann der Ausgleich zwischen dem Druck im Mittelohr und dem Umgebungsdruck wieder hergestellt werden. Dadurch wird die Ohrtube als Verbindung zwischen Mittelohr und Umgebung wieder geöffnet. Das Trommelfell geht durch die ausgeglichenen Druckverhältnisse wieder in seine Ausgangslage, die neutrale Stellung, zurück.
Den Druckausgleich im Ohr kannst du aktiv durchführen, indem du mit Daumen und Zeigefinger die Nase zuhältst und dann versuchst, Luft in den Nasen-Rachen-Raum zu pressen. Dann öffnet sich im Regelfall die Ohrtube, und du merkst ein leichtes Knacken in beiden Ohren. Manche Leute können das auch durch Schlucken oder andere Techniken erreichen.
Da der Druckunterschied auf den ersten Metern am größten ist, ist es besonders wichtig, sofort nach dem Abtauchen mit dem Druckausgleich zu beginnen. Wenn der Druckunterschied schon zu hoch ist und du den Druck an den Ohren oder gar Schmerzen verspürst, aber keinen Druckausgleich mit der beschriebenen Technik erreichst, dann versuche niemals, mit noch mehr Pressen den Druckausgleich zu erzwingen! Wenn kein Druckausgleich durchgeführt werden kann und trotzdem weiter abgetaucht wird, kann dies zum Riss des Trommelfells führen!

Merke: Niemals den Druckausgleich erzwingen!

Tipp:
Wenn der Druckausgleich nicht klappt, nimm die senkrechte Lage ein und überstrecke den Kopf in den Nacken. Dadurch öffnen sich die Ohrtuben leichter, wenn du dann noch einmal den Druckausgleich probierst.
Wenn das auch nicht funktioniert, tauche einfach wieder in eine geringere Tiefe, bis es klappt.
Am besten beginnst du mit dem Druckausgleich schon kurz nach dem Abtauchen und dann alle ein bis zwei Meter, damit der Druckunterschied nicht so hoch ist, auch wenn du noch keinen Druck auf den Ohren verspürst!

Merke: Beginne schon frühzeitig und in geringer Tiefe mit dem Druckausgleich!

Wenn du erkältet bist, können die Ohrtuben so anschwellen, dass kein Druckausgleich möglich ist. Auch mit den beschriebenen Hilfen wird es dir nicht gelingen. Dann entsteht wie beim Abtauchen ohne Druckausgleich ein relativer Unterdruck im Mittelohr, der sich bei weiterem Abtauchen mit Schmerzen durch das überdehnte Trommelfell bemerkbar macht. Ein Tauchen ist so nicht möglich.

Merke: Tauche nie bei Erkältung!

Wird trotz nicht erfolgtem Druckausgleich weiter abgetaucht, so wird das Trommelfell aufgrund des relativen Unterdrucks im Mittelohr im Vergleich zum Umgebungsdruck auf seiner Außenseite stark nach innen gewölbt und kann schließlich bei zu hohem Druckunterschied reißen. Wir sprechen von einer Trommelfellperforation. Dann lässt der vorher stechende Schmerz plötzlich nach, außerdem können Hörminderung, Drehschwindel, Übelkeit, Erbrechen und Orientierungsverlust die Folge sein, und es kann auch aus dem Gehörgang bluten. Durch Eindringen von kaltem Wasser in das Mittelohr kann es auch zum sogenannten Labyrinthschock mit eventueller Bewusstlosigkeit kommen. Bei einem Trommelfellriss sollte daher schon beim Auftauchen versucht werden, einen Wassereintritt über den Gehörgang durch Abdichten zu verhindern. Auch nach dem Auftauchen muss das Ohr trocken gehalten werden, und ein Hals-Nasen-Ohren-Arzt ist aufzusuchen. Ein Tauchen ist nur nach vollständiger Heilung des Trommelfellrisses möglich. Dies kann sehr lange dauern und bedarf einer fachkundigen ärztlichen Behandlung.

Barotrauma des Mittelohres	
Symptome	▸ Zunehmender Druck, später stechender Schmerz ▸ Plötzliches Nachlassen des Schmerzes bei Trommelfellriss ▸ Ggf. Minderung der Hörfähigkeit, Schwindel, Übelkeit, Erbrechen, Blutung
Behandlung	In geringere Tiefe tauchen, ggf. Druckausgleich nachholen, bei Überdehnung oder Riss des Trommelfells Abbruch des Tauchgangs und Tauchverbot
Vorbeugung	▸ Frühzeitig und in geringer Tiefe mit Druckausgleich beginnen ▸ Keinen Druckausgleich erzwingen ▸ Abbruch des Tauchgangs bei Nichtgelingen des Druckausgleichs ▸ Kein Tauchgang bei Erkältungskrankheiten

Wird ein Druckausgleich mit Gewalt durch heftiges Pressen erzwungen, so kann es zu einem Barotrauma des **Innenohres** kommen. Dabei wird die Druckwelle über das Gehörknöchelchen Steigbügel auf das ovale Fenster und darüber in das Innenohr übertragen. Im Innenohr setzt sich die Druckwelle fort und trifft schließlich auf das runde Fenster, welches dadurch wieder zum Mittelohr hin gewölbt wird. Je nach Stärke der Druckwelle kann dabei das runde Fenster reißen. Durch die Druckwelle können das Hör- und Gleichgewichtsorgan im Innenohr geschädigt werden.

Merke: Niemals den Druckausgleich erzwingen!

Barotrauma des Innenohres	
Symptome	Schwindel, Übelkeit, Erbrechen oder Brechreiz. Dauerhaft bleibende Hörgeräusche, Minderung der Hörfähigkeit, Orientierungsverlust
Behandlung	Tauchgangsabbruch, Bettruhe, durchblutungsfördernde Medikamente, HNO-Arzt
Vorbeugung	Kein erzwungener Druckausgleich, häufige Funktionsprüfung der Eustachischen Röhre

Auch das **Außenohr** kann einen abgeschlossenen Hohlraum bilden, wenn du

- mit Ohrenstöpseln tauchst,
- einen harten Ohrenschmalzpfropfen hast,
- mit einer zu eng sitzenden Kopfhaube tauchst.

Dann bildet sich zwischen diesem Verschluss und dem Trommelfell ein relativer Unterdruck, und das Trommelfell wölbt sich nach außen. Das äußert sich mit Schmerzen und kann bei weiterem Abtauchen zu einer Schädigung des Trommelfells führen.

Merke: Tauche nie mit Ohrenstöpseln!

Barotrauma des Außenohres	
Symptome	Schmerzen, evtl. Blutaustritt aus dem äußeren Gehörgang, evtl. Trommelfellriss, eingeschränkte Hörfähigkeit
Behandlung	Tauchgangsabbruch, Gehörgang trocken halten, Lokalbehandlung mit antibiotischen Tropfen, HNO-Arzt insbesondere bei Verdacht auf Trommelfellriss
Vorbeugung	Keine Verwendung von Ohrenstöpseln oder anderen Fremdkörpern, bei eng anliegender Kopfhaube Luft in die Kopfhaube pressen, z. B. über die Halsmanschette, sonst Wasser in die Kopfhaube einlaufen lassen

Eine häufige Erkrankung des Außenohres besonders bei Aufenthalten in tropischen Gewässern ist die akute Gehörgangsentzündung, die auch häufig durch Schädigung der natürlichen Ohrenschmalz-Schutzschicht des Gehörgangs durch Wattestäbchen, aber auch durch Bakterienbesiedlung hervorgerufen werden kann. Zur Vorbeugung sollte der Gehörgang nach einem Salzwassertauchgang mit Süßwasser gespült werden, und die Verwendung von Wattestäbchen ist zu vermeiden.

Gehörgangsentzündung	
Symptome	Juckreiz, heftige Schmerzen bis zu Schmerz beim Kauen, Einschränkung der Hörfähigkeit, evtl. Ohrgeräusche, Einschränkung des Druckausgleichs
Behandlung	Tauchverbot, Ohrentropfen mit antibakterieller, antimykotischer und entzündungshemmender Wirkung nach Verschreibung durch HNO-Arzt, Spülung mit warmem Süßwasser z. B. mit einer Einmalspritze
Vorbeugung	Süßwasserspülung nach jedem Tauchgang! Keine Wattestäbchen oder andere Manipulationen des Gehörgangs

Auch die **Tauchmaske** ist ein mit Luft gefüllter abgeschlossener Hohlraum, der dem Gesetz von Boyle-Mariotte unterliegt und bei zunehmendem Druck, also beim Abtauchen, sein Volumen verringert. Wenn das Volumen nicht weiter verringert werden kann, bildet sich in der Maske ein Unterdruck. Das kann die Schleimhaut der Augen beeinträchtigen und zu blutunterlaufenen Augen führen.
Damit ein solcher Unterdruck nicht entsteht, atmest du beim Tauchen einfach etwas durch die Nase aus. Dadurch entsteht ein Druckausgleich im Maskeninnenraum. Das geht natürlich nur, wenn die Nase in den Maskenraum integriert ist. Deshalb sind Schwimmbrillen oder Masken ohne eingeschlossene Nase nicht zum Tauchen geeignet.

Merke: Über die Nase etwas Luft in die Maske ausblasen!

Barotrauma der Augen	
Symptome	Blutunterlaufene Augen (Bindehaut verfärbt), ggf. mit Blutaustritt aus der Nase
Behandlung	Keine besondere Behandlung erforderlich, da die verletzten Kapillaren sich nach Wegfall des Unterdrucks wieder verschließen und das Blut resorbiert wird; ggf. abschwellende Augentropfen zur Unterstützung
Vorbeugung	Nur Masken mit Möglichkeit zum Druckausgleich über die Nase, frühzeitiger Druckausgleich über die Nase schon beim Abtauchen, indem wie beim Maske ausblasen Luft in die Maske gegeben wird

2.6 Überdruckbarotrauma der Lungen

Das Barotrauma der Lungen ist ein bedrohliches Ereignis, insbesondere wegen der möglichen Gefahr einer Luftembolie (arterielle Gasembolie).
Wie bei jedem luftgefüllten Hohlraum dehnt sich auch in der Lunge die Luft aus, wenn sich der Umgebungsdruck beim Auftauchen verringert und die sich ausbreitende Luft in der Lunge nicht abströmen kann. Da man die Luft bewusst, beispielsweise durch Verschließen der Lippen beim Aufstieg, nicht anhalten kann, ist wohl insbesondere der **Stimmritzenkrampf** eine der häufigsten Ursachen. Dieser kann reflektorisch eintreten, wenn ein Fremdkörper, insbesondere aspiriertes Wasser, auf die Stimmritze trifft. Verstärkt wird das Geschehen durch Angst und Panik. Der Krampf kann auch durch den Wasser-Nase-Reflex beim Tauchen ausgelöst werden, wenn also Wasser an die Nasenschleimhaut gelangt und der Reflex das Stoppen der Atmung bewirkt, obwohl noch genug Luft vorhanden ist. Der Reflex ist daher vor dem Tauchen zu checken, und er kann durch Training und Ausatmen der Luft durch die Nase kontrolliert werden. Beim Erkennen eines Stimmritzenkrampfes muss der Tauchpartner versuchen zu beruhigen, um Angst und Panik zu verringern. Bei Bewusstlosigkeit ist ein Aufstieg unter Beachtung der eigenen Sicherheit erforderlich, möglicherweise löst sich der Stimmritzenkrampf. Bei einem Notaufstieg in Panik ist ein Lungenüberdruckbarotrauma je nach Lungenfüllung und Druckunterschied wahrscheinlich.
Eine Überdehnung der gesamten Lunge ist aufgrund des sie umgebenden knöchernen Brustkorbs und des Zwerchfells praktisch nicht möglich. Überdehnungen mit Schädigungen treten hingegen in Lungenbezirken auf, die unterschiedliche Strömungswiderstände haben oder unterschiedlich gut ventiliert werden.
Je nach dem Ort in der Lunge, an dem ein Lungenrisses auftritt, unterscheiden wir zwischen einem **zentralen Lungenüberdruckbarotrauma (»zentraler Lungenriss«)** und einem **randständigen (parietalen) Lungenüberdruckbarotrauma (»randständiger Lungenriss«)**.

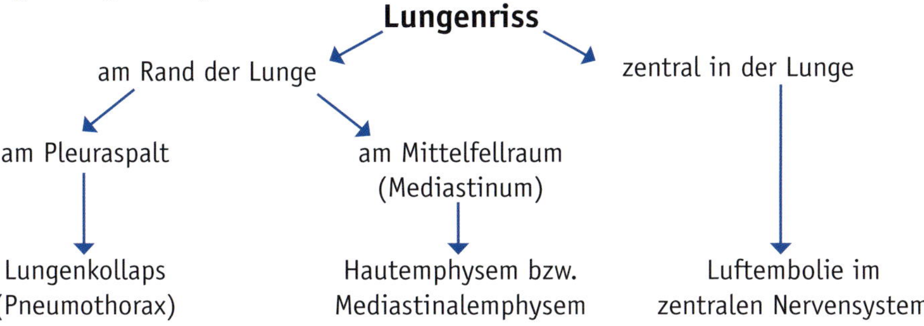

Erscheinungsformen eines Lungenrisses

Zentrales Lungenüberdruckbarotrauma (»zentraler Lungenriss«)

Bei einem Lungenüberdruckbarotrauma (»Lungenriss«) im Inneren eines Lungenflügels gelangt Atemluft aus den Alveolen in die sie umgebenden Blutgefäße. Diese Luft gelangt dann über die Lungenvenen zum linken Herzen und von dort in den Körperkreislauf. Erreichen diese Luftblasen dann das Gehirn, das Rückenmark oder die Herzkranzgefäße, können dort embolische Verschlüsse mit schweren Folgen entstehen (sogenannte AGE = arterielle Gasembolie).

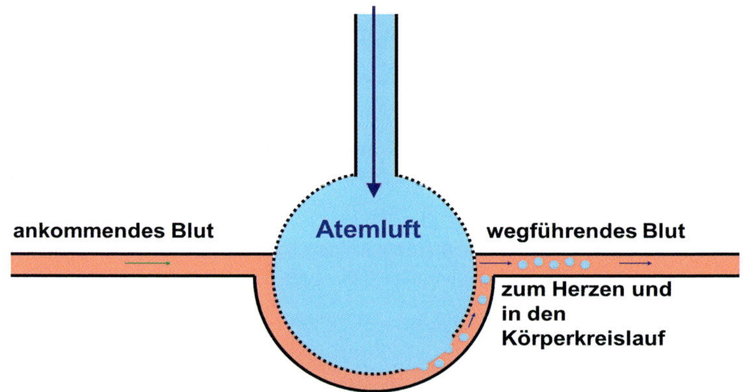

Luftblasen gelangen von der Alveole ins Blut.

Wenn nur lokal in einem kleinen Lungenbezirk einzelne Lungenbläschen überbläht werden, so sprechen wir von einem sogenannten »**Air Trapping**« (von engl. to trap = einfangen), da hier die Luft durch eine Verlegung des Luftweges nicht mehr entweichen kann und so bei Erhöhung des Druckes in den Bläschen quasi »eingefangen« wird. Eine solche Verlegung kann während des Tauchgangs besonders in der Isopressionsphase als Bronchusverengung auftreten, beispielsweise als Folge von vermehrter Schleimbildung bei Rauchern, chronischen Lungenerkrankungen oder akuten Atemwegsinfekten oder bei einem Husten unter Wasser durch den dabei entstehenden Unterdruck mit der Folge eines Verklebens der Luftwege.
Da bei einem solchen »Air Trapping« die Luft in der Alveole eingeschlossen ist, führt dies bei einem anschließenden Auftauchen zur Volumenausdehnung mit Überdehnung und ggf. Reißen der Alveole. Die Folge ist auch hier ein Barotrauma der Lunge.

Merke: Kein Tauchgang bei erhöhter Schleimbildung!

Merke: Nicht unter Wasser husten!

Kommt es doch zum Husten, tauche danach nicht auf, sondern verweile einige Zeit in der Tiefe, damit sich eine ggf. durch den Unterdruck entstandene Verklebung wieder lösen kann. Auch aus diesem Grund gilt für uns:

Merke: Bei jedem Tauchgang ein Sicherheitsstopp von 3 min in 5 m Tiefe!

Dies ist zur Vermeidung eines Air Trapping auch wichtig, wenn es sich nicht um einen dekompressionspflichtigen Tauchgang handelte.

Randständiges Lungenüberdruckbarotrauma (»Randständiger Lungenriss«)

Bei einem Lungenriss am äußeren Rand der Lunge ist zu unterscheiden, ob dieser Riss mit Anschluss an den Pleuraspalt oder mit Anschluss an den Mittelfellraum (Mediastinum) eintritt.
Tritt der Lungenriss mit Anschluss an den Pleuraspalt auf, so gelangt Luft aus den Alveolen der Lunge in den Pleuraspalt und führt dort zu einer Luftansammlung. Der Pleuraspalt kann dann seine Funktion, die Lunge am Brustkorb durch Unterdruckadhäsion zu halten, nicht mehr aufrecht erhalten. Durch die elastischen Fasern der Lunge fällt diese dann in sich zusammen, sie kollabiert. Daher wird dieses Phänomen auch als Lungenkollaps oder **Pneumothorax** bezeichnet.
Wenn sich die Verletzungsstelle nicht wieder schließt (das ist der Regelfall), so kann sich an der Stelle des Lungenrisses ein Ventilmechanismus bilden, der dazu führt, dass mit jedem Einatemvorgang weitere Luft in den Pleuraspalt gepumpt wird, aber nicht wieder entweichen kann. Hierdurch füllt sich der Pleuraspalt immer weiter mit Luft, und der Lungenflügel wird weiter zusammengedrückt, sodass er für die Atmung weitgehend ausfällt. Weiter kann die gesunde Lungenseite zunehmend komprimiert werden, wenn die verletzte Seite sich weiter über den Mittelfellraum ausdehnt. Ein solcher Vorgang nennt sich **Spannungspneumothorax**.

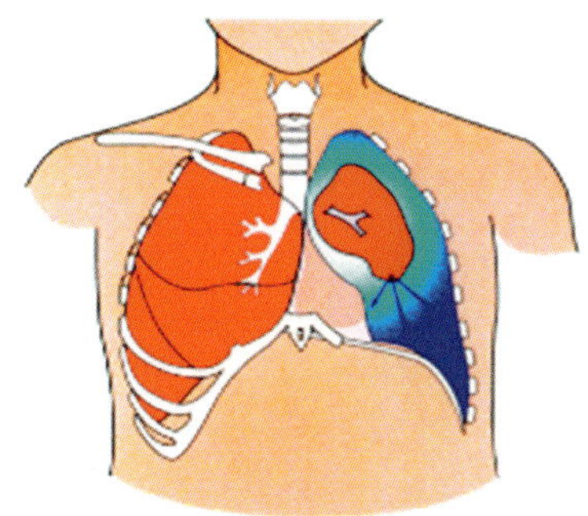

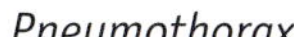

Pneumothorax

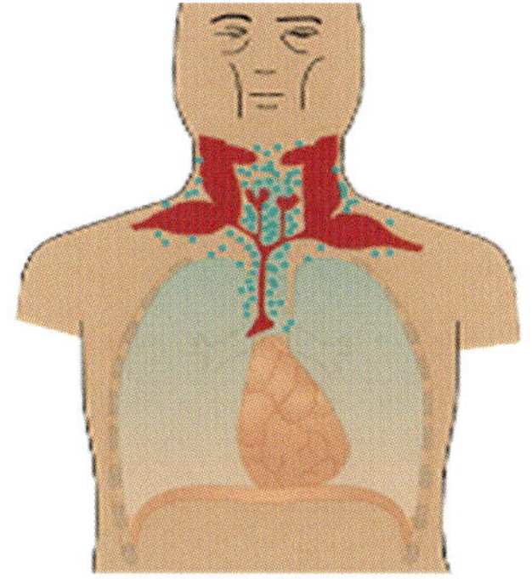

Mediastinal- und Hautemphysem

Tritt der Lungenriss mit Anschluss an das Mediastinum auf, so gelangt Luft in diesen Raum und kann, da es sich dort um lockeres Bindegewebe handelt, entsprechend der dann meist senkrechten Körperlage nach oben steigen. Dort sammelt sich die Luft dann in der Halsregion an und bildet so über das Mediastinal- ein Hautemphysem der Hals- und Gesichtsregion.

Barotrauma der Lungen	
Symptome	Atemabhängige Schmerzen, stärkste Luftnot, Husten mit Blutbeimengung. Durch Einriss kleiner Blutgefäße kann Luft übertreten. Die über die Lungenvenen abströmenden Gasbläschen können über das linke Herz zu einer arteriellen Gasembolie und einer zentralen arteriellen Gasembolie (Gehirn und Rückenmark) führen. Ein Lungenriss mit Verbindung zum Mittelfellraum (Mediastinum) kann zu knisternden Luftansammlungen in der Hals- und Brustkorbhaut (Hautemphysem) führen.
Behandlung	Erste Hilfe: ▸ Schocklagerung bei Schocksymptomatik oder situationsbedingte atemerleichternde Lagerung nach Patientenwunsch ▸ Beatmung/Unterstützung mit reinem Sauerstoff wegen Luftnot (hierdurch wird der Stickstoff über die Lunge ausgeschieden, so werden die Atemluftblasen in Blut und Gewebe aktiv verkleinert) so früh wie möglich, so hoch konzentriert wie möglich und so lange wie möglich ▸ Herz-Lungen-Wiederbelebung bei Herz-Kreislauf- und Atemstillstand ▸ Bei Bedarf schneller Transport zur nächsten Druckkammer, dort hyperbare Sauerstoffbehandlung bei (cerebraler) arterieller Gasembolie, nicht bei Pneumothorax
Vorbeugung	▸ Kein Atemanhalten beim Auftauchen, insbesondere vorherige Prüfung des Wasser-Nase-Reflexes ▸ Kein Tauchen bei zu erwartender Schwellung der Bronchialschleimhaut, insbesondere bei akuter Erkältung mit Hustenreiz oder bei chronischer Bronchitis mit Asthmacharakter ▸ Besondere Gefährdung von Rauchern durch chronischen Raucherkatarrh mit Hustenreiz ▸ Besonders langsames Auftauchen im Flachbereich, da hier der größte Druckunterschied und somit die größte Volumenausdehnung vorliegt

2.7 Dekompressionsunfall

Die Dekompressionskrankheit ist die bekannteste Taucherkrankheit und wird auch als Caisson- oder Druckfallkrankheit bezeichnet. Sie entsteht durch die Bildung von Inertgasblasen, wenn nicht langsam genug aufgetaucht wird.
Der Stickstoff hat mit 78 % den größten Anteil an unserer Einatemluft und nimmt nicht am Stoffwechsel teil (er ist daher ein sogenanntes Inertgas). Er wird jedoch im menschlichen Körper physikalisch gelöst. Die hier für den Stickstoff beschriebenen Vorgänge gelten auch für Bestandteile anderer Atemgase als Luft (im Trimix beispielsweise für Helium und Stickstoff).
Der Lösungsvorgang, die Diffusion, verläuft unterschiedlich schnell, je nach Gewebeart, insbesondere auch abhängig von der Durchblutung der Gewebe und von der Differenz des Stickstoffpartialdrucks über und im Gewebe. Im Sättigungszustand hängt dann nach dem Gesetz von Henry die Menge des gelösten Stickstoffs direkt von dem Teildruck des über der Flüssigkeit stehenden Gases, also des Stickstoffs, ab. In Abhängigkeit von der Geschwindigkeit des Lösungsvorgangs unterscheiden wir sogenannte »schnelle« und »langsame« Gewebe. Zu den schnellen Geweben gehören Nervengewebe wie Gehirn und Rückenmark, Muskulatur und Blut, zu den langsamen Geweben das Bindegewebe, Sehnen, Knochen und Knorpel. Fettgewebe nimmt eine Sonderrolle ein: es sättigt schnell und viel, und aufgrund der höheren Aufnahmekapazität dauert die Entsättigung sehr lange. Im Abschnitt zur Diffusion wurde bereits beschrieben, wie der Lösungsvorgang eines Gases in Abhängigkeit von der Differenz der Partialdrücke (Gasdruckgradient) erfolgt. Die Geschwindigkeit des Lösungsvorgangs eines Gases in einem Gewebe wird mit Hilfe der Halbwertszeit charakterisiert. Dies gilt sowohl für die Aufsättigung beim Abtauchen und beim Verweilen in der Tiefe als auch für die Entsättigung beim Auftauchen in umgekehrter Richtung. Die Entsättigung wird jedoch zusätzlich beeinflusst durch die bei jedem Tauchgang entstehenden Mikrogasblasen. Im Normalfall werden die Mikrogasblasen über die Lunge wieder abgebaut und führen nicht zu einer Dekompressionskrankheit. Sie führen jedoch hierdurch zu einer verzögerten Entsättigung. Auch die Entstehung von Gasblasen selbst unterliegt nicht nur den physikalischen Gesetzen der Diffusion und beeinflusst daher den Abbau des Stickstoffs in der Auftauchphase.
Da beim Tauchen mit dem erhöhten Umgebungsdruck der Stickstoffpartialdruck in den Geweben zunimmt, muss bei wieder abnehmendem Umgebungsdruck, also in der sogenannten Phase der Dekompression, ein Ausgleich durch Abgabe des Stickstoffs erfolgen. Dies erfolgt normalerweise auf natürlichem Wege über die Atmung, indem der Stickstoff vom Ort des höheren Partialdrucks wieder zum Ort des niedrigeren Partialdrucks übergeht und schließlich abgeatmet wird. Da dies jedoch je nach Halbwertszeit des Gewebes und je nach gelöster Stickstoffmenge eine gewisse Zeit

erfordert, sind die Austauchregeln hinsichtlich der zulässigen Aufstiegsgeschwindigkeit und der Austauchpausen einzuhalten. Anderenfalls kann es zur Bildung von Stickstoffblasen in den Geweben und in den Gefäßen kommen, die wiederum Schädigungen des Gewebes und embolische Verschlüsse kleiner Gefäße zur Folge haben können. Diese Schädigungen werden als Dekompressionskrankheit bezeichnet. Da diese eine Folge zu schnellen Auftauchens bzw. Nichteinhalten der Austauchregeln ist, gilt sie auch als Unfall und wird als Dekompressionsunfall bezeichnet.
Die Symptomatik der Dekompressionskrankheit hängt davon ab, an welchen Orten im Körper es zu einer Verstopfung der feinsten Blutgefäße (Kapillaren) durch Stickstoffblasen oder zu einer Gewebe- bzw. Organschädigung kommt. Im Rahmen der Blasen-Organisation kommt es nämlich zur Anlagerung von Gerinnungsprodukten an den Blasen im Blut mit der Folge von Gefäßverletzungen, Entzündungsreaktionen und lokalen Kompressionen. Dies behindert die arterielle Versorgung bzw. den venösen Abfluss, sodass in den dahinter liegenden Geweben keine ausreichende Versorgung mit Sauerstoff stattfindet und sich dort Ödeme bilden.
Abhängig vom Entstehungsmechanismus können Tauchunfälle (Decompression Illness, DCI) in Dekompressionskrankheit (Decompression Sickness, DCS) oder arterielle Gasembolie (AGE) eingeteilt werden.
Die einzuleitenden Maßnahmen richten sich nach den Beschwerden (Symptomen). Um die Beurteilung des Tauchunfalls auch durch den Ersthelfer zu ermöglichen, erfolgt nur noch eine Unterscheidung in **milde Symptome** und **schwere Symptome**.
Als milde Symptome zählen bereits auffällige Müdigkeit und Hautjucken, häufig bagatellisiert, aber zutreffend als »Taucherflöhe« (nur Jucken) bezeichnet. Sie sollten nach Sauerstoffgabe, Trinken von ausreichend Flüssigkeit (mindestens ½ Liter pro Stunde, kohlensäurefrei, am besten isotonisch, keine stark salzhaltigen oder koffeinhaltigen Getränke, keinen Alkohol) und Schutz vor Auskühlung oder Überwärmung nach 30 Minuten nicht mehr beklagt werden. Sauerstoff sollte in höchstmöglicher Konzentration kontinuierlich verabreicht werden (z. B. über eine Atemmaske), auch unabhängig von dem beim Tauchgang verwendeten Gasgemisch. Alle Maßnahmen und Veränderungen des Gesundheitszustandes sollten mit Zeitangabe schriftlich festgehalten werden, um dem nachfolgenden behandelnden Arzt den Verlauf deutlich zu machen.
Wenn die Beschwerden nach 30 Minuten nicht abgeklungen sind, ist der Tauchunfall als »schwer« zu bezeichnen. Alle Maßnahmen müssen fortgeführt werden entsprechend der Leitlinie »schwere Symptome«. Auch bei einem »leichten« Tauchunfall muss ein Taucherarzt zur Entscheidung über die weitere Behandlung und die spätere Tauchtauglichkeit hinzugezogen werden.
Auch ein Tauchunfall mit schweren Symptomen muss in aller Regel zunächst vom unmittelbar beteiligten Tauchpartner versorgt werden, bis professionelle Hilfe am

Notfallort eintrifft oder der Transport zum nächst erreichbaren Behandlungszentrum (mit Druckkammer) erfolgt.
Anzeichen einer schweren und damit möglicherweise auch lebensbedrohlichen Symptomatik sind

- Hautflecken und -veränderungen,
- Schmerzen in der Haut, in den Gelenken, beim Atmen,
- »Ameisenlaufen«,
- körperliche Schwäche,
- Taubheitsgefühl,
- Lähmungen,
- Blasenentleerungsstörungen,
- Atembeschwerden,
- Seh-, Hör- und Sprachstörungen,
- Schwindel,
- Übelkeit, Erbrechen,
- Bewusstseinsstörungen,
- Bewusstlosigkeit,
- Fortbestehen milder Symptome über 30 Minuten trotz hochdosierter Sauerstoffgabe und Flüssigkeitsersatz.

Bei lebensbedrohlichen Zuständen mit Bewusstlosigkeit und Aussetzen der Atmung müssen die Wiederbelebungsmaßnahmen durchgeführt werden. Zu beachten ist dabei die Empfehlung, bei einem Ertrinkungsunfall (respektive Tauchunfall) zunächst mit fünf Atemspenden zu beginnen, danach im Wechsel mit 30 Herzdruckmassagen und zwei Atemspenden. Wenn verfügbar, sollte ein Automatisierter externer Defibrillator (AED), der auch von Laien eingesetzt werden kann, angeschlossen und den Anweisungen des Gerätes Folge geleistet werden. Ist eine ausreichende Eigenatmung erkennbar, wird der Verunfallte vor Aspiration (Erstickung) durch Seitenlagerung geschützt und erhält weiter hochdosierten (100 %) Sauerstoff über eine Atemmaske optimal mit Reservoirbeutel. Dabei ist die höchstmögliche Sauerstoffgabe bei ausreichender Eigenatmung möglich, weil der Verunfallte reinen Sauerstoff aus dem gefüllten Beutel einatmen kann.

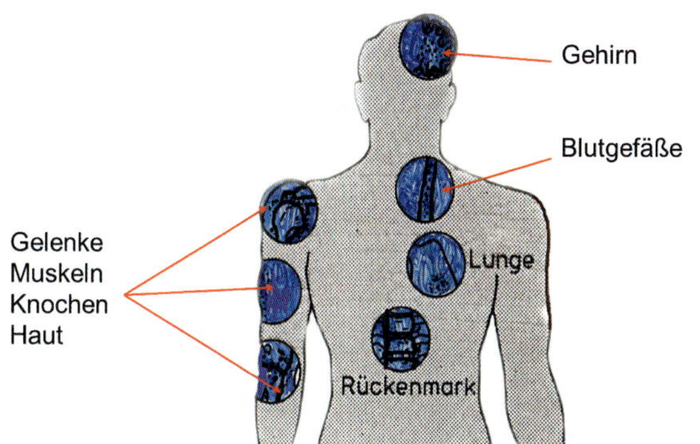

Orte der Entstehung von Gasblasen bei einem Dekompressionsunfall

Dekompressionskrankheit	
Symptome	**Milde Symptome** ▶ Hautsymptome (»Taucherflöhe« bzw. Jucken) ▶ auffällige Müdigkeit **Schwere Symptome** ▶ Hautflecken und -veränderungen ▶ Schmerzen in der Haut, in den Gelenken, beim Atmen ▶ »Ameisenlaufen« ▶ Körperliche Schwäche ▶ Taubheitsgefühl ▶ Lähmungen ▶ Blasenentleerungsstörungen ▶ Atembeschwerden ▶ Seh-, Hör- und Sprachstörungen ▶ Schwindel ▶ Übelkeit, Erbrechen ▶ Bewusstseinsstörungen ▶ Bewusstlosigkeit ▶ Fortbestehen milder Symptome über 30 Minuten trotz hochdosierter Sauerstoffgabe und Flüssigkeitsersatz
Behandlung	▶ Rettungskette aktivieren mit Notruf ▶ Kontrolle der Ansprechbarkeit ▶ Herz-Lungen-Wiederbelebung bei Herz- und Atemstillstand ▶ Atmung oder Beatmung mit reinem Sauerstoff (hierdurch wird der Stickstoff über die Lunge ausgeschieden, so werden die Luftblasen in Blut und Gewebe durch Diffusion aktiv verkleinert) so früh wie möglich, so hoch konzentriert wie möglich und so lange wie möglich ▶ Seitenlage bei ausreichender Atmung und Bewusstlosigkeit mit Sauerstoffangebot ▶ bei Schocksymptomatik: evtl. Schocklagerung, sonst flach auf den Rücken legen, Patientenwunsch beachten ▶ ständige Kontrolle von Bewusstsein und Atmung ▶ Flüssigkeitszufuhr (bei Bewusstsein einen bis zwei Liter über zwei Stunden trinken lassen, Infusionen durch den Notarzt) ▶ Schutz vor Temperaturverlust ▶ Protokoll des Unfalls und der Maßnahmen, dem Patienten mitgeben ▶ VDST-Tauchunfall-Protokoll für Ersthelfer ▶ VDST-Neurocheck

Dekompressionskrankheit	
Behandlung	▶ Ausrüstung sicherstellen, Tauchcomputer beim Transport zur Druckkammer mitgeben ▶ VDST-Tauchunfall-Hotline informieren ▶ nach Rücksprache mit Taucherarzt Transportentscheidung, möglichst unverzüglicher Transport zur nächsten Druckkammer mit **hyperbarer Sauerstofftherapie** (HBO) (nach Anmeldung und Absprache mit Druckkammerzentrum bzw. VDST-Hotline)
Vorbeugung	▶ regelkonformes Tauchen unter Einhaltung der Aufstiegsgeschwindigkeit und der weiteren Austauchregeln, nicht an der Nullzeitgrenze tauchen, möglichst langsam und mit längeren Stopps austauchen ▶ Einhalten eines Sicherheitsstopps von 3 min auf 5 m Tiefe ggf. Tauchen mit Nitrox ▶ kein Tauchgang bei individuellen Risikofaktoren wie Bronchitis, Durchfallerkrankungen, anderen Formen von Flüssigkeitsmangel sowie Infekt oder Krankheitsgefühl

Es kann auch bei korrekter Einhaltung der Austauchregeln zum Auftreten von Symptomen der Dekompressionskrankheit kommen. Ursachen hierfür sind individuelle Faktoren (siehe nachfolgende Abbildung), die bei jedem Menschen unterschiedlich sind und auch von der jeweiligen Tagesform abhängen. Bei Kälte und körperlicher Belastung sind längere Austauchpausen einzuhalten. Dies wird bei der Austauchtabelle durch fiktive Zuschläge zur Grundzeit berücksichtigt, bei Tauchcomputern je nach Modell durch das Einstellen höherer Sicherheitsstufen. Auch

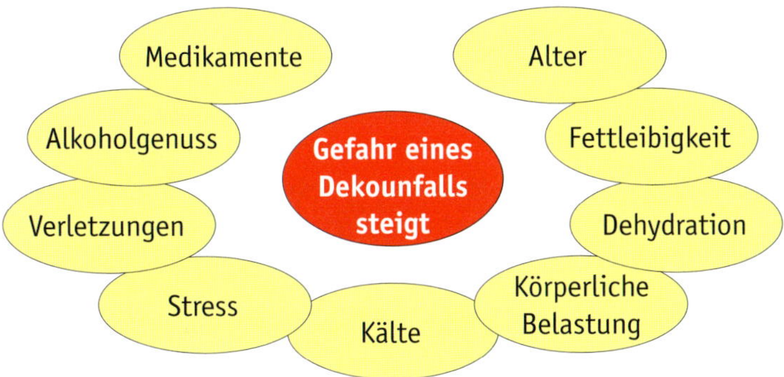

Risikofaktoren für eine Dekompressionskrankheit

nach einem Tauchgang sind noch Mikrogasblasen im Körper. Daher sind auch nach dem Tauchen körperliche Belastungen (Sport) und Hitzeeinwirkungen (heißes Duschen, keine Sauna) zu vermeiden. Zu geringe Flüssigkeitsaufnahme kann zu einer Dehydratation führen und Auswirkungen auf die Dekompression haben. Ein weiterer Risikofaktor kann eine nach der Geburt nicht verschlossene Verbindung zwischen den Herzvorhöfen sein (persistierendes offenes Foramen Ovale, PFO). Dieses wird in dem Abschnitt beim DTSA*** näher beschrieben.

2.8 Dehydratation

Wenn du bei hohen Außentemperaturen tauchen gehst, insbesondere in tropischen Gebieten, kann der damit verbundene Flüssigkeitsverlust erhebliche Auswirkungen auch für das Tauchen haben. Du verlierst Flüssigkeit über die Atmung, über das Schwitzen, über die Urinausscheidung und über die Verdauungsorgane.
Über die Atmung wird Wasserdampf vom Körper abgegeben, da die Luft im Tauchgerät getrocknet ist und beim Einatmen in den Atemwegen angefeuchtet wird.
Durch das Eintauchen des Körpers in Wasser, die sogenannte Immersion, unterliegt das Regelsystem des Kreislaufs einer Täuschung. Durch die annähernde Aufhebung der Schwerkraft in den Beinen kommt es zu einer Verschiebung von Blut in den Brustkorb. Die im Herzen befindlichen Messfühler lösen dann über Hormone eine vermehrte Ausscheidung von Körperwasser in die Nieren aus, um die vermeintlich höhere Flüssigkeitsmenge zu reduzieren (Taucherdiurese). Auch die Niere steigert ihre Ausscheidungsfunktion, sodass man beim Tauchen zusätzliche Flüssigkeit verliert. Dieses als Gauer-Henry-Effekt bezeichnete Phänomen führt zu erhöhtem Harndrang nach dem Tauchen.
Dieser Flüssigkeitsmangel, der durch ein Missverhältnis zwischen abgegebener Wassermenge und aufgenommener Flüssigkeitsmenge durch Trinken gekennzeichnet ist, wird als Dehydratation bezeichnet. Anzeichen dafür sind beispielsweise ein trockener Mund, sodass beim Vorbereiten der Maske zu wenig Speichel vorhanden ist, oder dunkler Urin.
Wird dann dem Körper zu wenig Flüssigkeit wieder zugeführt, führt dies zu einer Verminderung des Blutvolumens und der Durchblutung in den Organen. Das Blut wird quasi verdickt. Dadurch wird die Stickstoffabgabe beeinflusst, sodass es auch bei Einhalten der Austauchregeln zur Gasblasenbildung und somit zur Dekompressionskrankheit kommen kann.
Daher muss dem Körper vor und nach dem Tauchen ausreichend Flüssigkeit zugeführt werden, je nach Temperatur zwei bis drei Liter Wasser am Tag. Dies gilt

insbesondere nach Durchfallerkrankungen, starkem Alkoholgenuss am Vorabend oder Flüssigkeitsverlust durch Fieber, wobei in diesen Fällen gar nicht getaucht werden sollte.

2.9 Hinweise für sicheres blasenarmes Tauchen

Zur möglichst sicheren Dekompression hast du erlernt, welche Austauchregeln einzuhalten sind und wie dir die Austauchtabelle oder dein Tauchcomputer helfen, die richtigen Austauchpausen zu bestimmen. Sowohl die Tabellen als auch die Computer basieren auf Rechenmodellen, die versuchen, die Aufnahme und Abgabe von Stickstoff in unserem Körper abzubilden. In der Realität ist jedoch jeder Mensch unterschiedlich, und auch die Stickstoffaufnahme und -abgabe erfolgen nicht bei jedem Menschen gleich.
Daher empfiehlt es sich insbesondere für Taucherinnen und Taucher, die aufgrund ihres Körperbaus, Trainingszustands, aktueller individueller Konstitution oder einer bestehenden offenen Verbindung zwischen den beiden Herzvorhöfen (PFO) vermutlich eine höhere Anfälligkeit für die Dekompressionskrankheit haben, zusätzliche Regeln zu beachten, damit das Risiko der Bildung von Stickstoffblasen minimiert wird.

- Neben der Einhaltung der erforderlichen Austauchpausen und der zulässigen Aufstiegsgeschwindigkeit von 10 m/min im Bereich bis 10 m Tiefe wird eine reduzierte Aufstiegsgeschwindigkeit von 5 m/min oberhalb von 10 m Tiefe und bei Tauchgängen an der Nullzeitgrenze sowie bei dekompressionspflichtigen Tauchgängen oberhalb von 5 m von einem Meter pro Minute empfohlen.
- Sicherheitsstopp von mindestens drei Minuten auf ca. 5 m Tiefe bzw. auf der letzten Austauchstufe
- Verwendung von Nitrox als Atemgas (wenn möglich und mit dafür erforderlicher Zusatzausbildung) unter Beibehaltung der Austauchregeln für Luft, hierdurch geringere Stickstoffbelastung
- kein Ausreizen der Nullzeit, d. h. nicht bis an die Grenze tauchen, ab der Austauchpausen gemäß Tabelle oder Computer erforderlich sind
- Vermeidung von Dekotauchgängen, d. h. Tauchgängen mit Austauchpausen
- höchstens zwei Tauchgänge am Tag
- bei mehr als einem Tauchgang am Tag mit dem tieferen Tauchgang beginnen
- ein tauchfreier Tag pro Woche
- nicht mehrmals hintereinander auf- und abtauchen

- ausreichende Oberflächenpause zwischen den Tauchgängen (mindestens vier Stunden)
- ausreichend trinken (zwei bis drei Liter Wasser am Tag), um einer Dehydratation vorzubeugen
- Tauchgänge bei Kälte und mit Anstrengung vermeiden, insbesondere keine Anstrengung am Ende des Tauchgangs
- Husten oder Pressen (z. B. Druckausgleich) unter Wasser – insbesondere in der Aufstiegsphase – vermeiden, sonst besonders langsamer Aufstieg mit Pausen
- beim Tauchen in Bergseen erst nach einer ausreichenden Adaptionszeit tauchen (mindestens zwei Stunden)
- nach dem Tauchen Hitzeeinwirkung vermeiden, also keine Sauna oder warme Duschen
- auch nach dem Tauchen Anstrengungen vermeiden
- kein Tauchgang bei Erkältung
- bei Verwendung von Tauchcomputern ggf. höhere Sicherheitsstufe einstellen

2.10 Kohlendioxidvergiftung und Essoufflement

Das Kohlendioxid entsteht bei jedem Atemvorgang durch die Stoffwechselvorgänge in unserem Körper und wird über die Atmung wieder an die Umgebung abgegeben. Es hat in der Einatemluft nur einen Anteil von 0,04 % und ist so für uns ein unbedeutendes Atemgas, wenn nicht die Druckluft in unseren Tauchgeräten durch unsachgemäße Füllung, zum Beispiel durch Ansaugen von Abgasen bei einem Kompressor mit Verbrennungsmotor, einen vermehrten Kohlendioxidanteil hat. Da jedoch für die Vorgänge in unserem Körper nicht der prozentuale Anteil eines Gases, sondern sein Teildruck entscheidend ist, und dieser Teildruck mit zunehmender Tauchtiefe ansteigt, kann es beim Tauchen bei unsachgemäßer Füllung zu einem zu hohen Kohlendioxidpartialdruck kommen.

Durch das Kohlendioxid wird unser Atemzentrum in Form eines Atemreizes angeregt, die Ventilation zu steigern, was eine logische Reaktion auf vermehrtes Kohlendioxid in Folge von Arbeit ist.

Bei zu hohem Kohlendioxidpartialdruck treten jedoch Symptome wie Kopfschmerz, Schweißausbrüche, Ohrensausen und Übelkeit bis zu Erbrechen und Bewusstseinsstörung auf.

p_{CO_2} [mbar]	Symptome
10	keine
20	leichte Hyperventilation
40	Essoufflement mit klarem Bewusstsein
60	Essoufflement mit Bewusstseinsstörung
70	Essoufflement mit Schwindel, Übelkeit und Erbrechen
80	Schwindel, Benommenheit, Verlust des Bewusstseins

Toxizität des Kohlendioxids in Abhängigkeit von seinem Partialdruck (nach Fructus und Sciarli)

Wesentlich bedeutsamer für das Tauchen ist eine Kohlendioxidvergiftung infolge eines sogenannten Essoufflements. Dieser Begriff kommt aus dem Französischen und bedeutet ungefähr »Außer-Atem-Geraten« und beschreibt eine bestimmte Verkettung von Ursachen beim Tauchen.
Tauchunfälle dieser Art laufen oft nach einem ähnlichen Muster ab:

- ein Taucher gerät in Atemnot,
- der Vorfall spielt sich in großer Tiefe ab,
- das Tauchen ist mit Anstrengung verbunden,
- der Taucher gerät in Luftnot und signalisiert dies eventuell,
- der Partner versucht zu helfen (z. B. durch Atmung aus dem Zweitatemregler oder Wechselatmung), aber ohne Erfolg,
- der Tauchgang findet ein tragisches Ende, und der verunfallte Taucher taucht nicht wieder auf.

Die Ursache für solche Todesfälle ist oft ein Essoufflement. Sie lässt sich anhand des Hergangs rekonstruieren. Es handelt sich um eine besondere Art der Ventilationsstörung mit Kohlendioxid-Vergiftung, die häufig Ursache für Bewusstlosigkeit unter Wasser und damit auch für tödliche Tauchunfälle in Verbindung mit Ertrinken ist. Die Ursachen sind hauptsächlich das Zusammentreffen von hohem Atemwiderstand und hoher Anstrengung. Ein erhöhter Atemwiderstand entsteht beim Tauchen schon allein durch die mit zunehmender Tiefe höhere Luftdichte. Ein Liter Luft wiegt an der Wasseroberfläche bei 37 °C 1,123 g, in einer Wassertiefe von 40 m aber rund 5,6 g. Hierdurch ist erhöhte Atemarbeit erforderlich, und die Atemmuskulatur wird stärker belastet als an der Wasseroberfläche.
Die erste Reaktion ist eine Phase der Hyperventilation. Danach werden die Atemzüge flacher, sie gehen also in eine Hypoventilation über. Die Atmung bewegt sich dann vorwiegend im Bereich der inspiratorischen Reserve.

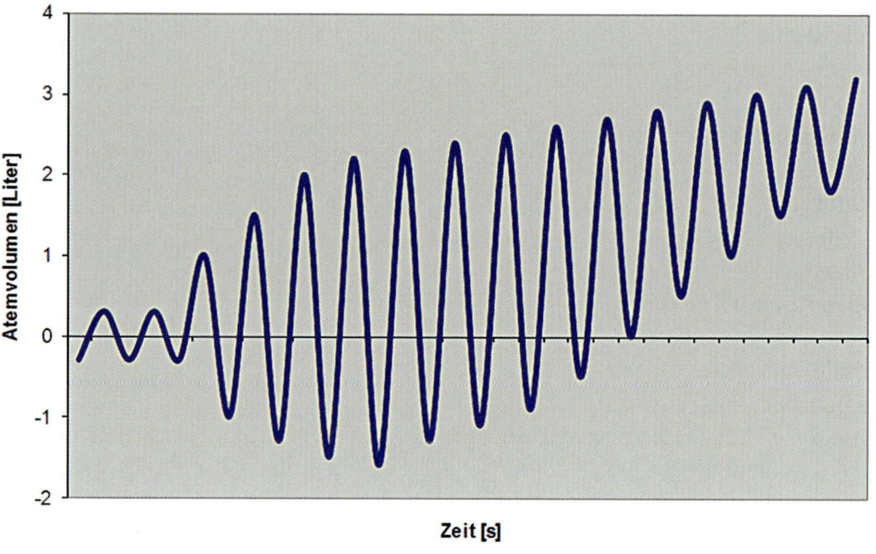

Verlauf der Atmung bei einem Essoufflement

Mit dieser flachen Atmung kann das Lungenvolumen nicht ausreichend bewegt werden, und das Kohlendioxid kann nicht mehr ausreichend abgeatmet werden. Das Atemminutenvolumen ist vermindert, der Kohlendioxidpartialdruck steigt weiter an. Durch die Hechelatmung ist außerdem noch die Sauerstoffaufnahme reduziert.

Mögliche Ursachen für erhöhten Atemwiderstand:
- hohe Luftdichte durch erhöhten Umgebungsdruck,
- schlecht gewartete, falsch eingestellte oder defekte Atemregler,
- nicht ausreichend geöffnete Flaschenventile,
- zu enger Tauchanzug oder zu fest sitzende Begurtungen,
- Schnorcheln mit Tauchgerät.

Mögliche Ursachen für erhöhte Anstrengung:
- Tauchen gegen die Strömung,
- schlechter Trainingszustand,
- schlechter, ineffizienter Flossenstil (z. B. »Radfahren«),
- Überanstrengung beim Schnorcheln mit Gerät,
- Hinterhertauchen bei zu schnellem Tauchen der Gruppe.

Begünstigt wird ein Essoufflement durch psychische Faktoren, die von außen oder von innen beeinflusst werden können.

Einflüsse von außen können sein:

- Kälte,
- Dunkelheit,
- Tiefe,
- Angst,
- Erwartungshaltung der Tauchgruppe an den Taucher.

Signale von innen können dazu führen, dass aus einer Atemnot heraus die Angst des Tauchers so zunimmt, dass er ein Gefühl der Ausweglosigkeit bekommt und dann ggf. mit Panik die Flucht zur Oberfläche sucht.

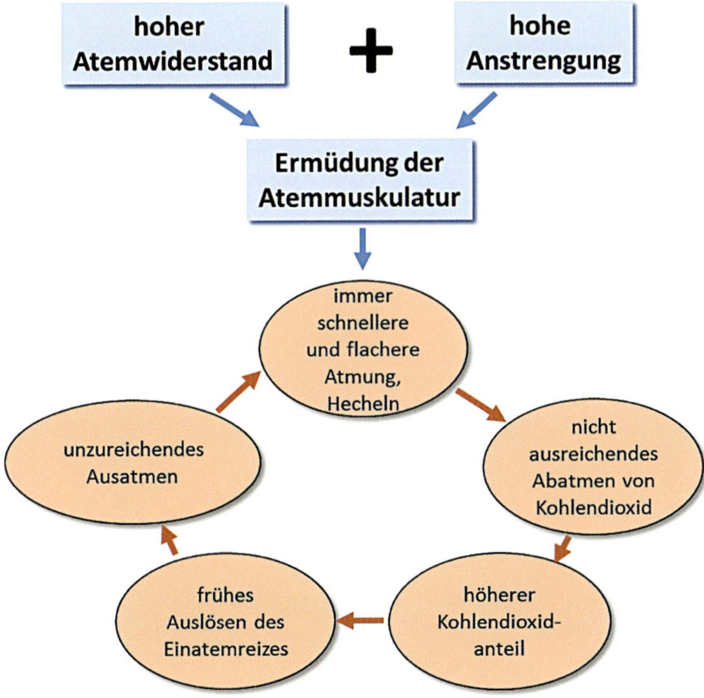

Teufelskreis Essoufflement

Das Essoufflement entsteht in der Regel durch das Zusammentreffen von hohem Atemwiderstand und hoher Anstrengung. Dies führt zu einer Atemnot, die eine immer schnellere und flachere Atmung zur Folge hat. Daher kann das Kohlendioxid nicht mehr ausreichend abgeatmet werden, der Kohlendioxidanteil im Blut steigt also an. Da das Kohlendioxid jedoch Hauptauslöser für den Atemreiz ist, kommt sehr schnell wieder der Befehl zum Einatmen. Der Taucher hat jedoch zu diesem Zeitpunkt noch nicht ausreichend ausgeatmet, die Atmung verschiebt sich in den Bereich der inspiratorischen Reserve.

Der weitere Anstieg des Kohlendioxidpartialdrucks verursacht die oben beschriebenen Vergiftungserscheinungen.

Dem betroffenen Taucher wird diese Störung oft nicht rechtzeitig bewusst. Du kannst an dir selbst erkennen, ob du in ein Essoufflement gerätst, indem du versuchst für einige Sekunden die Luft anzuhalten. Ist dies nicht mehr möglich, so kann das schon der Anfang eines Essoufflements sein. Unter den Zeichen großer Luftnot entwickeln sich Hektik, Nervosität sowie flache und schnelle Hechelatmung. Auch eine angebotene Wechselatmung kann so nicht helfen. Der Verunfallte ist unbedingt auf seinen Tauchpartner angewiesen, der ihn sofort in flachere Tauchtiefen zu bringen hat.

In einer solchen Situation sollte die Anstrengung sofort beendet und tief ausgeatmet werden, damit man wieder in einen normalen Atemrhythmus kommt. Zeige als Betroffener deinem Tauchpartner dann mit dem folgenden Zeichen an, dass du in ein Essoufflement geraten bist:

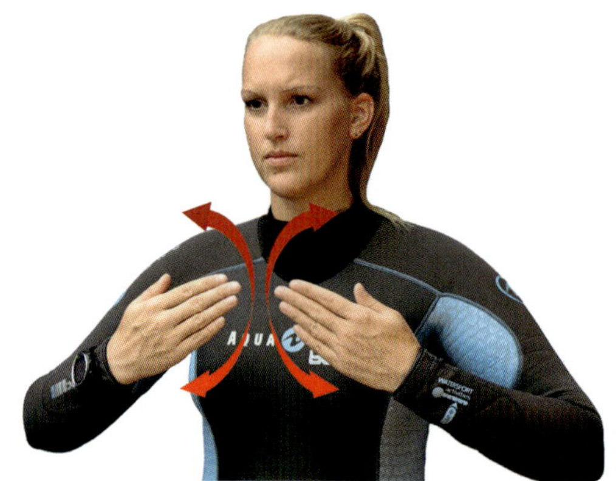

Unterwasserzeichen Essoufflement: »Ich bin außer Atem.«

Essoufflement	
Symptome	Bei sich selbst: nicht mehr in der Lage sein, für mehrere Sekunden die Luft anzuhalten, zunehmende Luftnot und Hechelatmung Beim Partner: deutlich erkennbarer Blasenschwall fast ohne Unterbrechungen
Behandlung	▸ Beruhigen des Tauchpartners, an die Hand nehmen, aufsteigen ▸ Zeichen für »Ausatmen« geben und Ausatmen des Betroffenen ▸ sofortiges Abstellen der Anstrengung durch Anhalten oder Aufsuchen von Strömungsschatten
Vorbeugung	Vorbeugungsmaßnahmen gegen zu hohen Atemwiderstand sind unter anderem ▸ Tragen eines passenden, nicht zu engen Tauchanzugs ▸ Verwenden eines Atemreglers mit niedrigem Atemwiderstand, der regelmäßig gewartet wird ▸ Ventil des Tauchgerätes vollständig aufdrehen Vorbeugungsmaßnahmen gegen zu hohe Anstrengung sind unter anderem ▸ regelmäßiges Training, zum Beispiel Schnorcheln mit DTG oder Abtauchen mit Auftriebskörpern ▸ gute Kondition ▸ effektiver Flossenschlag ▸ Kenntnis der Symptomatik, des Sachverhalts und des Unterwasserzeichens

Je besser dein Trainingszustand ist, desto weniger gerätst du an die Grenzen deiner Atmung. Wichtig ist auch, dass du vom ersten Tauchgang an nicht mehr Blei mitnimmst, als unbedingt nötig ist, damit du nicht mit gefüllter Lunge tauchst, sondern ausatemorientiert.

2.11 Tiefenrausch

Ein Tiefenrausch ist eine Narkose, die durch das Inertgas Stickstoff bei Überschreiten eines gewissen Partialdrucks, also einer gewissen Tauchtiefe, verursacht wird. Da der Stickstoff mit 78 % unter atmosphärischen Bedingungen den größten Anteil an unserer Atemluft hat, hat er einen entsprechend hohen Partialdruck. Er nimmt als Füllgas zwar nicht am Stoffwechsel teil, wirkt aber bei hohen Drücken giftig auf das Nervensystem.
Charakterisiert ist ein Tiefenrausch als Zustand mit eingeschränktem Urteilsvermögen, eingeschränkter Wahrnehmungsfähigkeit und mit falschem Reaktionsverhalten.
Die Erfahrung hat gezeigt, dass Stickstoff ab einem Partialdruck von 4 bar giftig wirken kann. Dies entspricht einem Umgebungsdruck von etwa 40 m (4 bar / 0,78 = 5,1 bar Umgebungsdruck). Allerdings muss durchaus schon ab 30 m Tiefe mit einem Tiefenrausch gerechnet werden.
Wird als Inertgas im Atemgas Helium statt Stickstoff verwendet, so wird die narkotische Wirkung stark herabgesetzt. Nach derzeitiger Erkenntnis ist für den narkotischen Effekt der Inertgase ihre Fettlöslichkeit ausschlaggebend.
Je höher die Fettlöslichkeit eines Inertgases ist, desto höher ist seine Anreicherung in den fetthaltigen Zellen des Nervengewebes und somit der narkotische Effekt. Von den Inertgasen wirkt Xenon schon bei atmosphärischem Druck narkotisch. Argon zeigt bei 5 bar die gleichen Wirkungen wie Luft bei 7 bar. Helium hat keinen narkotischen Einfluss und wird für Tieftauchgänge über 100 m eingesetzt.
Die Fettlöslichkeit der Inertgase erklärt aber noch nicht ihre Narkosewirkung. Der Angriffsort der Gase ist nach zahlreichen Forschungsergebnissen das zentrale Nervensystem. Dort kommt es durch Stickstoffanreicherungen zu Störungen der Erregungsleitung.
Die Informationsübertragung von einer Nervenzelle zur nächsten erfolgt durch Erregungen, die von der Nervenzelle über ein bis zu 1 Meter langes Signalsendekabel (Axon) an den Signalempfänger (Dendriten) der nächsten Nervenzelle weitergeleitet werden. Zwischen dem Axon und dem Dendriten befindet sich ein 0,2 Millionstel Millimeter breiter Spalt. Diese Übertragungseinheit wird als Synapse bezeichnet.
Durch die mit zunehmender Tauchtiefe vermehrte Lösung von Stickstoff im Körper kommt es wegen der guten Fettlöslichkeit zu einer Anreicherung des Inertgases in den fetthaltigen Nervenzellmembranen. Die Erregungsleitung wird gestört. Die dadurch bedingten Veränderungen des Bewusstseins gleichen den klassischen Verlaufsstadien einer Narkose mit den bekannten Ausfallerscheinungen.

Darum: 40 m Tauchtiefe sind genug!

Tiefenrausch	
Symptome	▶ Gefühl des Berauschtseins, euphorische Stimmung ▶ eventuell metallischer Geschmack der Atemluft ▶ Bewusstseinstrübung, Erinnerungsverlust ▶ Verlust der Selbstkritik und fehlerhafte Einschätzung der Lage ▶ Sinnestäuschungen, Wahnvorstellungen, Röhrensehen ▶ Verlust der Kontrolle über die eigenen Körperfunktionen ▶ Minderung der körperlichen Leistungsfähigkeit ▶ Angst und Schreckreaktionen ▶ schnelle, flache Atmung ▶ Übergang in Bewusstlosigkeit mit Todesfolge durch Ertrinken
Behandlung	Aufsteigen. Oftmals verschwinden die Symptome sofort, wenn der Taucher sich in geringere Tiefen mit vermindertem Stickstoffpartialdruck begibt. Es gibt aber auch Fälle, in denen die Narkose auch beim Auftauchen bis in den Flachbereich bestehen bleibt. Trotzdem ist das Auftauchen die einzig richtige Maßnahme, um schlimmere Folgen unter Wasser zu verhindern.
Vorbeugung	▶ nicht tiefer tauchen als 40 m, ab 30 m mit Tiefenrausch rechnen ▶ bis 40 m auch nur in bester körperlicher Verfassung tauchen ▶ genaue Tiefengrenze gibt es nicht, da von vielen individuellen Faktoren abhängig ▶ gute Selbstkontrolle und Partnerbeobachtung mit zunehmender Tiefe ▶ Vermeidung von negativen Einflussfaktoren neben der Tiefe wie Alkohol, Medikamente, Angst, Unterkühlung, Muskelarbeit (z. B. bei Strömung), psychische Belastung, Schlafmangel, Müdigkeit, Stress und Hektik

2.12 Unterkühlungen

Während es beim Tauchen in wärmeren Ländern schnell zu Hitzeschädigungen (siehe Abschnitt zum DTSA***) kommen kann, haben wir es beim Tauchen in heimischen Binnenseen überwiegend mit Kälteproblemen zu tun. Im kalten Wasser schreitet die Unterkühlung schneller fort als an kalter Luft. Bereits nach einer Stunde in 1 °C kaltem Wasser sinkt die Körpertemperatur eines unbekleideten Menschen auf unter 25 °C. Über die Thermoregulation versucht der menschliche

Körper, die Kerntemperatur konstant zu halten. Hierzu werden Wärmeproduktion und Wärmeabgabe in ein Gleichgewicht gebracht. Die Wärmeabgabe erfolgt physikalisch über die Wärmeleitung, Wärmeströmung und Wärmestrahlung.
Wenn die verschiedenen Abwehrmechanismen des Körpers nicht ausreichen, den Wärmehaushalt auszugleichen, werden Sauerstoffverbrauch, Herzfrequenz und Blutdruck vorübergehend ansteigen, und der Körper reagiert mit einer Querschnittsminderung der Blutgefäße. In dieser Phase sollte der Tauchgang abgebrochen werden. Anderenfalls droht eine Unterkühlung. Gefährliche Unterkühlungen entstehen meist nur im Anschluss an Tauchunfälle, wenn der Verletzte nicht rechtzeitig geborgen wurde.
Bei Andauern der Kältewirkung kann der Körper diese schließlich nicht mehr abwehren. Mit abnehmender Körpertemperatur sinken Sauerstoffverbrauch, Herzzeitvolumen, Herzfrequenz und Atemminutenvolumen. Die Durchblutung und die Aktivität des Gehirns nehmen ab. Daraus ergeben sich die Symptome der Unterkühlung.

Unterkühlung	
Symptome	Verminderung der Rektaltemperatur bis auf 34 °C (Abwehrphase): ▸ Abwehrmechnismen durch Verengung der Hautgefäße, Muskelzittern, Anstieg von Blutdruck und Herzfrequenz ▸ beginnende Muskelstarre mit Lähmungen, erhöhter Sauerstoffverbrauch, beschleunigter Stoffwechsel ▸ subjektiv Angstgefühl, Stress mit erhöhtem Atemminutenvolumen Verminderung der Rektaltemperatur auf 33 bis 27 °C (Erschöpfungsphase) ▸ keine weiteren Abwehrmechanismen ▸ beginnende Muskelstarre mit Lähmungen ▸ verminderte Schmerzempfindlichkeit ▸ Absinken von Blutdruck, Herzfrequenz und Hirnaktivität (verminderte Wahrnehmung) ▸ verminderter Sauerstoffverbrauch ▸ vermindertes Atem- und Herzminutenvolumen Verminderung der Rektaltemperatur auf unter 27 °C (Lähmungsphase) ▸ Lähmungen ▸ Herz-Kreislauf-Stillstand

Unterkühlung	
Behandlung	Je nach Grad der Unterkühlung: ▶ Betroffene an wärmeren Ort bringen ▶ Vermeiden weiterer Unterkühlung, keine aktive Wiedererwärmung, sonst Gefahr von Herzrhythmusstörung ▶ Aufwärmen durch Entfernung nasser Kleidung, Schutz durch Decken, warme Getränke (wenn ansprechbar) ▶ Anwärmen der Einatemluft ▶⊠ Notruf, Rettungskette
Vorbeugung	▶ guter Kälteschutz für den gesamten Körper, insbesondere auch Kopfhaube, Handschuhe, Füßlinge ▶ Handschuhe und Füßlinge mit ausreichender Neoprenstärke, dicke Drei-Finger-Handschuhe schützen besser als Fünf-Finger-Handschuhe ▶ je nach Wassertemperatur besser Wahl eines Trockentauchanzuges ▶ Tauchzeit, Tiefe und Kälteschutz der Gewässertemperatur anpassen ▶ Abbruch des Tauchgangs bei Anzeichen von Unterkühlung, z. B. Frösteln, Kältezittern, Unempfindlichkeit an Fingern, Zehen, Ohren ▶ gegebenenfalls Unterwasserzeichen »ich friere« geben ▶ Berücksichtigung der abnehmenden Isolierung des Neoprens mit zunehmender Wassertiefe und mit zunehmendem Alter des Anzugs ▶ kein vorhergehender Alkoholgenuss

Neben der Unterkühlung sind **Erfrierungen** Folgen von lokalen Kälteeinwirkungen. Diese treten bei niedrigen Umgebungstemperaturen häufiger auf, insbesondere bei unzureichendem Kälteschutz. Durch die Querschnittsminderung der äußeren Blutgefäße kommt es dort zu einer Sauerstoffminderversorgung mit der Folge von Gewebsschädigungen. Je nach Schwere werden die Erfrierungen in drei Grade unterteilt. Betroffene Körperteile sollten nur langsam und vorsichtig wieder erwärmt werden, Reiben und Massieren sollten vermieden werden. Betroffene Gliedmaßen sind ruhigzustellen, hilfreich sind lockere gepolsterte Verbände.

3 Tauchausrüstung

3.1 Tauchgerät

Die Bezeichnung Tauchgerät (abgekürzt DTG für Drucklufttauchgerät bzw. Druckgastauchgerät bei Verwendung von Atemgasen allgemein) steht für ein komplettes Tauchgerät bestehend aus

- Druckgasflasche,
- Flaschenventil,
- Atemregler, bestehend aus Druckminderer (erste Stufe) und Lungenautomat (zweite Stufe),
- Jacket mit Tragevorrichtung oder Tragschale,
- Unterwasser-Manometer.

Reserveschaltungen werden im Sporttauchbereich nicht mehr verwendet.

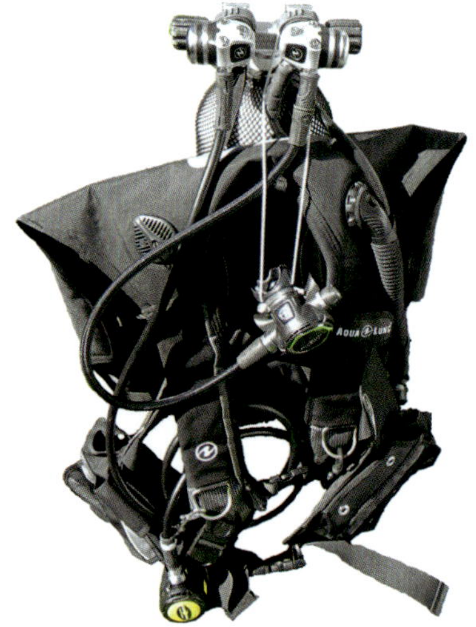

Tauchgerät

Druckgasflaschen werden als Einzelflaschen in Größen von 4 l bis 20 l oder als Doppelgeräte genutzt. Der höchstzulässige Fülldruck beträgt bei den für das Sporttauchen üblichen Druckgasflaschen 200 bar. Es gibt auch Druckgasflaschen mit einem zulässigen Fülldruck von 232 bar und 300 bar. Tauchgeräte und alle oben beschriebenen zugehörigen Bestandteile unterliegen den nationalen und euro-

päischen Bestimmungen. Nur zugelassene Tauchgeräte nach den aktuell gültigen gesetzlichen Vorschriften dürfen vom Handel vertrieben werden.
Neue Druckgasflaschen sind in der Regel weiß lackiert und haben einen schwarzen Ring oder entsprechende Sektoren.
Druckgasflaschen bestehen meist aus Stahl oder Aluminium. Es gibt auch Flaschen aus leichterem Verbundmaterial. Aluminiumflaschen haben eine stärkere Wand als Stahlflaschen und sind daher über Wasser schwerer, haben aber aufgrund der geringeren Dichte bei größerem Volumen einen höheren Auftrieb im Wasser.
Die Betriebssicherheitsverordnung schreibt für Druckgasflaschen von über 0,22 l Inhalt alle fünf Jahre eine Festigkeitsprüfung und Gewichtsprüfung sowie alle zweieinhalb Jahre eine innere und äußere Sichtprüfung vor.
Die Druckgasflasche muss nicht nur einen gültigen Prüfstempel haben, sondern auch eine Bauartzulassung und ein zulässiges Flaschenventil.
Druckgasflaschen werden unmittelbar vor oder nach dem Tauchgang liegend aufbewahrt, damit Unfälle und Beschädigungen durch Umfallen vermieden werden. Dabei ist dafür zu sorgen, dass kein Wasser in das Ventil gelangen kann. Nicht benutzte Ventilabgänge sind mit Blindschrauben zu verschließen, da sonst Wasser im Ventil bis in den Bereich der Oberspindel gelangen kann und dann beim Füllen in die Flasche kommt. Bei längerer Lagerung werden Druckgasflaschen gegen Umfallen gesichert und stehend gelagert. Damit wäre bei Korrosion in erster Linie der dickere Boden betroffen. Damit die Druckgasflasche nicht umfällt, hat sie einen flachen Boden oder einen Standfuß.

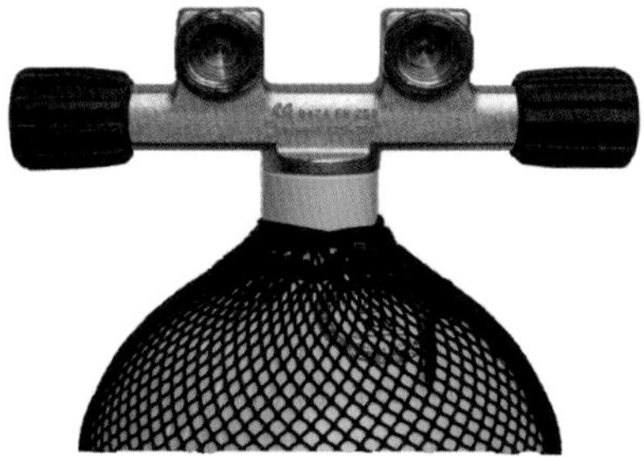

Druckgasflasche mit farblicher Kennzeichnung und zwei getrennt absperrbaren Ventilen

Der **Transport** von Druckgasflaschen sollte vorsichtig erfolgen, und auf dem Weg zum Tauchplatz und zurück sollte das Ventil der Tauchflasche so gelagert oder geschützt sein, dass es nicht beschädigt werden kann.
Zum Öffnen oder Schließen der Druckgasflasche dient das **Flaschenventil**, welches oben in die Druckgasflasche eingeschraubt ist und in der Regel über ein Handrad

manuell bedient wird. Es muss ebenfalls den gültigen nationalen und europäischen Vorschriften entsprechen, eine Bauartzulassung und eine Zulassung für den maximal möglichen Fülldruck besitzen.
Das Ventil wird geöffnet, indem das Handrad bis zum Ende links herum gedreht wird, und umgekehrt wieder geschlossen. Dies sollte nicht zu kräftig erfolgen, um Beschädigungen am Ventilsitz zu verhindern.
Die Drehbewegung wird über die Oberspindel mithilfe eines Kupplungsstücks auf die Unterspindel übertragen, welche die Dreh- in eine Hubbewegung umsetzt, um so den Ventilsitz zu öffnen oder zu schließen. Ein Wasserschutzrohr verhindert das Eindringen von Wasser oder Schmutzpartikeln beim Tauchen in einer Kopfüberlage.

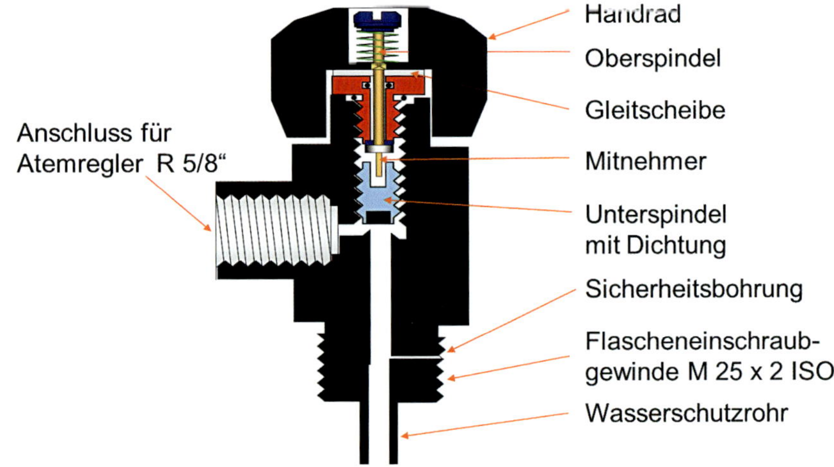

Aufbau eines Flaschenventils für Luft

Der Ausgang des Flaschenventils ist dann der Anschluss für den Atemregler. Üblich ist hier nicht nur in Deutschland der sogenannte DIN-Anschluss (am Ventil Innengewinde R 5/8" Gas), es gibt aber im Ausland auch noch einen Anschluss mit Bügel und Klemmschraube, den sogenannten INT-Anschluss. Beim DIN-Anschluss wird die erste Stufe des Atemreglers mit dem Handrad mit Rechtsdrehungen handfest in das Gewinde geschraubt, damit ist er hochdruckdicht verbunden. Vor einem Tauchurlaub solltet ihr euch erkundigen, welches System an der Tauchbasis verwendet wird. Zum Übergang auf das jeweils andere System gibt es Adapter.
Falls nach dem Anschluss des Atemreglers die Verbindung undicht ist, so liegt dies in der Regel an dem Dichtungsring zwischen Atemregler und Ventil, dem sogenannten O-Ring. Dieser sollte dann überprüft und gegebenenfalls ausgewech-

selt werden. Da der O-Ring ein Verschleißteil ist, ist es sinnvoll, Ersatz-O-Ringe mitzuführen.
Für das Tauchen in kalten Gewässern ist ein Flaschenventil mit zwei getrennt absperrbaren Ausgängen erforderlich, damit im Fall des Vereisens eines Atemreglers dieser abgesperrt und aus dem zweiten Atemregler weiter geatmet werden kann. Damit ein Taucher auch selbst in der Lage ist, in solch einem Fall das Flaschenventil zu schließen, sollten sich die Handräder gut erreichbar rechts und links seitlich befinden. Gewässer in Deutschland sind in der Regel kalte Gewässer.

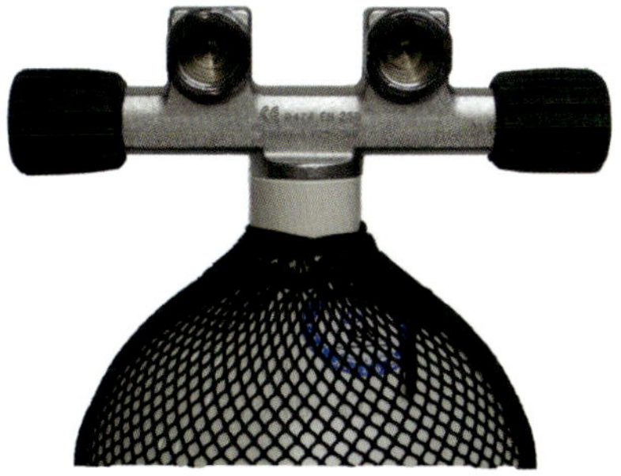

Flaschenventil mit zwei getrennt absperrbaren Ausgängen

Das Tauchgerät muss über mindestens eine Sicherheitseinrichtung verfügen. Bei Sporttauchern ist dies ein Unterwasser-Manometer, über das der Flaschendruck jederzeit abgelesen werden kann. Reserveschaltungen werden hier nicht mehr verwendet. Dies bedingt ein regelmäßiges, selbstständiges Kontrollieren. Es gibt auch andere aktive Warneinrichtungen, zum Beispiel akustische Signale. Auch verschiedene Tauchcomputer zeigen den Flaschendruck an. Sinnvoll ist jedoch auch dann immer das Mitführen eines Unterwasser-Manometers, um jederzeit nicht nur selbst den aktuellen Flaschendruck ablesen zu können, sondern ihn auch gegebenenfalls direkt dem Tauchpartner zeigen zu können.

3.2 Atemregler

Das Atmen aus dem Tauchgerät unter Wasser in jeder Tiefe ermöglicht ein Atemregler. Damit die Luft atembar ist, muss der Druck der Luft im DTG auf den Umgebungsdruck reduziert werden. Außerdem muss die Luft dann so dosierbar sein, dass sie nicht ständig abströmt, sondern nur bei der Einatmung in der dem Bedarf angemessenen Menge zufließt.

Die Reduzierung auf den Umgebungsdruck kann je nach Bauweise des Atemreglers in einem oder in zwei Schritten erfolgen. Danach werden ein- und zweistufige Atemregler unterschieden. Heute sind zweistufige Atemregler gebräuchlich, bei denen die erste und zweite Baustufe baulich getrennt und mit einem Schlauch verbunden sind. Sie heißen daher auch »Einschlauchatemregler«, zur Unterscheidung von früher verwendeten Zweischlauchatemreglern.

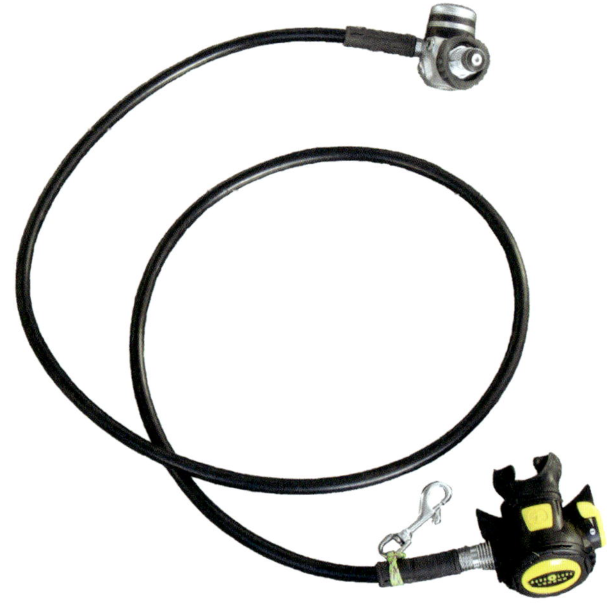

Zweistufiger Einschlauchatemregler

Bei den zweistufigen Einschlauchatemreglern wird die erste Stufe am Flaschenventil der Druckgasflasche montiert. Sie reduziert dort den jeweiligen Flaschendruck zunächst auf einen Mitteldruck von je nach Modell etwa 4 bis 15 bar über dem Umgebungsdruck. Der Mitteldruck wird also mit zunehmender Tauchtiefe auch erhöht. Die Luft unter diesem Mitteldruck wird dann über den Verbindungsschlauch zur zweiten Stufe geleitet und dort auf den Umgebungsdruck reduziert. Dies geschieht jedoch nur, wenn eingeatmet wird. Die zweite Stufe führt die Luft über das Mundstück zu unserem Mund. Moderne zweistufige Atemregler erlauben eine je nach Bedarf hohe Luftabgabe, einen gleichen Ansprechdruck in jeder Lage und je nach Bauart auch bei unterschiedlichen Fülldrücken. Sie sind leicht und haben geringe Ausmaße. Die Technik erfordert jedoch eine regelmäßige Wartung.

Zur Reduzierung des Flaschendrucks auf den Mitteldruck gibt es kolbengesteuerte und membrangesteuerte erste Stufen.
Der Aufbau einer **kolbengesteuerten ersten Stufe** wird in der nachfolgenden Abbildung verdeutlicht:

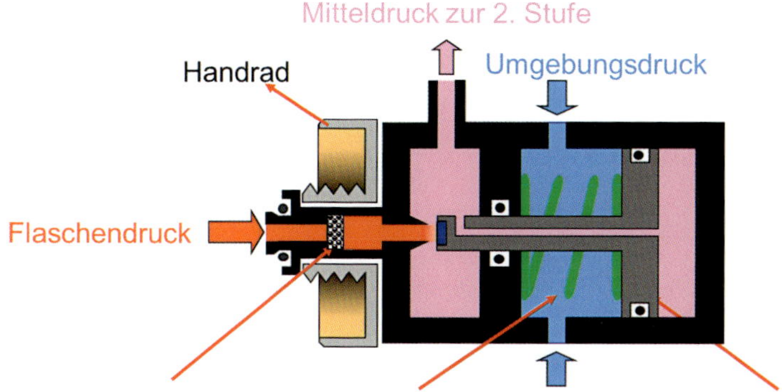

Kolbengesteuerte erste Stufe (nicht kompensiert)

Der Druck wird hier gemindert, indem der Umgebungsdruck zusammen mit dem Federdruck auf die große Fläche des Kolbens wirkt und so am Ventilsitz auf einer kleinen Fläche gegen den hohen Flaschendruck wirkt. Da die Kraft = Druck · Fläche ist, entsteht hier bei gleicher Kraft das Gleichgewicht

großer Flaschendruck · kleine Fläche = reduzierter Mitteldruck · große Kolbenfläche

Durch diese Bauform wird also der Flaschendruck auf den Mitteldruck reduziert, der von dem Umgebungsdruck und der eingestellten Federstärke abhängig ist. Der so erzeugte Mitteldruck von etwa 4 bis 15 bar plus Umgebungsdruck wird dann über den Mitteldruckabgang und den Verbindungsschlauch zur zweiten Stufe geleitet. Wird dort nicht geatmet, so staut sich die Luft im Mitteldruckraum und drückt den Kolben in Richtung Ventilsitz, sodass die weitere Luftzufuhr abgesperrt wird. Wird hingegen eingeatmet, so strömt die Luft aus dem Mitteldruckraum ab, sodass der Kolben aufgrund der dann höheren Kraft aus Feder und Umgebungsdruck öffnet und Luft aus der Flasche nachströmt, bis der Einatemvorgang endet und wieder ein Gleichgewicht hergestellt ist.

Der Aufbau einer **membrangesteuerten ersten Stufe** wird in der nachfolgenden Abbildung verdeutlicht:

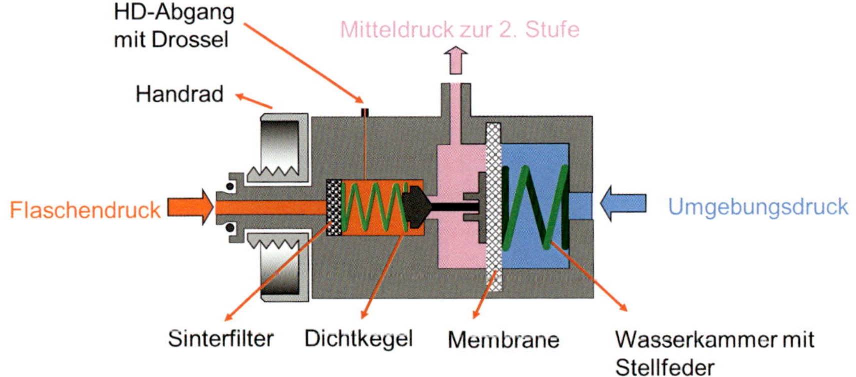

Membrangesteuerte erste Stufe (nicht kompensiert)

Hier wird, wenn keine Luft geatmet wird, die Luft im Mitteldruckraum gestaut, sodass die Membrane so weit zurückgedrückt wird, dass das Ventil schließt. Umgekehrt entsteht beim Einatmen im Mitteldruckraum ein Unterdruck, sodass die Membrane durch Federkraft und Umgebungsdruck eingedrückt wird, das Ventil öffnet und Luft aus der Flasche nachströmt.
Da der Flaschendruck während eines Tauchgangs kontinuierlich abnimmt und so eine variable Größe ist, die Federkraft jedoch konstant ist, hängen die zum Öffnen des Ventils erforderliche Kraft und somit der Mitteldruck und auch die Luftlieferleistung vom Flaschendruck ab.

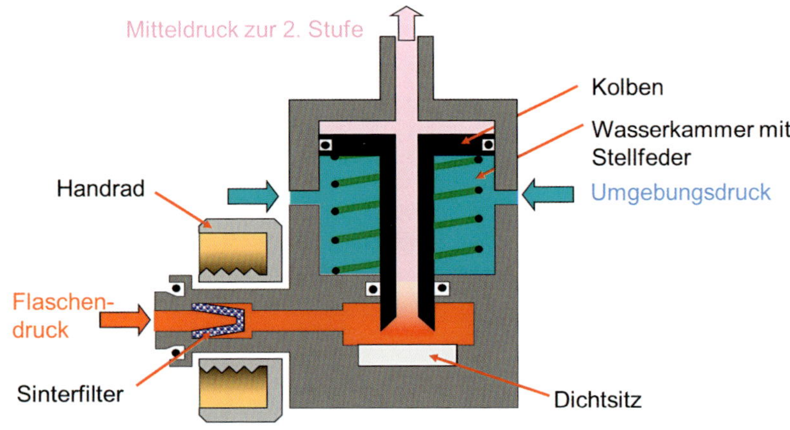

Kolbengesteuerte kompensierte erste Stufe

Um dies auszugleichen (zu kompensieren), werden sogenannte kompensierte erste Stufen eingesetzt. Die Kompensation bewirkt, dass sich der Mitteldruck so anpasst, dass er unabhängig vom Flaschendruck die gleiche Luftlieferleistung ermöglicht. Dies geschieht, indem ähnlich wie bei einer Duschwanne der Kolben zum Verschließen des Ventilsitzes in die Hochdruckkammer eintaucht, statt gegen den Flaschendruck zu wirken.

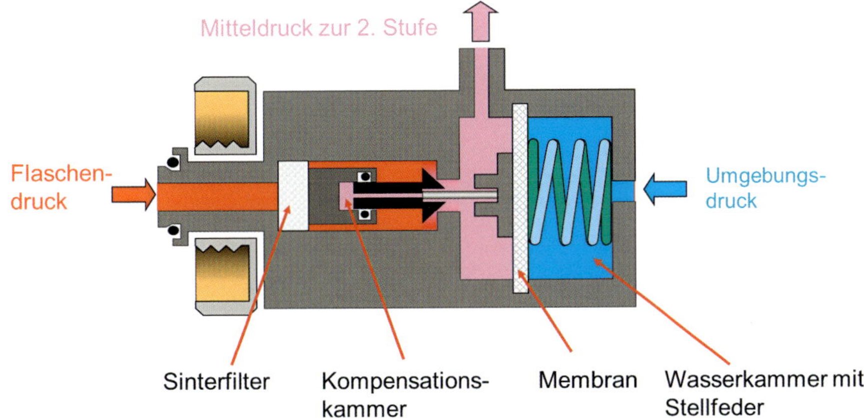

Membrangesteuerte kompensierte erste Stufe

An der ersten Stufe befinden sich Anschlüsse an der Hochdruckkammer zur Montage eines Unterwasser-Manometers, um den Flaschendruck zu kontrollieren (7/16", mit HP bezeichnet), sowie Anschlüsse an der Mitteldruckkammer, an denen der Mitteldruckschlauch zur zweiten Stufe montiert wird, aber auch Verbindungsschläuche zum Befüllen des Jackets oder ggf. des Trockentauchanzugs (3/8", ggf. mit LP oder MD bezeichnet). Durch die **zweite Stufe** des Atemreglers wird der Mitteldruck auf den Umgebungsdruck reduziert und zugleich dosiert je nach Bedarf bei Einatmung des Tauchers abgegeben.

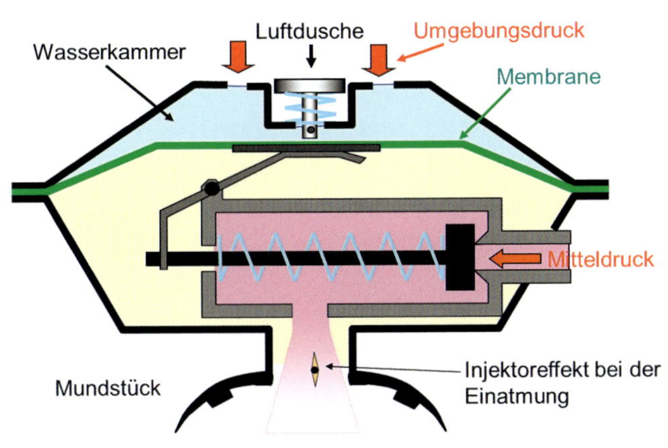

Zweite Stufe (nicht kompensiert)

Bei Einatmung entsteht im Luftraum ein Unterdruck. Dadurch wird die Membrane einwärts gedrückt, das Ventil öffnet sich und Luft strömt nach. Dies erfolgt solange, bis der jeweilige Umgebungsdruck der Tiefe erreicht ist. Das Ausatmen erfolgt hingegen in das Mundstück hinein, und über die Ausatemventile und die Blasenabweiser entweicht die Ausatemluft ins Wasser. Das Eindrücken der Membrane kann durch den »Luftduschenknopf« auch manuell bewirkt werden. Dies sollte jedoch nur im Notfall erfolgen, da dabei hohe Strömungsgeschwindigkeiten entstehen, die ein Vereisen des Atemreglers begünstigen. Der Luftduschenknopf wird vielmehr bei der Demontage des Atemreglers zum Entlüften benutzt.

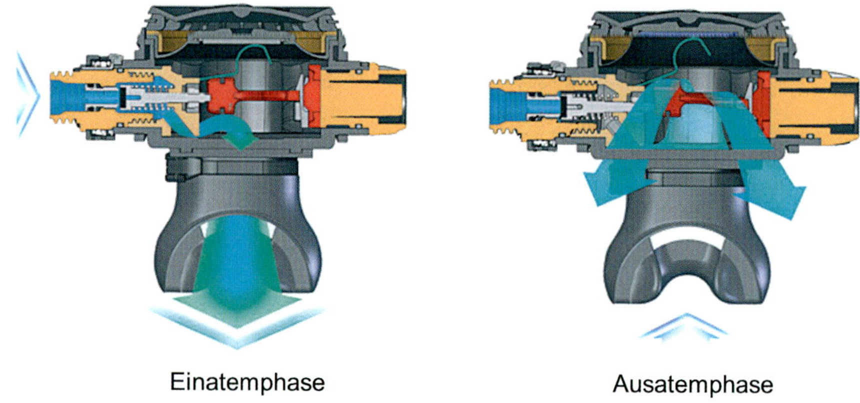

Ein- und Ausatemphase an der zweiten Stufe

Die meisten Atemregler haben in der zweiten Stufe eine **Injektordüse**, um die Einatemarbeit zu verringern. Die aus der Düse ausströmende Luft reißt aus der Umgebung die dort vorhandene Luft mit und erzeugt so einen Unterdruck mit Sogwirkung, die ein weiteres Abströmen der Luft und so eine Verminderung des Einatemwiderstands bewirkt. Der Injektoreffekt ist abhängig von der Strömungsgeschwindigkeit und der Dichte der Luft. In der Tiefe verstärkt er sich daher.

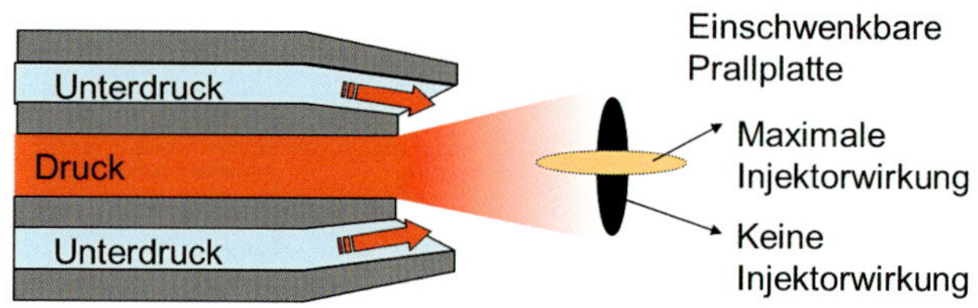

Wirkung einer Injektordüse

Strömt einmal die Luft, so bleibt die zweite Stufe solange geöffnet, bis keine Luft mehr entnommen wird. Entsprechend leicht bläst die zweite Stufe auch ab, wenn die Membran eingedrückt wird. Um den Injektoreffekt zu vermindern, beispielsweise bei dem gerade nicht benutzten Atemregler bei einem Strömungstauchgang, kann der Injektoreffekt über Einstellmöglichkeiten verringert werden (z. B. über eine Prallplatte). An der Wasseroberfläche bläst ein Atemregler leicht ab, wenn er mit der Membranseite nach unten ins Wasser gelangt. Deshalb sollte zuerst das Mundstück ins Wasser gelangen.

Bei den Ventilen werden **Up-Stream-** und **Down-Stream-Ventile** unterschieden. Up-Stream-Ventile öffnen gegen den Druck, Down-Stream-Ventile öffnen mit dem Druck. Die zweite Stufe eines Atemreglers öffnet grundsätzlich mit dem Druck, arbeitet also als Down-Stream-Ventil. Dies hat gleichzeitig den Zweck, dass bei einem fehlerhaft ansteigenden Mitteldruck die Luft aus der zweiten Stufe entweichen kann. Anderenfalls müsste ein zusätzliches Sicherheitsventil im Mitteldruckbereich der ersten Stufe vorhanden sein.

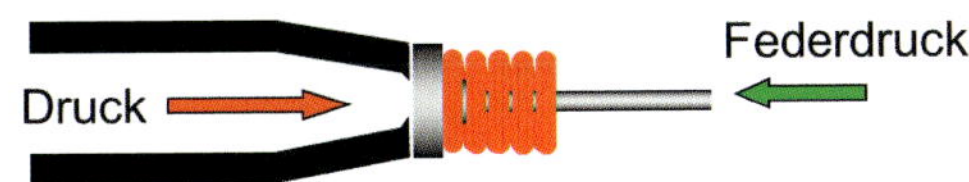

Mit dem Druck öffnendes Ventil (Down-Stream-Ventil)

Ein Up-Stream-Ventil öffnet gegen den Druck, d. h. bei Überschreitung des eingestellten Drucks schließt das Ventil immer fester.

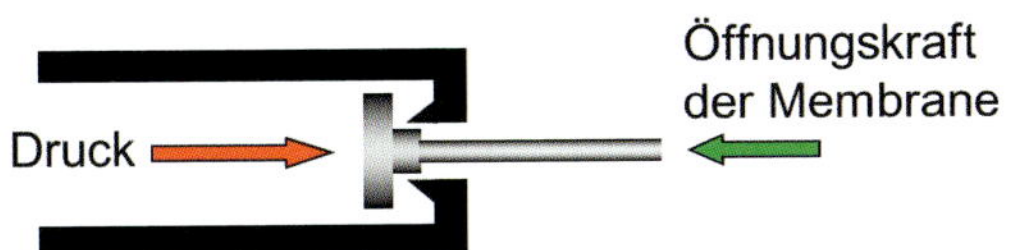

Gegen den Druck öffnendes Ventil (Up-Stream-Ventil)

Beim Tauchen in kalten Gewässern besteht die Möglichkeit der **Vereisung** eines Atemreglers. Das bedeutet, dass durch die Bildung von Eiskristallen am Ventilsitz der ersten Stufe (inneres Vereisen) oder durch Eisbildung in ihrer Wasserkammer (äußeres Vereisen) die erste Stufe nicht mehr schließen kann und unkontrolliert Luft abströmt. Wenn Wasser in die zweite Stufe gelangt, kann es auch hier zu einer Vereisung mit Blockade des Kipphebels kommen, sodass die Stufe keine Luft mehr liefert.

Um dies zu verhindern, sollten in solchen Gewässern nur dafür geprüfte und vom Hersteller dafür ausgewiesene kaltwassertaugliche Atemregler verwendet werden, die natürlich auch regelmäßig gewartet werden.

Damit aus einer Vereisung kein Notfall entsteht, üben wir (auch im Rahmen der Deutschen Tauchsportabzeichen) die richtige Reaktion. Der betroffene Taucher selbst schließt dann das Ventil mit dem Erstatemregler und geht dann auf den zweiten Atemregler über. Alternativ erhält er von seinem Tauchpartner dessen Erstatemregler, und dieser geht dann auf seinen Zweitatemregler über und schließt dem Partner das Ventil mit dem abblasenden Atemregler.
Daher ist es in kalten Gewässern erforderlich, nicht nur eine alternative Atemgasversorgung (gemäß Sicherheitsstandards und europäischer Norm) mitzuführen, sondern dies in Form von zwei separaten, gleichwertigen und kaltwassertauglichen Atemreglern an zwei getrennten, separat absperrbaren Flaschenventilen zu tun.

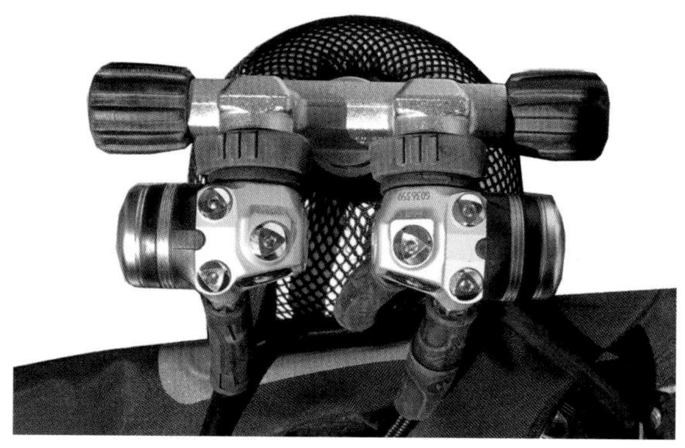

Separat absperrbare Atemregler

Wird hingegen in wärmeren Gewässern getaucht, so können auch zwei (baugleiche oder dafür zugelassene) zweite Stufen an einer ersten Stufe montiert werden, sodass dort auch mit Tauchgeräten mit nur einem Abgang getaucht werden kann. Diese Kombination wird auch als **Oktopus** bezeichnet.
Die **Wartung** von Atemreglern erfolgt nach Empfehlung der Hersteller in Intervallen von ein bis drei Jahren und nur durch dafür zertifizierte Fachhändler.
Zur **Pflege** der Atemregler sollten diese nach einem Salzwassertauchgang gründlich in Süßwasser gespült werden. Dabei ist durch Verschluss des Eingangs sicherzustellen, dass kein Wasser in die erste Stufe eindringen kann. Ebenso darf beim Spülen der zweiten Stufe nicht der Luftduschenknopf gedrückt werden, damit kein Wasser in den Mitteldruckbereich eindringen kann.

3.3 Jacket

Zum Ausgleich des abnehmenden Anzugvolumens beim Tiefertauchen ist ein Tariersystem erforderlich, in das zum Volumenausgleich Luft oder ein anderes Gas gegeben wird. Als Tariersystem, das mit der Luft aus dem Tauchgerät oder mit Ausatemluft befüllt wird, dient das Jacket. Außerdem dient es als Tragevorrichtung für das Tauchgerät und stellt wichtige Sicherheitsfunktionen bereit:

- schnelles Erreichen der Oberfläche im Notfall;
- sicheres Halten an der Oberfläche, wenn ein Absinken sonst nur mit Flossenkraft verhindert werden kann;
- Unterstützung beim Retten anderer Taucher;
- Unterstützung beim Bergen von Gegenständen.

Auch die Tarierfunktion selbst ist eine wichtige Voraussetzung für die Sicherheit beim Tauchen, denn durch eine richtige Tarierung im hydrostatischen Gleichgewicht werden eine vorwiegend ausatemorientierte Atmung und ein entspanntes Tauchen ohne erhöhte Anstrengung erreicht, die sonst durch eine ungünstige Wasserverdrängung und den Ausgleich des Abtriebs durch Flossenschlag eintreten würde. Damit wird insbesondere auch einem Essoufflement vorgebeugt.

Die wichtigste Tariereinheit ist natürlich die Lunge. Daher solltest du auf jeden Fall das Tarieren über die Tiefe der Atmung beherrschen. Da aber die Möglichkeiten der Lungentarierung ab einem gewissen Volumen ausgeschöpft sind, ist ein externes Tariersystem zur Herstellung einer Grobtarierung in der jeweiligen Tiefe erforderlich. Die richtige Reihenfolge ist immer, zuerst die Möglichkeiten der Lungentarierung zu nutzen und dann erst die Tarierung über das Jacket.

Dies geschieht beim Abtauchen durch Einblasen von Luft über den Inflator in das Jacket und beim Auftauchen durch Ablassen von Luft aus dem Jacket. Das Ablassen erfolgt am besten dosiert über den Faltenschlauch, der dazu hochgehalten wird und den höchsten Punkt darstellt. Wenn schnell viel Luft abgelassen werden soll, kann auch der Schnellablass dazu genutzt werden.

Merke: Ein Jacket ist für die eigene Sicherheit bei jedem Tauchgang unerlässlich!

Ein Jacket muss folgende Eigenschaften aufweisen:

- mindestens 15 Liter Volumen, je nach Art und Gewicht der Ausrüstung auch mehr
- Außenmaterial, das robust, knickbeständig und farbecht ist
- Schnellablass zum schnellen Entleeren im Schulterbereich, ggf. auch integriert in den Faltenschlauch der Mundaufblasvorrichtung, und zusätzlich unten im hinteren Bereich für das Entleeren beim Abtauchen in Kopftieflage

- Überdruckventil, damit das Jacket nicht platzen kann (z. B. bei einem defekten Inflator oder beim Auftauchen ohne Entleerung), gegebenenfalls in den Schnellablass integriert
- Mundaufblasvorrichtung zum Befüllen des Jackets mit dem Mund, wenn ein Befüllen über das Tauchgerät mit dem Inflator nicht möglich ist
- Inflator als Verbindung mit dem Mitteldruckabgang des Atemreglers zum Befüllen des Jackets durch Druckluft aus dem DTG durch einfachen Knopfdruck
- Signalpfeife

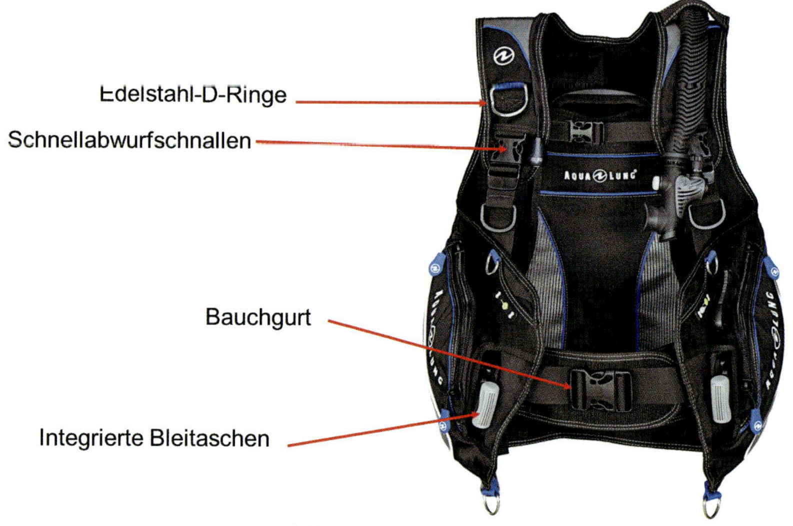

Bleiintegriertes Jacket

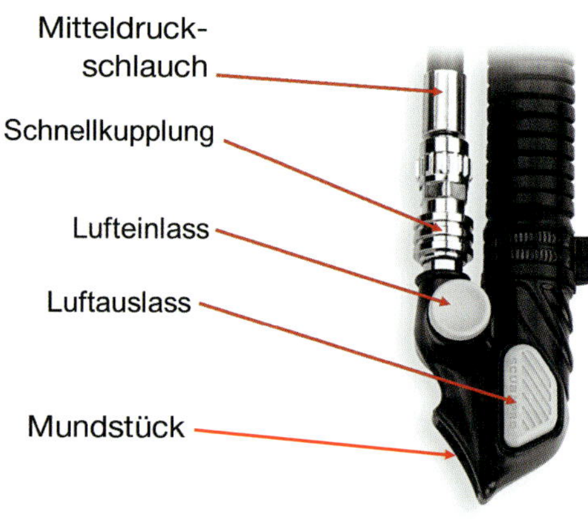

Inflator

Das Jacket wird an die Druckgasflasche angeschnallt. Eine Fangschlaufe oben, die um das Ventil gelegt wird, verhindert bei mangelndem Halt das Durchrutschen der Flasche.
Eine Signalfarbe ist im Notfall sinnvoll, aber nicht vorgeschrieben und im Handel kaum noch erhältlich. Daher ist das Mitführen einer Lampe und einer Signalboje mit Spool wichtig, um insbesondere beim Abtreiben gesehen zu werden.

Westenflaschen (kleine Druckgasflaschen) zum schnellen Befüllen des Jackets im Notfall sind heute kaum noch üblich.
Taschen am Jacket sind sinnvoll, um diverse Ausrüstungsgegenstände darin zu verstauen, zum Beispiel eine Unterwasserschreibtafel, eine Dekompressionstabelle, eine Signalboje mit Spool oder eine kleine Ersatzlampe.
Am Jacket sollten ausreichend D-Ringe und andere Befestigungsmöglichkeiten in Form von Karabinern, Ösen oder Klemmverschlüssen vorhanden sein, um Ausrüstungsteile wie Schläuche, Kompass oder Lampe eng am Körper zu befestigen und gegen Verlust zu sichern.
Eine zweite Stufe eines Atemreglers, die baulich mit dem Mundstück und Inflatorschlauch des Jackets als Einheit verbunden ist und aus der wie aus einem Atemregler geatmet werden kann, ist keinesfalls zu empfehlen, weil sie in der Regel keinen vollwertigen Ersatz für einen zweiten Atemregler darstellt, die Verwechslungsgefahr bei der Bedienung des Ablassknopfes hoch ist, sie von der linken Seite kommt und eine Verwendung im Rahmen der standardisierten Ausrüstungskonfiguration nicht möglich ist.
Aktuelle Jackets haben in der Regel **Bleitaschen**, die verlustsicher in das Jacket gesteckt werden und bei Bedarf mit einem Handgriff abgeworfen werden können. Bleitaschen haben im Vergleich zu einem Bleigurt den Vorteil, dass ihre Gewichtskraft unmittelbar durch die Auftriebskraft des Jackets ausgeglichen wird und sie so besonders rückenschonend sind. Damit der Rücken möglichst wenig belastet wird, werden die Bleitaschen erst nach dem Anlegen des DTG in das Jacket gesteckt und vor dem Ablegen als erstes entnommen.
Zur **Pflege** wird nach einem Tauchgang in Jacket eingedrungenes Wasser entleert. Hierzu bläst du das Jacket einmal voll auf und hältst es so, dass entweder ein Schnellablass oder der Faltenschlauch den tiefsten Punkt bilden und durch deren Öffnen das Wasser abfließen kann. Nach dem Tauchen im Salzwasser sollte das Jacket auch von innen mit Süßwasser gespült und wie soeben beschrieben entleert werden. Dann wird das Jacket leicht aufgeblasen und zum Trocknen in den Schatten gehängt, weil Sonneneinstrahlung auch für das Jacket schädlich ist. Von Zeit zu Zeit sollte auch die Innenblase zum Beispiel mit Seifenwasser ausgewaschen werden, damit sich keine Keime darin bilden. Auch Faltenschlauch, Ventile und Inflator sollten regelmäßig mit Talkum bzw. Silikonfett behandelt werden.

3.4 Ausrüstungsempfehlungen und Konfiguration

Der VDST hat Standards und Empfehlungen zur Ausrüstung und zur Konfiguration herausgegeben (Download unter https://www.vdst.de/download/ausruestungsempfehlungen/). Die Kernpunkte zur Atemgasversorgung und Tarierung wurden entwickelt, um besonders das Tauchen in kalten Gewässern sicherer zu gestalten. Hierzu zählen grundsätzlich alle Freigewässer in Deutschland. Die Ausrüstung wird so konfiguriert, dass Probleme in der Atemgasversorgung und Tarierung verhindert oder gelöst werden können. Die Redundanz der Atemgasversorgung bietet aber auch im Warmwasser Vorteile und ist auch dort, besonders für Tauchausbilder, anzustreben. Durch klare Empfehlungen und standardisierte Prozeduren wird ein Sicherheitsgewinn erreicht, ohne die Individualität zu sehr einzuschränken.

Empfehlungen zu den Atemreglern:

- zwei getrennte, komplette und kaltwassertaugliche Atemregler mit jeweils einer ersten und einer zweiten Stufe
- zwei getrennt absperrbare und leicht erreichbare Ventile (Handrad möglichst außen)
- Beide Atemregler kommen von rechts, also über die rechte Schulter, und sind so beide alternativ vom Taucher für sich verwendbar. Sie kreuzen sich nicht mit dem Faltenschlauch des Jackets.
- Langer Mitteldruckschlauch (150 bis 215 cm) am Hauptatemregler, denn dieser wird im Notfall direkt an den Partner abgegeben!
- Der Hauptatemregler ist am rechten Ventil montiert.
- Der Zweitatemregler ist am linken Ventil montiert und hat einen kurzen Mitteldruckschlauch.
- Der Zweitatemregler ist in Brusthöhe fixiert, zum Beispiel über ein flexibles Nackenband, und ist so mit einem einfachen Wechsel direkt greifbar.
- Der Zweitatemregler hat die gleiche Qualität und Kaltwassertauglichkeit wie der Hauptatemregler (ideal sind zwei baugleiche Atemregler).
- Schläuche nach unten abgehend montieren, damit sie nicht abstehen

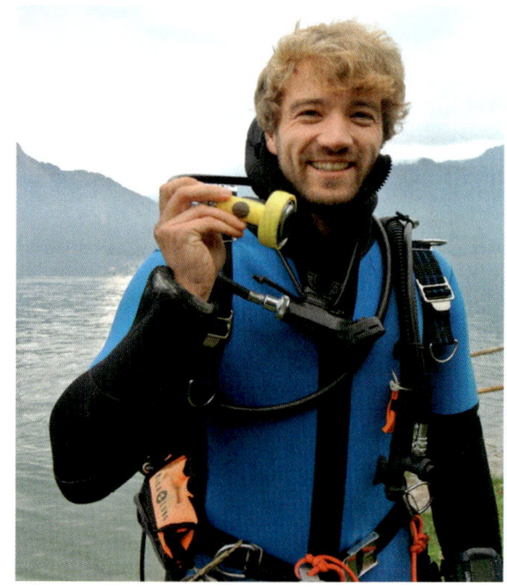

Trageweise der Atemregler

und eng anliegen. Von dem am rechten Flaschenventil montierten Hauptatemregler wird der Mitteldruckschlauch an der Flasche rechts senkrecht hinuntergeführt und unter dem rechten Arm entlang, also von rechts unten kommend, diagonal vor dem Körper zur linken Schulter und um den Nacken zum Mund geführt. So kann er durch Neigen des Kopfes nach vorn schnell mit der vollen Länge abgegeben werden und auch wieder nach der Rücknahme selbst verstaut werden. Der Bereich um den Kopf muss dazu frei sein. Das bedeutet, dass der Schnorchel nicht am Maskenband getragen wird, sondern an anderer Stelle verstaut wird, zum Beispiel am oder im Jacket. Bei Verwendung eines 210 cm langen Mitteldruckschlauches ist noch eine Fixierung im unteren Bereich des Jackets sinnvoll (z. B. Tasche, Bleitasche, Messer, Akkutank). Damit der Mitteldruckschlauch bei Nichtbenutzung nicht nach unten fällt, sollte er dann mit einem kleinen Karabiner, der am Schlauch kurz vor der zweiten Stufe befestigt ist, am Schulter-D-Ring eingehakt werden.

Benötigt ein Mittaucher Luft, so kannst du ihm also auf diese Weise schnell deinen gerade noch verwendeten Hauptatemregler geben, aus dem du noch gut Luft bekommen hast, und du nimmst dann deinen Zweitatemregler. Dadurch hast du mehr Bewegungsfreiheit

- zum selbstständigen Tarieren,
- zum Setzen der Markierungsboje für außerplanmäßige Freiwasseraufstiege oder
- zum Passieren von Engstellen.

Ist dein Partner in Not, wird er dabei weiterhin fixiert!

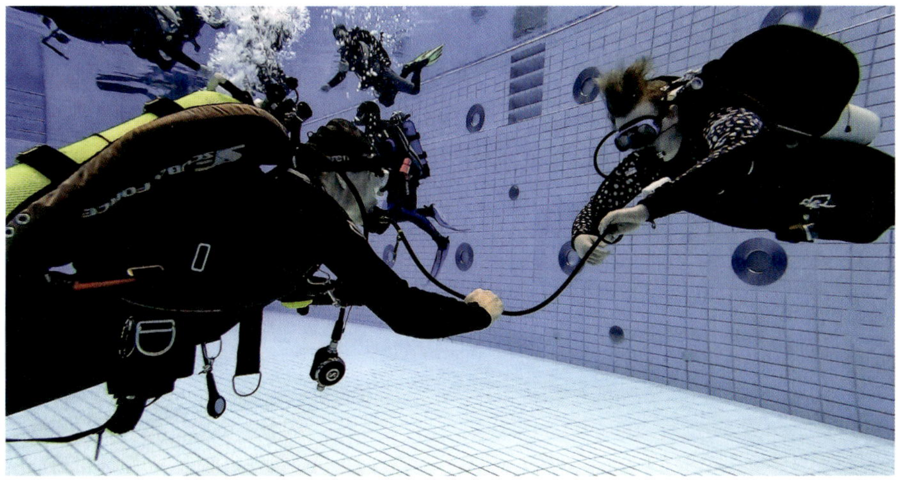

Taucher am Atemregler des Partners

Damit du im Fall einer Vereisung oder eines Defektes am Hauptatemregler diesen selbst zudrehen kannst, solltest du in der Lage sein, unter Wasser deine Ventile selbst zu erreichen und bedienen zu können. Dazu sollten die Handräder der Ventile möglichst seitlich erreichbar sein und durch die Montage der Atemregler mit nach unten gerichteten Schläuchen nicht verdeckt werden. Die Flaschenventile werden immer ganz aufgedreht, damit man beim Schließen des Ventils hinter dem Kopf sofort die richtige Drehrichtung hat.

Um das Ventil besser zu erreichen, sollte die Flasche nicht zu tief montiert werden.

Indem du selbst deine Ventile erreichst und dies auch übst, hast du einen

- Zeitgewinn, denn ein Partner ist nicht notwendig, und es entsteht keine Verzögerung durch Erkennen und Bewerten des Problems;
- Sicherheitsgewinn, denn du erlangst eine gute Kenntnis über deine eigene Ausrüstung und greifst so direkt das richtige Ventil;
- Kompetenzgewinn, denn du bist unabhängig von den Fähigkeiten deines Partners (besonders für Ausbilder wichtig).

Selbstverständlich ist dein Tauchpartner für die Sicherheit unverzichtbar, aber durch diese Fertigkeit erlangst du eine zusätzliche Kompetenz, um dir im Notfall zu helfen.

Zur sinnvollen Anordnung der anderen Mitteldruckschläuche gelten die Ziele:

- Die Rettungsübung soll jederzeit standardisiert durchführbar sein, das heißt die Funktion des Inflators am Jacket hat Priorität! Das bedeutet, dass auch nach Schließen des Ventils mit dem Hauptatemregler das Jacket des Betroffenen mittels Inflator weiterhin befüllt werden kann.
- Die Kältebelastung und somit die Vereisungsgefahr der ersten Stufen durch Atmung und gleichzeitige Tarierung wird minimiert, indem die Atmung und die Tarierung jeweils über zwei verschiedene erste Stufen verteilt werden.
- Eng anliegende und sauber geführte Schläuche minimieren die Gefahr hängenzubleiben.

Um dies zu erreichen, wird der Inflatorschlauch nicht am Hauptatemregler montiert, sondern am Zweitatemregler. So wird die Kältebelastung getrennt, und bei einem Schließen des Ventils mit dem Hauptatemregler zum Beispiel nach Vereisen kann das Jacket weiterhin über den Inflator befüllt werden. Auch die Eigen- oder Fremdrettung kann so durchgeführt werden.

Beim Tauchen im Urlaub in warmen Gewässern werden von den Tauchbasen üblicherweise Tauchgeräte mit einem Monoventil, d. h. mit nur einem Abgang, zur Verfügung gestellt. Da auch in warmen Gewässern mit einer alternativen Atemgasversorgung getaucht wird, können zwei Atemregler zu einem sogenannten

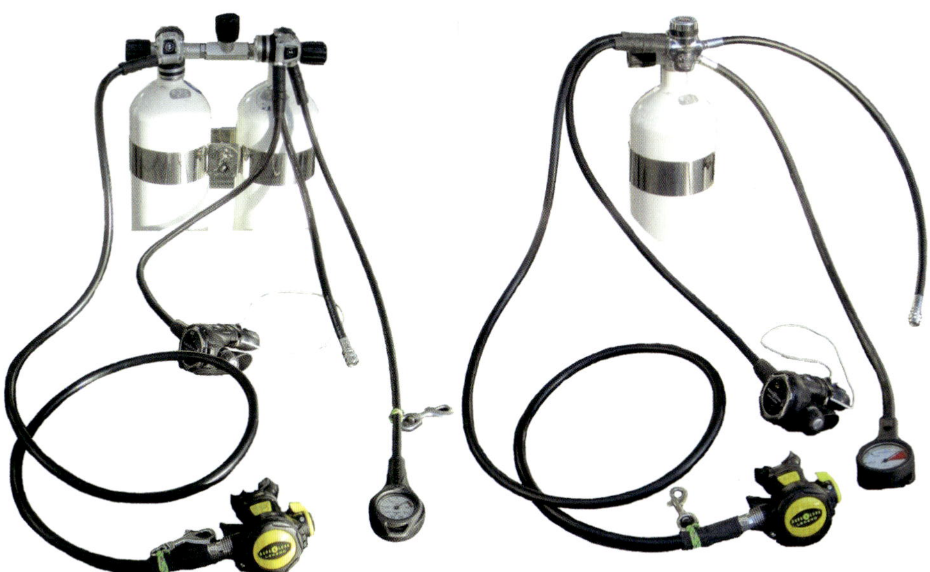

Anordnung der Atemregler und Schläuche bei zwei getrennten Atemreglern

Anordnung der Atemregler und Schläuche bei einem Oktopus-System

Oktopus-System zusammengebaut werden. Das bedeutet, dass zwei zweite Stufen mit einer ersten Stufe verbunden werden. Dazu sollten die beiden zweiten Stufen jedoch baugleich sein. Keinesfalls dürfen erste und zweite Stufen unterschiedlicher Hersteller oder unterschiedlicher Bauart zu einem Oktopus zusammengefügt werden! Beachte die Herstellerangaben. Hier werden meist Hinweise gegeben, welche Atemregler zu einem Oktopus-System kombiniert werden können.

Zur Sicherheit, beim Tauchen in Gewässern mit Bootsverkehr und zur Signalgebung beim Abtreiben gehören immer eine **Lampe** sowie eine **Boje** mit **Spool** zur Ausrüstung. Die Signalboje sollte ausreichend groß sein, um auch bei Wellengang vom Schiff aus gesehen zu werden. Einen Meter lange Markierungsbojen sind hier nicht ausreichend. Die Signalboje wird direkt mit der Spool verbunden, damit sie im Bedarfsfall schnell gesetzt werden kann. Die Spool sollte mindestens 25 m Leine haben, damit die Boje auch aus diesen Wassertiefen gesetzt werden kann. Dies ist nicht nur einfacher, sondern bewirkt auch, dass die Boje dann durch die Volumenvergrößerung nach dem Gesetz von Boyle-Mariotte an der Oberfläche gut gefüllt ist und so vom Schiff aus besser gesehen werden kann. Durch die Verwendung einer Spool ist die Gefahr des Verhedderns der Bojenleine minimiert, und die Leine kann mithilfe eines Doppelender-Karabiners in beliebiger Länge arretiert werden.

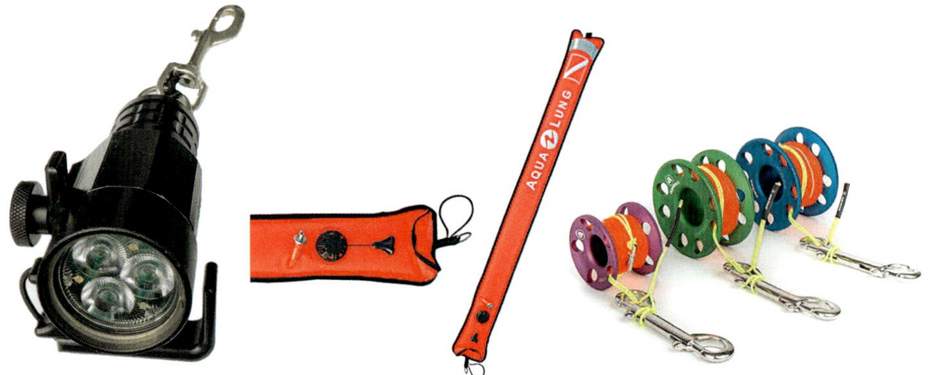

Tauchlampe, Signalboje, Fingerspool mit Doppelender

Zur Sicherheitsausrüstung gehört auch ein **Schneidwerkzeug** immer dazu, denn dies kann ein Leben retten, wenn man sich unter Wasser verfangen hat. Ein Messer, eine Schere oder ein Easycut (Gurtschneider) können genutzt werden, um sich aus Leinen oder Netzen freizuschneiden, und dienen zum schnellen Entfernen der Ausrüstung im Notfall (besonders bei Verunfallten mit durchgehenden Gurten). Schneidwerkzeuge sind gut sichtbar und gut erreichbar an der Ausrüstung anzubringen, zum Beispiel am Jacket, aber nicht an der Wade.

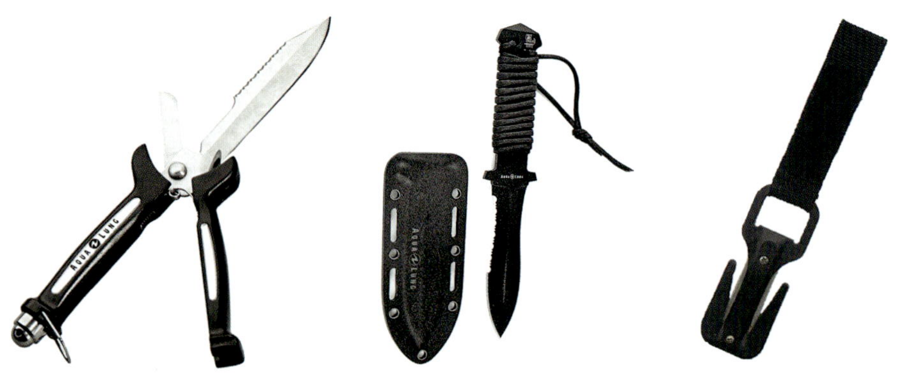

Schneidwerkzeuge

Das mitgeführte **Blei** sollte auf die minimale Menge begrenzt werden. Kein Taucher darf überbleit sein. Dies kannst du bei dir selbst checken, indem du dein Jacket leerst, dann im ausgeatmeten Zustand absinkst und im voll eingeatmeten Zustand so weit aus dem Wasser kommst, dass der Wasserspiegel zwischen Nase und Mund ist. Dann kann auch mit leerer Flasche eine Dekostufe oder der Sicherheitsstopp sicher gehalten werden.

Bleigewichte sollten grundsätzlich leicht lösbar angebracht werden, um diese im Notfall abzuwerfen. Allerdings sind auch fest verschraubte Gewichte (zum Beispiel V-Blei) üblich und zulässig.
Blei ist ein giftiges Schwermetall. Daher ist Bleieintrag ins Gewässer zu vermeiden. Aus Umweltschutzgründen sollte nur ummanteltes Blei verwendet werden, keinesfalls Bleischrot in Netztaschen (sogenanntes Softblei).

3.5 Tauchbekleidung

Zum Schutz vor Wärmeverlust benötigst du in den meisten Tauchgewässern einen Nass- oder Halbtrockentauchanzug aus Neopren. Die beiden Anzugarten unterscheiden sich durch die Dichtigkeit: Bei beiden gelangt Wasser in den Anzug, wobei jedoch beim Halbtrockentauchanzug die Wasserzirkulation im Anzug durch Dichtmanschetten sehr gering gehalten wird. Beim Nasstauchanzug ist stattdessen durch mehr Reißverschlüsse das An- und Ausziehen bequemer, aber die Wasserzirkulation und damit die Wärmeabgabe sind größer. Für das Tauchen in kalten Gewässern bietet ein Trockentauchanzug einen besonders guten Kälteschutz (siehe Abschnitt zum DTSA***).
Der Tauchanzug soll vor allem vor Kälte und Unterkühlung schützen, aber auch vor Schädigungen der Haut zum Beispiel durch Schürfungen oder Nesselgifte oder Verunreinigungen des Wassers.
Die Wärmeabgabearten sind die Wärmeleitung (Konduktion), Wärmeströmung (Konvektion) und die Wärmestrahlung. Schon die Bekleidung der Haut verhindert die Wärmestrahlung. Zur Verhinderung der Wärmeleitung ist vor allem die Isolationswirkung durch die Dicke des Neoprens maßgebend. Um einen wirklich guten Kälteschutz zu erreichen, sind die Passform und Dichtigkeit eines Anzugs entscheidend. Damit die Wärmeströmung durch den Austausch von erwärmtem Wasser bzw. die Zirkulation von Wasser im Tauchanzug möglichst gering wird, werden die Arme, die Beine, der Hals und der Kopf mit möglichst gut sitzenden Manschetten abgedichtet. Neoprenanzüge, die zwar innen nass werden, aber über Dichtmanschetten und einen guten Reißverschluss gut vor Wasserzirkulation schützen, werden als **Halbtrockentauchanzüge** bezeichnet, während Tauchanzüge ohne Manschetten, die sich mithilfe von Reißverschlüssen an Armen und Beinen leichter an- und ausziehen lassen, **Nasstauchanzüge** sind.
Die Tauchanzüge bestehen aus Neopren, einem mit Gas (meist mit Stickstoff) aufgeschäumten, gummiähnlichen Material, das durch die gasgefüllte Schaumschicht je nach Dicke eine ausgezeichnete Isolationswirkung hat, weil Gase generell

schlechte Wärmeleiter sind. In der Regel sind Tauchanzüge mit einer Kaschierung aus Nylon oder Lycragewebe überzogen, damit sie sich leichter anziehen lassen und besser gegen Beschädigungen geschützt sind.

Zu einem kompletten Kälteschutzanzug gehören der Anzug selbst, der entweder aus Jacke mit Hose oder aus einem Overall mit Kopfhaube besteht, sowie Füßlinge und Handschuhe.

Für unsere heimischen Gewässer sollte die Stärke des Materials 6 bis 7 mm betragen, für die Tropen reichen 3 bis 5 mm.

Das Wichtigste beim Tauchanzug ist die Passform. Er sollte zwar eng sitzen, aber nicht drücken oder die Atmung behindern. Wenn die Konfektionsgröße nicht wirklich gut anliegt, empfiehlt sich die Investition in eine Maßanfertigung.

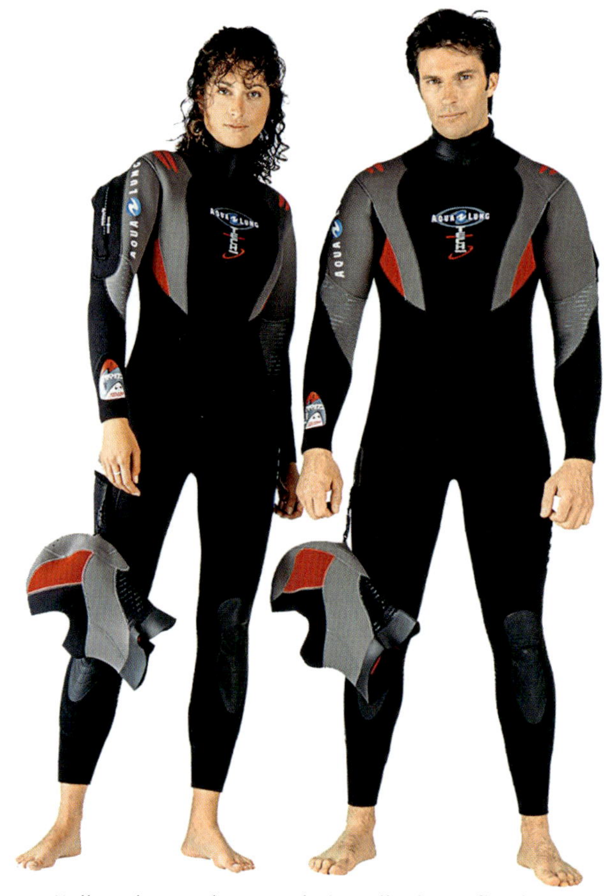

Halbtrockentauchanzug als Overall mit Kopfhaube

Auch die Füßlinge sind aus Neopren und sollten eine stabile Laufsohle haben. Die Handschuhe für unsere heimischen Gewässer sind ebenfalls aus Neopren, wobei Handschuhe mit drei Fingern einen besseren Kälteschutz bewirken als Fünf-Finger-Handschuhe. In warmen Gewässern reichen jedoch auch dünne Schutzhandschuhe.

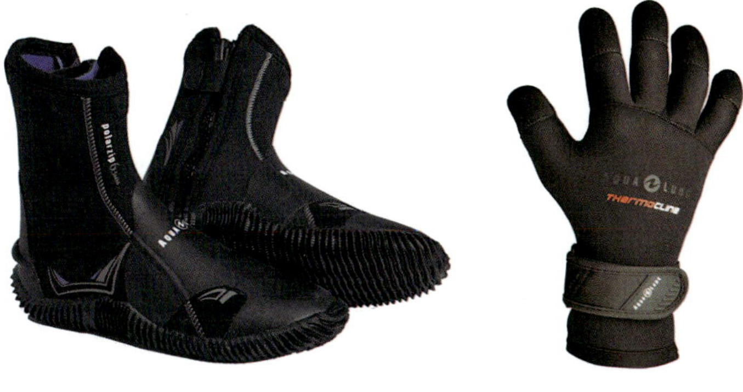

Füßlinge *Fünf-Finger-Handschuh*

Wenn der Tauchanzug nicht bereits eine angesetzte Kopfhaube besitzt, gehört eine separate Kopfhaube unbedingt zum Kälteschutz dazu, da der Körper über den Kopf einen Großteil an Wärme abgibt.
Die **Pflege** des Tauchanzugs erfolgt durch Auswaschen nach dem Tauchgang, insbesondere nach dem Tauchen in Salzwasser. Mit bis zu 40 °C ist auch ein Waschen in der Waschmaschine möglich, aber ohne Schleudern. Nach dem Spülen sollte der Tauchanzug an einem breiten Kleiderbügel im Schatten zum Trocknen aufgehängt werden. Sonneneinstrahlung schädigt das Anzugmaterial und sollte daher vermieden werden. Leichte Risse können mit Neoprenkleber selbst repariert werden. Bei Rissen an der Naht muss auch genäht werden, ohne jedoch das Neopren zu beschädigen. Die Reißverschlüsse können von Zeit zu Zeit mit Silikonspray oder Wachs behandelt werden.

3.6 Instrumente

Taucheruhr

Die Taucheruhr ist neben dem Tiefenmesser das wichtigste Instrument beim Tauchen. Du benötigst die Zeitangabe nicht nur zur Berechnung und Einhaltung von Dekompressionsstufen, sondern auch zur Orientierung, zum Überwachen der Aufstiegsgeschwindigkeit und zur Planung des Tauchgangsverlaufs. Das Wichtigste an einer Taucheruhr ist, dass sie dicht und druckfest ist. Geeignet sind nur Uhren, bei denen eine Dichtigkeit von 100 bis 200 Meter Wassertiefe angegeben ist. Die Taucheruhr sollte einen Einstellring haben, der nur gegen den Uhrzeigersinn verstellbar ist und auch mit Tauchhandschuhen bedient werden kann. Damit die Uhr auch bei Dunkelheit abgelesen werden kann, sollte sie ein Leuchtzifferblatt haben. Das Glas sollte kratzfest sein. Um die Uhr auch über dem Tauchanzug tragen zu können, ist ein verstellbares Armband erforderlich.

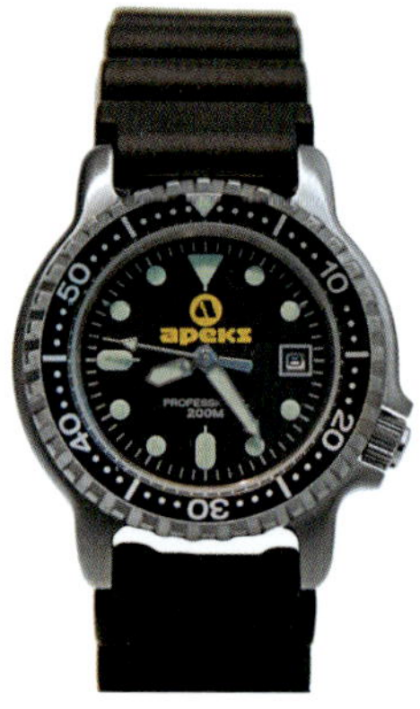

- verschraubte Krone
- gute Ablesbarkeit
- Tauchzeitring
- Leuchtzifferblatt
- Mineralglas
- druckdicht

Taucheruhr

Tiefenmesser

Die genaue Kenntnis der Tiefe ist beim Tauchen unverzichtbar. Daher gehört ein Tiefenmesser (ggf. als Funktion eines Tauchcomputers) zusammen mit Uhr und Dekompressionstabelle zur Grundausrüstung.
Anforderungen an einen Tiefenmesser sind

- gute Ablesbarkeit, besonders im flachen Bereich,
- möglichst gespreizte Skala im Bereich der Dekostufen,
- Genauigkeit der angezeigten Tiefe, maximal 5 % Abweichung,
- Leuchtzifferblatt,
- möglichst Schleppzeiger und Nullpunktjustierung,
- verstellbares Armband.

Es gibt verschiedene Funktionsprinzipien von Tiefenmessern:

- Membrantiefenmesser,
- Rohrfedertiefenmesser nach dem Prinzip eines Bourdon-Rohres,
- Boyle-Mariottesche Tiefenmesser,
- elektronische Tiefenmesser.

Das einfachste Prinzip hat der **Boyle-Mariottesche Tiefenmesser**. Es handelt sich einfach um ein gebogenes Röhrchen, das an einer Seite verschlossen, an der anderen Seite geöffnet und mit Luft gefüllt ist. Beim Abtauchen füllt sich das Röhrchen immer mehr mit Wasser. Die eingeschlossene Luftmenge verändert sich nach dem Gesetz von Boyle-Mariotte bei 10 m (2 bar) auf die Hälfte, bei 20 m (3 bar) auf ein Drittel usw. Auf einer Skala neben dem Röhrchen kann man dann an der Grenzschicht zwischen Luft und Wasser ablesen, welche Tiefe dem verringerten Luftvolumen im Röhrchen entspricht. Da die Druckabnahme gerade im Flachbereich am höchsten ist, kann man gerade in geringen Tiefen eine recht genaue Ablesung vornehmen. Dieser Tiefenmesser ist einfach und kostengünstig, jedoch nur schlecht ablesbar.

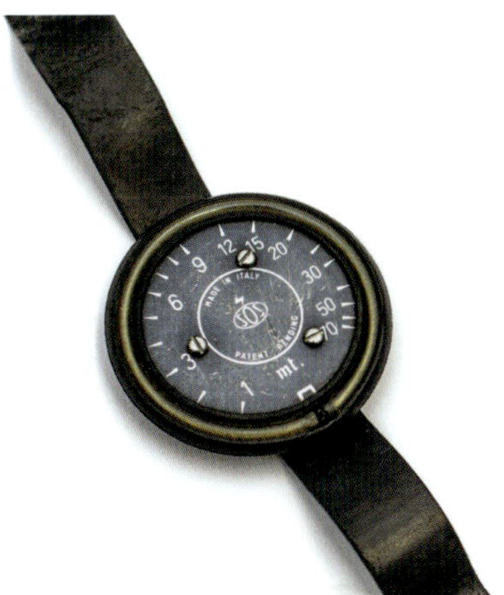

Boyle-Mariottescher Tiefenmesser

Ein **Rohrfedertiefenmesser** funktioniert wie das Unterwasser-Manometer über ein gebogenes Röhrchen (Bourdon-Rohr), das von innen oder von außen mit dem Umgebungsdruck belastet wird. Die äußere Oberfläche des Röhrchens ist größer als die innere Oberfläche, daher wirkt bei innen zunehmendem Druck die Kraft (Druck · Fläche) an der Außenseite mit der größeren Fläche stärker als an der Innenseite, sodass sich das Rohr dann nach außen krümmt. Wird umgekehrt das Röhrchen von außen mit Druck belastet, krümmt es sich bei zunehmendem Druck nach innen. Diese Krümmung kann über einen Zeiger auf einer Skala den Druck und damit die Tiefe anzeigen.

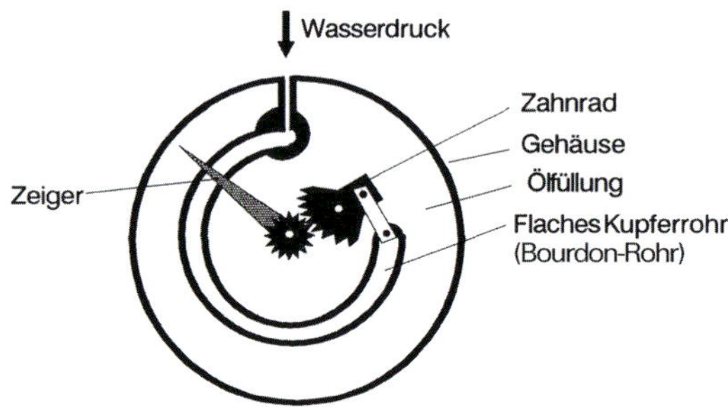

Rohrfeder-Tiefenmesser

Ein **Membrantiefenmesser** ist eine Metalldose mit einem flexiblen Boden, der sich bei zunehmendem Umgebungsdruck wölbt. Diese Wölbung wird über ein Hebelsystem auf einen Zeiger übertragen und zeigt so die Tiefe an. Membran-Tiefenmesser sind sehr genau, auch im Flachbereich. Über eine Nullpunkt-Justierung können sie auch in Bergseen verwendet werden.

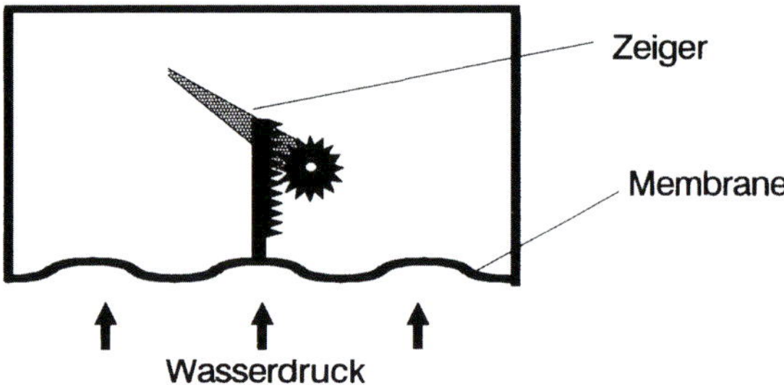

Membran-Tiefenmesser

Elektronische oder **digitale Tiefenmesser** messen den Umgebungsdruck und damit die Tiefe über einen Sensor. Das Ergebnis wird wie bei einem Tauchcomputer digital auf einem Display angezeigt. Dieses Verfahren ist auch sehr genau.

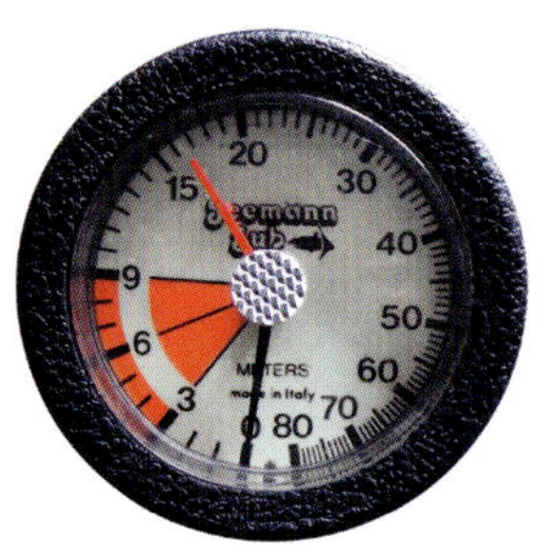

- gute Ablesbarkeit
- gespreizte Skala
- Schleppzeiger, der in der größten Tiefe stehen bleibt

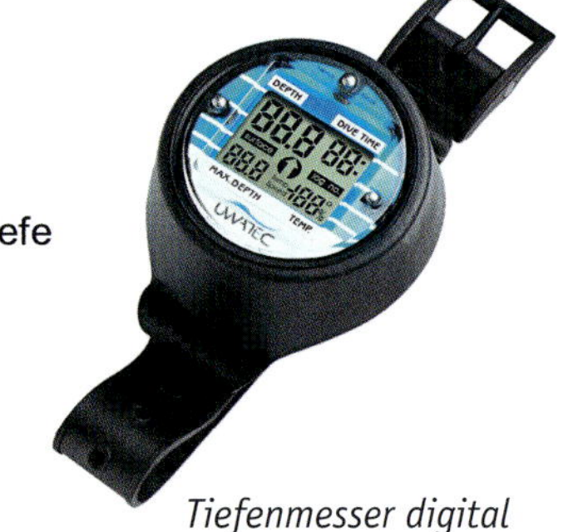

Tiefenmesser analog

Tiefenmesser digital

Unterwasser-Manometer

Ein Unterwasser-Manometer, oft auch Finimeter genannt, führst du mit, um jederzeit den Druck in deinem Tauchgerät überprüfen zu können. Es wird am Hochdruckanschluss deines Atemreglers angeschraubt und zeigt dir den aktuellen Flaschendruck an. Auch das Unterwasser-Manometer sollte ein übersichtliches Leuchtzifferblatt und ein bruchsicheres und kratzfestes Glas haben. Der Reservedruckbereich sollte farblich markiert sein, um das Erreichen dieses Drucks sofort zu erkennen. Eine Drosseldüse am Hochdruckanschluss zum Atemregler verhindert einen zu schnellen Druckverlust bei einer Undichtigkeit. An der Manometerrückseite dient eine Schwachstelle dazu, dass bei einem Überdruck im Manometergehäuse über diese Stelle der Druck entweichen kann, sodass nicht das Glas herausspringt. Gleichwohl sollte beim Aufdrehen des Ventils das Unterwasser-Manometer nicht in die Richtung einer Person gehalten werden.

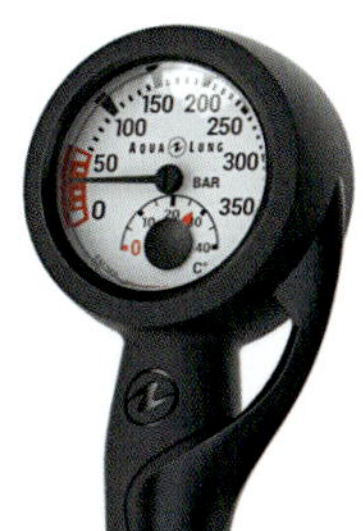

Unterwasser-Manometer

- gut ablesbare Anzeige
- Drosseldüse
- Reserveluft muss gekennzeichnet sein

Kompass

Zur Orientierung unter Wasser benutzt du einen Kompass, dessen Handhabung du im Aufbaukurs »Orientierung beim Tauchen« kennenlernen wirst.
Der Kompass ist in der Regel mit einer in 360 Grad unterteilten Skala ausgestattet und zeigt mit dem Nordpfeil (0 Grad) in die nördliche Richtung. Wichtig ist, dass die Kompassnadel bei leichtem Verkanten nicht hängenbleibt. Daher sind kugelige Formen ideal. Ein drehbarer Außenring dient zur Markierung einer Richtung, und eine Peileinrichtung ist ebenfalls zweckmäßig. Ein Leuchtzifferblatt erleichtert das Ablesen bei Dunkelheit.

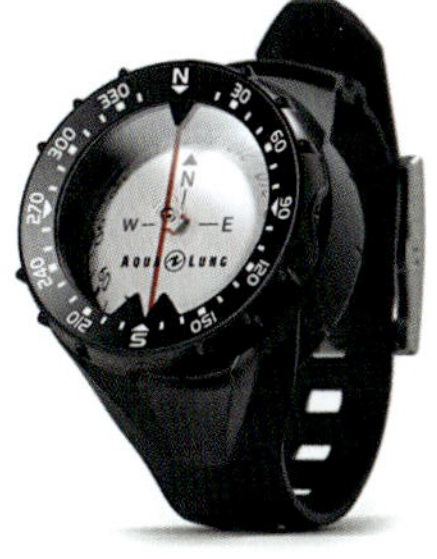

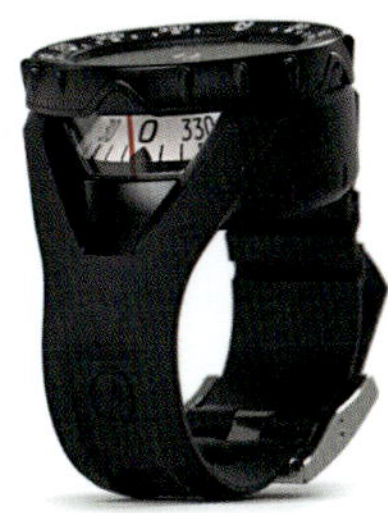

Kompass

- übersichtliche 360°-Skala
- keine Blockade der Nadel beim Verkanten
- drehbarer, einrastender Außenring
- Peileinrichtung

Die Befestigung des Kompasses sollte so erfolgen, dass er in der Körperlängsachse und damit in der Tauchrichtung gehalten werden kann. Dies kann gut mithilfe einer Verbindungsleine zur Ausrüstung erfolgen, um den Kompass vor dem Körper halten zu können. Weniger geeignet ist die Befestigung am Arm oder in einer Konsole, da hier die Positionierung meist schräg zur Körperlängsachse ist.

3.7 Tauchcomputer

Ein Tauchcomputer enthält unter anderem die Funktionen der Uhr und des Tiefenmessers und kann daher anstelle dieser Instrumente verwendet werden. Außerdem ermittelt er nach dem individuellen Tauchgangsverlauf die gegebenenfalls erforderlichen Dekompressionsstufen.

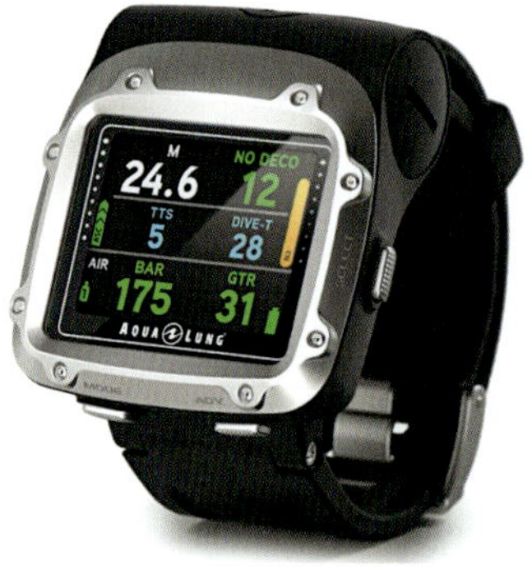

- automatisches An-/Ausschalten
- Tiefenanzeige
- Anzeige max. Tiefe
- verbleibende Nullzeit
- Dekompressionsstopp, Tiefe, Zeit
- Aufstiegsgeschwindigkeit

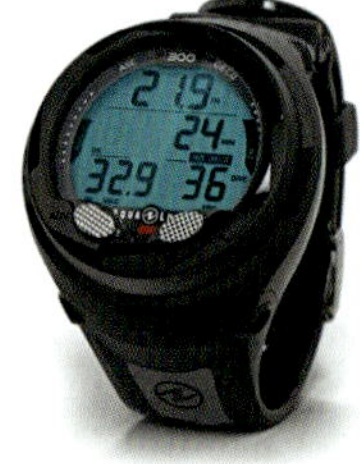

Tauchcomputer

Die Besonderheiten von Tauchcomputern auch im Vergleich zur Austauchtabelle sind in dem Abschnitt zur Handhabung der Dekompressionstabelle beschrieben.

3.8 Handhabung des Kompressors

Zum Füllen unserer Tauchgeräte mit atembarer Druckluft wird ein Atemluftkompressor verwendet. Damit wird die Luft verdichtet, gereinigt und getrocknet und unter einem maximalen Fülldruck von üblicherweise 200 bar oder 300 bar in der Druckgasflasche gespeichert. Das so mitgeführte Atemluftvolumen entspricht bei Entspannung auf den Oberflächendruck von 1 bar dem 200- bis 300-fachen Volumen der Druckgasflasche.

Um die hohen Qualitätsanforderungen in Bezug auf Reinheit zu erfüllen, muss die Luft dabei mithilfe von Filtern und Abscheidern von Staub, Öl und Feuchtigkeit befreit werden. Die so gereinigte und getrocknete Luft wird dann in komprimierter Form in die Flaschen gefüllt.
Zur Bedienung sind wichtige Regeln zu beachten. Daher dürfen nur eingewiesene Personen einen Kompressor bedienen, die mindestens 18 Jahre alt sind, zuverlässig sind, einen Sachkundenachweis erbracht haben und Kenntnisse der Betriebsanleitung und der Sicherheitsregeln besitzen – andere Personen nur unter Aufsicht.
Während beim Betrieb in geschlossenen Räumen zum Antrieb eines Kompressors Elektromotoren mit 230 V oder 400 V eingesetzt werden, verwendet man im Mobilbetrieb im Freien in der Regel Verbrennungsmotoren. Dabei ist zu beachten, dass keine Belästigung anderer durch die Lautstärke des Kompressors entsteht. Es ist daher immer vorzuziehen, den Weg zur nächsten Füllstation in Kauf zu nehmen, statt einen mobilen Kompressor am See aufzustellen und zu betreiben.
Bei der Inbetriebnahme eines Kompressors mit Verbrennungsmotor ist darauf zu achten, dass nur reine Luft und keine Abgase angesaugt werden. Dazu muss der Kompressor so zur Windrichtung aufgestellt werden, dass keine Auspuffgase des Motors, die das giftige Kohlenmonoxid enthalten, angesaugt werden. Der Luftansaugschlauch sollte einen groben Vorfilter am Ende haben, ca. 5 m lang sein und in mindestens 3 m Entfernung und 2 m höher als der Kompressor montiert sein. Es ist auch darauf zu achten, dass keine Abgase von Fahrzeugen an einer befahrenen Straße angesaugt werden.

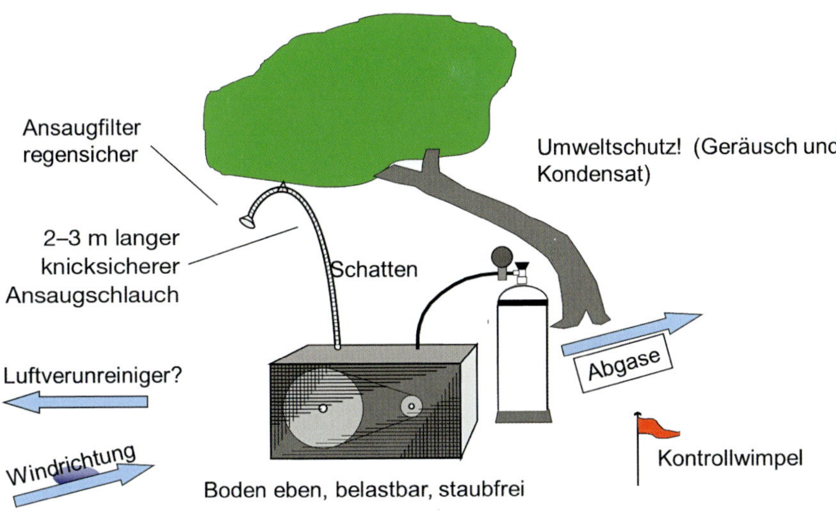

Aufstellung eines Kompressors mit Verbrennungsmotor im Freien

Zur Inbetriebnahme gilt in Abhängigkeit vom jeweiligen Kompressormodell:

- Vorher Ölstand am Kompressor und Motor überprüfen.
- Kontrolle der DTG auf Zustand, Restdruck, TÜV.
- Ventil evtl. kurz öffnen, um Feuchtigkeit aus dem Anschluss zu entfernen.
- Füllschlauch am Ventil des DTG anschließen, Ventil noch nicht öffnen.
- Motor mit geöffnetem Kondensatablasshahn anlaufen lassen, damit er entlastet ist, anschließend Kondensatablasshahn schließen.
- Überprüfung des Überdruckventils, indem der Kompressor auf den Maximaldruck hochgefahren wird und das Überdruckventil hörbar abbläst.
- Flaschenventil öffnen, das DTG wird mit der Luft aus dem Kompressor gefüllt.
- Kondensat ablassen gemäß Betriebsanleitung alle 10 bis 15 Minuten.

Zur Wartung gilt:

- Wärmeentwicklung prüfen (Ansaugleitungen sollen handwarm sein, Abgangsleitungen sind heiß).
- Ölwechsel und andere Maßnahmen gemäß Betriebsanleitung.
- Filterpatrone nach den vorgeschriebenen Betriebsstunden wechseln.
- Führen eines Betriebsstundenbuches bzw. Logbuches mit Ort, Datum, Namen des Füllenden, allen Wartungen und Reparaturen.
- Regelmäßige Prüfung aller Sicherheitseinrichtungen.

GDL**/DTSA** (CMAS**) – PRAXIS

4 Tauchpraxis

4.1 Tauchgangsplanung und -vorbereitung

Mit dem DTSA** bist du dazu ausgebildet, Tauchgruppen zu führen. Dazu gehören auch eine sorgfältige Planung und Vorbereitung, denn die passenden Rahmenbedingungen sind entscheidend, damit der Tauchgang erfolgreich und sicher durchgeführt werden kann.
Wesentliche Rahmenbedingungen sind

- die Sichtverhältnisse,
- die Wassertemperatur,
- die Helligkeit,
- das Wetter, damit verbunden auch der Seegang,
- die Strömung,
- der Erlebniswert unter Wasser, insbesondere Bewuchs und Tierwelt,
- der Einstieg ins Wasser.

Diese Verhältnisse sind in weiten Teilen vorhersehbar.

Tauchgruppenzusammensetzung

Entscheidend für die weiteren Planungen insbesondere hinsichtlich Tauchgewässer und Tauchzeit ist der Leistungsstand der Mitglieder deiner Tauchgruppe. Das Tauchprofil, die Tauchtiefe und die Tauchzeit richten sich nach dem Taucher mit der niedrigsten Taucherfahrung, und die Tauchzeit wird auch begrenzt durch den Taucher, der zuerst friert oder andere Probleme hat. Mithilfe des Taucherpasses und des Taucherlogbuchs kannst du dir ein Bild vom Erfahrungsstand deiner Mittaucher machen. Hierzu gehören auch eine gültige Tauchtauglichkeitsuntersuchung und die Erkundigung nach dem aktuellen Gesundheitszustand sowie nach dem allgemeinen Wohlbefinden.

Nach den Regeln zur Tauchgruppenzusammenstellung des VDST (gemäß VDST-DTSA-Ordnung oder VDST-Sicherheitsstandards) bist du als Taucher mit DTSA** dazu qualifiziert, mit anderen DTSA**-Tauchern bis 40 m tief zu tauchen. Auch einen DTSA*-Taucher darfst du bis in 20 m Tiefe begleiten.
Auch die Größe der Tauchgruppen ist begrenzt. Am einfachsten zu führen sind Tauchgänge zu zweit, insbesondere wenn du mit der Führung von Gruppen beginnst. Die Gruppengröße ist auch beschränkt durch die Sichtweite. Während in Binnenseen mit eingeschränkter Sicht die Gruppen nicht mehr als drei Personen umfassen sollten, können im Meer durchaus auch Gruppen mit mehr Tauchern gebildet werden, falls die Erfahrung der Taucher, die Sicht, die Wasserverhältnisse und das Tauchgebiet dies zulassen.

Tauchgewässer

Entscheidend für das Taucherlebnis, für die Sicherheit und für die Kommunikation ist die **Sicht** unter Wasser. Die Sicht hat einen großen Einfluss auf die Psyche der Taucher, sie beeinflusst die Orientierung und die Wahrnehmung der Unterwasserwelt, ist aber auch Grundvoraussetzung zum Erkennen der Mittaucher und zur Verständigung untereinander.
Die Sicht ist in einem gewissen Rahmen planbar. Schon jahreszeitlich bedingt haben Seen Phasen mit eher guter und eher schlechter Sichtweite. Bevor man zu einem Gewässer fährt, erkundigt man sich bei Tauchern, die erst kürzlich vorher in dem See waren, nach den Sichtverhältnissen. Auch bei bester Planung kann es jedoch sein, dass man bei Erreichen des Sees feststellen muss, dass die Sicht aktuell schlecht ist, weil zum Beispiel durch starken Regen Erdreich eingespült worden ist oder weil viele Gruppen bereits vorher getaucht haben. Dann sollten auch trotz weiter Anreise keine Abstriche bei den für die Sicherheit erforderlichen Sichtbedingungen gemacht werden, sondern ein anderer See angefahren werden oder im Zweifel ganz auf den Tauchgang verzichtet werden.
Auch die **Wassertemperatur** ist je nach Jahreszeit unterschiedlich und kann gut ermittelt werden. Wenn du nicht mit einem Trockentauchanzug tauchst, liegt die Tauchsaison mit akzeptablen Temperaturen in unseren Binnenseen üblicherweise zwischen Mai und Oktober. Es hängt aber auch von dem See selbst ab, ob er sich eher erwärmt oder grundsätzlich kälter ist. Je flacher ein See ist, desto eher wärmt er sich auf, während ein tiefer Steinbruch mit wenig Sonneneinstrahlung weniger Wärme aufnimmt. Mit zunehmender Tauchtiefe wird es immer kälter, und in manchen Seen ändert sich auch im Sommer die Temperatur in der Tiefe kaum. Oft haben die Seen eine Sprungschicht. Das ist ein Tiefenbereich, unter dem es schlagartig deutlich kälter wird.

Die Wassertemperatur ist deshalb eine so wichtige und sicherheitsrelevante Rahmenbedingung, weil sie in Verbindung mit der Tauchgangsdauer entscheidend für die Auskühlung des Körpers ist. Je nach Auskühlung nehmen die Beweglichkeit und Reaktionsfähigkeit ab, und da mit niedrigerer Außentemperatur auch entsprechend dickere Handschuhe getragen werden, ist auch die Geschicklichkeit im Umgang mit der Ausrüstung beeinträchtigt. Aus diesen Gründen wird besonders beim Tauchen mit Anfängern nur bei entsprechenden Wassertemperaturen und im flacheren Bereich getaucht. Je wärmer das Wasser ist, desto dünner können auch die Handschuhe sein, damit sie nicht noch eine zusätzliche Einschränkung beim Erlernen des Tauchens darstellen.

Die **Helligkeit** des Wassers hat ebenfalls Einfluss auf die Psyche. Beim Tauchen in der Dämmerung oder unter dunklen Regenwolken nimmt die Anspannung zu, während bei klarem Wetter oder gar ins Wasser einfallenden Sonnenstrahlen Entspannung und Wohlbefinden eintreten. Daher sollten gerade Tauchgänge mit Anfängern nicht bei Regenwetter und schlechten Lichtverhältnissen stattfinden. Auch mit zunehmender Tauchtiefe nimmt die Helligkeit ab, im Binnensee eher als im Meer.

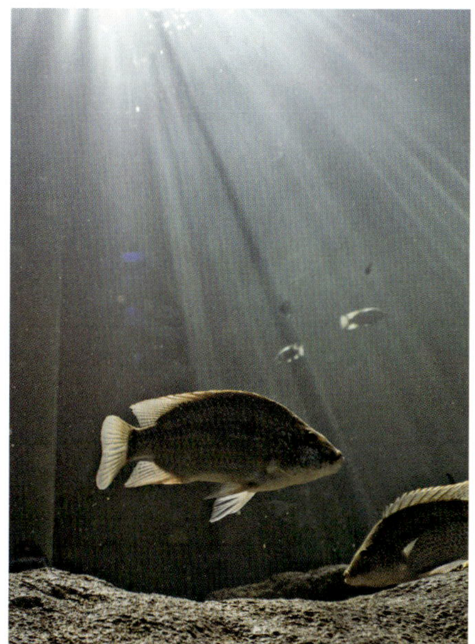

Einfallende Sonnenstrahlen

Gute **Wetterverhältnisse** sind Voraussetzung für die Durchführbarkeit eines Tauchgangs und über die Wettervorhersage auch durchaus einige Tage vorher zu ermitteln. Neben den schon beschriebenen Einschränkungen durch Regen spielt gerade der Wind eine große Rolle beim Tauchen im Meer. Beim Tauchen von Land oder vom Boot aus kann die Brandung einen Einstieg stark erschweren oder unmöglich machen, und je nach Seegang ist eine Tauchausfahrt mit dem Boot nicht durchführbar. Auch hier muss gegebenenfalls auf den Tauchgang verzichtet werden.

Bei **Strömung** ist das Tauchen grundsätzlich möglich, denn an den meisten und schönsten Tauchgebieten der Erde herrscht Strömung, und es werden auch Anfänger ausgebildet. Entscheidend sind hier die Stärke der Strömung und die Wahl des Tauchplatzes. Die Richtung und Stärke der Strömung aufgrund von Gezeiten sind mithilfe von Gezeitentabellen gut und langfristig zu ermitteln. Darüber

hinaus kennt der Tauchbasisleiter vor Ort sehr gut die Gegebenheiten und kann Tauchplätze auswählen, an denen es wenig strömt oder an denen ein Tauchen im Strömungsschatten zum Beispiel hinter einem Felsen erfolgt. Ist die Strömung hingegen zu stark, so kann bei nicht ausreichender Erfahrung und Kondition der Taucher der Tauchgang nicht durchgeführt werden.
Das Tauchgewässer soll natürlich auch einen **Erlebniswert** bieten. Dies ist auch für die psychische Ausgeglichenheit von Anfängern wichtig. Wenn unter Wasser schöner Bewuchs, Fische oder andere Tiere zu sehen sind, macht dies den Tauchgang nicht nur schöner und interessanter, sondern lenkt auch den Anfänger davon ab, sich nur mit sich selbst und den vielen unbekannten Rahmenbedingungen zu beschäftigen. Und schließlich soll das Tauchen ja vor allem Spaß machen!
Schließlich soll das Tauchgewässer auch problemlose **Ein- und Ausstiege** für Taucher ermöglichen. Beim Tauchen im Binnengewässer oder von Land sollte möglichst ein flacher Einstieg gewählt werden, der ohne Klettern oder andere vorherige Anstrengungen zu erreichen ist. Uferbereiche dürfen nicht geschädigt werden. Auch ein Einstieg von einem Steg ist geeignet, wenn dann auch eine passende Ausstiegsmöglichkeit vorhanden ist. Dies sollte immer vor dem Tauchgang geprüft werden. Beim Tauchen vom Boot aus erfolgt der Einstieg üblicherweise mit einem Sprung ins Wasser, der auch für Anfänger – gegebenenfalls zunächst einmal ohne Tauchgerät – problemlos möglich ist. Für den Ausstieg sollte am Boot möglichst eine geeignete Flossenleiter, d. h. eine mit Flossen benutzbare Leiter, vorhanden sein.

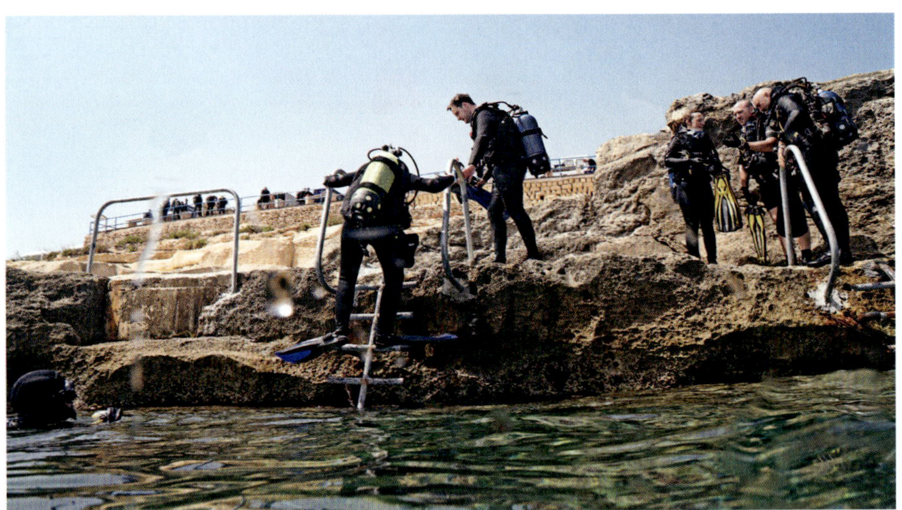

Ausstieg mit Flossenleiter

Insgesamt sollte das Tauchgewässer bekannt, interessant und hinsichtlich Tiefe und Profil dem Erfahrungsstand der Taucher angemessen sein. Vorhandene Steilwände, Gebäude und Bäume unter Wasser sollten bekannt sein und gegebenenfalls gemieden werden. Am besten erkundigst du dich vorher bei Ortskundigen nach den Besonderheiten des Gewässers.

Tauchzeit

Berücksichtige schon bei der langfristigen Planung, ob zu der vorgesehenen Jahreszeit und zu der geplanten Tageszeit getaucht werden kann. Oftmals gibt es auch Einschränkungen für das jeweilige Gewässer. Insbesondere das Nachttauchen ist in vielen Seen und auch am Meer reglementiert. Je nach Jahreszeit erfordert das Tauchen einen besonderen Kälteschutz und Erfahrungsstand.
Auch die Planung der Tauchzeit ist abhängig von der Temperatur und dem Erfahrungsstand der Taucher. Entscheidend ist aber eine genaue Berechnung der vorgesehenen Tiefe und des Luftvorrates unter Berücksichtigung des Luftverbrauchs und eventueller Dekompressionspausen. Die Vorgaben der Tauchbasis zur maximalen Tauchzeit sind zu beachten. Beim Tauchen im Meer kann durch das Einsetzen der Gezeitenströmung das Zeitfenster für Tauchgänge beschränkt sein.

Taucherlaubnis

Je nach Tauchgewässer und Land gibt es Auflagen, unter denen das Tauchen dort überhaupt erlaubt ist. Erkundige dich vor einem Tauchgang, ob und unter welchen Voraussetzungen das Tauchen gestattet ist. Beim Tauchgang im Meer kennt deine Tauchbasis die zu beachtenden Regularien. In manchen Ländern ist auch eine vorherige Tauchgenehmigung erforderlich. Erkundige dich vor einem Tauchurlaub, ob hierfür Fotokopien oder Passbilder mitzubringen sind. Auch die Dauer der Gültigkeit der Tauchtauglichkeitsuntersuchung ist je nach Land unterschiedlich geregelt.

Notfallorganisation

Bereits bei den Planungen eines Tauchgangs ist zu berücksichtigen, wie dort eine Rettungskette funktioniert, welche Rettungssysteme vorhanden sind und wie im Notfall jemand an Land oder an Bord gebracht werden kann. Dies wird im Abschnitt zur Notfallrettung genauer besprochen.

Umwelt

Erkundige dich, in welchen Bereichen eines Gewässers nicht getaucht werden darf, weil dies die Umwelt schädigt. Schutzzonen sind beispielsweise Laichgebiete, viele Wasserpflanzen oder Fischzuchten. Aber auch in den betauchbaren Bereichen eines Gewässers ist eine gute Tarierung der Taucher nötig.

Dies gilt besonders beim Tauchen im Meer, da sonst gerade in besonders schönen Gebieten, zum Beispiel in Korallenriffen, durch das unsachgemäße Tauchen Zerstörungen die Folge sein können. Mit weniger erfahrenen Tauchern sollte dort gar nicht erst getaucht werden.

Ausfahrt

Fährst du mit einem Boot zu einem Tauchplatz, so kümmert sich in der Regel die Besatzung um den Bootsbetrieb. Ansonsten sind vorher die Betriebssicherheit, Öl, Kraftstoff, Notsignalmittel, Werkzeug und Bootsausstattung zu prüfen.
An Bord nehmen alle Taucher feste Plätze ein, idealerweise zusammen mit den anderen Mitgliedern der Tauchgruppe. Nachdem die Tauchgeräte gegen Umfallen gesichert verstaut worden sind und auch die eigene Tauchausrüstung in geeigneten Taschen oder Kisten platziert wurde, bleiben die Taucher während der Ausfahrt möglichst sitzen und behindern nicht die Bootsbesatzung oder den Bootsführer. Insbesondere beim An- und Ablegen sowie beim Ankern sollte niemand im Weg stehen oder umherlaufen. Erst nachdem der Tauchplatz erreicht wurde, der Anker sitzt und der Bootsführer das OK gegeben hat, beginnt das weitere Anrödeln. Bei hohen Außentemperaturen sollte der Tauchanzug erst unmittelbar vor dem Tauchgang angezogen werden, soweit dies möglich ist. Bei kleinen Booten sollte zumindest das Oberteil offen bleiben oder zunächst weggelassen werden.

4.2 Tauchgangsvorbesprechung mit Ausrüstungscheck

Unerwünschte Zwischenfälle können vermieden werden, wenn vor dem Tauchgang die Tauchtiefe, Tauchzeit, Kurs und Verhaltensregeln besprochen werden. Auch die gegenseitige Kontrolle der Ausrüstung vor dem Tauchen gehört dazu. Aus Gründen der Sicherheit ist daher eine kurze Tauchgangsvorbesprechung (Briefing) unverzichtbar. Diese gehört auch zu deinen Aufgaben im Rahmen der Führung von Tauchgruppen als DTSA**-Taucher.

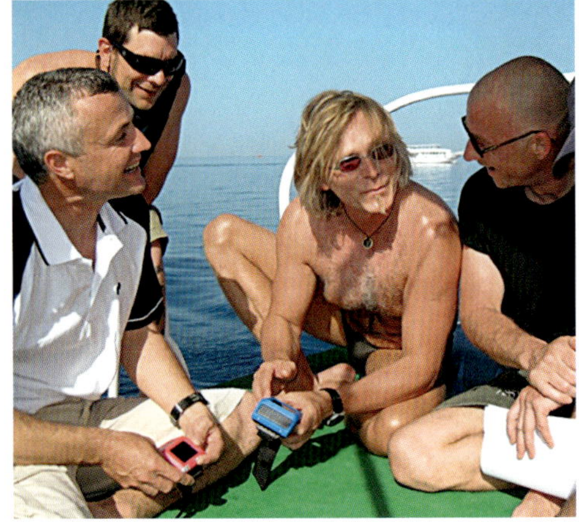

Die Tauchgangsvorbesprechung sollte in angenehmer Atmosphäre stattfinden, das heißt in Ruhe, ohne Störeinflüsse beispielsweise durch Kompressorlärm oder andere Personen. Gerade bei hohen Außentemperaturen sollte der Tauchgang besprochen werden, bevor der Tauchanzug angezogen wurde, um eine Überhitzung zu vermeiden. Auch das Tauchgerät und das Blei werden erst später angelegt. Die Tauchgangsvorbesprechung sollte möglichst kurz sein, aber alle wesentlichen Punkte enthalten. Die Rettungskette wurde bereits im Vorfeld vorbereitet und besprochen. Dies wird nicht noch einmal in der Vorbesprechung aufgerollt. Es hat sich bewährt, in der Vorbesprechung eine gewisse Struktur (Mensch, Tauchgewässer, Durchführung, Ausrüstungscheck) einzuhalten. Dabei geht der Gruppenführer zunächst auf die einzelnen Taucher ein und beschreibt dann das Tauchgewässer, den Ein- und Ausstieg sowie den beabsichtigten Kurs. Anschließend beschreibt er kurz, was bei dem anstehenden Tauchgang zu beachten ist. Dies sollte in einer netten Gesprächsatmosphäre erfolgen, damit gerade bei unerfahrenen Mittauchern Anspannung und Stress abgebaut werden können und ein Vertrauensverhältnis entsteht.

Mensch

Wer sind meine Tauchpartner, worauf ist dabei zu achten? Um das zu Beginn zu klären, fragt der Gruppenleiter bei allen Mittauchern ab,

- wie die Taucherfahrung und der Ausbildungsstand der Mittaucher sind,
- welche eventuellen Besonderheiten oder Probleme bei den vorangehenden Tauchgängen bestanden,
- wie das Wohlbefinden jedes Einzelnen ist,
- wie der aktuelle Gesundheitszustand ist, insbesondere ob eine Erkältung vorliegt,
- ob vor dem Tauchen irgendwelche Medikamente, Alkohol oder Drogen eingenommen wurden,
- wie bei einem Wiederholungstauchgang die aktuelle Nullzeit bei der vorgesehenen Tiefe ist.

Tauchgewässer

Was erwartet mich unter Wasser, wie komme ich dorthin und was gibt es da zu sehen?

Hierzu spricht der Gruppenleiter über

- den Ein- und Ausstieg,
- die Unterwasserlandschaft, die geplante Tauchgangstiefe und das Tauchgangsprofil,
- zu erwartende Sichtverhältnisse,
- besondere Sehenswürdigkeiten und mögliche Schwierigkeiten.

Tauchgangsdurchführung

Hier wird kurz beschrieben, wie der geplante Tauchgang ablaufen soll. Dazu gehören

- geplante Tauchtiefe und -zeit,
- Zweck und Ziel des Tauchgangs,
- Gruppeneinteilung und Positionierung der Mittaucher,
- Reaktion und Vorbeugung bei möglichen Zwischenfällen,
- Unterwasserzeichen,
- Durchführung der Übung, wenn eine solche vorgesehen ist, mit den möglichen Fehlerquellen und Lösungen.

Insbesondere wird auch auf das Verhalten bei schlechter Sicht eingegangen. Wenn einzelne Taucher sich bei schlechter Sicht verlieren, taucht die gesamte Gruppe unter Einhaltung der Austauchregeln auf und trifft sich an der Wasseroberfläche. Je nach örtlichen Gegebenheiten, Erfahrung der Mittaucher oder Rahmenbedingungen kann auch darauf eingegangen werden, wie reagiert wird,

- wenn ein Taucher keinen Druckausgleich erreicht,
- wenn ein Taucher wegen Luftmangel an den Zweitatemregler muss,
- wenn eine Lampe ausfällt,
- wenn man den Anker nicht wiederfindet und im freien Wasser auftauchen muss,
- wenn Austauchpausen eingehalten werden müssen,
- wenn die Strömung stärker ist als erwartet,
- wenn konditionelle Mängel auftreten,
- wenn ein Mittaucher friert oder
- wenn ein Mittaucher Tarierprobleme bekommt.

Ausrüstungscheck

Erst wenn dann alle vollständig angezogen sind (bis auf Flossen und Maske), führt der Gruppenleiter einen gemeinsamen Check der Ausrüstung durch, damit er die Ausrüstung und Bedienung der Ausrüstung bei allen Mittauchern kennt und Fehler bemerken kann.

Geprüft werden

- Reihenfolge des Anlegens,
- Öffnung der Ventile,
- Kontrolle des Fülldrucks,
- Funktion der beiden Atemregler,
- Vollständigkeit des Kälteschutzes einschließlich Füßlinge, Handschuhe und Kopfhaube,
- Anschluss des Inflators,
- Funktionsweise und Bedienung des Jackets mit Ein- und Auslassen von Luft,

- Position von Erst- und Zweitatemregler,
- Vollständigkeit der Instrumente Uhr, Tiefenmesser und Tabelle oder Computer,
- Vorhandensein und Funktion der Lampen,
- Vorhandensein und Bedienung der Sicherheitsausrüstung, z. B. Notboje.

4.3 Tauchgangsdurchführung und Gruppenführung

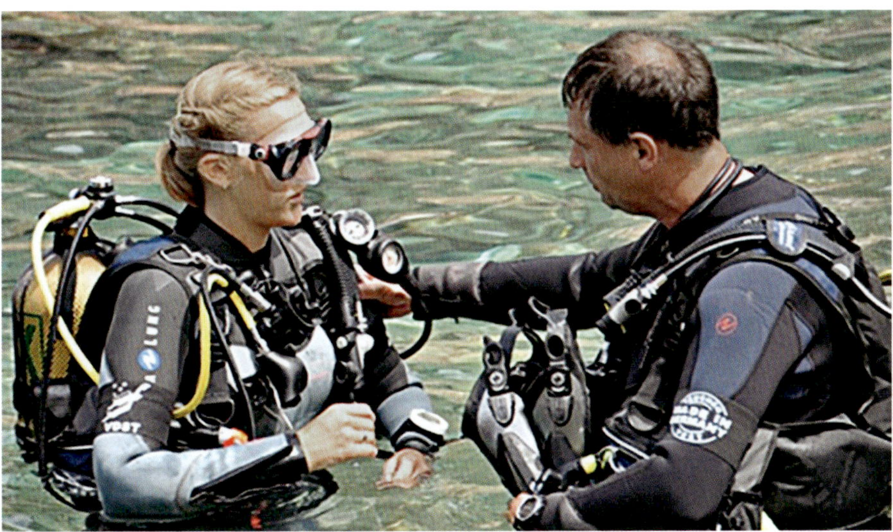

Als DTSA**-Taucher wirst du Tauchgruppen führen – du leitest den Tauchgang vom Beginn bis zum Ende des Tauchgangs. Dazu gehört auch noch die Rückkehr an der Oberfläche bis zum Betreten des Bootes oder des Ufers. Damit übernimmst du Verantwortung für die Sicherheit deiner Mittaucher und für dich selbst, und die Tauchgruppe möchte auch einen schönen Tauchgang erleben. Die Fertigkeiten hierzu erlernst du im Aufbaukurs »Gruppenführung«. Du übernimmst beim Tauchgang auch die Orientierung und führst die Gruppe zum Ausgangspunkt zurück. Dies erlernst du im Rahmen des Aufbaukurses »Orientierung beim Tauchen«.

Einstieg und Abtauchen

Während des Einstiegs unterstützt sich die Gruppe gegenseitig. Beim Tauchgang von Land werden die Flossen erst im hüfttiefen Wasser angezogen. Vom Boot wird mit vollständiger Ausrüstung ins Wasser gesprungen, nachdem sich die Gruppe beim verantwortlichen Tauchleiter abgemeldet hat und kontrolliert wurde, dass

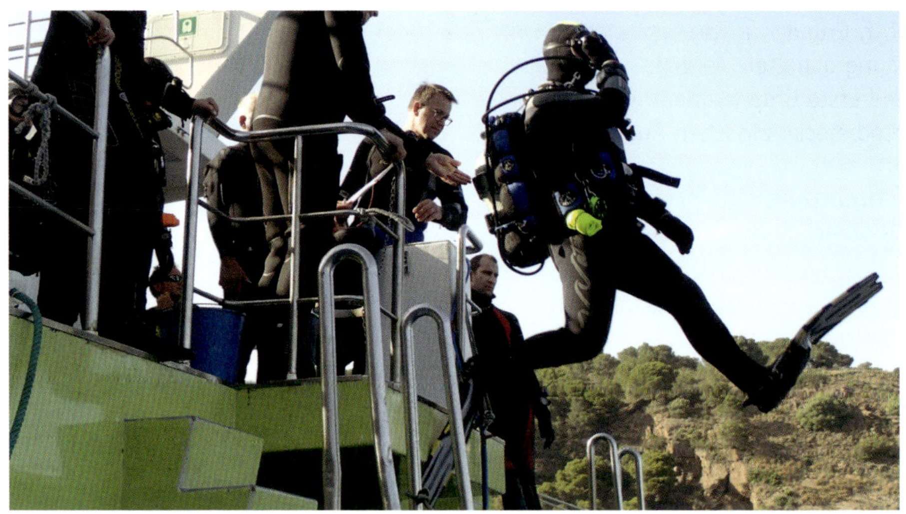

Fußsprung vorwärts vom Boot

der Einsprungsbereich frei ist. Der Gruppenführer springt zuerst und empfängt die Mittaucher einzeln in Griffweite. Bei Schwierigkeiten kann so direkt geholfen werden. Erst wenn das OK-Zeichen zum Boot gegeben wurde und der Einstiegsbereich wieder frei ist, springt der Nächste.

Falls dies der erste Tauchgang in dieser Konfiguration ist, erfolgt an der Wasseroberfläche zunächst der Check der richtigen Bleimenge. Bei unbekannten Mittauchern wird der Wasser-Nase-Reflex gecheckt.

Vor dem Abtauchen wird die Kompassrichtung eingestellt. Das Abtauchen erfolgt möglichst mit Grundsicht. Beim Tauchgang von Boot kann die Ankerleine als Orientierung zurhilfe genommen werden. Hilfreich ist hier, an der Ankerleine rückwärts abzutauchen, um die Mittaucher im Blick zu haben. In etwa 3 bis 5 Meter Tiefe wird ein kurzer **Kontrollstopp** eingelegt, um den richtigen Sitz der Ausrüstung und die Dichtigkeit der Anschlüsse sowie die einwandfreie Funktion beider Atemregler zu checken.

Je nach Sicht und Helligkeit werden schon beim Abtauchen die Lampen eingeschaltet. Bei schlechter Sicht kann man sich auch anfassen, um ein Verlieren zu vermeiden. Bei Abtauchschwierigkeiten ist die Ursache zu beheben, beispielsweise durch richtige Entleerung des Jackets und ausatemorientierte Atmung. Bei Druckausgleichsproblemen hilft es, zunächst in die senkrechte Position zu gehen, den Kopf nach hinten zu überstrecken oder ggf. wieder ein wenig aufzusteigen.

Falls Strömung vorhanden ist, ist dies schon beim Abtauchen zu berücksichtigen. Um nicht abzutreiben, ist ein optischer Bezugspunkt (zum Beispiel Ankerleine,

Riff, Grund) wichtig, und es sollte unter Flossenbenutzung bereits gegen die Strömung gehalten werden.
Die erste Gruppe überprüft den Anker auf richtigen Sitz, meidet aber das »Gefahrendreieck« zwischen Ankerkette und Grund.

Tauchgang

Der Tauchgang wird, wie abgesprochen, in der vorgesehenen Tiefe und mit der vorgesehenen Dauer durchgeführt. Während des Tauchgangs kontrollierst du bei dir und deinen Mittauchern die Rest-Nullzeit, eventuell einzuhaltende Austauchpausen und den Luftvorrat unter Berücksichtigung der Rückkehr zum Ausgangspunkt ohne Einbeziehung der Reserveluft.
Führe den Tauchgang vorausschauend, minimiere durch ein geeignetes Tauchprofil die Stickstoffaufnahme und nutze Strömungsschatten zur kraftsparenden Fortbewegung.
Die Gruppe bleibt während des Tauchgangs in der zuvor besprochenen Formation, damit der Gruppenführer mit einem Blick alle Mitglieder der Tauchgruppe sieht. Natürlich kann je nach Tiefe, Sichtweite und Rahmenbedingungen auch einmal die Formation gelockert werden, um beispielsweise in Riffeinbuchtungen nach Fischen zu schauen. Verändern die Mittaucher jedoch ihre Position, so erschwert dies dem Gruppenführer den Zusammenhalt der Gruppe und das gegebenenfalls schnelle Eingreifen im Notfall. Bei Gruppen von mehr als zwei Tauchern wird ein Taucher als Schlussmann eingeteilt, mit dem sich der Gruppenführer direkt verständigt. Der Gruppenführer muss immer den Überblick über die Gruppe haben und kann mithilfe von Blickkontakt und Unterwasserzeichen die Kommunikation innerhalb der Gruppe gewährleisten.
Die **Formation** beim Tauchen soll gewährleisten, dass die Gruppe zusammenbleibt und der Gruppenführer den Überblick über die Gruppe behält.
Bei einer Zweiergruppe ist dies am einfachsten, weil hier beide Taucher nebeneinander tauchen.
Bei einer Dreiergruppe kann der Gruppenführer in der Mitte tauchen und hat dann beide Mittaucher in Griffweite. Taucht der Gruppenführer hingegen an einer Seite, so kann er beide Mittaucher mit einem Blick erfassen. Der Nachteil ist dabei, dass der äußere Taucher nicht in Griffweite ist. Daher ist die Formation abhängig vom Erfahrungsstand der Mittaucher.
Bei einer Vierergruppe kann man nicht mehr nebeneinander tauchen, wenn nicht besonders gute Sicht herrscht. Dann ist es sinnvoll, zwei Taucher weiter vorn und die beiden anderen Taucher weiter hinten etwas versetzt tauchen zu lassen, denn dann kann der Gruppenführer mit einem Blick die gesamte Gruppe sehen und sich mit dem Schlussmann verständigen. Außerdem hat so jeder Taucher einen Partner

neben sich, an den er sich bei Schwierigkeiten direkt wenden kann. Der Schlussmann sollte dann genau diagonal vom Gruppenführer positioniert sein, dann kann der Gruppenführer beim Blick zum Schlussmann auch die gesamte Gruppe sehen. Noch größere Gruppen können nur bei wirklich guten Sichtverhältnissen gebildet werden, erfordern jedoch eine hohe Aufmerksamkeit des Gruppenführers, die auf Kosten des Tauchgangerlebnisses geht und daher nicht zu empfehlen ist.

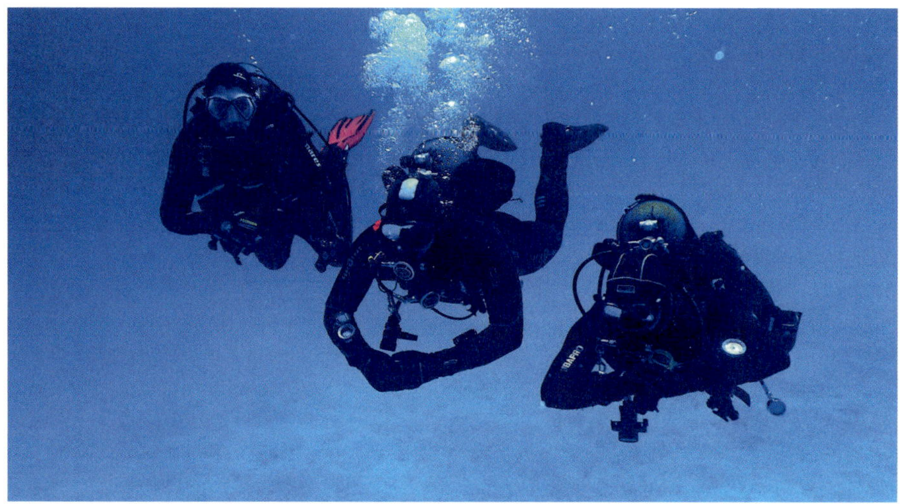

Dreiergruppe

Die **Orientierung** erfolgt möglichst unter Ausnutzung aller natürlichen Orientierungshilfen, jedoch auch unter Zuhilfenahme technischer Hilfsmittel, soweit erforderlich. Behalte die Zeit im Auge und merke dir die Tiefe, in der du den Anker des Bootes wiederfinden kannst. Die Orientierung sollte jedoch wie selbstverständlich nebenbei erfolgen, ohne dass du ständig auf den Kompass schaust. Nur wenn du deine Mittaucher und deine Umgebung im Auge behältst, kannst du dich gleichzeitig orientieren und schöne Unterwassereindrücke präsentieren. Wenn deine Mittaucher durch ungewöhnliches Verhalten, hektische Bewegungen, einen unregelmäßigen Atemrhythmus auffallen oder gar hinter der Gruppe zurückbleiben, können Probleme vorliegen, die zu analysieren und zu beseitigen sind.

Auftauchen

Zum Ende des Tauchgangs wird langsam unter Einhaltung der maximalen Aufstiegsgeschwindigkeit und unter Einhaltung eventuell erforderlicher Austauchpausen bzw. des Sicherheitsstopps wieder aufgetaucht. Hierzu kontrollierst du die Tauchcomputer deiner Mittaucher, um einen Gesamtüberblick zu haben. Es wird erst weiter aufgestiegen, wenn kein Mittaucher mehr einen Stopp einzuhalten hat. Beim Tauchgang vom Boot kann für den Aufstieg die Ankerleine zu Hilfe genommen, aber bei durch Wellengang schwankendem Boot nicht festgehalten werden. Beim Auftauchen im Freiwasser und bei Strömung ist ein Abtreiben zu verhindern. Hilfreich sind optische Bezugspunkte. Schon während des Aufstiegs ist dann gegen die vorher festgestellte Strömungsrichtung anzuschwimmen, auch während der Austauchpausen. Wenn nicht in unmittelbarer Nähe zum Boot aufgetaucht wird, sollte bereits in ausreichender Tiefe eine Signalboje an die Oberfläche gelassen werden, um so der Bootsbesatzung die Position zu signalisieren. Das Setzen der Signalboje wird weiter unten beschrieben.

Falls beim Aufstieg der Zielpunkt verfehlt wird, kann bei ausreichend Luft (dies ist vorher zu kontrollieren) in geringer Tiefe zurückgetaucht werden. In der Regel wird jedoch zurückgeschnorchelt. Daher ist auch bei jedem Tauchgang ein Schnorchel mitzuführen. Die beste Fortbewegung gelingt in gestreckter Bauchlage und mit möglichst geringer Jacketfüllung. Bei Strömung ist direkt zu entscheiden und zu reagieren, um ein weiteres Abtreiben zu verhindern. Auch beim Schnorcheln an der Oberfläche muss die Gruppe unbedingt zusammenbleiben und im Blick gehalten werden.

Ist die Gruppe an der Oberfläche wieder am Zielpunkt angekommen, wird in festgelegter Reihenfolge das Wasser sicher verlassen, der Gruppenführer als Letzter, um im Wasser befindlichen Mittauchern gegebenenfalls noch zu helfen. Beim Tauchgang von Land werden im hüfttiefen Wasser zunächst wieder die Flossen ausgezogen, bevor es an Land geht. Beim Tauchgang vom Boot erfolgt der Ausstieg über eine Bootsleiter. Diese wird nur einzeln betreten, und die anderen Taucher im Wasser halten einen Sicherheitsabstand zur Leiter ein, damit bei einem Herabfallen niemand verletzt werden kann. Wieder an Bord werden als Erstes die Flossen und dann das Blei und das Tauchgerät abgelegt.

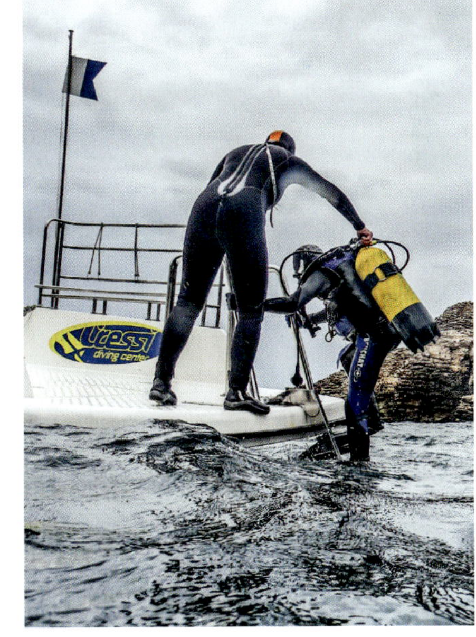

Ausstieg über eine Bootsleiter

4.4 Tauchgangsnachbesprechung

Nach einem Tauchgang ist noch nicht Schluss, denn jeder Tauchgang steckt voller Eindrücke und Erlebnisse, über die sich die Tauchgruppe austauschen möchte, und mit jedem Tauchgang sind auch Erfahrungen verbunden, aus denen Schlussfolgerungen für die nachfolgenden Tauchgänge gezogen werden können. Das geschieht, indem in einer Tauchgangsnachbesprechung (auch Nachbriefing oder Debriefing genannt) der Tauchgang noch einmal betrachtet wird.
Der Gruppenführer moderiert die Tauchgangsnachbesprechung, stellt die Tauchzeit und Tauchtiefe fest und lässt die Mittaucher über ihr Empfinden und ihre Eindrücke erzählen.

- Wie ist der Tauchgang abgelaufen (am besten in chronologischer Reihenfolge)?
- Gab es Abweichungen zwischen dem gemäß Briefing geplanten Tauchgang und dem tatsächlichen Tauchgang (zum Beispiel hinsichtlich Tiefe, Schwierigkeit, Gruppenverhalten), gab es andere besondere Vorfälle?
- Wenn ja, was waren die Ursachen und wie kann man es zukünftig besser machen?
- Welche Verbesserungsmöglichkeiten gab es hinsichtlich Gruppenführung, Orientierung und Sicherheit?
- Hätte man etwas anders machen sollen?
- Wie fühlen sich alle Mittaucher jetzt, und wie haben sie sich beim Tauchen gefühlt?
- Wie haben die Mittaucher den Tauchgang gesehen?
- Welche Schlussfolgerungen können für die folgenden Tauchgänge gezogen werden, was kann man lernen, üben oder besser machen?

Lasse auch als Gruppenführer deine Mittaucher reden, stelle positives Handeln der Gruppenmitglieder heraus. Stelle nicht Fehler einzelner Mittaucher bloß, bringe aber durchaus deutliche und konstruktive Kritik und Verbesserungsvorschläge an, wo es notwendig und insbesondere sicherheitsrelevant ist. Lasse in partnerschaftlicher Weise alle Mittaucher ihre Meinung zu dem Tauchgang sagen und gehe darauf ein.

4.5 Luftverbrauchsberechnungen

Wie lange kann ich mit meinem Tauchgerät tauchen?
Wie viel Luft habe ich nach einer Viertelstunde noch in meinem Tauchgerät?
Wie hoch ist mein Luftverbrauch?

Diese Fragen kannst du mit einigen wenigen Grundlagen lösen, und dies ist auch für eine sorgfältige Tauchgangsplanung unbedingt erforderlich.

Die Grundlage ist das Wissen um die Zusammenhänge der Größen

- **Umgebungsdruck auf der Tauchtiefe $p_{Tauchtiefe}$,**
- **verfügbares Luftvolumen auf der Tauchtiefe $V_{Tauchtiefe}$,**
- **Tauchzeit t,**
- **Atemminutenvolumen AMV.**

Das **Atemminutenvolumen** (AMV) ist das Volumen an Luft, das wir pro Minute veratmen, und wird in Litern pro Minute (l/min) angegeben. Es handelt sich dabei nicht um die Luftmenge, sondern das Volumen an Luft, das wir in unserer Lunge in einer Minute ein- und ausatmen. Daher ist es bis auf innere und äußere Einflüsse auch zunächst unabhängig von der Tauchtiefe, denn beim Tauchen mit DTG füllen wir die Lunge in jeder Tiefe bei gleicher Belastung mit dem gleichen Volumen an Luft.
Im Ruhezustand atmen wir etwa 15-mal pro Minute ungefähr einen halben Liter Luft, das entspricht einem Atemminutenvolumen von ca. 7,5 l/min. Beim Tauchen verbrauchen wir etwa 15 l/min, bei Belastung oder beim Ungeübten auch etwas mehr. Deshalb setzen wir bei unseren Berechnungen meistens 20 l/min oder 25 l/min an. Entscheidend ist aber das eigene tatsächliche Atemminutenvolumen.

Wie viel Luft habe ich denn überhaupt in meinem DTG?

Dies lässt sich mit dem Gesetz von Boyle-Mariotte einfach ermitteln, indem man das Volumen beim Flaschendruck umrechnet in das Volumen bei dem geplanten Umgebungsdruck, also zum Beispiel an der Oberfläche (1 bar) oder in der Tauchtiefe, in der ich die Luft aus dem DTG unter dem dortigen Umgebungsdruck atme. Die Formel nach Boyle-Mariotte vergleicht zwei Zustände einer abgeschlossenen Gasmenge:

$p_{Tauchtiefe} \cdot V_{Tauchtiefe} = p_{DTG} \cdot V_{DTG}$, also

$$V_{Tauchtiefe} = \frac{p_{DTG} \cdot V_{DTG}}{p_{Tauchtiefe}}$$

mit den Bezeichnungen

$V_{Tauchtiefe}$ = verfügbares Luftvolumen auf der Tauchtiefe bzw. an der Oberfläche
V_{DTG} = Volumen des DTG
$p_{Tauchtiefe}$ = Umgebungsdruck auf der Tauchtiefe bzw. an der Oberfläche
p_{DTG} = verfügbarer Druck des DTG

Für ein DTG mit 10 Litern Volumen und 200 bar Fülldruck bedeutet dies, dass die Luft im DTG bezogen auf den Oberflächen-Umgebungsdruck von 1 bar ein Volumen von (200 bar · 10 l) / 1 bar = 2.000 l einnimmt.
Tatsächlich verfügbar ist jedoch nur der Druck des DTG ohne den Reservedruck, der grundsätzlich mit mindestens 50 bar angesetzt wird. Das verfügbare Luftvolumen wäre dann in diesem Beispiel (150 bar · 10 l) / 1 bar = 1.500 l.

Wie kann ich nun mein Atemminutenvolumen berechnen?

Das Atemminutenvolumen erhältst du, indem du das auf der Tauchtiefe verbrauchte Luftvolumen durch die dort verbrachte Zeit dividierst.
Teile also das verbrauchte Luftvolumen V durch die Anzahl der Minuten, in der diese Luft verbraucht wurde, und du erhältst den Luftvolumenverbrauch pro Minute:

$$\mathbf{AMV} = \frac{V_{Tauchtiefe}}{t}$$

Sind in dieser Formel zwei Größen bekannt, so kann man die dritte daraus berechnen.
Zum Umstellen der Formel nach der gesuchten Größe hilft der »AMV-Kreis«:

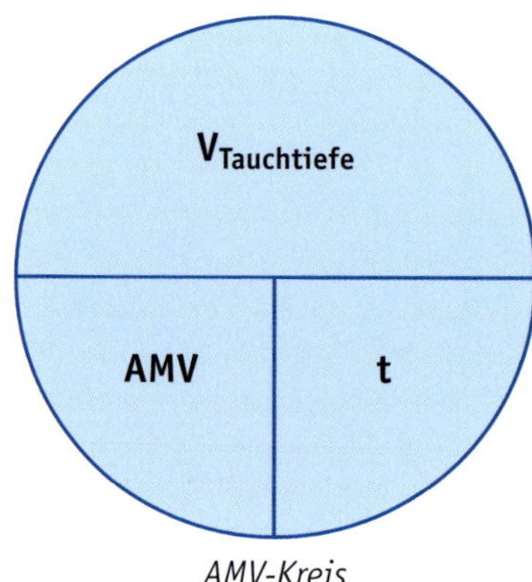

AMV-Kreis

Suchst du das AMV, das verbrauchte Luftvolumen $V_{Tauchtiefe}$ oder die Tauchzeit t, so halte einfach die gesuchte Größe zu, und im Kreis bleibt die dazugehörige Formel als Bruch oder als Produkt stehen.

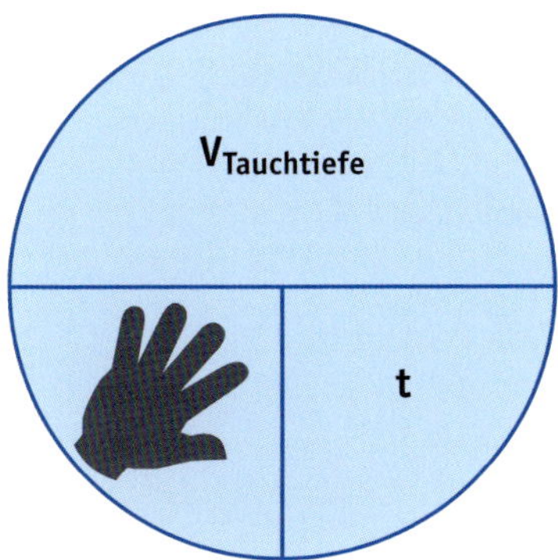

Einige Übungsbeispiele sollen dir jeweils helfen, diese zunächst kompliziert erscheinenden Formeln einfacher anzuwenden und zu verstehen:

Beispiel:
Taucher mit 10-l-DTG taucht in 10 m Tiefe.
Angezeigter Druck des DTG: 150 bar
Angezeigter Druck des DTG 10 Minuten später: 110 bar
Gesucht ist sein AMV.

Erster Schritt: Ermittlung des auf der Tauchtiefe verbrauchten Luftvolumens:
Druckdifferenz DTG = 40 bar
Volumen DTG = 10 Liter
Umgebungsdruck 10 m Tiefe: 2 bar

$$V_{Tauchtiefe} = \frac{p_{DTG} \cdot V_{DTG}}{p_{Tauchtiefe}} = \frac{40 \text{ bar} \cdot 10 \text{ l}}{2 \text{ bar}} = 200 \text{ l}$$

Eingesetzt in die Formel für das AMV ergibt sich

$$AMV = \frac{V_{Tauchtiefe}}{t} = \frac{200 \text{ l}}{10 \text{ min}} = 20 \text{ l/min}$$

Wie kann ich meinen Luftverbrauch berechnen?
Du möchtest nun wissen, wie viel Luft du bei einem angenommenen AMV in einer vorgegebenen Zeit auf einer bestimmten Tiefe verbrauchst.

Beispiel:
Taucher mit 10-l-DTG taucht in 20 m Tiefe.
AMV: 20 l/min

Gesucht ist sein dort verbrauchtes Luftvolumen nach 25 min.
Welchen Druck weist das DTG dann auf, wenn es zu Beginn mit 200 bar gefüllt war?
Stelle dazu die Formel mithilfe des AMV-Kreises so um, dass das gesuchte Luftvolumen auf der Tauchtiefe auf einer Seite steht.

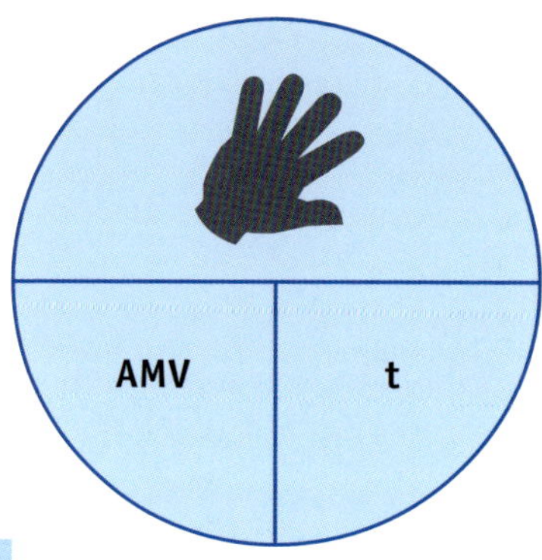

$V_{Tauchtiefe} = AMV \cdot t$

Das in der Tauchtiefe verbrauchte Luftvolumen im Beispiel ist also

$V_{Tauchtiefe} = 20\ l/min \cdot 25\ min = 500\ l$

Bezogen auf die Oberfläche, also bei 1 bar Druck, ist das verbrauchte Luftvolumen hier nach Boyle-Mariotte

$V_{1bar} = V_{Tauchtiefe} \cdot p_{Tauchtiefe} / 1\ bar = 500\ l \cdot 3\ bar / 1\ bar = 1.500\ l$

Zur Ermittlung der Druckdifferenz im DTG stellen wir auch einfach die Formel von Boyle-Mariotte um:

$p_{DTG} = p_{Tauchtiefe} \cdot V_{Tauchtiefe} / V_{DTG} = 3\ bar \cdot 500\ l / 10\ l = 150\ bar$

Das DTG hat also nach den 25 min noch einen Restdruck von 200 bar – 150 bar = 50 bar.

Wie lange kann ich mit meiner Luft tauchen?
Eine wichtige Frage zur Tauchgangsplanung ist, wie lange du mit einem vorgegebenen DTG auf einer vorgesehenen Tiefe und mit einem angenommenen AMV tauchen kannst, bis der Reservedruck von 50 bar erreicht ist.

Beispiel:
Taucher mit 10-l-DTG taucht in durchschnittlich 15 m Tiefe.
Fülldruck des DTG: 200 bar
AMV: 20 l/min
Gesucht ist die Tauchzeit bis zum Erreichen des Reservedrucks von 50 bar.
Stelle dazu die Formel mit Hilfe des AMV-Kreises so um, dass die Tauchzeit t auf einer Seite steht.

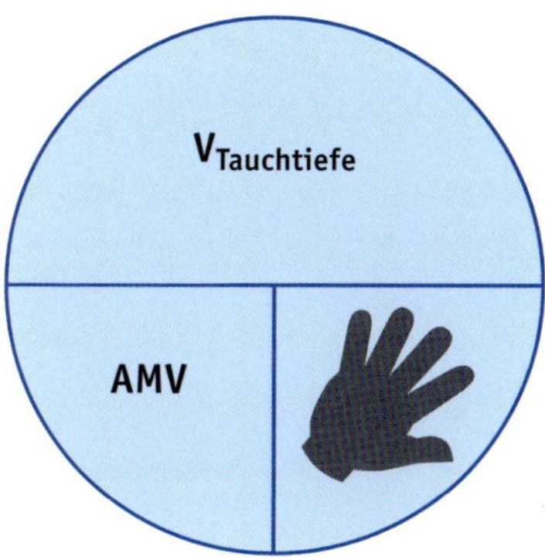

$$t = \frac{V_{Tauchtiefe}}{AMV}$$

Das bis zum Erreichen des Reservedrucks verfügbare Luftvolumen auf der Tauchtiefe von 15 m, also bei einem Umgebungsdruck von 2,5 bar, erhalten wir nach dem Gesetz von Boyle-Mariotte unter Ansatz einer Druckdifferenz von 150 bar:

$$V_{Tauchtiefe} = \frac{p_{DTG} \cdot V_{DTG}}{p_{Tauchtiefe}} = \frac{150 \text{ bar} \cdot 10 \text{ l}}{2{,}5 \text{ bar}} = 600 \text{ l}$$

Teilen wir dieses Luftvolumen nun durch das AMV von 20 l/min, so können wir also

$$t = 600 \text{ l} / 20 \text{ l/min} = 30 \text{ min}$$

lang auf der Tiefe von 15 m tauchen.
Ergeben sich dabei für die Tauchzeit Nachkommastellen, so wird zur sicheren Seite hin auf volle Minuten abgerundet.

4.6 Handhabung der Dekompressionstabelle

Damit es beim Auftauchen je nach Länge und Tiefe des Tauchgangs nicht zur Bildung von Stickstoffblasen mit den Folgen einer Dekompressionskrankheit kommt, muss langsam genug aufgestiegen werden. Dies betrifft einerseits die maximale Aufstiegsgeschwindigkeit. Andererseits müssten je nach Tauchgangsprofil auch noch zusätzliche Pausen beim Auftauchen eingelegt werden, damit der im Körper gelöste Stickstoff wieder entweichen kann. Diese Pausen nennt man Austauchpausen oder im Sprachgebrauch auch Dekopausen.

Um diese Austauchpausen zu ermitteln, benötigen wir Hilfsmittel. Dies kann einerseits ein Tabellenwerk sein, die sogenannte Austauchtabelle oder im Sprachgebrauch auch Dekotabelle. Zur Berechnung der Austauchpausen werden heute unter Wasser meistens Dekompressionscomputer verwendet, die auch das Tiefenprofil des Tauchgangs berücksichtigen. Für die Verwendung von Austauchtabellen und von Dekompressionscomputern gelten Regeln, über die du dich unbedingt vorher informieren musst.

Wir Sporttaucher verwenden derzeit die Austauchtabelle DECO 2000 von Dr. Max Hahn. Für Tauchgänge im Meer und in Gewässern bis 700 m Höhe verwenden wir die Version »0–700 m ü. N.N.«.

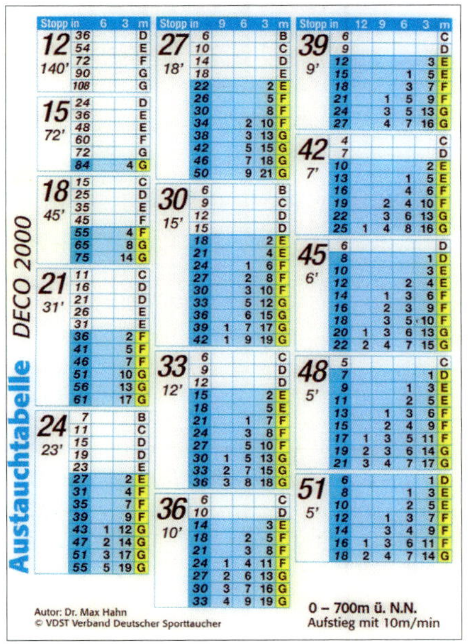

Austauchtabelle DECO 2000

Tiefe m	Nullzeit	Grundzeit	Stopp in 12	9	6	3 m	Gruppe
12	140'	36					D
		54					E
		72					F
		90					G
		108					G
15	72'	24					D
		36					E
		48					E
		60					F
		72					G
		84				4	G
18	45'	15					C
		25					D
		35					E
		45					F
		55				4	F
		65				8	G
		75				14	G
21	31'	11					C
		16					D
		21					D
		26					E
		31					E
		36				2	F
		41				5	F
		46				7	F
		51				10	G
		56				13	G
		61				17	G
24	23'	7					B
		11					C
		15					D
		19					D
		23					E
		27				2	E
		31				4	F
		35				7	F
		39				9	F
		43			1	12	G
		47			2	14	G
		51			3	17	G
		55			5	19	G
27	18'	6					B
		10					C
		14					D
		18					E
		22				2	E
		26				5	F
		30				8	F
		34			2	10	F
		38			3	13	G
		42			5	15	G
		46			7	18	G
		50			9	21	G
30	15'	6					B
		9					C
		12					D
		15					D
		18				2	E
		21				4	E
		24			1	6	F
		27			2	8	F
		30			3	10	F
		33			5	12	G
		36			6	15	G
		39		1	7	17	G
		42		1	9	19	G
33	12'	6					C
		9					D
		12					D
		15				2	E
		18				5	E
		21			1	7	F
		24			3	8	F
		27			5	10	F
		30		1	5	13	G
		33		2	7	15	G
		36		3	8	18	G
36	10'	6					C
		10					D
		14				3	E
		18			2	5	F
		21			3	8	F
		24		1	4	11	F
		27		2	6	13	G
		30		3	7	16	G
		33		4	9	19	G
39	9'	6					C
		9					D
		12				3	E
		15			1	5	E
		18			3	7	F
		21		1	5	9	F
		24		3	5	13	G
		27		4	7	16	G
42	7'	4					C
		7					D
		10				2	E
		13			1	5	E
		16			4	6	F
		19		2	4	10	F
		22		3	6	13	G
		25	1	4	8	16	G
45	6'	6					D
		8				1	D
		10				3	E
		12			2	4	E
		14		1	3	6	F
		16		2	3	9	F
		18		3	5	10	F
		20	1	3	6	13	G
		22	2	4	7	15	G
48	5'	5					C
		7				1	D
		9			1	3	E
		11			2	5	E
		13		1	3	6	F
		15		2	4	9	F
		17	1	3	5	11	F
		19	2	3	6	14	G
		21	3	4	7	17	G
51	5'	6				1	D
		8			1	3	E
		10			2	5	E
		12		1	3	7	F
		14		3	4	9	F
		16	1	3	6	11	F
		18	2	4	7	14	G

Austauchtabelle DECO 2000

Autor: Dr. Max Hahn
© VDST Verband Deutscher Sporttaucher

0 – 700m ü. N.N.
Aufstieg mit 10m/min

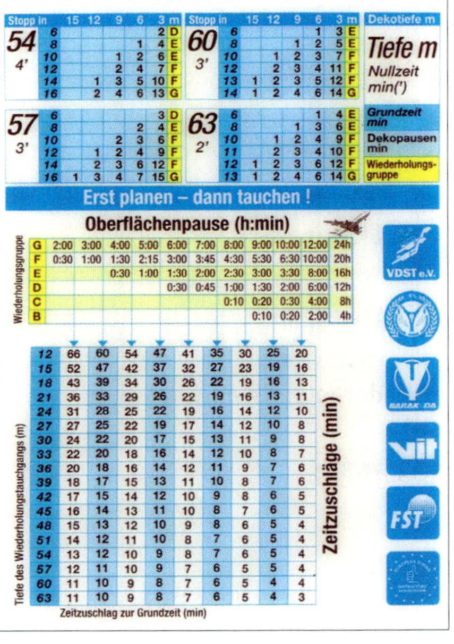

Tiefe m	Nullzeit	Grundzeit	Stopp in 15	12	9	6	3 m	Gruppe
54	4'	6					2	D
		8				1	4	E
		10			1	2	6	E
		12			2	4	7	F
		14		1	3	5	10	F
		16		2	4	6	13	G
57	3'	6					3	D
		8				2	4	E
		10			2	3	6	F
		12		1	2	4	9	F
		14		2	3	6	12	F
		16	1	3	4	7	15	G
60	3'	6				1	3	E
		8			1	2	5	E
		10		1	2	3	7	F
		12		2	3	4	11	F
		13	1	2	3	5	12	F
		14	1	2	4	6	14	G
63	2'	6				1	4	E
		8			1	3	6	E
		10		1	2	4	9	F
		11		2	3	4	10	F
		12	1	2	3	6	12	F
		13	1	2	4	6	14	G

Dekotiefe m
Tiefe m
Nullzeit min(')
Grundzeit min
Dekopausen min
Wiederholungsgruppe

Erst planen – dann tauchen !

Oberflächenpause (h:min)

Wiederholungsgruppe											
G	2:00	3:00	4:00	5:00	6:00	7:00	8:00	9:00	10:00	12:00	24h
F	0:30	1:00	1:30	2:15	3:00	3:45	4:30	5:30	6:30	10:00	20h
E			0:30	1:00	1:30	2:00	2:30	3:00	3:30	8:00	16h
D					0:30	0:45	1:00	1:30	2:00	6:00	12h
C							0:10	0:20	0:30	4:00	8h
B								0:10	0:20	2:00	4h

Zeitzuschläge (min)

Tiefe des Wiederholungstauchgangs (m)									
12	66	60	54	47	41	35	30	25	20
15	52	47	42	37	32	27	23	19	16
18	43	39	34	30	26	22	19	16	13
21	36	33	29	26	22	19	16	13	11
24	31	28	25	22	19	16	14	12	10
27	27	25	22	19	17	14	12	10	8
30	24	22	20	17	15	13	11	9	8
33	22	20	18	16	14	12	10	8	7
36	20	18	16	14	12	11	9	7	6
39	18	17	15	13	11	10	8	7	6
42	17	15	14	12	10	9	8	6	5
45	16	14	13	11	10	8	7	6	5
48	15	13	12	10	9	8	6	5	4
51	14	12	11	10	8	7	6	5	4
54	13	12	10	9	8	7	6	5	4
57	12	11	10	9	7	6	5	5	4
60	11	10	9	8	7	6	5	4	4
63	11	10	9	8	7	6	5	4	3

Zeitzuschlag zur Grundzeit (min)

Austauchtabelle DECO 2000

Für das Tauchen in Bergseen oberhalb von 700 m über N.N. ist eine andere Version der DECO 2000 zu verwenden, die speziell für Höhen von 700 m bis 1.500 m über N.N. entwickelt wurde. Diese wird im Sprachgebrauch auch »Bergseetabelle« genannt. Für Höhen oberhalb von 1.500 m ü. N.N. sind andere spezielle Bergseetabellen zu verwenden.
Für die Austauchtabelle DECO 2000 gilt:

Die maximale Aufstiegsgeschwindigkeit ist 10 Meter pro Minute!

Der VDST empfiehlt darüber hinaus oberhalb von 10 m Tiefe eine Aufstiegsgeschwindigkeit von 5 Metern pro Minute und bei Tauchgängen an der Nullzeitgrenze sowie bei dekompressionspflichtigen Tauchgängen oberhalb von 5 m von einem Meter pro Minute. Darüber hinaus wird ein Sicherheitsstopp von drei Minuten auf fünf Metern bzw. auf der letzten Dekostufe empfohlen. Bei Verwendung eines Tauchcomputers musst du dich informieren, welche Aufstiegsgeschwindigkeiten hierbei gelten.
Zur Verwendung der Austauchtabelle und zum Verständnis der Regeln benötigen wir folgende Begriffe:

Austauchen	Auftauchen unter Einhaltung der Dekompressionsregeln
Grundzeit	Zeitraum vom Verlassen der Wasseroberfläche beim Abtauchen bis zum Beginn des Austauchens
Nullzeit	Maximale Grundzeit, bei der noch keine Austauchpausen eingehalten werden müssen
Austauchpausen	Zeiten, die gemäß Tabelle auf bestimmten Tiefen verbracht werden müssen
Austauchstufen	Wassertiefen, in denen die Austauchpausen verbracht werden müssen
Wiederholungstauchgänge	Tauchgänge, für die sich ein Zeitzuschlag gemäß Tabelle ergibt
Oberflächenpause	Zwischen zwei Tauchgängen nicht unter Wasser verbrachte Zeit

Die Austauchtabelle DECO 2000 hat eine Vorder- und eine Rückseite. Auf der Vorderseite, dem Hauptteil der Tabelle, kannst du für einen Tauchgang die Austauchpausen, die Nullzeit und die Wiederholungsgruppe ablesen.

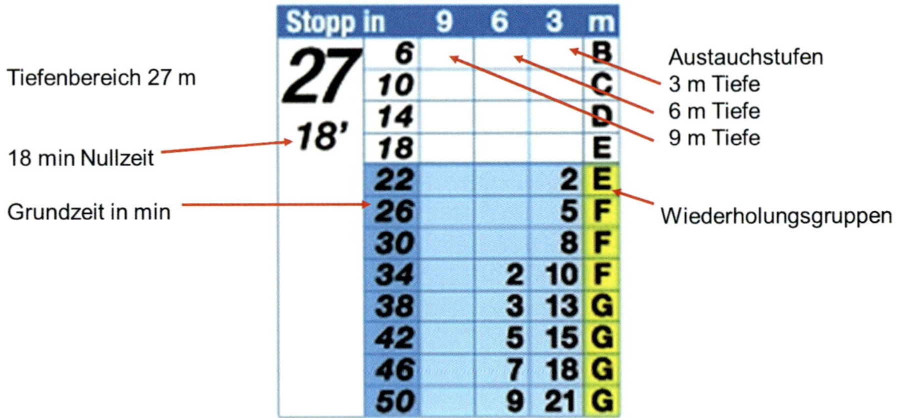

Stopp in		9	6	3	m
27	6				B
18'	10				C
	14				D
	18				E
	22			2	E
	26			5	F
	30			8	F
	34		2	10	F
	38		3	13	G
	42		5	15	G
	46		7	18	G
	50		9	21	G

Tabellenausschnitt

Anhand eines Beispiels wirst du nun das Ablesen der Tabelle kennenlernen:

Wir planen zwei Tauchgänge an einem Tag.
Erster Tauchgang: maximale Tiefe 27 m, Grundzeit 22 min
Danach wird eine Oberflächenpause von 2 h 20 min eingelegt.
Zweiter Tauchgang: maximale Tiefe 18 m, Grundzeit 30 min

Wie lange hätten wir beim ersten Tauchgang tauchen können, ohne dass Austauchpausen erforderlich sind, d. h., wie lautet die Nullzeit für die Tiefe des ersten Tauchgangs?

Die Nullzeit findest du in der Tabelle als Angabe in Minuten unter der Tauchtiefe. In der Tabelle sind nicht alle Tauchtiefen aufgeführt, sondern nur alle drei Meter.

Ist die tatsächliche Tauchtiefe nicht in der Tabelle aufgeführt, so wird bei der nächstgrößeren Tiefe abgelesen.

In diesem Beispiel kannst du in dem oben abgebildeten Tabellenausschnitt ablesen, dass für eine Tiefe von 27 m die Nullzeit 18 Minuten beträgt. Da jedoch als Grundzeit 22 Minuten geplant sind, liegt der erste Tauchgang außerhalb der Nullzeit, und es müssen Austauchpausen eingehalten werden.

Welche Austauchpausen sind für den ersten Tauchgang erforderlich?
Suche zunächst in der Spalte Tauchtiefe die maximale Tiefe des Tauchgangs auf. Auch hier gilt:

Ist die tatsächliche Tauchtiefe nicht in der Tabelle aufgeführt, so wird bei der nächstgrößeren Tiefe abgelesen.

In diesem Beispiel liest du bei den aufgeführten 27 m Tiefe ab.

In dem so bestimmten Tiefenbereich der Tabelle suchst du nun in der Spalte Grundzeit die für den Tauchgang geplante oder tatsächlich unter Wasser verbrachte Grundzeit.

Ist die tatsächliche Grundzeit nicht in der Tabelle aufgeführt, so wird bei der nächsthöheren Zeitstufe abgelesen.

In diesem Beispiel beträgt die Grundzeit 22 min und ist aufgeführt.

Nun gehst du in der Zeile mit der maßgeblichen Grundzeit nach rechts und findest in der Spalte mit den Austauchstufen eine oder mehrere Eintragungen. Dies sind die Austauchpausen in Minuten, die auf der oberhalb der Spalte angegebenen Tiefe der Austauchstufe verbracht werden müssen, um eine Dekompressionskrankheit zu vermeiden.
In diesem Beispiel steht in der Spalte zur Austauchstufe 3 m eine Austauchpause von 2 min.

Zusatzregeln:
Beim Tauchen in sehr kalten Gewässern und bei kurzer, starker Anstrengung wird die nächsthöhere Zeitstufe abgelesen.

Bei längerer, starker Anstrengung werden 50 % zur Grundzeit zugeschlagen.

Wenn langsamer als mit der zulässigen Aufstiegsgeschwindigkeit aufgetaucht wird, wird als Grundzeit die Zeit bis zum Beginn der ersten Austauchstufe angesetzt.

Welche Wiederholungsgruppe ist zu berücksichtigen?

Wenn du an einem Tag zwei Tauchgänge hintereinander unternimmst, muss berücksichtigt werden, dass du beim zweiten Tauchgang meist noch Stickstoff vom ersten Tauchgang im Körper hast, sodass unter Umständen längere Austauchpausen erforderlich werden. Diese Stickstoff-Vorsättigung des ersten Tauchgangs wird mit einer sogenannten Wiederholungsgruppe festgehalten.
Du liest den Buchstaben der Wiederholungsgruppe in der Zeile ganz rechts unter der Zeit und Tiefe ab, unter der du auch die Austauchpausen des ersten Tauchgangs abgelesen hast.
In diesem Beispiel ist es die Wiederholungsgruppe E.

Welcher fiktive Zeitzuschlag ergibt sich daraus für den zweiten Tauchgang?
Für den zweiten Tauchgang wird die Stickstoff-Vorsättigung simuliert, indem wir so rechnen, als wenn wir länger als tatsächlich unter Wasser gewesen wären. Dazu wird ein Zeitzuschlag ermittelt, der fiktiv der Grundzeit des zweiten Tauchgangs zugeschlagen wird.
Auf der Rückseite der Austauchtabelle DECO 2000 findest du eine Tabelle mit Oberflächenpausen und Wiederholungsgruppen. Suche darin die Zeile mit der vom ersten Tauchgang bestimmten Wiederholungsgruppe und gehe dann so weit nach rechts, bis die tatsächliche Oberflächenpause sich zwischen zwei angegebenen Zeiten findet. Zwischen diesen beiden angegebenen Zeiten folgst du dann dem Pfeil weiter nach unten.

Wiederholungsgruppe	Oberflächenpause (h:min)										
G	2:00	3:00	4:00	5:00	6:00	7:00	8:00	9:00	10:00	12:00	24h
F	0:30	1:00	1:30	2:15	3:00	3:45	4:30	5:30	6:30	10:00	20h
E			0:30	1:00	1:30	2:00	2:30	3:00	3:30	8:00	16h
D					0:30	0:45	1:00	1:30	2:00	6:00	12h
C							0:10	0:20	0:30	4:00	8h
B								0:10	0:20	2:00	4h

Wiederholungsgruppe und Oberflächenpause

In diesem Beispiel folgst du in der Zeile zur Wiederholungsgruppe E dem Pfeil zwischen den Zeiten 2:00 h und 2:30 h, weil die Oberflächenpause mit 2:20 h genau dazwischen liegt.

Ist die Oberflächenpause länger als die größte Zeitangabe, so ergibt sich kein Zeitzuschlag zur Grundzeit des zweiten Tauchgangs.

Dann handelt es sich nicht um einen Wiederholungstauchgang. Die Ermittlung der Austauchpausen erfolgt wie bei einem Ersttauchgang.

Ist die Oberflächenpause kürzer als die kleinste Zahl der Tabelle, so handelt es sich nicht um einen Wiederholungstauchgang, sondern um einen einzigen Tauchgang.

Die Zeiten sind dann zu addieren und die maximale Tiefe beider Teil-Tauchgänge ist dann maßgebend.

Ist die Oberflächenpause genauso lang wie eine der Zeitangaben in der Oberflächenpausentabelle, so wird der links davon befindliche Pfeil gewählt.

Nun wird in der darunter anschließenden Tabelle in der durch den soeben bestimmten Pfeil markierten Spalte die Zahl gesucht, die in der Zeile mit der Tiefe des zweiten Tauchgangs steht.

Ist die tatsächliche Tauchtiefe des zweiten Tauchgangs hier nicht aufgeführt, wird hier bei der nächstkleineren Tiefenstufe abgelesen.

Diese Zahl ist der gesuchte Zeitzuschlag, der dann zur Ermittlung der Austauchpausen des zweiten Tauchgangs fiktiv zu der Grundzeit des zweiten Tauchgangs addiert wird.

Tiefe des Wiederholungstauchgangs (m)	Zeitzuschlag zur Grundzeit (min)								
12	66	60	54	47	41	35	30	25	20
15	52	47	42	37	32	27	23	19	16
18	43	39	34	30	26	22	19	16	13
21	36	33	29	26	22	19	16	13	11
24	31	28	25	22	19	16	14	12	10
27	27	25	22	19	17	14	12	10	8
30	24	22	20	17	15	13	11	9	8
33	22	20	18	16	14	12	10	8	7
36	20	18	16	14	12	11	9	7	6
39	18	17	15	13	11	10	8	7	6
42	17	15	14	12	10	9	8	6	5
45	16	14	13	11	10	8	7	6	5
48	15	13	12	10	9	8	6	5	4
51	14	12	11	10	8	7	6	5	4
54	13	12	10	9	8	7	6	5	4
57	12	11	10	9	7	6	5	5	4
60	11	10	9	8	7	6	5	4	4
63	11	10	9	8	7	6	5	4	3

Zeitzuschlagtabelle

In diesem Beispiel ist die maximale Tiefe des zweiten Tauchgangs 18 m, als Zeitzuschlag ergeben sich daher 22 min.

Welche Austauchpausen sind für den zweiten Tauchgang erforderlich?
Hier ist die Vorgehensweise nun wie bei dem ersten Tauchgang, wobei als abzulesende Grundzeit die vorgegebene tatsächliche Grundzeit zuzüglich des Zeitzuschlags anzusetzen ist.
In diesem Beispiel ist also im Hauptteil der Austauchtabelle unter 30 min + 22 min = 52 min bei einer Tiefe von 18 m abzulesen. Da 52 min dort nicht aufgeführt sind, wird unter der nächsthöheren Zeitstufe von 55 min abgelesen, und es ergibt sich eine Austauchpause von 4 min auf 3 m. Die Wiederholungsgruppe ist hier F.

Wann kann nach diesen Tauchgängen frühestens der Heimflug angetreten werden?
Du kannst nach dem Tauchen nicht direkt mit einem Flugzeug fliegen, weil der Kabinendruck im Flugzeug deutlich niedriger ist als an der Erdoberfläche und daher das Fliegen eine weitere Druckentlastung wie das Auftauchen darstellt. Auch hier kann es zu einer Dekompressionskrankheit kommen, wenn im Körper noch zu viel Stickstoff gelöst ist. Daher sind auch hier Regeln der Austauchtabelle zu beachten. Dies gilt auch bei Fahrten nach einem Tauchgang über einen hohen Gebirgspass. Hier gelten die gleichen Wartezeiten wie für einen Flug.
Geflogen werden darf erst nach der Zeit, die du in der Oberflächenpausentabelle in der letzten Spalte unter dem Flugzeugsymbol bezogen auf die Zeile mit der Wiederholungsgruppe des Tauchgangs abliest.
In diesem Beispiel beträgt die Wartezeit unter der Wiederholungsgruppe F des zweiten Tauchgangs 20 Stunden. Nach dem ersten Tauchgang mit Wiederholungsgruppe E war die Wartezeit 16 Stunden, nach Abzug der Oberflächenpause von 2 h 20 min verbleiben davon noch 13 h 40 min. Diese werden zu den 20 Stunden addiert, sodass die Zeit bis zum Flug daher mindestens 33 h 40 min beträgt.
Bei der Verwendung von Tauchcomputern wird auch die Wartezeit bis zum Flug von diesen berechnet und angezeigt.

Wo liegt der Unterschied bei der Anwendung von Tauchcomputern im Vergleich zur Austauchtabelle?
Eine Austauchtabelle enthält Sicherheiten, da ein Tauchgang immer so berechnet wird, als hätte man die gesamte Grundzeit auf der maximalen Tiefe verbracht (sogenanntes Rechteckprofil). Das gilt auch, wenn man nur kurz die maximale Tiefe erreicht hat, sonst flacher getaucht ist und somit weniger Stickstoff aufgenommen hat.
Um dies bei der Berechnung der Austauchpausen berücksichtigen zu können, muss das tatsächliche Tauchprofil mit den wechselnden Tiefen zugrunde gelegt werden. Dies ist mit der Austauchtabelle nicht möglich, wohl aber mit einem Tauchcom-

puter. Ein solcher Tauchcomputer kann wie ein Tiefenmesser am Arm unter Wasser mitgeführt werden und berechnet ständig anhand der verbrachten Zeit auf den jeweiligen Tiefen, wie viel Stickstoff der Körper in modellhaften Geweben aufgenommen hat und welche Austauchpausen sich daraus ergeben. Tauchcomputer zeigen je nach Modell neben der Tauchzeit, Tauchtiefe und den Austauchinformationen auch weitere Daten an.

Das Tauchen mit Tauchcomputern hat sich aufgrund der gesunkenen Preise mittlerweile im Vergleich zum Tauchen mit Austauchtabelle durchgesetzt. Da aber jedes elektronische Gerät auch ausfallen kann, sollte weiterhin die Ermittlung der Austauchpausen mit Uhr, Tiefenmesser und Austauchtabelle beherrscht werden. Dies ist auch zur Planung vor einem Tauchgang und zum Verständnis der Stickstoffentsättigung hilfreich. Auch bei Benutzung eines Tauchcomputers sollten daher Uhr, Tiefenmesser und Tabelle oder alternativ ein zweiter Tauchcomputer mitgeführt werden.

Ein Tauchcomputer verleitet aber oft dazu, dass Taucher ein Profil so wählen, dass die Nullzeit gerade noch nicht erreicht wird. Sie tauchen also an der Grenze zur Erfordernis von Austauchpausen. Dabei wird verkannt, dass jeder Tauchcomputer nur mit Annahmen und Modellen rechnet, die die Stickstoffaufnahme und -abgabe im Körper zwar simulieren, aber niemals genau nachvollziehen können. Dazu unterliegt der menschliche Körper zu vielen individuellen Faktoren und Toleranzen, die nicht vom Tauchcomputer berücksichtigt werden. Daher sollte die abgelesene Nullzeit niemals ausgereizt werden. Besser ist es, zusätzliche Sicherheitsspielräume beim Tauchgang einzubauen.

Zum **Vergleich der Vor- und Nachteile** von Tauchcomputern und Austauchtabellen sind weiterhin die Parameter vor und während des Tauchgangs zu berücksichtigen. Relevante Parameter für die Berechnung sind:

- Dekompressionsmodell
- Tiefe
- Dauer
- Temperatur
- Vorsättigung bzw. Wiederholungstauchgänge
- Atemminutenvolumen
- Konservatismus
- Süßwasser oder Salzwasser
- Aufstiegs- und Abstiegsgeschwindigkeiten
- Höhe über N. N.
- Gasverbrauch

<table>
<tr><th>Austauchtabelle</th><th>Tauchcomputer</th></tr>
<tr><td>Die Austauchtabelle DECO 2000 beruht auf dem Dekompressionsalgorithmus nach Bühlmann und Hahn und berücksichtigt bei der Bestimmung der Dekompression
▸ Tiefe,
▸ Dauer und
▸ Wiederholungstauchgänge.
Die Einflüsse durch
▸ Temperatur sowie
▸ Aufstiegs- und Abstiegsgeschwindigkeiten
werden bei der Berechnung durch Annahmen berücksichtigt.
Die Höhe über N.N. wird durch Bergseetabellen erfasst.
Die Parameter
▸ Konservatismus,
▸ Atemminutenvolumen,
▸ Gasverbrauch
werden nicht dargestellt. Die Dekotabellen können beim Tauchgang mitgeführt werden und ermöglichen somit eine Anpassung der Eckdaten des Tauchgangs auch während des Tauchgangs.</td><td>Moderne Tauchcomputer verwenden je nach Modell verschiedene Dekompressionsalgorithmen. Dabei sind sowohl Modelle des Bühlmann-, VPM- wie auch der RGBM-Algorithmus in den Tauchcomputern implementiert.
Die Parameter
▸ Tiefe,
▸ Dauer,
▸ Temperatur,
▸ Vorsättigung,
▸ Konservatismus,
▸ Aufstiegs- und Abstiegsgeschwindigkeit,
▸ Höhe über N.N. sowie der
▸ Gasverbrauch
werden bei der Dekompressionsberechnung durch die Tauchcomputer (abhängig vom Modell) während des Tauchgangs berücksichtigt.</td></tr>
<tr><td>Vorteile:
▸ Einfache Handhabung
▸ Während des Tauchgangs verwendbar
▸ Als Planungswerkzeug mit der Tauchergruppe verwendbar
▸ Für den UW-Einsatz ausgelegt
▸ Durch Ausbildungsmaterial unterstützt
▸ Seit Jahren eingeführt
▸ Zusätzliche Sicherheiten durch Annahme des Rechteckprofils
▸ Geringe Wartung</td><td>Vorteile:
▸ Einfache Handhabung
▸ Daten werden während des Tauchgangs ermittelt und verarbeitet
▸ Berücksichtigung des tatsächlichen Tauchprofils
▸ Auslese und Archivierung der Tauchgangsdaten
▸ Optionale Gasverbrauchanzeige
▸ Anpassung der persönlichen Parameter</td></tr>
</table>

Austauchtabelle	Tauchcomputer
Nachteile: ▸ Keine Berücksichtigung des tatsächlichen Tauchprofils, sondern Rechteckprofil ▸ Beschränkte Gaswahl ▸ Übung im Umgang notwendig ▸ Keine Tauchgangsdaten-Dokumentation ▸ Keine grafische Darstellung der Daten	**Nachteile:** ▸ Zum Teil unübersichtliche Displays ▸ Meist keine Möglichkeit zum Ausdrucken eines Tauchplans ▸ Batteriekapazitäten beschränkt und zusätzliche Kosten bei Batteriewechsel ▸ Bei Ausfall keine Redundanz

Restrisiko

Auch bei Einhaltung aller Austauchregeln sowohl bei Verwendung von Austauchtabellen als auch bei Verwendung von Tauchcomputern verbleibt ein Restrisiko, weil kein Rechenwerk individuelle Besonderheiten, die oftmals sogar tagesformabhängig sind, berücksichtigen kann. Auch äußere Faktoren wie Kälte oder Strömung können entweder gar nicht oder nur durch Rückschlüsse näherungsweise berücksichtigt werden.

Bei jedem Tauchgang treten Mikrogasblasen auf, die jedoch im venösen Teil des Blutkreislaufs zur Lunge transportiert und dort abgebaut werden. Bei einem Loch in der Vorhofscheidewand des Herzens können jedoch auch bei Nullzeittauchgängen Mikrogasblasen in den arteriellen Kreislauf gelangen. Dies wird im Abschnitt zur Medizin unter dem Begriff »offenes Foramen ovale« behandelt.

Es ist also immer ernst zu nehmen, und es ist eine entsprechende Behandlung einzuleiten, wenn ein Mittaucher über Symptome der Dekompressionskrankheit klagt, obwohl alle Austauchregeln eingehalten wurden.

Deep Stops

Es gibt Diskussionen, ob es sinnvoll ist, neben dem üblichen Sicherheitsstopp generell bei Tauchgängen über 20 m Tiefe einen sogenannten Deep Stop von zwei bis drei Minuten Dauer auf der halben Tauchtiefe (oder in anderen Varianten) einzuhalten. Auch einige Tauchcomputer schlagen solche Deep Stops vor.

Für Sporttaucher ist die Datenlage der letzten Jahrzehnte hinsichtlich sogenannter Deep Stops sehr widersprüchlich. Bisher konnte kein Beleg für einen Vorteil von Deep Stops erbracht werden (Ausnahme: beim Trimixtauchen). Auch die Definition eines Deep Stop ist nicht einheitlich. Insofern kann keine allgemeine, wissenschaftlich fundierte Empfehlung ausgesprochen werden, Deep Stops einzuhalten. Bieten die eingesetzten Tauchcomputer allerdings die Möglichkeit, Deep Stops

einzustellen, können diese prinzipiell durchgeführt werden. Je nach Rechenmodell der Tauchcomputer führen Deep Stops zu längeren Gesamtaustauchzeiten, da auch auf den Deep Stops weiter Stickstoff aufgenommen wird. Bei Verwendung der DECO 2000 ist bei Durchführung von Deep Stops die gesamte Aufstiegszeit zur Grundzeit zu addieren.
Auf keinen Fall dürfen aber durch die zusätzlichen Deep Stops die generell im VDST gültigen Sicherheitsregeln für den Aufstieg außer Acht gelassen werden.

4.7 Planung eines Tauchgangs mit Berechnung der Dekompression und des Luftverbrauchs

Zur Planung eines Tauchgangs gehört einerseits die Ermittlung der erforderlichen Austauchpausen und andererseits die Berechnung der für den Tauchgang erforderlichen Luft. Von besonderer praktischer Relevanz ist auch die Berechnung des sogenannten Umkehrdrucks, bei dem wir den Aufstieg einleiten müssen, damit unsere Restluft noch für den Aufstieg reicht.
Die für die Planung bekannten Ausgangsdaten sind

- Höhe des Gewässers über N. N.,
- Beginn des ersten Tauchgangs,
- geplante Maximaltiefe und Grundzeit des ersten Tauchgangs,
- ungefähre Oberflächenpause und Uhrzeit für den Beginn des zweiten Tauchgangs,
- geplante Maximaltiefe und Grundzeit des zweiten Tauchgangs,
- mitgeführter Luftvorrat sowie
- ungefähres Atemminutenvolumen.

Daraus können die Austauchpausen berechnet werden. Wir können vorab planen, wie viel Luft wir für den Tauchgang benötigen und ob unsere Tauchgeräte überhaupt für die Durchführung der Tauchgänge ausreichend sind. Anderenfalls müssten die Tiefe oder die Grundzeit angepasst werden, oder es müssten andere Tauchgeräte gewählt werden.
Neben den im vorangehenden Abschnitt geltenden Regelungen (insbesondere zum Tauchen im kalten Wasser und bei Anstrengung) werden für die Planung folgende – teilweise vereinfachende – Annahmen zugrunde gelegt:

- Der Abstieg wird nicht in die Tauchgangsberechnung einbezogen. Die Tauchgangsberechnung beginnt direkt nach dem Abtauchen bei null Minuten auf der maximalen Tiefe.
- Die Aufstiegszeit wird aus der Maximaltiefe und dem Aufrunden auf die nächsten vollen 10 m ermittelt.

- Aufstiegsgeschwindigkeiten:
  a) Maximaltiefe bis zur Oberfläche: 10 m/min
  b) Sicherheitsstopp von 3 min auf 5 m Tiefe bei Nullzeittauchgängen
  c) Sicherheitsstopp von 3 min zusätzlich auf der letzten Dekostufe

Beispiel zur Aufstiegszeitberechnung bei Nullzeittauchgängen:
Aufstieg bei Nullzeittauchgang aus 27 m Tiefe:
Aufstiegszeit:
3 min bis zur Oberfläche
3 min Sicherheitsstopp auf 5 m
6 min Gesamtaufstiegszeit

Beispiel zur Aufstiegszeitberechnung mit Dekompressionsstopps:
Aufstieg aus 27 m Tiefe mit Dekostopp von 5 min auf 3 m:
Aufstiegszeit:
3 min bis zur Oberfläche
5 min Dekostopp auf 3 m
3 min zusätzlicher Sicherheitsstopp auf 3 m
11 min Gesamtaufstiegszeit

Der Gasverbrauch für die Aufstiegszeit wird beginnend mit dem Druck der Maximaltiefe bis zur Oberfläche berechnet. Eingelegte Dekostopps werden mit dem Druck auf der jeweiligen Wassertiefe gerechnet.
Der Sicherheitsstopp wird mit dem Druck der jeweiligen Wassertiefe berechnet.
Es wird hier beispielhaft ein Atemminutenvolumen von 20 l/min angenommen.

Luftverbrauchsberechnung des Aufstiegs bei einem Nullzeittauchgang aus 27 m Tiefe:
3,7 bar · 3 min · 20 l/min /1 bar = 222 Liter
1,5 bar · 3 min · 20 l/min /1 bar = 90 Liter
Gesamtvolumen für den Aufstieg 312 Liter

Luftverbrauchsberechnung des Aufstiegs bei einem Dekompressionstauchgang aus 27 m Tiefe mit einem Dekostopp von 5 min auf 3 m:
3,7 bar · 3 min · 20 l/min /1 bar = 222 Liter
1,3 bar · 5 min · 20 l/min /1 bar = 130 Liter
1,3 bar · 3 min · 20 l/min /1 bar = 78 Liter
Gesamtvolumen für den Aufstieg 430 Liter

Das dabei angenommene Atemminutenvolumen von 20 l/min gilt für 1 bar Umgebungsdruck. Es wird generell mit einem Reservedruck von 50 bar gerechnet.

Beispiel für eine komplette Tauchgangsberechnung:
Tauchgang 1 in einem kalten Steinbruch, 27 m Tiefe, Tauchzeit 14 min
Tauchgang 2 nach 2:45 Std. Oberflächenpause, 22 m Tiefe, Tauchzeit 20 min

Tauchgang 1 (27 m, 14 min Tauchzeit):
Es muss aufgrund des Kaltwassertauchgangs die nächsthöhere Zeitstufe abgelesen werden: hier 18 min, es handelt sich also um einen Nullzeittauchgang.

Gesamttauchzeitberechnung:
14 min Tauchzeit
3 min Aufstieg von Maximaltiefe bis zur Oberfläche
3 min Sicherheitsstopp auf 5 m
20 min Gesamttauchzeit

Luftverbrauchsberechnung:
14 min · 3,7 bar · 20 l/min /1 bar = 1.036 l
3 min · 3,7 bar · 20 l/min /1 bar = 222 l
3 min · 1,5 bar · 20 l/min /1 bar = 90 l
1.348 l

Berechnung der erforderlichen Größe des DTG:
Aus der Formel $p_1 \cdot V_1 = p_2 \cdot V_2$ ergibt sich mit dem verfügbaren Flaschendruck von 150 bar (Fülldruck 200 bar abzüglich Reservedruck 50 bar):
V_2 = (1 bar · 1.348 l) / 150 bar = 8,99 l
Daher ist mindestens ein 10-Liter-DTG erforderlich.

Die Wiederholungsgruppe für diesen ersten Tauchgang ist »E«.

Tauchgang 2 in einem kalten Steinbruch, 22 m Tiefe, Tauchzeit 20 min,
2:45 h Oberflächenpause
Es gilt die Wiederholungsgruppe »E«.
Der Zeitzuschlag für diesen Wiederholungstauchgang beträgt laut Tabelle 16 min.

Tabellenwerte für Dekompressionszeitermittlung:
Abzulesende Tiefe: 24 m
Abzulesende Grundzeit: 20 min + 16 min Zeitzuschlag = 36 min
Aufgrund des Kaltwassertauchgangs wird in der Tiefe von 24 m die nächsthöhere Zeitstufe abgelesen, hier also statt unter 39 min unter der Zeitstufe von 43 min. Es ergibt sich daher ein Tauchgang mit Dekostopps.

Gesamttauchzeitberechnung:
20 min Tauchzeit
3 min Aufstieg von der Maximaltiefe bis zur Oberfläche
1 min Dekostopp auf 6 m
12 min Dekostopp auf 3 m
3 min zusätzlicher Sicherheitsstopp auf 3 m

39 min Gesamttauchzeit

Luftverbrauchsberechnung:
20 min · 3,2 bar · 20 l/min /1 bar = 1.280 l
3 min · 3,2 bar · 20 l/min /1 bar = 192 l
1 min · 1,6 bar · 20 l/min /1 bar = 32 l
12 min · 1,3 bar · 20 l/min /1 bar = 312 l
3 min · 1,3 bar · 20 l/min /1 bar = 78 l

1.894 l

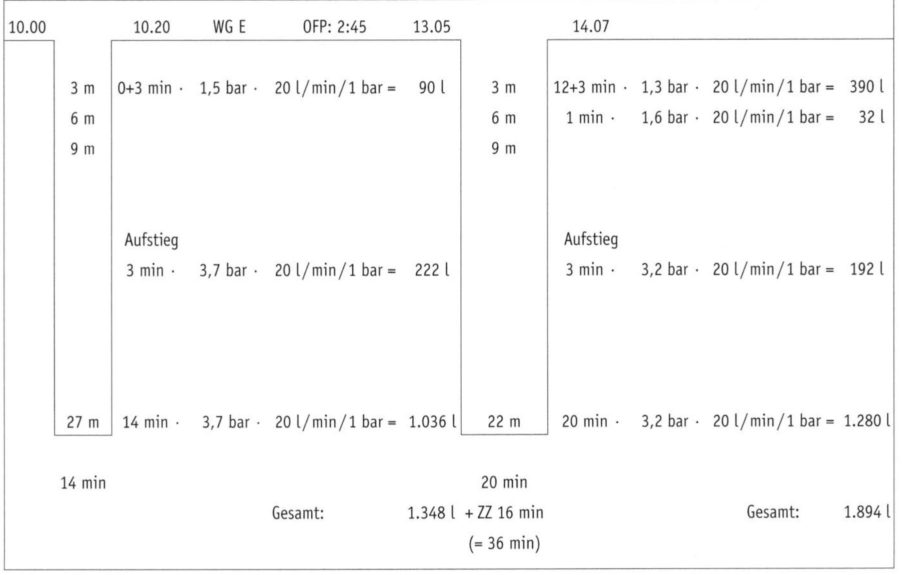

Rechenschema Luftverbrauchsberechnung

Berechnung der erforderlichen Größe des DTG:
V_2 = (1 bar · 1.894 l) / 150 bar = 12,63 l
Daher ist mindestens ein 15-Liter-DTG erforderlich.

Es sollte also ein 15-l-DTG für die Tauchgänge einplant werden oder bei Tauchgang 2 die Grundzeit so reduziert werden, dass ein kleineres DTG verwendet werden kann.

Alternative: Ausdehnung der Oberflächenpause auf über 3:30 h. Dadurch reduziert sich der Zeitzuschlag um 5 min, und es ist nur noch ein Dekostopp von 9 min auf 3 m erforderlich.

Planung des Umkehrdrucks

Wir können nun eine Tauchgangsplanung durchführen, bei der wir bei vorgegebener Tiefe und Zeit unsere Austauchpausen und den Luftverbrauch ermitteln. Anschließend kann anhand dieser Berechnungen geprüft werden, ob dieser Tauchgang mit dem vorgesehenen DTG durchführbar ist.
In der Praxis ist es jedoch wichtiger zu wissen, bei welchem Druck spätestens der Aufstieg zu beginnen ist, damit die Restluft für den Aufstieg einschließlich Austauchpausen reicht. Dieser Druck wird auch als Umkehrdruck bezeichnet, da spätestens dann die Umkehr ansteht.
Die Berechnung kann erfolgen, indem das gesamte erforderliche Luftvolumen für den Aufstieg eines Tauchers einschließlich Austauchpausen und Sicherheitsstopp ermittelt und anhand der Flaschengröße in eine Druckdifferenz umgerechnet wird, die zum Reservedruck addiert wird.
Dieses erforderliche Luftvolumen ist also das **mindestens notwendige Luftvolumen**, um sich selbst unter Beachtung aller Austauchvorschriften an die nächste Luftquelle, hier also an die Wasseroberfläche, zu bringen. So können anspruchsvolle, auch tiefere, Tauchgänge sicherer geplant werden.
Es gilt weiterhin die Grundregel, dass der Reservedruck von 50 bar nicht für die Tauchgangsplanung zur Verfügung steht. Auch für diese Berechnungen ist ein realistischer Erwartungswert für das Atemminutenvolumen anzusetzen. Standardmäßig werden hier 20 l/min angesetzt. Bei höherem Luftverbrauch kann natürlich auch ein größeres Atemminutenvolumen angesetzt werden.
Es werden wieder alle Austauchvorschriften beachtet. Die Aufstiegsgeschwindigkeit wird für diese Berechnungen vereinfacht mit 10 m/min für den gesamten Aufstieg angesetzt. Die Austauchstufen werden unter den Annahmen zur Tiefe und Grundzeit ermittelt. Als Druck für die Berechnung des Luftverbrauchs wird der Druck auf der maximalen Tiefe angesetzt. Die Aufstiegszeit wird auf volle Minuten aufgerundet, d. h., je angefangene 10 m Tiefe wird eine Minute Aufstiegszeit angesetzt.

Beispiel: Aufstieg aus 40 m Tiefe ohne erforderliche Austauchpausen

Aufstiegszeit: 4 min
Sicherheitsstopp: 3 min auf 5 m
Luftvolumen Aufstieg: 5 bar · 4 min · 20 l/min / 1 bar = 400 l
Luftvolumen Stopp: 1,5 bar · 3 min · 20 l/min / 1 bar = 90 l
Luftvolumen gesamt: 400 l + 90 l = 490 l

Dieses Luftvolumen bezogen auf 1 bar wird nach dem Gesetz von Boyle-Mariotte mit dem vorhandenen Flaschenvolumen in einen Druck umgerechnet. Der Reservedruck von 50 bar wird hinzugerechnet, da dieser nach dem Aufstieg noch zur Verfügung stehen soll.

Damit ergibt sich für die verschiedenen Flaschengrößen:

Flaschen-größe V_{DTG}	Luftvolumen bei 1 bar $V_{Oberfläche}$	Druckdifferenz $V_{Oberfläche} \cdot 1\ bar / V_{DTG}$	+ Reserve-druck	Mindest-druck
10 l	490 l	490 l · 1 bar / 10 l = 49 bar	+ 50 bar	99 bar
12 l	490 l	490 l · 1 bar / 12 l = 41 bar	+ 50 bar	91 bar
14 l	490 l	490 l · 1 bar / 14 l = 35 bar	+ 50 bar	85 bar
24 l	490 l	490 l · 1 bar / 24 l = 20 bar	+ 50 bar	70 bar

Wird nun ein problematischer Zwischenfall in Form eines vollständigen Ausfalls des Partner-DTGs am Ende des Tauchgangs auf 40 m Tiefe angenommen, so müssen beide Taucher aus einem DTG atmen und zur Oberfläche gelangen. In einem solchen Notfall muss nicht mehr der Reservedruck im DTG verbleiben, da hier ein kritischer Aufstieg vorzunehmen ist.
In diesem Fall wird das doppelte Atemminutenvolumen, also 40 l/min, angesetzt, da zwei Taucher aus einem DTG atmen. Außerdem wird zur Aufstiegszeit noch eine Minute Zeit für die Problemlösung, nämlich den Übergang auf den zweiten Atemregler, hinzugerechnet.

Beispiel: Kritischer Aufstieg aus 40 m Tiefe ohne erforderliche Austauchpausen

Aufstiegszeit: 4 min
Sicherheitsstopp: 3 min auf 5 m
Luftvolumen Aufstieg: 5 bar · (4 min + 1 min) · 40 l/min / 1 bar = 1.000 l
Luftvolumen Stopp: 1,5 bar · 3 min · 40 l/min / 1 bar = 180 l
Luftvolumen gesamt: 1.000 l + 180 l = 1.180 l

Die Umrechnung in den zugehörigen Flaschendruck für die verschiedenen Flaschengrößen ergibt den sogenannten **Umkehrdruck**:

Flaschen-größe V_{DTG}	Luftvolumen bei 1 bar $V_{Oberfläche}$	Druckdifferenz $V_{Oberfläche} \cdot 1\ bar / V_{DTG}$	Umkehr-druck
10 l	1.180 l	1.180 l · 1 bar / 10 l = 118 bar	118 bar
12 l	1.180 l	1.180 l · 1 bar / 12 l = 98 bar	98 bar
14 l	1.180 l	1.180 l · 1 bar / 14 l = 84 bar	84 bar
24 l	1.180 l	1.180 l · 1 bar / 24 l = 49 bar	49 bar

Im Ergebnis zeigt sich, dass der im ersten Beispiel unter Einbeziehung des Reservedrucks ermittelte Umkehrdruck auch annähernd ausreicht, im Notfall einen Aufstieg unter Atmung von zwei Partnern aus einem DTG durchzuführen. Dies ist für den ungünstigsten Fall gerechnet, wenn der Problemfall gerade am Ende des Tauchgangs eintritt. Tritt das Problem früher ein, so ist noch mehr Luft im DTG. Tritt das Problem später, also schon während des Aufstiegs ein, so wird weniger Luft für den gemeinsamen Aufstieg benötigt.
Bei Tauchgeräten mit mindestens 12 l Größe reicht also auch der Reservedruck von 50 bar, um einen Partner damit aus 40 m Tiefe sicher zur Oberfläche zu bringen.
Die Ermittlung des Umkehrdrucks erfolgt also nach folgender Regel:

$$\textbf{Umkehrdruck} = V_{Oberfläche} \cdot 1\ bar / V_{DTG}$$

mit

$$V_{Oberfläche} = p_{max.\ Tiefe} \cdot (t_{Aufstieg} + 1\ min) \cdot 2 \cdot AMV/1\ bar + p_{Stopp} \cdot t_{Stopp} \cdot 2 \cdot AMV/1\ bar$$

wobei

- das **AMV** für eine Person üblicherweise mit 20 l/min angesetzt werden kann (bei Bedarf natürlich auch höher) und für zwei Personen eingerechnet wird,
- auch für den Aufstieg der Druck der maximalen Tiefe $p_{max.}$ Tiefe angesetzt wird,
- zu der Zeit für den Aufstieg $t_{Aufstieg}$ noch eine Minute zur Problemlösung addiert wird
- und das Luftvolumen für die Stopps um ggf. weitere Stopps zu summieren ist.

Somit ist die Ermittlung des Umkehrdrucks bei der Tauchgangsplanung und die späteste Umkehr beim realen Tauchgang bei diesem Druck eine gute Grundlage für einen sicheren Tauchgang.

Für verschiedene Flaschengrößen und Tiefen kann der Umkehrdruck für einen Nullzeittauchgang auch der folgenden Tabelle entnommen werden:

Wassertiefe	20 m	30 m	40 m
Luftvolumen	540 l	820 l	1.180 l
10 l	54 bar	82 bar	118 bar
12 l	45 bar	68 bar	98 bar
14 l (2 · 7 l)	39 bar	59 bar	84 bar
15 l	36 bar	55 bar	79 bar
17 l (2 · 8,5 l)	32 bar	48 bar	69 bar
20 l (2 · 10 l)	27 bar	41 bar	59 bar
24 l (2 · 12 l)	23 bar	34 bar	49 bar

Beispiel:

- Du unternimmst mit deinem Partner einen Tauchgang auf Meereshöhe. Ihr habt beide ein 12-Liter-DTG.
- Erster Tauchgang: Beginn 10:00 Uhr, maximale Tiefe 29 m, Grundzeit 23 min.
- Zweiter Tauchgang: Beginn 15:00 Uhr, maximale Tiefe 23 m, Grundzeit 26 min.

Für den ersten Tauchgang lesen wir die Austauchstufen unter 30 m und 24 min ab. Es ergeben sich 1 min auf 6 m und 6 min auf 3 m. Hinzu kommt der Sicherheitsstopp von 3 min auf 3 m. Die Aufstiegszeit beträgt (auf volle Minuten aufgerundet) 3 min. Damit dauert der gesamte Tauchgang (23+1+6+3+3) min = 36 min. Er endet um 10:36 Uhr. Als Wiederholungsgruppe haben wir »F« abgelesen.
Soll der zweite Tauchgang um 15:00 Uhr beginnen, so beträgt unsere Oberflächenpause 4 Stunden und 24 Minuten. Wir können damit den Zeitzuschlag für den Wiederholungstauchgang bestimmen. Dazu lesen wir unter der nächstkleineren Tiefe von 23 m, also 21 m, einen Zuschlag von 19 min ab. Für den zweiten Tauchgang ergibt sich so eine fiktive Grundzeit von 45 min. Als Austauchstufen lesen wir bei der Tiefe 24 m und der Grundzeit 45 min, 2 min auf 6 m und 14 min auf 3 m, ab.
Um den ersten Tauchgang zu planen, ist nun zu ermitteln, bei welchem Restdruck im DTG der Tauchgang spätestens zu beenden ist. Hierfür wird von dem ungünstigsten Fall ausgegangen, dass auf der Tauchtiefe das DTG des Partners vollständig ausfällt, sodass beide Taucher nach Übergabe des Hauptatemreglers und Wechsel auf den Zweitatemregler aus einem DTG atmen. Für die Lösung dieses Problems auf der Tiefe wird generell eine Minute angesetzt.
Zu ermitteln ist nun das für den Aufstieg, einschließlich Austauchpausen und Sicherheitsstopp, erforderliche Luftvolumen (bezogen auf 1 bar Oberflächendruck).

Grundlage der Berechnungen ist ein Luftdruck von 1 bar. Für die Luftverbrauchsberechnung des Aufstiegs wird aus Sicherheitsgründen der Druck der maximalen Tiefe und für das Atemminutenvolumen je Taucher ein Wert von 20 l/min angesetzt.

Dann ergibt sich:

Atemminutenvolumen:	20 l/min + 20 l/min (Partner) =	40 l/min
Problemlösung 1 min auf der Tiefe:	1 min · 3,9 bar · 40 l/min / 1 bar =	156 l
Aufstieg aus 29 m Tiefe:	3 min · 3,9 bar · 40 l/min / 1 bar =	468 l
Austauchpause 1 min auf 6 m:	1 min · 1,6 bar · 40 l/min / 1 bar =	64 l
Austauchpause 6 min auf 3 m:	6 min · 1,3 bar · 40 l/min / 1 bar =	312 l
Sicherheitsstopp 3 min auf 3 m:	3 min · 1,3 bar · 40 l/min / 1 bar =	156 l
Gesamtvolumen für den Aufstieg	$V_{Oberfläche}$ =	1.156 l

Nun stellt sich die Frage, bei welchem Flaschendruck, dem sogenannten Umkehrdruck, spätestens der Tauchgang zu beenden und mit dem Austauchen zu beginnen ist, damit ein solcher Aufstieg durchgeführt werden kann. Ein Reservedruck muss bei diesem Szenario nicht im DTG verbleiben.

Gesucht: Druckdifferenz des DTG (p_{DTG})
Notwendiges Luftvolumen $V_{Oberfläche}$ = 1.156 l
Volumen des DTG V_{DTG} = 12 l
Umgebungsdruck an der Oberfläche: $p_{Oberfläche}$ = 1 bar

$$p_{DTG} = \frac{p_{Oberfläche} \cdot V_{Oberfläche}}{V_{DTG}} = \frac{1\ \text{bar} \cdot 1.156\ \text{l}}{12\ \text{l}} = 96\ \text{bar}$$

Der Umkehrdruck beträgt also 96 bar, d. h. der Tauchgang ist bei spätestens 96 bar Flaschendruck zu beenden.

4.8 Kaltwassertauchen

Das Tauchen in heimischen Binnenseen hat durch die Vielfalt der Tauchgewässer besondere Reize, die auch im Vergleich zum Tauchen im Meer nicht weniger interessant und schön sind. Während sich flache Seen im Sommer schneller aufwärmen, bleiben tiefere Gewässer mit wenig Sonneneinstrahlung, zum Beispiel Talsperren und Steinbrüche, ganzjährig eher kalt. Auch im Sommer nimmt die Wassertemperatur mit zunehmender Tiefe schnell bis auf +4 °C ab, und es gibt

oftmals Sprungschichten, bei denen schon nach einer kleinen Tiefenänderung die Temperatur schlagartig abfällt.
Beim Tauchen in der kalten Jahreszeit, in kalten Gewässern auch zu anderen Jahreszeiten, sind daher besondere Vorkehrungen zu treffen.
Die Vorbeugung gegen Vereisung der Atemregler ist dabei besonders zu beachten. Die für kalte Gewässer erforderliche Ausrüstungskonfiguration wurde bereits in dem Abschnitt zu den Ausrüstungsempfehlungen erläutert. Jedes Mitglied der Tauchgruppe führt gemäß Sicherheitsstandards einen zweiten Atemregler mit sich, in kalten Gewässern einen zweiten Atemregler an einem getrennten absperrbaren Flaschenventil. Als Definition für kaltes Wasser gilt dabei eine Wassertemperatur von maximal 10 °C in der aufgesuchten Wassertiefe. Ein Oktopus-System ist für das Tauchen in kalten Gewässern nicht geeignet, weil es nur eine erste Stufe hat. Wenn diese vereist, blasen beide zweite Stufen des Atemreglers ab. Auch kann bei einem Oktopus die Luftzufuhr eines Atemreglers nicht separat abgedreht werden. Es sind nur kaltwassertaugliche Atemregler zu verwenden.
Um einem Vereisen vorzubeugen, sollte über den Atemregler oder den Inflator erst dann Luft entnommen werden, wenn sich die erste Stufe des Atemreglers unter Wasser befindet. Der Check des Atemreglers erfolgt dann im Wasser und nicht bereits vor dem Einstieg beim Ausrüstungscheck an der kalten Luft. Wichtig ist auch, dass nicht gleichzeitig eingeatmet und über den Inflator tariert wird. Der Druckluftvorrat sollte so ausreichend bemessen sein, wie es im vorangehenden Abschnitt zur Tauchgangsplanung beschrieben wurde.
Wichtig ist auch ein guter Kälteschutz. Bei Verwendung von Nass- oder Halbtrockentauchanzügen aus Neopren ist für Kaltwasser eine Dicke von 7 mm erforderlich. Ein noch besserer Kälteschutz wird durch die Verwendung von Trockentauchanzügen erreicht. Auch die Dicke der Handschuhe ist der Wassertemperatur anzupassen. Unverzichtbar ist eine Kopfhaube, da über den Kopf sonst ein Großteil der Wärme abgegeben wird.
Die Tauchzeit ist entsprechend der Wassertemperatur und der verwendeten Tauchanzüge zu begrenzen. Wenn ein Mitglied der Tauchgruppe anfängt zu frieren, muss der Tauchgang beendet werden. Schon in der Tauchgangsvorbesprechung ist auf die kältespezifischen Vorkehrungen wie Schutz vor Unterkühlung, Wärmeabgabe, erhöhten Luftverbrauch und eventuell verlängerte Dekompressionszeiten hinzuweisen. Die Tauchgruppen sollten möglichst klein gehalten werden. Bei der Wahl des Ein- und Ausstiegs ist auf Rutschgefahr durch Eis oder Schnee zu achten. Es darf nur bei vollständig eisfreier Oberfläche getaucht werden. Anderenfalls sind besondere Maßnahmen für einen Eistauchgang erforderlich.
Nach einem Tauchgang im Winter sollte eine windgeschützte Aufwärmmöglichkeit (z. B. ein Zelt) vorhanden sein. Für die Taucher sollten warme alkoholfreie

Getränke bereitstehen. Bei Minustemperaturen ist warmes Wasser zum Auftauen von Gerätschaften hilfreich. Damit diese gar nicht erst einfrieren, sind direkt nach Tauchgangsende die Reißverschlüsse von Trockentauchanzügen schnellstens zu öffnen, und alle Inflatoren werden sofort abgekoppelt. Auch die Verbindungen zwischen den ersten Stufen der Atemregler und dem DTG werden direkt gelockert. Ausrüstungsteile, insbesondere Neoprenteile, sollten nicht auf Metall abgelegt werden, da sie sonst schnell anfrieren.

4.9 Tauchen bei Strömung vom Boot und von Land

Beim Tauchen im Meer bewegt sich in der Regel das Wasser. In den meisten Tauchgebieten, insbesondere an den schönsten Tauchspots, herrscht oftmals Strömung. Dies ist auch von Vorteil, denn gerade hierdurch kann sich eine besondere Unterwasserwelt entwickeln. Für uns Taucher gehört Strömung daher zum normalen Tauchen im Meer dazu, und mit einem angepassten Tauchverhalten können wir uns die Strömung zunutze machen. Die Kenntnisse und Fertigkeiten zum richtigen Umgang mit Strömung kannst du im Rahmen des Spezialkurses »Strömungstauchen« erlernen.

Strömungen entstehen hauptsächlich durch Gezeiten, können aber auch durch Wind oder Temperaturunterschiede verursacht werden.

Die Entstehung von Gezeiten wird in der Ausbildung zum DTSA*** genauer erläutert. Gezeiten können bereits bei der Tauchgangsplanung gut berücksichtigt werden, da anhand von ortsgebundenen Gezeitentabellen die täglichen Zeiten für das Hoch- und Niedrigwasser ermittelt werden können. Daraus lassen sich die zu erwartenden Strömungsverhältnisse, insbesondere die Strömungsrichtung und Strömungsstärke, ableiten. Mithilfe einer Seekarte kann dann auch geplant werden, wie sich die Strömung an Inseln, Felsen oder Engstellen verhält. Hier verfügt jede lokale Tauchbasis über Erfahrungswerte, die du vorher erfragen solltest.

Besonders Felsen oder Riffe bieten eine gute Möglichkeit zum Tauchen, weil hinter ihnen im Regelfall Strömungsschatten herrscht. Dies kann je nach Unterwasserlandschaft und Wassertiefe jedoch ganz unterschiedlich sein. Wenn der Wind mit entsprechender Stärke aus einer anderen Richtung kommt als die Gezeitenströmung, kann neben einem stärkeren Wellengang auch eine von der Strömung in der Tiefe abweichende Oberflächenströmung erzeugt werden.

Um bei möglichst wenig Strömung zu tauchen, planst du für den Tauchgang idealerweise die Zeit um einen Gezeitenstillstand (also Hochwasser oder Niedrigwasser) ein, falls dies aufgrund der örtlichen Gegebenheiten oder der Zeiten für

die Tauchausfahrten machbar ist. In der Tauchgangsvorbesprechung ist auf die Umkehr der Strömung durch den Gezeitenwechsel hinzuweisen.
Zum Ankern des Bootes wird in der Regel ein Tauchplatz im Strömungsschatten aufgesucht.

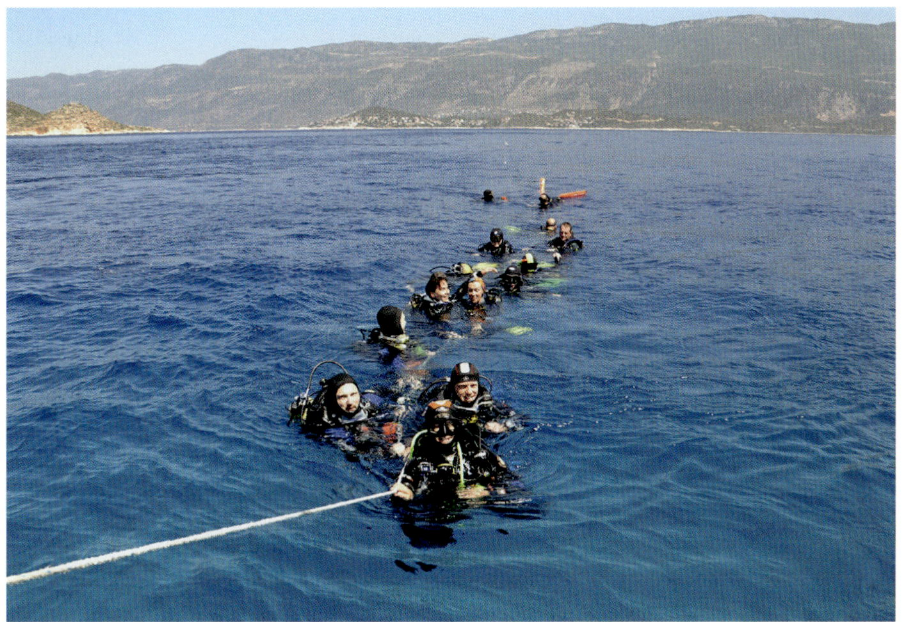

Strömungsleine

Vor dem Tauchgang erhältst du mit deinen bei der Tauchgangsplanung erwarteten Strömungsverhältnissen und der tatsächlich vor Ort beobachteten Strömung ein gutes Bild davon, was dich unter Wasser erwartet. Zur Feststellung der Strömung am Tauchplatz warte ab, bis sich das Boot nach dem Ankern ausgerichtet hat. Wenn kein Wind herrscht, zeigt der Bug des Bootes in die Richtung, aus der die Strömung kommt. Vom Wind wird das Boot jedoch unter Umständen in eine andere Richtung gedreht. Dann weicht die Richtung der Ankerleine von der Längsachse des Bootes ab.
Das Ausbringen einer Strömungsleine von etwa 100 m Länge mit einer Boje am Ende dient in erster Linie der Sicherheit, damit sich Taucher daran festhalten können. Die Strömungsrichtung kann anhand der Strömungsleine jedoch nur bedingt erkannt werden, weil der Einfluss des Windes auf die Leine je nach Windstärke überwiegt.

Rückschlüsse auf die Strömungsstärke sind mithilfe von im Wasser treibenden Teilen oder Speichel möglich. Durch Beobachtung der ersten Tauchgruppe kann auch erkannt werden, ob ein Anschwimmen gegen die Strömung gut möglich ist. Anderenfalls sollte der Tauchgang nicht unternommen werden.

Für die Durchführung eines Tauchgangs bei Strömung gilt:

- Informationen über die Strömungsverhältnisse einholen
- Planung von Tauchzeit und Tauchgebiet
- Niemals einen Strömungstauchgang bei Nacht, in Grotten oder Höhlen oder in zu großen Tiefen durchführen!
- Bei Strömung nur Nullzeittauchgänge durchführen!
- Strömungsrichtung und -stärke feststellen
- Ausbringen der Strömungsleine (mind. 100 m) mit Boje am Ende
- Beiboot muss vorhanden und startklar sein (beim Tauchen von einem größeren Boot)
- Atemregler benutzen, die nicht durch den Strömungsdruck abblasen
- Sofort nach dem Sprung ins Wasser gegen die Strömung anschwimmen, um nicht abzutreiben
- Zügiges Schnorcheln zum Abtauchpunkt (in der Regel Ankerleine), dort kann man sich ggf. mit Handkontakt zur Ankerleine fixieren, sammeln und gemeinsam abtauchen
- Abtauchen immer an der Ankerleine oder (bei guter Sicht) mit einem anderen Bezugspunkt
- Niemals ohne Grundsicht im freien Wasser abtauchen!
- Am Anker Feststellen der Grundströmung
- Beginn des Tauchgangs gegen die Oberflächenströmung! Dies geschieht auch bei unterschiedlicher Grundströmung, um beim evtl. Auftauchen von der Oberflächenströmung zum Boot zurückgetrieben zu werden
- Erhöhten Luftverbrauch durch größere Anstrengung einkalkulieren
- Bei der Rückkehr zum Anker ist wegen der im Regelfall größeren Geschwindigkeit eine kürzere Zeit erforderlich
- Faustformel bei normaler Strömung: Die Hälfte der Zeit für den Hinweg für den Rückweg einplanen
- Auftauchen am Anker oder mit Sichtkontakt zum Boot
- Anderenfalls: Findet die Gruppe den Anker nicht wieder und muss im freien Wasser ohne Sichtkontakt aufgestiegen werden, so muss versucht werden, vor dem Boot aufzutauchen. Dazu schon während des Aufstiegs gegen die vorher per Kompass festgestellte Oberflächenströmung anschwimmen!

Würde ein freier Abstieg ohne Grundsicht im Meer vorgenommen, so kämen folgende Probleme zusammen:

- Hohe psychische Belastung beim Abstieg
- Kontinuierliches Nachtarieren
- Nicht von oben erkennbare Maximaltiefe
- Verdriften bei Strömung
- Fehlender Bezugspunkt zum Wiederfinden des Ausgangspunktes
- Bootsführer kann die Tauchgruppe schlecht orten
- Leichteres Verlieren von Tauchpartnern
- Tauchgangsabbruch, wenn Probleme auftreten

Bei einem Tauchgang im Meer und vor allem bei Strömung ist immer eine Signalboje von jedem Tauchpartner an einer Spool mitzuführen. Wird nicht in unmittelbarer Nähe des Bootes wieder aufgetaucht, so ist die Signalboje zu setzen, um dem Bootsführer die Position der Gruppe zu signalisieren. Bei einem Abtreiben der Gruppe kann diese so frühzeitig geortet und zurückgeholt werden. Das Setzen der Signalboje wird in einem nachfolgenden Abschnitt beschrieben.

Beachte beim **Tauchen von einem Boot** außerdem weitere wichtige Sicherheitsregeln:

- Flaschen nie über Kopf anlegen!
- Keine Ausrüstungsteile herumliegen lassen
- Vor dem Hineinspringen darauf achten, dass die gültige Tauchflagge (Alphaflagge) gehisst ist
- Tauchgruppe vor dem Tauchen namentlich abmelden
- Flossen erst unmittelbar vor dem Sprung ins Wasser anlegen!
- Vor dem Hineinspringen darauf achten, dass die Sprungstelle frei ist!
- Jacket vor dem Sprung nur so weit aufblasen, dass gerade Auftrieb entsteht
- Ausrüstungsgegenstände vor dem Sprung sichern, um ein Umherschlagen zu verhindern (Lampen, Maske, etc.)
- Sich nie im Gefahrenbereich unterhalb der Leiter aufhalten!
- Hineinspringen erst nach Freigabe durch den Bootsführer!
- Bootsrumpf einprägen, um Schiff von unten identifizieren zu können
- Nie im Dreieck zwischen Wasseroberfläche, Ankerleine und Bug aufhalten, weil der Bug bei Wellengang auf- und abschlägt
- Nie im Dreieck zwischen Grund und Ankerkette aufhalten, weil auch die Ankerkette bei Wellengang auf- und abschlägt

Bei einem **Strömungstauchgang von Land** gelten grundsätzlich die gleichen Regeln, außerdem ist zu beachten:

- Wahl des richtigen Zeitpunktes für den Tauchgang, also um den Zeitpunkt für das Hoch- oder Niedrigwasser herum
- Am besten ist es, 15 bis 30 Minuten vor dem Gezeitenstillstand den Tauchgang zu beginnen, um noch bei nahezu Stillstand austauchen zu können (Gezeitentabelle beachten)
- Außerhalb der Stillstandszeiten kann die Strömung so stark sein, dass sich kein Taucher mehr in ihr halten kann
- Niemals bei ablandiger Strömung tauchen!
- Gegen die Oberflächenströmung abtauchen
- Tauchen mit der Strömung parallel zum Ufer ist möglich; dann jedoch eine geeignete Ausstiegsmöglichkeit feststellen und einen Fußmarsch einkalkulieren
- Strömungsschatten ausnutzen
- Erhöhten Luftverbrauch einkalkulieren
- Mitführen einer Signalboje bei jedem Mittaucher
- Rückkehr zum Ausgangsort planen oder alternativen Ausstiegsort festlegen

Beim Tauchen in Ufernähe kann je nach Uferbeschaffenheit, Wind und Wellengang eine **Brandung** herrschen. Falls im Bereich einer Brandung aufgetaucht wird, besteht eine sehr große Verletzungsgefahr an Felsen und Riffkanten, aber auch durch die Kraft der Welle (z. B. Wasserwirbel, Gewichtskraft der Wassermasse etc.). Von einem Boot kann eine Gruppe im Brandungsbereich nicht aufgenommen werden. Bei ungeübten Tauchern besteht Panikgefahr, und generell können Ausrüstungsteile wie z. B. die Maske leicht verloren gehen. Für die einzelnen Taucher können Probleme wie Seekrankheit, Erschöpfung bis zum Ertrinken entstehen. Daher muss ein Auftauchen in der Brandung prinzipiell vermieden werden, denn mit der Ausrüstung ist es fast unmöglich, sich in der Brandung aufzurichten oder an Land zu gelangen.
Das Tauchen bei Strömung von einem nicht geankerten Boot wird als **Drifttauchgang** bezeichnet. Dabei taucht man mit der Strömung in der Regel parallel zu einem Riff. Das Boot folgt den Luftblasen und nimmt alle Tauchgruppen nach einer festgelegten Zeit an einem festgelegten Ort wieder auf. Diese Art des Tauchens ist nicht risikolos, weil das Wiederfinden der Tauchgruppe durch das Boot voraussetzt, dass die Position der Tauchgruppe z. B. durch ihre Luftblasen vom Boot aus verfolgt werden kann. Je nach Wellengang und Wasseroberfläche ist dies nicht immer gut möglich. Wenn mehrere Gruppen gleichzeitig auftauchen, muss der Bootsführer entweder warten, bis alle Gruppen aufgetaucht sind, um nicht andere noch tauchende Gruppen zu gefährden, oder es müssen einzelne Gruppen

allein gelassen werden, um eine andere Gruppe aufzunehmen. Dabei kann es auch passieren, dass eine Gruppe unbemerkt von der Bootsbesatzung abtreibt. Daher ist auch bei solchen Tauchgängen eine Signalboje unverzichtbar. Beim Auftauchen muss jede Gruppe auf Boote und auf Schraubengeräusche achten.

4.10 Tauchen bei Nacht

Das Tauchen bei Nacht ermöglicht faszinierende Unterwassereindrücke, die uns tagsüber verborgen bleiben. Nachts kommt die Schönheit der Unterwasserwelt besonderes deutlich zum Ausdruck, und manche Fische werden erst nach Einbruch der Dunkelheit aktiv. Im Schein der Unterwasserlampe sieht die Farbenpracht der Korallen noch schöner aus.
Wenn du bereits Taucherfahrung bei zahlreichen Tauchgängen gesammelt hast, wird es für dich sicherlich auch interessant sein, als Nachttauchneuling gemeinsam mit erfahrenen Nachttauchern einen solchen Tauchgang zu unternehmen.

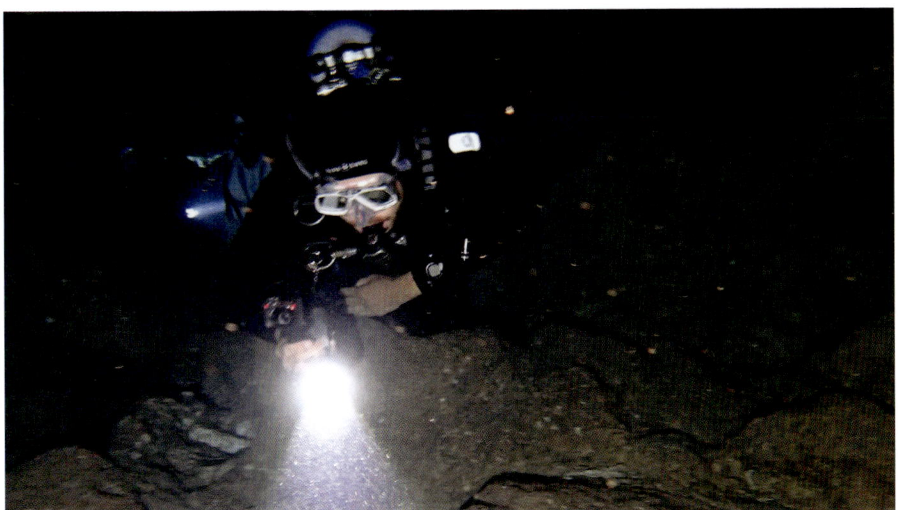

Beim Nachttauchen benötigt man eine gute Lampe.

Schon bei der **Planung** eines Nachttauchgangs sind zusätzliche Sicherheitsregeln zu beachten.

- Wähle ein bekanntes Tauchgebiet, das bereits tagsüber betaucht wurde und strömungsfrei ist.

- Nachts werden keine Deko-, Wrack-, Eis- oder Strömungstauchgänge unternommen.
- Tauchzeit und Tauchtiefe werden begrenzt.
- Das Wetter soll ruhig sein.
- Ideal ist ein Nachttauchgang bei Vollmond, da dieser für Helligkeit sorgt und gleichzeitig ein Orientierungspunkt ist.
- Die Ein- und Ausstiegsstelle wird mit Licht gekennzeichnet (beim Tauchen vom Boot wird eine helle Unterwasserlampe am Einstieg unter Wasser und ggf. auch ein Blitzer an der Ankerleine oberhalb des Ankers befestigt; beim Tauchen von Land sicherstellen, dass die Lichtquelle nicht entfernt wird oder erlischt).
- Beim Tauchen vom Boot bleibt mindestens eine Aufsichtsperson an Bord. Das Boot setzt die Beleuchtung für ein manövrierunfähiges Fahrzeug, ggf. wird zusätzlich die Decksbeleuchtung eingeschaltet.
- Gefahrlosen Ein- und Ausstieg wählen, beim Tauchen von Land keine Brandung, Felsen etc.
- Höchstens zwei bis drei Taucher je Gruppe.
- Keine Tauchanfänger beim Nachttauchgang.
- Maximal ein Taucher in der Gruppe darf keine Nachttaucherfahrung haben.

Für die Planung der Leuchtdauer der Lampen gilt wie für die Planung des Luftvorrates die **Drittelregel**: ein Drittel der Kapazität für den Hinweg, ein Drittel für den Rückweg und ein Drittel als Reserve. Dies geht über die sonst bei normalen Tauchgängen übliche Reserve hinaus und soll den etwas schwierigeren Rahmenbedingungen Rechnung tragen. Daraus ergibt sich auch, nach welcher Zeit und bei welchem Druck – je nachdem, was eher kommt – der Rückweg anzutreten ist.
Bei der **Tauchgangsvorbesprechung** sind zusätzlich zum üblichen Briefing besondere Punkte anzusprechen:
Zur Person:

- Nachttaucherfahrung vorhanden? Maximal ein Taucher ohne Nachttaucherfahrung!
- Klaustrophobische Taucher?

Zum Gewässer:

- Tauchplatz sollte allen bekannt sein, trotzdem auf Orientierungsmöglichkeiten hinweisen
- Einstieg und geplante Ausstiegstelle bzw. Ersatzausstieg im Hellen begutachten, für ständige Beleuchtung sorgen, evtl. mit Beaufsichtigung.

Zum Tauchgang:

- Zeit- und Tiefenbegrenzung strenger als bei Tagtauchgängen an gleicher Stelle!
Länge höchstens nach Drittelregel Luft und Licht.

- Hinweis, dass keine Extremtauchgänge oder Schwierigkeitskombinationen erfolgen dürfen (Strömung, Grotten, Wracks, Deko).
- Hinweise (besonders beim Tauchen vom Boot), dass keine allzu großen Tauchstrecken zurücklegt werden, damit das Boot oder der beleuchtete Ausstieg auch bei einem vorzeitigen Auftauchen noch gesehen werden können.
- Umgang mit den Lampen besprechen: Lichtsignale und Notfallsignale, Handhabung der Lampen, um Tauchpartner und Tiere nicht zu blenden, Überwassersignale sind Notfallsignale, daher nicht mit der Lampe über der Wasseroberfläche leuchten!
- Formation: enger als bei Tag, strenger auf Positionen achten, kein Taucher darf zurückfallen oder sich weiter entfernen, da er im Fall eines Lampenausfalls nicht mehr sichtbar ist.
- Erschwerte Rettungskette und Maßnahmen ansprechen.
- Hinweis auf Bootsbeleuchtung, Unterwasserblitzer oder Beleuchtung am Ufer.

Zur Ausrüstung:

- Entsprechende Ausrüstung für einen Nachttauchgang vorhanden? Die Ausrüstung muss bekannt und vertraut im Umgang sein.
- Bedienungselemente der Ausrüstung blind bedienbar?
- Jeder Taucher hat eine eigene, voll geladene Lampe mit ausreichender Leuchtdauer für den geplanten Tauchgang (Drittelregel)?
- Leuchtdauer der Lampen abfragen.
- Die Gruppe hat eine zusätzliche Ersatzlampe dabei.
- Für jeden Taucher sind ein Blitzer oder eine Notlampe sinnvoll.
- Leuchtstäbe sollten wegen ihrer Umweltschädlichkeit vermieden werden.
- Instrumente mit Beleuchtung oder nachleuchtendem Hintergrund.

4.11 Tauchen an einer Steilwand

Sehr reizvoll ist auch das Tauchen an einer Steilwand entlang, sei es beispielsweise in einem heimischen Steinbruch oder im Meer an einem schönen Riff. Es ist nicht nur faszinierend, wenn es unter dem Taucher weit in die Tiefe geht – gerade die Steilwand oder das Riff bergen interessante Eindrücke. Wenn du am Riff entlang in die Nischen leuchtest, kannst du oftmals Lebewesen entdecken, die dir aus der Ferne verborgen bleiben.
Das Entlangschweben an der Steilwand im hydrostatischen Gleichgewicht bedingt aber auch, dass jeder Mittaucher das Tarieren gut beherrscht und kein Taucher

überbleit ist. Die Gruppe sollte möglichst klein gehalten werden, damit jeder auch die Möglichkeit hat, die Steilwand aus der Nähe zu betrachten, und damit der Gruppenführer seine Mittaucher jederzeit im Blick hat. Die Gruppe bleibt ständig nah zusammen, damit jeder Mittaucher schnell erreicht werden kann.
Jeder Taucher sollte den Kompasskurs Richtung Steilwand genommen haben, um gegebenenfalls bei schlechter Sicht wieder die Wand als Bezugspunkt zu erreichen. Ansonsten wird bei zu schlechter Sicht der Tauchgang abgebrochen. Auch bei undiszipliniertem Verhalten eines Tauchers wird der Tauchgang abgebrochen, um kein Risiko, wie z. B. Absacken, einzugehen. Die abgesprochene Maximaltiefe ist von jedem einzuhalten.
Beim Tauchen im Binnensee hat jeder Taucher eine Lampe dabei und schaltet diese auch an der Steilwand ein, nicht nur um selbst besser zu sehen, sondern vor allem um besser gesehen zu werden. Bei Ausfall einer Lampe wird aus Sicherheitsgründen der Tauchgang an der Steilwand beendet.
Bei einem Tauchgang an einem Riff mit steil abfallender Wand (auch Drop-Off genannt) wird schon beim Sprung ins Wasser auf eine gute Tarierung mit der richtigen Bleimenge geachtet. Es wird nicht ins Freie abgetaucht, sondern an der Riffkante als Bezugspunkt begonnen und immer mit Sichtkontakt zur Riffwand getaucht.

4.12 Orientierung nach natürlichen Gegebenheiten und mit Kompass

Die Möglichkeiten der Orientierung unter Wasser erlernst du beim Aufbaukurs »Orientierung beim Tauchen«. Hier wird dir vermittelt, welche natürlichen und technischen Hilfsmittel du dir beim Tauchen zunutze machen kannst und wie die praktische Handhabung ist.
Das Ziel der meisten Tauchgänge ist es, am Ausgangspunkt (Anker, Ufer) wieder aufzutauchen. Um dies zu erreichen, bedarf es einer guten Orientierung.
Nur wenn du weißt, wo du bist, kannst du sein, wo du willst!
Orientierung unter Wasser ist vor allem zur Wahrung der Sicherheit beim Tauchgang unverzichtbar. Wenn es nicht möglich ist, den Ausgangspunkt mit ausreichend Luft wieder zu erreichen, hat man vielleicht zunächst zu lange unter Wasser nach dem richtigen Weg gesucht und muss nun im freien Wasser auftauchen. In strömenden Gewässern wird man dabei zusätzlich noch abgetrieben. Taucht die Gruppe nicht am Ausgangspunkt auf, muss sie je nach Entfernung lange Strecken zurückschnorcheln, was je nach Kondition der Mittaucher Folgeprobleme haben kann. Je nach Strömung ist eine gute Geschwindigkeit beim Schnorcheln erfor-

derlich. Auch beim Schnorcheln muss die Gruppe gut zusammenbleiben, damit niemand allein zurückbleibt. Ist beim Tauchen im Meer die Entfernung zum Boot zu groß oder die Strömung zu stark, muss die Gruppe mit dem Boot eingeholt werden. Das kann zu gefährlichen Bootsmanövern führen, da das Boot dann die anderen noch tauchenden Gruppen verlassen muss. Durch eine gute Orientierung können diese Risiken vermieden werden.
Schon vor dem Tauchgang machst du dir daher ein gutes Bild von der zu erwartenden Unterwasserlandschaft. Hierzu kannst du Karten zu Hilfe nehmen und Informationen von Ortskundigen einholen. Auch die Überwasserstrukturen wie Steilwände, Böschungen und Uferbeschaffenheit lassen Rückschlüsse auf die Fortsetzung der Topografie unter Wasser zu.

Viele **natürliche Orientierungshilfsmittel** kannst du dabei nutzen:

- Stand der Sonne oder des Mondes als natürliche Richtungsangabe
- UW-Landschaftsformationen wie Tiefenlinien, Bodenbelag, Vegetation, Riffe und Wände
- Markante Gegenstände, Objekte und Felsen
- Wellenförmige Sandriffelungen (Verlauf in der Regel parallel zum Ufer)
- Strömungsrichtung, auch zu erkennen an der Neigung der Pflanzen, Ausrichtung der Fische oder Abdriften der Luftblasen
- Verlauf der Wellen
- Brandung (Wellenkämme)
- Geräusche (Boot, Brandung, ...)
- Bewuchs
- Ortstreue Tiere

Drehe dich während des Tauchgangs regelmäßig um und präge dir die Umgebung für den Rückweg ein!
Bei geringen Sichtweiten, schwierigen Sichtverhältnissen, aufgewirbeltem Sediment oder eintöniger Unterwasserlandschaft ist es schwieriger, sich an natürlichen Gegebenheiten zu orientieren. Die Sonne ist bei schlechter Sicht oder bei Bewölkung nicht erkennbar. Manche der genannten Orientierungshilfen sind in Binnenseen nicht vorhanden.
Dann ist es notwendig, weitere technische Hilfsmittel zur Orientierung hinzuzuziehen. Durch die Kombination verschiedener Orientierungshilfen ist eine Ermittlung der Position wieder möglich.
Als technische Orientierungshilfen stehen uns beim Tauchen die Uhr, der Tiefenmesser bzw. der Tauchcomputer sowie der Kompass zur Verfügung. Zusätzlich kann vom Schiff mithilfe von Echolot, Radar und GPS eine Bestimmung der Position und Tiefe vorgenommen werden.

Beim Tauchen ist die Feststellung der **Tiefe** mithilfe des Tiefenmessers oder Tauchcomputers für uns auch für die Orientierung wesentlich, weil wir anhand von Tiefenlinien an schrägen Abhängen bestimmten Kursen folgen und diese auch für den Rückweg nutzen können. Auch können wir den Anker als Anfangs- und Endpunkt nur wiederfinden, wenn wir vorher seine Tiefe festgestellt haben und beim Rückweg auch diese Tiefe wieder aufsuchen.
Die beim Tauchen verbrachte **Zeit** dient uns ebenfalls zur Orientierung. Benötigst du für das Tauchen zu einem Ziel eine bestimmte Zeit, so erreichst du nach dieser Zeit auch auf dem Rückweg wieder deinen Ausgangsort, wenn du mit der gleichen Geschwindigkeit getaucht bist. Anderenfalls, auch bei vorhandener Strömung, sind diese Zeiten zu korrigieren.
Der **Kompass** schließlich dient uns zur Bestimmung einer Richtung, insbesondere wenn uns andere Hilfsmittel wie Sonne, Mond oder Strömung nicht zur Verfügung stehen. Der Kompass macht sich den Erdmagnetismus zunutze, indem sich die beweglich gelagerte Kompassnadel oder Kompassrose zum Norden hin ausrichtet.

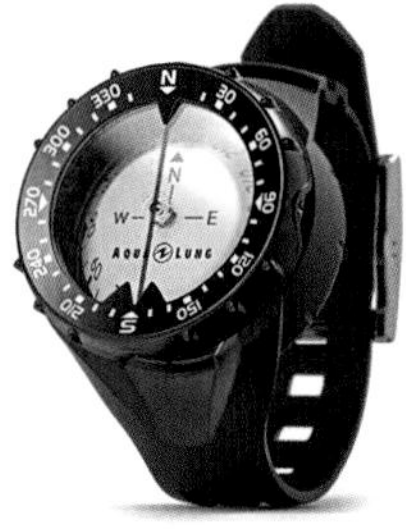

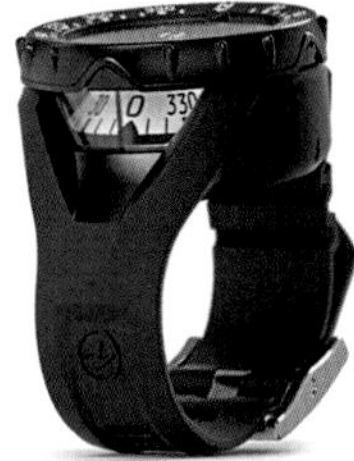

Kompass

Um mit dem Kompass in eine bestimmte Richtung zu tauchen, ist es erforderlich, dass die Kompassachse möglichst genau in Verlängerung der Körperlängsachse gehalten wird, damit die tatsächlich getauchte Richtung auch mit der Kompassrichtung übereinstimmt. Je geringer der Abstand der Augen zum Kompass ist, desto größer ist die Richtungsabweichung (Querversatz) bei einer abweichenden Kompasshaltung. Dies kann je nach Art der Kompassanbringung unterschiedlich gut funktionieren. Ist der Kompass auf dem Arm montiert, so ist es schon recht schwierig, diesen genau in Körperlängsachse zu halten, da der Arm meist etwas schräg gehalten wird. Ist der Kompass mit dem Unterwasser-Manometer in einer Konsole montiert, so ist schon durch den Manometerschlauch eine Schräghaltung wahrscheinlich. Zwar kann auch eine Haltung in Körperlängsachse erreicht werden, aber auf Dauer ist ein zwischenzeitliches Schräghalten kaum zu vermeiden.

Ideal ist es daher, den Kompass möglichst weit vom Auge weg in Verlängerung der Körperlängsachse zu halten, damit eine genauere Peilung erfolgen kann. Eine gute Möglichkeit dazu ist die Befestigung des Kompasses mit einer Leine zum Beispiel am Jacket, um ihn mit gestreckten Armen genau in Tauchrichtung und Längsachse zu halten. Hierzu gibt es mit Federspannung versehene Ausziehvorrichtungen (sogenannte Retraktoren, das heißt Zurückzieher), aus denen der Kompass herausgezogen werden kann. Beim Loslassen zieht er sich wieder zurück.

Wenn der Kompass mit der Hand weit nach vorn gehalten wird, ist ein recht genaues Anpeilen und Kurshalten möglich. Mit dem Einstellring kannst du den angestrebten Kurs fixieren, sodass beim Tauchen entweder durch das Peilfenster die gewünschte Gradzahl eingehalten wird oder beim Blick von oben auf die Kompassrose der Nord-Pfeil mit der Markierung des Einstellrings zur Deckung gebracht wird.

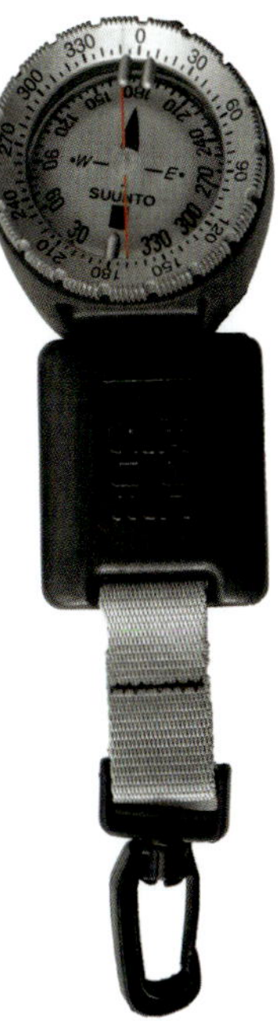

Kompass an einem Retraktor mit ausziehbarer Leine

Der Kompass ist in 360 Grad eingeteilt,

- bei 0 Grad befindet sich der Norden,
- bei 90 Grad der Osten,
- bei 180 Grad der Süden,
- bei 270 Grad der Westen.

Im Aufbaukurs »Orientierung beim Tauchen« erlernst du die Handhabung des Kompasses für bestimmte Kurse, wie zum Beispiel ein Dreieck, ein Rechteck oder ein einfacher Hin- und Zurückkurs.

Wird eine Kompassstrecke im freien Wasser getaucht, ist eine gewisse Mindestgeschwindigkeit erforderlich, um die Abweichung der Tauchrichtung vom geplanten Kurs zu minimieren. Ein versehentliches Verkanten wird vermieden und die vereinbarte Tiefe kann besser gehalten werden. Du solltest in gestreckter Lage tauchen und die Mittaucher seitlich aufschließen lassen, um sie im Blick zu haben und nicht durch Umschauen die Tauchrichtung zu verändern. So können die Mittaucher von der Seite den Kompass beleuchten, und die Gruppe bleibt zusammen.

Allerdings kann auch die Kompassnutzung zu fehlerhaften Kursen führen, wenn der Kompass durch die Lampe, magnetische Einflüsse oder durch Metallteile, beispielsweise an Wracks, abgelenkt wird. Auch durch einfaches Verkanten bei der Kompasshaltung kann die Anzeige verfälscht werden.

Daher gilt auch hier, dass eine Kombination der zur Verfügung stehenden natürlichen und technischen Hilfsmittel zielführend ist. Während beim Tauchen in Metall-

nähe die natürliche Orientierung hilft, kann im freien Wasser, bei Sichtverschlechterung, Strömungsänderung und fehlenden markanten Punkten der Kompass zur Orientierung beitragen.
Du solltest jedoch beim Tauchen nicht überwiegend auf den Kompass schauen und dabei den Blick für die Umgebung und die Mittaucher verlieren. Die Orientierung und das Einhalten des Kurses sollte wie selbstverständlich nebenbei erfolgen. Die Hauptsache bleibt die sichere Führung mit Zusammenhalt der Gruppe, Einhalten der Tauchtiefe und des geplanten Tauchprofils sowie Berücksichtigung von Luftverbrauch und Dekompression. Versuche ständig eine gute Gesamtorientierung und Kenntnis deiner aktuellen Position zu behalten, dann kannst du die Gruppe wieder gefahrlos zum Ausgangspunkt zurückführen.
Falls doch einmal die Orientierung verlorengeht und der Ausgangspunkt nicht wiedergefunden wird, sollte nicht zu viel Zeit mit Suchen unter Wasser verbracht werden, da vermehrt Stickstoff aufgenommen und Luft verbraucht wird. Um dann den Tauchgang sicher zu beenden, ist ein freier Aufstieg an die Wasseroberfläche erforderlich. In Gewässern mit Strömung ist auch bei einem solchen Aufstieg ein Antauchen gegen die Strömung erforderlich, um nicht zu weit hinter dem Boot aufzutauchen. Du musst bei diesem Tauchgang bereits vorab die Strömungsrichtung feststellen und dann im freien Wasser gegen diese Richtung zu tauchen.
Wurde das Ziel verfehlt, kann an der Oberfläche (nach Check der Restluft aller Gruppenmitglieder) das Ziel erneut mit dem Kompass angepeilt und dann im freien Wasser in etwa 5 Meter Tiefe angetaucht werden. Dies ist oft weniger anstrengend als ein Zurückschnorcheln. Dabei sollte im Fall von Strömung ein Punkt vor dem Bug des Schiffes angepeilt werden, um nicht hinter dem Boot aufzutauchen. Auch hierbei muss neben der Tiefe eine Mindestgeschwindigkeit eingehalten werden. Die Mittaucher werden dabei seitlich im Blickfeld gehalten.

4.13 Verhalten bei Komplikationen

Durch sorgfältige Vorbereitung und vorausschauendes Tauchen wollen wir Komplikationen beim Tauchen weitestgehend vermeiden. Aber auch bei Beachtung aller Sicherheitsvorkehrungen kann es zu Problemsituationen beim Tauchen kommen. Im Spezialkurs »Problemlösungen beim Tauchen« werden mögliche Probleme simuliert und deren Bewältigung eingeübt. Durch vorheriges Besprechen, Erlernen und Üben kann erreicht werden, dass jeder Taucher in der jeweiligen Situation richtig reagiert.

Druckausgleichsschwierigkeiten

Es kann auch erfahrenen Tauchern passieren, dass sie beim Abtauchen keinen Druckausgleich im Mittelohr herstellen können.

Reaktion:

- Senkrechte Lage einnehmen und Kopf überstrecken, um die Ohrtube zu strecken
- In geringere Tiefe tauchen und den Druckausgleich erneut probieren
- Salzwasser durch die Nase einzuziehen wirkt abschwellend
- Keinesfalls Druckausgleich mit Gewalt erzwingen
- Wenn der Druckausgleich nicht gelingt, auftauchen und ggf. abbrechen

Vermeidung:

- Schon an der Wasseroberfläche Druckausgleich probieren
- Bei Erkältung nicht tauchen
- Druckausgleich schon nach einem Meter probieren, dann in kurzen Abständen

Verlust des Tauchpartners unter Wasser

Das Verlieren eines Tauchpartners unter Wasser sollte eigentlich nicht passieren. Es gilt nicht nur die Grundregel, dass wir nicht allein tauchen, sondern es gilt auch jeder zweite Blick dem Tauchpartner. Dennoch kann es auch bei geübten Tauchern vorkommen, dass insbesondere aufgrund schlechter Sicht ein Tauchpartner aus dem Blickfeld verloren wird.

Reaktion:

- Bei Verlust eines Tauchpartners keine langen Suchaktionen unter Wasser beginnen, sondern kurz umschauen, nur wenige Meter zurücktauchen
- Anschließend sofort austauchen, d. h. unter Einhaltung aller Austauchregeln
- Da auch der verlorene Tauchpartner so austaucht, treffen sich die Gruppenmitglieder wieder an der Wasseroberfläche.

Vermeidung:

- Regelmäßiger Blickkontakt und Kommunikation zum Tauchpartner
- Der Sichtweite angepasst nah beieinander tauchen
- Bei schlechter Sicht Körperkontakt, z. B. an der Hand fassen
- Schon beim Abtauchen ggf. Handkontakt
- Lampen einschalten
- Bei zu schlechter Sicht auf den Tauchgang verzichten

Auftreiben eines Tauchers, der sein Auslassventil nicht findet

Bei weniger erfahrenen Tauchern kann es durchaus vorkommen, dass sie auftreiben, weil es ihnen nicht gelingt, die Luft aus dem Jacket zu bekommen.

Reaktion:

- Zuerst den Tauchpartner festhalten und selbst ausatmen
- Dem Tauchpartner das Zeichen für Ausatmen geben
- Ggf. mit dem fixierten Tauchpartner einige Meter tiefer tauchen, das führt zu einem geringeren Luft- und Anzugsvolumen und so zu weniger Auftrieb
- Jacket des Partners am Auslassventil entlüften, vorher in die senkrechte Lage drehen; ebenso ggf. eigenes Jacket entlüften

Vermeidung:

- Ausreichendes Üben und Vertrautmachen mit der Ausrüstung, insbesondere mit den Ein- und Auslassventilen des Jackets
- Keine wechselnde Ausrüstung, sondern möglichst immer gleiches Jacket verwenden
- Tarierung erst über die Atmung, dann über das Jacket
- Bei Kopftieflage den Luftablass am unteren Jacketende bedienen

Atemregler bläst ab

Manche Atemregler blasen schon bei geringen Druckunterschieden ab, beispielsweise wenn der Atemregler mit der Einatemöffnung nach oben aus dem Mund genommen wird. Dies lässt sich durch einfaches Umdrehen des Atemreglers und ggf. Zuhalten des Mundstücks wieder beheben.
Anders verhält es sich bei einem Abblasen des Atemreglers aufgrund von Vereisung.

Reaktion:

- Absperren des Ventils mit dem abblasenden Atemregler (das Absperren des Ventils sollte durch den betroffenen Taucher selbst erfolgen, kann aber auch mithilfe des Partners vorgenommen werden). Selbst den eigenen Zweitatemregler benutzen.

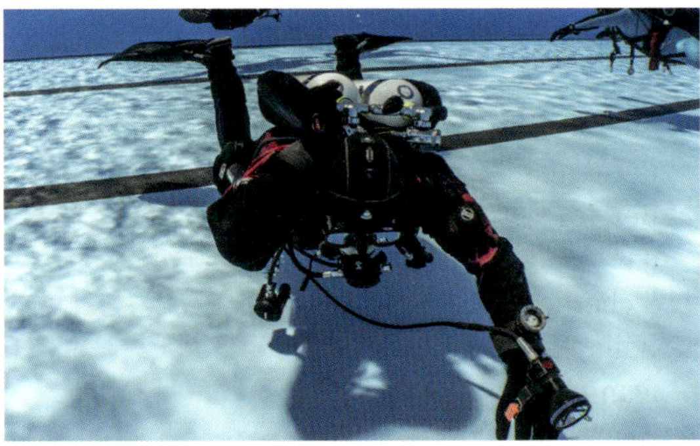

Ventil schließen

- Dem Partner den eigenen Hauptatemregler geben. Alternativ kann er seinen eigenen Zweitatemregler benutzen.
- Der nicht mehr benutzte Atemregler wird am Jacket fixiert.
- Nach einigen Minuten kann das Ventil wieder geöffnet werden, um zu testen, ob der Atemregler wieder einsatzfähig ist

Vermeidung:
- Nur kaltwassertaugliche Atemregler benutzen!
- Nicht gleichzeitig atmen und Inflator benutzen!
- Inflator bei zwei ersten Stufen nicht an der ersten Stufe des Hauptatemreglers montieren
- Hohe Strömungsgeschwindigkeiten vermeiden
- Bei Minustemperaturen erst unter Wasser aus dem Atemregler atmen
- Im Kaltwasser immer Verwendung von zwei separaten Atemreglern an getrennt absperrbaren Ventilen

Starker Seegang

Bei starkem Seegang findet grundsätzlich keine Tauchausfahrt statt. Gleichwohl kann es jedoch bei einer bereits begonnenen Tauchausfahrt zu einer Wetteränderung kommen, die mit hohem Seegang verbunden ist. Dieser kann in manchen Fällen Seekrankheit hervorrufen. Es bestehen aber auch Risiken hinsichtlich der Sicherheit der an Bord befindlichen Personen und der Ausrüstung.

Reaktion:
- Kein Umherlaufen an Bord, sondern möglichst an einem Platz sitzen bleiben
- Alle Personen sitzen so, dass sie nicht über Bord fallen können, keinesfalls auf der Bordwand.
- Seekranken Personen wird geholfen, Aufenthalt möglichst mittschiffs mit Blick zum Horizont.
- Alle Gegenstände an Bord werden gut befestigt und gegen Verrutschen gesichert.
- Bei Bedarf zieht jeder Taucher einen Auftriebskörper an, z. B. das Jacket.
- Bei starkem Seegang wird nicht getaucht; falls bei noch vertretbarem Wellengang getaucht wird, so werden die Geräte nur im Sitzen und zu zweit angezogen.
- Sicherheitsstopp und Austauchpausen können schwerer eingehalten werden.
- Beim Tauchen mit Wellengang Signalboje setzen und Lampensignal geben, da man an der Oberfläche sonst nicht gesehen wird.
- Beim Warten auf das Boot Schnorchel oder Atemregler (nach Prüfung des Restdrucks) im Mund lassen, Gruppe bleibt zusammen.

- Besondere Vorsicht ist beim Anbordgehen über die Leiter geboten, da diese bei Wellengang schlägt und nur in Wellenpausen betreten werden kann.
- Bei Tauchgängen vom Ufer, im Flachwasser oder in Ufernähe von der Brandung fernhalten
- Ausreichend Reserveluft an der Oberfläche einplanen

Vermeidung:
- Keine Tauchausfahrt bei starkem Seegang
- Kein Tauchgang von Land bei Brandung

4.14 Tarierung, Atemtechnik und Feststellen der richtigen Bleimenge

Um unter Wasser entspannt schwebend, in guter Lage und mit effektiver Fortbewegung zu tauchen, bedarf es einer guten Tarierung, die vor allem auf einer richtigen Atemtechnik und der richtigen Bleimenge basiert.
Die Atemtechnik ist dabei wesentlich. Über Wasser atmen wir unbewusst und zwar so, dass wir einatmen, anschließend ausatmen und dann, gesteuert durch den Einatemreiz, wieder einatmen. Die Ausatemphase ist dabei deutlich länger als die Einatemphase. Diese Art der Atmung heißt ausatemorientierte Atmung und wird genauso unter Wasser fortgesetzt.

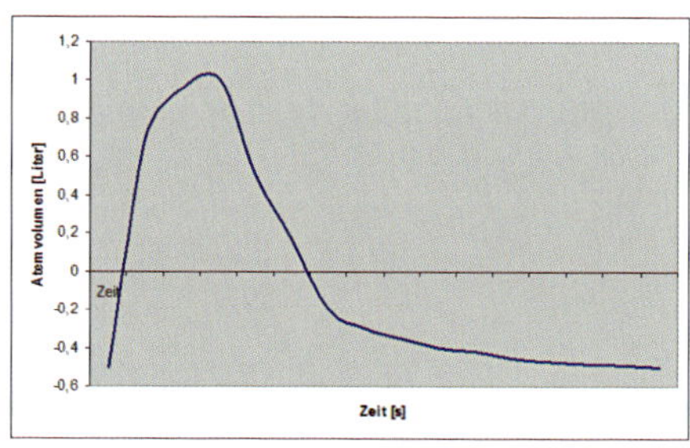

Ausatemorientierte Atmung

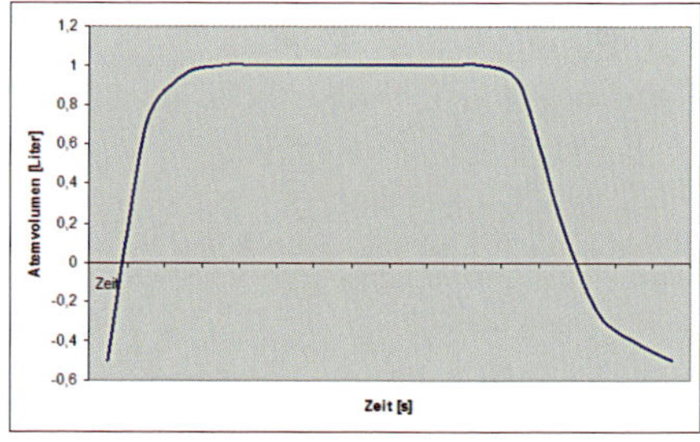

Einatemorientierte Atmung

Eine einatemorientierte Atmung hingegen, bei der die Luft nach der Einatmung angehalten wird, führt zu dem Problem, dass man durch die einbehaltene Luft einen zusätzlichen Auftrieb erhält, der mit Kraft oder zu viel Blei ausgeglichen werden muss. Dies führt einerseits zu einer unnatürlichen, erzwungenen Atmung, die ein angespanntes Befinden und einen früheren Atemreiz hervorruft. Andererseits führt die Luft im Oberkörper, verbunden mit Blei an der Hüfte, zu einer schrägen Körperhaltung, die nicht nur aufgrund des größeren Wasserwiderstandes uneffektiv und anstrengend ist, sondern auch eine gute Übertragung der Kraft aus der Flossenbewegung in die Körperlängsachse und damit in eine Vorwärtsbewegung behindert. Das kostet Kraft und führt zu einer höheren Atemfrequenz, die ein Essoufflement begünstigt.

Das Anhalten des Atems führt zu erhöhtem Druck auf die Dehnungsrezeptoren der Lunge, erhöhtem Blutdruck und zu einer verminderten Abgabe von Kohlendioxid. Dies zusammen verschiebt die Atemreizschwelle, kann Kopfschmerzen bewirken und begünstigt so ebenfalls die Entstehung eines Essoufflements.

Atme daher unter Wasser ausatemorientiert weiter, wie du es über Wasser gewohnt bist, denn es entspannt die Lunge und sorgt für mehr Wohlbefinden und Sicherheit unter Wasser. Das Kohlendioxid wird besser abgeatmet, es ist weniger Blei erforderlich, die Lage im Wasser wird strömungsgünstiger und insgesamt wird das Risiko eines Essoufflements reduziert.

Zum Feststellen der richtigen Bleimenge nimmst du deinen Atemregler in den Mund und leerst dein Jacket. Auf das Zeichen zum Ausatmen hin bleibst du ausgeatmet, solange das Zeichen gegeben wird. Bei genügend Blei sinkst du im ausgeatmeten Zustand ab.

Anschließend atmest du dann auf das Zeichen zum Einatmen hin ein und bleibst im voll eingeatmeten Zustand, solange das Zeichen gegeben wird. Wenn du dann nach einer kurzen Einpendelphase mit dem Kopf so weit aus dem Wasser kommst, dass der Wasserspiegel knapp an deinen Mund heranreicht, hast du die richtige Menge Blei. Wenn du tiefer einsinkst, hast du zu viel Blei und es muss abgenommen werden.

Wenn du so deine Bleimenge bestimmst, hast du ausreichend Blei, um den Auftrieb beim Abtauchen zu überwinden. Außerdem kannst du mit noch weitgehend

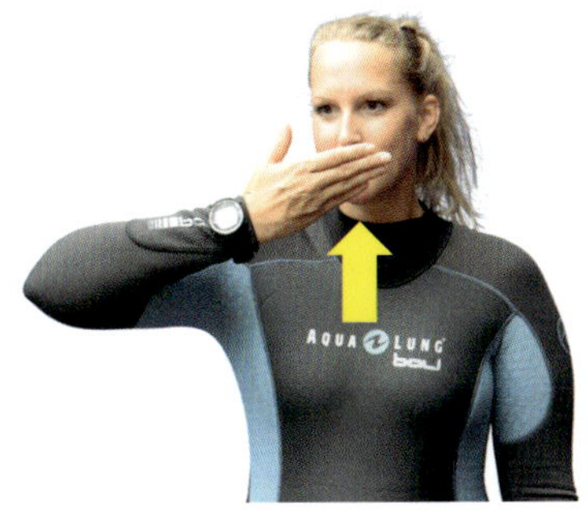

Einatmen

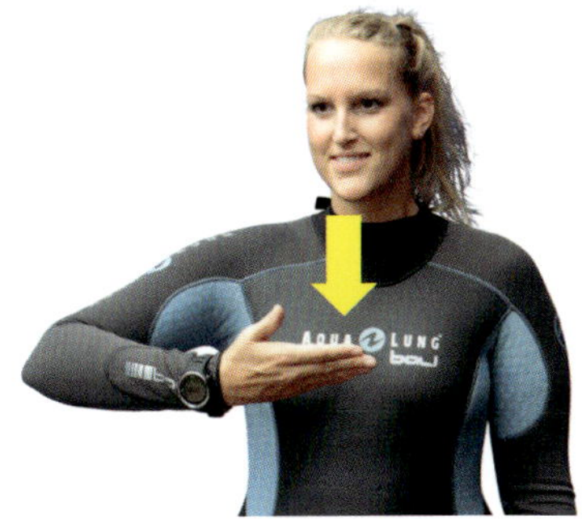

Ausatmen

leerem Gerät am Ende des Tauchgangs die dann fehlende Gewichtskraft der verbrauchten Luftmenge kompensieren. Nach dem Abtauchen wird mit zunehmender Tiefe der Anzug dünner, sodass der Auftrieb abnimmt und dies durch das Einlassen von Luft ins Jacket ausgeglichen wird. Aber auch dann wird weiter mithilfe der ausatemorientierten Atmung die Feinsteuerung vorgenommen.
Beim Tauchen solltest du aus Gründen der Sicherheit, des Befindens und des Umweltschutzes immer so tariert sein, dass du schwebst, dich also im hydrostatischen Gleichgewicht befindest. Nutze immer erst die Tariermöglichkeiten der Lunge, bevor du das Jacket be- oder entlüftest.
Auch beim Schnorcheln an der Wasseroberfläche mit DTG ist eine einatemorientierte Atmung von Nachteil, denn durch die dann erforderliche erhöhte Bleimenge muss das Jacket stärker befüllt werden, sodass der Wasserwiderstand erhöht wird. Da so auch keine gestreckte Lage eingenommen werden kann, wird unnötig Kraft aufgewendet, die nicht effektiv in eine Vorwärtsbewegung umgesetzt werden kann. Gleichzeitig erhöht sich der Atemwiderstand, weil die Lunge tiefer im Wasser liegt und gegen den erhöhten Druck angeatmet werden muss. Achte daher auch beim Schnorcheln darauf, das Jacket nur so weit wie nötig zu belüften, indem du auch hier nicht zu viel Blei mitführst.

4.15 Aufstieg in waagerechter Wasserlage im freien Wasser

Ein direkter Aufstieg an die Wasseroberfläche, erst recht ein Notaufstieg, kann durchaus unter Einsatz des Flossenschlages vorgenommen werden. Tatsächlich ist bei einem solchen Aufstieg jedoch die Tarierung entscheidend, also die Fähigkeit, sich praktisch ohne Krafteinsatz durch den richtigen Einsatz von Atmung und Tarierkörper mit kontrollierter Geschwindigkeit nach oben zu begeben. Um diese Tarierfertigkeit zu erlangen, wird der Aufstieg in waagerechter Wasserlage ohne Einsatz der Flossen geübt, denn dann gelingt ein Aufstieg auch kraftsparend und in einem jederzeit stabilen Zustand.
Ziel ist das kontrollierte Aufsteigen aus der Tiefe unter Einhaltung der zulässigen Aufstiegsgeschwindigkeit und unter Einhaltung von Austauchpausen bzw. eines Sicherheitsstopps.
Wichtig ist zunächst, aus einem hydrostatischen Gleichgewicht heraus zu starten. Zu Beginn der Übung in der Tiefe tarierst du dich dazu passend aus. Dann genügt bereits ein tiefes Einatmen, um den Aufstieg einzuleiten. Wichtig ist nämlich,

direkt zu Beginn in die Aufwärtsbewegung zu kommen. Anderenfalls verbringst du unnötige Zeit in der Tiefe, verbunden mit hohem Luftverbrauch und zunehmender Stickstoffaufnahme. Beginnt die Übung nicht im hydrostatischen Gleichgewicht, so gelangt man beim Ausatmen in eine Abwärtsbewegung und sackt weiter ab. Ein Aufstieg ohne Flossenschlag durch Wiedereinatmen ist dann kaum machbar. Daher ist der Start im tarierten Zustand erforderlich.

Beim Aufstieg kontrollierst du deine Aufstiegsgeschwindigkeit durch eine immer flacher werdende Atmung. Erst wenn du die Möglichkeiten der Lunge ausgeschöpft hast, lässt du im ausgeatmeten Zustand etwas Luft kontrolliert aus deinem Jacket. Falls du dabei etwas zu viel Luft abgelassen hast, kannst du das sofort durch Einatmen wieder ausgleichen und verhinderst so ein ungewolltes Absinken. Das wichtigste Prinzip lautet:

Erst die Lunge, dann das Jacket!

Damit ist es dir jederzeit möglich, deinen Tarierzustand durch die Atmung zu kontrollieren.

Sinkst du doch einmal durch zu viel Luftablassen ab und hast vorher nicht ausgeatmet, so kann das weitere Absinken nur durch ein Nachtarieren gestoppt werden. Dann sinkt man meist immer schneller ab, sodass die Aufstiegsübung abgebrochen werden muss.

Ein zu schneller Aufstieg hingegen kann durch sofortiges Ausatmen gebremst werden, bevor zusätzlich Luft aus dem Jacket abgelassen wird.

Zur Kontrolle der Aufstiegsgeschwindigkeit achte nicht ständig auf deinen Tauchcomputer oder Tiefenmesser, sondern orientiere dich an deiner Umgebung, an feinsten Schwebeteilchen und an den kleinen Luftblasen. Daran kannst du eher eine Auf- oder Abwärtsbewegung erkennen als an deiner Tiefenanzeige.

Um in einer bestimmten Tiefe zu stoppen, näherst du dich dieser Tiefe besonders langsam. Wenn diese Tiefe dann im tarierten Zustand erreicht wird, ist es problemlos möglich, durch Ein- und Ausatmung diese Tiefe stabil einzuhalten.

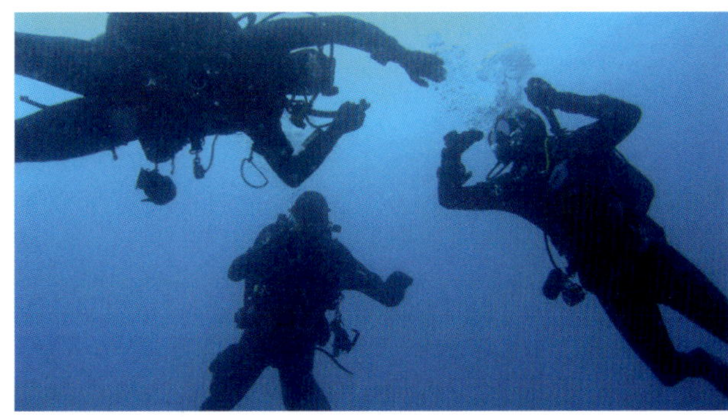

Aufstieg in waagerechter Wasserlage

4.16 Aufstieg unter Wechselatmung

Auch der Aufstieg unter Wechselatmung ist in erster Linie eine Tarierübung. Wir üben die Wechselatmung, um bei Bedarf auch zu zweit aus einem Atemregler atmen zu können. Natürlich ist es deutlich einfacher und daher auch die erste Reaktion, bei Luftbedarf den eigenen Zweitatemregler oder den Hauptatemregler des Partners zu benutzen. Aber auch hier ist es durch Verkettung von Umständen schon dazu gekommen, dass schließlich nur noch ein Atemregler zur Verfügung stand. Dann ist es wichtig, zusätzlich die Wechselatmungstechnik zu beherrschen. Neben der Technik, wechselweise aus einem Atemregler zu atmen, gehört dazu der kontrollierte Aufstieg, um wieder sicher an die Wasseroberfläche zu gelangen. Schon die gute Tauchgangsvorbesprechung mit genauer Kenntnis der Bedienung der Ein- und Auslassventile des Jackets des Partners ist eine Voraussetzung, um später einen erfolgreichen Wechselatmungsaufstieg durchzuführen. Zum Üben der Wechselatmung simulierst du mit deinem Partner die Vorgehensweise vorher an Land, indem ihr euch gegenüber positioniert, euch fixiert und die Haltung des Atemreglers mit wechselweiser Atmung probt.
Die Übung beginnt im austarierten Zustand und wird nach Herausnahme des eigenen Atemreglers durch das Zeichen »Ich habe keine Luft mehr« eingeleitet.
Daraufhin reicht dir dein Tauchpartner seinen Atemregler, aus dem er vorher noch eingeatmet hat, und hält ihn dabei noch am Schlauch fest, sodass du ihn dir selbst mit der Hand in den Mund stecken kannst. Du atmest in das Mundstück aus und nimmst in Ruhe zwei Atemzüge. Nach der zweiten Einatmung nimmst du den Atemregler wieder aus dem Mund, und dein Tauchpartner atmet ebenfalls zweimal aus und wieder ein. Dann wiederholt sich der Vorgang, indem du wieder den Atemregler für zwei Atemzüge erhältst (diese Übung kann auch nur angedeutet werden). Der Taucher, der den Atemregler abgibt, lässt diesen niemals los, damit er ihn nicht im Bedarfsfall erst wieder suchen muss und er ihn auch selbst sicher zurückbekommt. Auf diese Art und Weise können zwei Taucher in aller Ruhe zu zweit aus einem DTG weiteratmen. Dabei fixiert dich dein Luft gebender Tauchpartner mit seiner linken Hand, und du hältst dich mit deiner rechten Hand an seiner Jacketbebänderung fest. Zum Ablassen von Luft aus dem Jacket kannst du die rechte Hand kurz lösen.

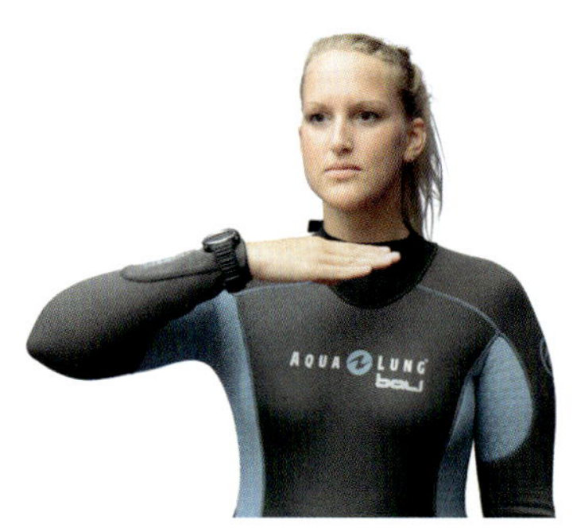

Ich habe keine Luft mehr

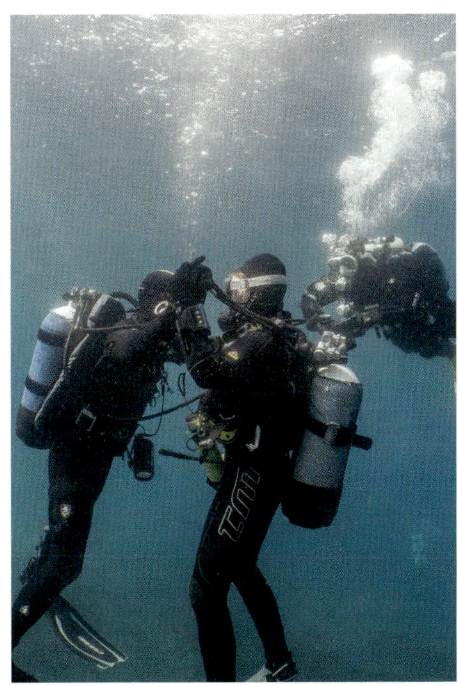
Aufstieg unter Wechselatmung

Wenn ein Tauchpartner keine Luft mehr bekommt und die Wechselatmung eingeleitet wird, bedeutet dies natürlich das Ende des Tauchgangs, und es wird mit langsamer Aufstiegsgeschwindigkeit zur Oberfläche aufgestiegen. In erster Linie ist der Aufstieg unter Wechselatmung daher auch eine Tarierübung, bei der wechselweise aus einem Atemregler geatmet wird.
Hier gilt der gleiche Grundsatz wie beim Aufstieg ohne Flossenschlag: Für einen kontrollierten Aufstieg werden erst die Lunge, dann das Jacket entlüftet. Dann kann durch die Tiefe der Atmung jederzeit ein tarierter Zustand eingenommen werden. Falls ungewollt ein Abtrieb eintreten sollte, so kann hier mit einigen Flossenschlägen ausgeglichen werden. Doch ein Aufstieg mithilfe von Flosseneinsatz erfordert Kraft, und Anstrengung führt zu einer verstärkten Atmung. Der eigentlich entspannte Wechsel des Atemreglers kann durch eine erhöhte Atemfrequenz zu einem ungewollt erhöhten Luftbedarf führen, der mit einer Wechselatmung nicht vereinbar ist. Daher ist es bei einem Wechselatmungsaufstieg so wichtig, Anstrengung und Flosseneinsatz zu vermeiden und allein durch eine saubere Tarierung entspannt nach oben zu steigen. In der Regel tarieren sich bei einem Wechselatmungsaufstieg beide Tauchpartner selbst, da sie ja trotz der wechselseitigen Atmung weiter autonom tauchen können. Ein Taucher kann an sich selbst am ehesten den Tarierzustand feststellen und gegebenenfalls korrigieren.
Auch hier achte zur Kontrolle der Aufstiegsgeschwindigkeit nicht ständig auf deinen Tauchcomputer oder Tiefenmesser, sondern orientiere dich an deiner Umgebung, an feinsten Schwebeteilchen und an den kleinen Luftblasen. Daran kannst du eher eine Auf- oder Abwärtsbewegung erkennen als über deine Tiefenanzeige. Um in einer bestimmten Tiefe zu stoppen, näherst du dich dieser besonders langsam. Wenn diese Tiefe dann im tarierten Zustand erreicht wird, ist es problemlos möglich, durch Ein- und Ausatmung diese Tiefe stabil einzuhalten.

4.17 Tauchen unter Atmung aus dem Atemregler des Partners

Jeder Taucher führt eine alternative Luftversorgung mit sich. In kalten Gewässern müssen dies zwei getrennte Atemregler an zwei getrennt absperrbaren Flaschenventilen sein, in warmen Gewässern ist auch ein sogenannter Oktopus geeignet, bei dem zwei zweite Stufen an einer ersten Atemregler-Stufe montiert sind. Dies bedingt aber zwei zweite Stufen gleicher Bauart, die für den gleichen Mitteldruck und zur Verwendung mit der ersten Stufe zugelassen sind. Die Montage der Atemregler erfolgt so, wie es im Abschnitt zur Ausrüstungskonfiguration beschrieben wurde: Beide Atemregler kommen von rechts, sodass du aus beiden Atemreglern gleichermaßen atmen kannst und sie gut erreichbar sind.
Gerät ein Taucher in Luftnot oder liegt eine Funktionsstörung des eigenen Atemreglers vor, ist die Standardmaßnahme, dass der Hauptatemregler des Partners genutzt und der Aufstieg zur Oberfläche eingeleitet wird. Der Partner benutzt nun seinen Zweitatemregler. So können beide Taucher zu zweit aus einem Tauchgerät weiteratmen und dabei unter Einhaltung der Sicherheitsmaßnahmen zur Oberfläche aufsteigen.
Auch ohne Luftmangelsituation kann ein Tauchen unter Atmung aus dem Atemregler des Partners sinnvoll sein, um beispielsweise einen unterschiedlichen Luftverbrauch beider Taucher auszugleichen. Voraussetzung ist dabei natürlich, dass auch der Luftempfänger noch mehr als den Reservedruck im DTG hat, anderenfalls ist der Tauchgang zu beenden. Wenn beide Taucher noch genügend Luft haben, kann bei guten Rahmenbedingungen auf diese Art der Tauchgang etwas verlängert werden.
Auch hier wird die Übung eingeleitet, indem du deinem Tauchpartner das Zeichen »Ich habe keine Luft mehr« gibst. Dein Tauchpartner gibt dir nun seinen Atemregler, aus dem er zuletzt geatmet hat, sodass du ihn selbst in den Mund nehmen kannst. Er benutzt dann seinen eigenen Zweitatemregler. Deinen eigenen Atemregler fixierst du am besten z. B. mit einem Karabiner an deinem Jacket.
Nachdem ihr so beide mit Luft versorgt seid, nehmt ihr anschließend die Positionen so ein, dass ihr gute Bewegungsfreiheit habt und die volle Länge des Atemreglerschlauches nutzen könnt. Dabei ist es sinnvoll, dass der Luftempfänger auf der rechten Seite taucht und den langen Mitteldruckschlauch hinter seinem Nacken über seine rechte Seite zum Mund führt, damit so ein eventueller Zug auf dem Schlauch zunächst über den Nacken abgefangen wird.

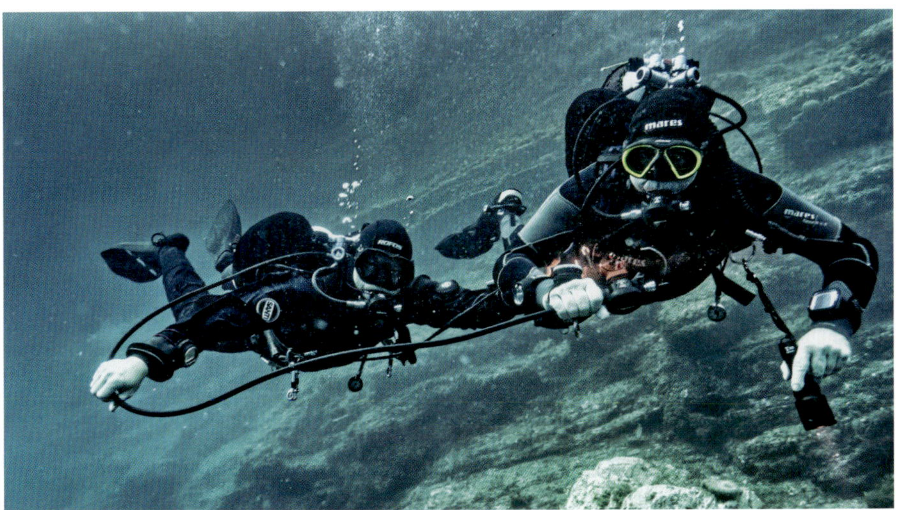

Atmung aus dem Atemregler des Partners

Ein Aufstieg unter Atmung aus dem Atemregler des Partners erfolgt wie bei der Wechselatmung unter Kontrolle der Aufstiegsgeschwindigkeit. Mit der linken Hand wird der Partner fixiert, mit der freien rechten »Arbeitshand« kannst du dich und eventuell auch noch deinen Partner tarieren. Der Vorteil im Vergleich zur Wechselatmung ist, dass beide Taucher kontinuierlich atmen können, ohne dass Atempausen einzuhalten sind. Wichtig ist auch hier eine gute Tarierung zuerst mit der Lunge, dann mit dem Jacket. So ist das die sicherste Möglichkeit, dass zwei Taucher mit einem DTG einen Aufstieg durchführen.

4.18 Setzen der Signalboje

Falls die Tauchgruppe nicht in unmittelbarer Nähe des Bootes wieder auftaucht, wird bereits unter Wasser eine Signalboje an die Wasseroberfläche gelassen, um der Bootsbesatzung die Position der Gruppe zu signalisieren. Eine Signalboje wird auch bei Austauchpausen im freien Wasser, beim Abtreiben, bei Freiwasseraufstiegen und anderen Komplikationen unter Wasser gesetzt, um die Position zu markieren. Die Boje sollte eine Länge von etwa 140 cm und einen Durchmesser von etwa 15 cm haben. Kürzere Bojen sind im Meer bei Wellengang nicht mehr zu erkennen und längere Bojen können an der Oberfläche leichter wieder umknicken, wenn sie nicht vollständig gefüllt sind.

Bojen sollten ein Schnabelventil besitzen, damit die eingefüllte Luft nicht mehr entweichen kann. Ein Ventil zur Befüllung mit dem Inflatorschlauch ist zulässig. Dafür kann dann aber nur der Inflator des Trockentauchanzugs verwendet werden. Ein Abkoppeln des Jacket-Inflators zur Befüllung der Boje ist nicht zulässig, da sonst im Bedarfsfall das Jacket nicht mehr belüftet werden kann und ein Absacken möglich wäre. Die Spool sollte eine Leinenlänge von 25 bis 50 m haben, damit die Boje auch aus diesen Tiefen gesetzt werden kann.

Idealerweise erfolgt das Setzen der Boje nicht erst auf den Austauchstufen oder beim Sicherheitsstopp, sondern so früh wie möglich auf mindestens 10 m Tiefe, damit die Boje beim Aufsteigen an die Oberfläche auch mit ausreichend Luft gefüllt ist. Beim Befüllen in der Tiefe vergrößert sich das Luftvolumen in der Boje auf dem Weg nach oben nach dem Gesetz von Boyle-Mariotte.

Bevor die Boje gesetzt wird, formiert sich die Gruppe, damit niemand aus den Augen verloren wird. Der Gruppenführer bestimmt, wer die Boje setzt. Dieser Taucher wird durch einen Mittaucher gesichert, der sich in Griffweite daneben positioniert, um direkt eingreifen zu können.

Das Setzen der Boje beginnt im austarierten Zustand. Zunächst wird die mit der Spool bereits verbundene Boje entrollt und der Doppelender-Karabiner wird von der Spool entfernt und an der eigenen Ausrüstung fixiert. Boje und Spool haben keine feste Verbindung zum Taucher, damit sie bei Bedarf sofort losgelassen werden können.

Nun wird die Boje zunächst leicht aufgeblasen, bis sie vertikal aufgerichtet ist. Dies kann auf unterschiedliche Art und Weise erfolgen. Bei der gebräuchlichen Methode geht der Taucher zunächst auf seinen Zweitatemregler über, um den mit einem langen Schlauch versehenen Hauptatemregler zum Befüllen der Boje nutzen zu können. Mit der linken Hand wird die Spool mit der Boje gehalten, mit der rechten Hand wird aus dem Atemregler etwas Luft in die Boje gelassen. Um den hierbei entstehenden höheren Auftrieb zu vermeiden, kann die Boje auch mit Luft aus dem Jacket oder mit der eigenen Ausatemluft befüllt werden, indem die Ausatemöffnung des gerade zum Atmen genutzten Atemreglers unter die Bojenöffnung gehalten wird. Dabei ändert sich der Tarierzustand nicht. Eine Befüllung mit dem Inflatorschlauch des Trockentauchanzugs ist bei entsprechender Vorrichtung ebenfalls möglich. Wird die Befüllung über ein Ventil mit Ausatemluft vorgenommen, darf dabei kein erhöhter Ausatemwiderstand vorhanden sein, denn ein Pressdruck könnte den Übertritt von Gasblasen über ein offenes Foramen ovale verursachen.

Anschließend wird mit dem Atemregler die Boje schnell und kräftig gefüllt, dann wird die Boje losgelassen und die Spool rollt sich zwischen den Fingern gleitend ab. Die Spool wird aber nicht losgelassen. Da beim Aufsteigen der Boje diese einen hohen Auftrieb hat und es durchaus möglich ist, dass der Bojensetzer sich

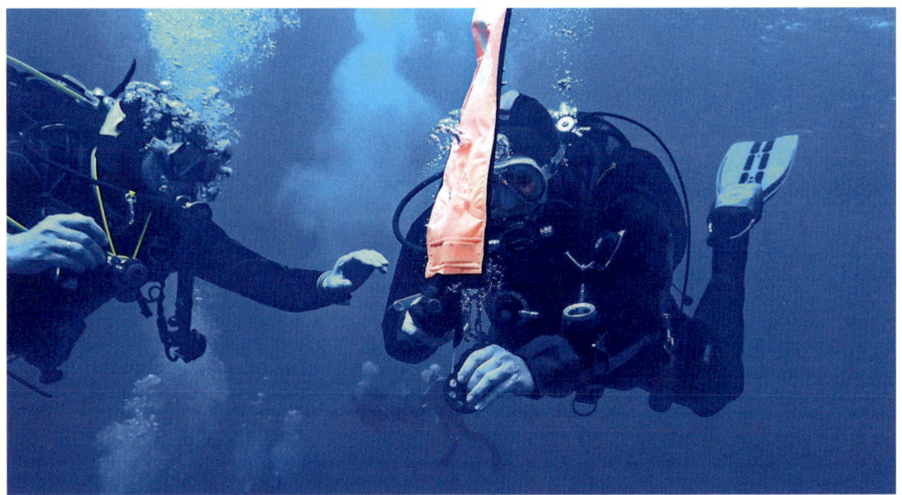

Setzen der Signalboje

versehentlich an der Bojenleine verhakt oder die Boje nicht rechtzeitig loslässt, ist ein ungewolltes Aufsteigen oder gar Hochschießen des Bojensetzers nicht auszuschließen. Daher wird dieser während des Befüllens der Boje von dem Mittaucher gesichert, indem beispielsweise ein Finger lose in einen D-Ring des Jackets gehakt wird, ohne den Bojensetzer jedoch zu behindern oder in seiner Tarierung zu beeinflussen.

Bei dem Setzen der Boje achtet die gesamte Gruppe darauf, dass die Tiefe gehalten wird, denn durch die Ablenkung beim Setzen der Boje ist ein Absinken leicht möglich.

Wenn die Boje an der Wasseroberfläche angekommen ist, wird die Leine unter Zug gehalten, damit die Boje stehen bleibt. Überschüssige Leine wird wieder auf die Spool aufgerollt und mit dem Doppelender-Karabiner daran fixiert. Auch dann wird die Spool nicht am Jacket befestigt, um nicht versehentlich mitgerissen zu werden. Anschließend kann der Tauchgang mit der Boje beendet werden. Beim Auftauchen wird die Bojenleine kontinuierlich weiter aufgespult.

An der Oberfläche angekommen, dient die Boje weiter der Positionsbestimmung für die Bootsbesatzung. Daher bleibt sie gefüllt und wird leicht nach unten gezogen, damit sie senkrecht steht und weit gesehen werden kann.

Das Setzen einer Boje dient der Oberflächenmarkierung für eine treibende oder aufsteigende Tauchgruppe. Wird eine zweite Boje direkt daneben oder an der Leine der ersten Boje gesetzt, so bedeutet dies, dass das Tauchteam Assistenz von der Oberfläche benötigt.

4.19 Apnoetauchen

Das Tauchen ohne Tauchgerät, einfach nur mit angehaltenem Atem und ohne die schwere Ausrüstung, erfreut sich großer Beliebtheit und übt eine besondere Faszination aus. Dieses Tauchen wird Apnoetauchen genannt.
Auch zum DTSA** gehören Übungen nur mit ABC-Ausrüstung, um den Nachweis zu erbringen, dass man in der Lage ist, sich auch ohne Tauchgerät unter Wasser zu bewegen. Dies bringt zusätzliche Sicherheit, auch beim Tauchen mit DTG.

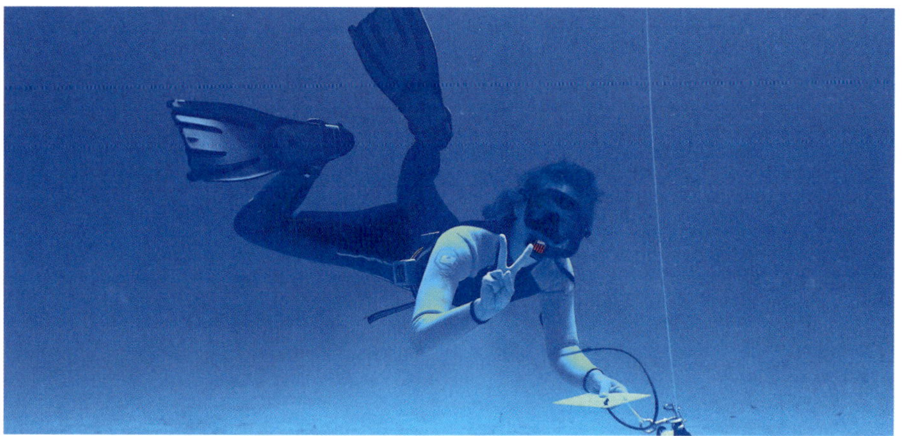

Apnoetauchen erfreut sich großer Beliebtheit.

Beim Zeittauchen wird statisch eine bestimmte Zeit an der Wasseroberfläche die Luft angehalten. Beim Streckentauchen wird eine festgelegte Strecke unter Wasser getaucht, während beim Tieftauchen von der Oberfläche auf eine bestimmte Tiefe abgetaucht und wieder aufgetaucht wird. Das Zeit- und Streckentauchen können im Schwimmbad erfolgen, während das Tieftauchen üblicherweise im Freigewässer ausgeübt wird.
Für das Apnoetauchen gelten folgende Sicherheitsregeln:

Tauche und trainiere nie allein

Diese Grundregel gilt nicht nur beim Tauchen mit DTG, sondern insbesondere auch beim Apnoetauchen. Ein Tauchpartner ist immer dabei. Die Sicherung erfolgt dabei ebenfalls in Apnoe, also mit angehaltenem Atem, da so am schnellsten eingegriffen werden kann. Der Sicherungstaucher überwacht mit Sichtkontakt die Aktionen des Tauchpartners und hilft bei möglichen Problemen (Bewusstlosigkeit, Krampf, Schwäche, Verheddern etc.). Dies gilt sowohl für den Tauchgang selbst als auch für eine ausreichende Zeit danach an der Wasseroberfläche.

Habe deinen Partner immer im Blickfeld

Wie beim Tauchen mit DTG nützt die »tauche nie allein«-Regel nichts, wenn der Partner nicht beobachtet wird. Spätestens im letzten Drittel (Streckentauchen) oder ab halber Tauchtiefe beim Auftauchen (Tieftauchen) reicht der Blickkontakt nicht, sondern der Sicherungstaucher befindet sich in Griffweite zum Apnoe-Taucher, um bei Problemen sofort helfen zu können.

Keine Hyperventilation vor dem Abtauchen

Hyperventilation ist bewusstes, tiefes Ein- und Ausatmen ohne Bedarf. Es erhöht die Pulsfrequenz und kann zum Blackout ohne vorherige Anzeichen führen. Kohlendioxid wird vermehrt abgeatmet, und da es maßgebend für die Steuerung des Atemreizes ist, tritt der Atemreiz erst verspätet ein, und eine Bewusstlosigkeit aufgrund von Sauerstoffmangel kann ohne vorherige Ankündigung unter Wasser eintreten.

Verwende genügend Vorbereitungszeit

Um dich auf das Apnoetauchen vorzubereiten, liegst du entspannt und ohne Bewegung am Beckenrand oder an der Wasseroberfläche an einer Boje und atmest in dieser Zeit mithilfe der Bauchatmung. Die Ausatemphase sollte bei Atemübungen doppelt so lang wie die Einatemphase sein (zum Beispiel 4 Sekunden einatmen und 8 Sekunden ausatmen). Kurz vor dem Abtauchen atmest du mit der Yoga-Vollatmung etwa drei bis viermal tief ein.

Rechtzeitiger Druckausgleich

Beim Tieftauchen ist der Druckausgleich frühzeitig, also schon direkt nach dem Abtauchen, vorzunehmen, um einem Nicht-Gelingen bei größerer Druckdifferenz vorzubeugen. Es gibt verschiedene Methoden des Druckausgleichs:

- Mit der Valsalva-Methode wird mithilfe der Lunge ein Pressdruck erzeugt.
- Mit der Methode nach Frenzel wird ein Pressdruck im Nasen-Rachen-Raum erzeugt.
- Mit der Methode nach Delonca können die Ohrtuben bewusst geöffnet oder offen gehalten werden, wie zum Beispiel beim Gähnen. Diese Methode gelingt aber nicht vielen Tauchern, da die Ohrtuben individuelle anatomische Unterschiede aufweisen. Die beiden letzten Methoden sind aus medizinischen Gründen generell vorzuziehen.

75 m Strecke, 30 m Tiefe und 3:30 min Zeittauchen sind genug (bis DTSA Apnoe***)

Diese Begrenzungen gelten für das Apnoetauchen im VDST-Breitensport, damit keine zu hohen Risiken eingegangen werden. Das Überschreiten dieser Grenzen ist dem Apnoe-Sicherungstaucher (DTSA Apnoe****) und dem Apnoe-Wettkampfsport vorbehalten.

Achte immer auf die richtige Tarierung

Auch beim Apnoetauchen erfolgt vor den Übungen ein Blei-Check. Beim Apnoe-Tieftauchen soll die Bleimenge so bemessen sein, dass ab halber Tauchtiefe ein Auftrieb entsteht. Dann muss zwar beim Abtauchen mit kräftigem Flossenschlag dieser Auftrieb zunächst überwunden werden, dafür ist es aber in der kritischeren Aufstiegsphase um so einfacher und sicherer, wieder an die Oberfläche zu gelangen. Beim Streckentauchen im Flachbereich hingegen sollte die Bleimenge so bemessen sein, dass du in der Tauchtiefe gut tariert bist und nicht gegen einen Auftrieb arbeiten musst. Um eine gute Abstimmung zu erreichen, verwende einen Bleigurt, idealerweise aus Gummi, mit kleinen Gewichten. Taschenbleigurte sind hier ungeeignet. Der Bleigurt sollte so befestigt werden, dass er die Atmung nicht behindert.

Apnoe immer vor dem Gerätetauchen

Du solltest immer zuerst die Apnoetauchgänge durchführen, dann den Gerätetauchgang. Bei anderer Reihenfolge besteht die Gefahr einer Dekompressionskrankheit. Die beim Gerätetauchen durch Vorsättigung mit Stickstoff entstehenden Mikrobläschen können durch Anstrengung und Bewegung sowie durch schnelle Aufstiege beim Apnoetauchen vergrößert werden und Dekosymptome hervorrufen, also auch keine Apnoeabstiege zwischen zwei Tauchgängen!

Benutze Führungsseil und Oberflächenboje

Eine Boje mit Führungsseil ist für ein sicheres Apnoetieftauchen unverzichtbar. Die Oberflächenboje sollte so beschaffen sein, dass der Übende sich vor und nach dem Tauchgang an ihr festhalten kann.

Die Boje sollte neben einer Signalfarbe hohen Auftrieb haben und mit einem Grundgewicht von ca. zweimal zwei kg in ca. 1,5 m Abstand versehen sein, damit sie bei Bedarf auch schnell zur Oberfläche gezogen werden kann. Geeignet sind Rollbojen oder so genannte Instruktor Bojen, mit denen die Grundleine gespannt werden kann.

Die Leine dient der optischen Führung des Übenden, nicht zum Hinunterziehen. Daher sollte sie auch eine helle Farbe und eine Stärke von 12 bis 15 mm besitzen. Die Boje mit Führungsseil dient der Orientierung sowohl des Übenden als auch des Sicherungstauchers.

Habe ein Schneidwerkzeug dabei

Das Schneidwerkzeug (Messer oder z.B. Eezycut) sollte eng am Körper anliegen. Falls du es benutzen musst, schneide die Leine an der richtigen Seite (unterhalb des Tauchers) ab.

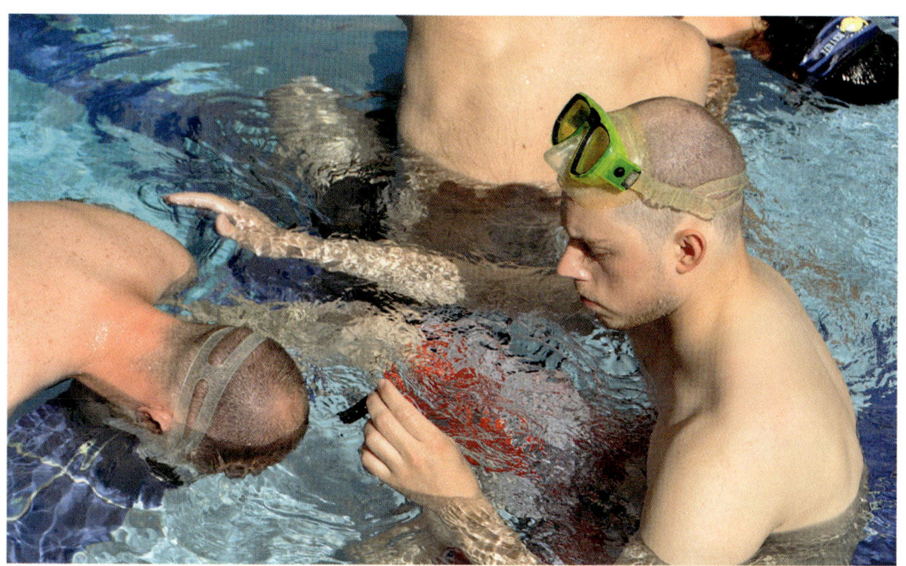

Zeittauchen wird statisch an der Wasseroberfläche durchgeführt.

Das **Zeittauchen** wird üblicherweise statisch an der Wasseroberfläche durchgeführt. Nach geeigneter Vorbereitung atmet der Übende ein und legt sich mit dem Gesicht nach unten auf das Wasser, um den Atem so lange wie geplant anzuhalten. Der Sicherungstaucher ist neben ihm, überwacht durch Zeichengabe regelmäßig das Bewusstsein und gibt dem Übenden zum Beispiel durch Antippen in vorher abgesprochenen Zeitabständen ein Signal.

Beim **Streckentauchen** taucht der Apnoetaucher nach geeigneter Vorbereitung ab und folgt der unter Wasser gespannten Leine oder dem Schwimmbadboden. Wichtige Voraussetzungen sind eine freie Tauchstrecke, im Freigewässer mit Führungsleine, eine an die Tauchtiefe angepasste Bleimenge und eine passende Geschwindigkeit und Technik.

Die Absicherung erfolgt auf der gesamten Strecke. Zu Beginn folgt der Sicherungstaucher an der Wasseroberfläche und hat den Apnoetaucher im Blick. Im letzten Drittel taucht der Sicherungstaucher – idealerweise ein anderer Taucher, der auf der Strecke wartet und nicht mitschwimmt, – zum Übenden ab und begleitet ihn in Griffweite. Beim Auftauchen wird der Übende vom Sicherungstaucher fixiert und an der Oberfläche gesichert.

Fehlerquellen sind eine schlechte Vorbereitung in Bezug auf Atmung und Entspannung, Abtauchen mit Flossenschlag in der Luft, eine zu schnelle oder zu langsame Tauchgeschwindigkeit, eine falsche Tarierung oder eine ungünstige Körperhaltung.

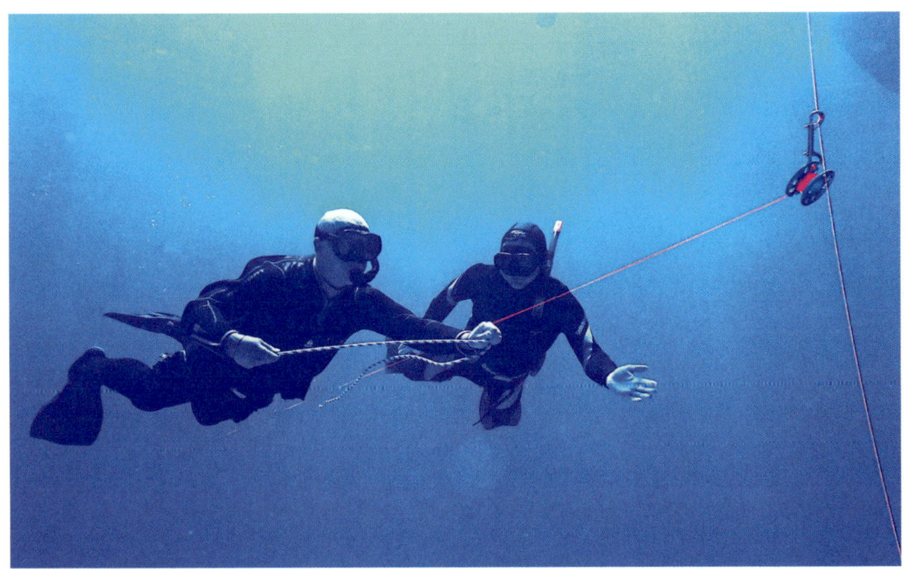

Streckentauchen

Wichtig ist auch, dass der Schnorchel vor dem Auftauchen aus dem Mund genommen wird, damit beim Auftauchen ein Sauerstoffabfall durch das Schnorchelausblasen mit der Möglichkeit nachfolgender Bewusstlosigkeit vermieden wird.

Vor dem **Tieftauchen** in Apnoe wird das Gewässer auf Eignung für den vorgesehenen Apnoetauchgang (insbes. Sichtverhältnisse, UW-Hindernisse wie Netze und Seile) geprüft. Die erforderliche Sicherheitsausrüstung (Bojen, Leinen, Grundgewicht) wird bereitgestellt. Es erfolgen Vorbereitungen zur Ersten Hilfe und Erstversorgung durch den Tauchpartner (mögl. Sauerstoffkoffer, Erste-Hilfe-Koffer) und Vorbereitungen zur Aktivierung der Rettungskette an Land (Telefonanschluss, Handy, Telefonnummern). Die Taucherfahrung und die gesundheitlichen Voraussetzungen des Tauchpartners werden gecheckt, und es wird eine zweckmäßige Ausrüstung (Kälteschutz, Schneidwerkzeug, Austarieren auf halber Maximaltiefe) gewählt. Für das geplante Tauchvorhaben erfolgt ein zielgerichtetes Briefing und eine mentale Vorbereitung. Eigensicherung muss gewährleistet sein.

Das Abtauchen erfolgt dann nach geeigneter Vorbereitung mit maximaler Lungenfüllung. Der Apnoetaucher befindet sich immer in der Nähe der Grundleine und beginnt frühzeitig mit dem Druckausgleich.

Die Partnersicherung erfolgt, indem der Apnoetaucher durch einen Sicherungstaucher ständig beobachtet wird. Dieser taucht zeitgerecht (einige Sekunden bis ca. eine

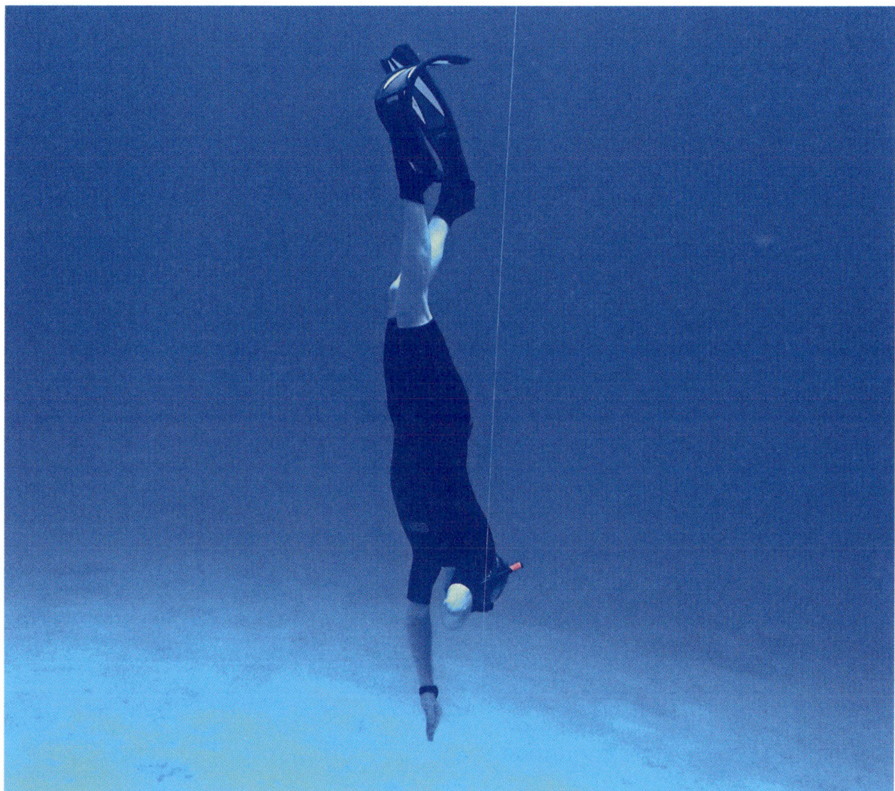

Tieftauchen

Minute) nach dem Apnoetaucher auf etwa halbe Tauchtiefe ab. Der Sicherungstaucher darf sich auch kraftsparend an der Grundleine festhalten. Er erwartet den Apnoetaucher an der Leine auf ungefähr halber Maximaltiefe und begleitet den Aufstieg leicht unterhalb des Apnoetauchers in dessen Griffweite mit Augenkontakt und Blick zur Oberfläche (Schutz vor Kollisionen, z. B. mit der Boje). Nach dem Auftauchen wird der Taucher mit Griff unter die Achsel von vorn vorsorglich gestützt, die Lippen werden kontrolliert (Blaufärbung) und die Ansprechbarkeit geprüft (Namen nennen). Anschließend beobachtet der Sicherungstaucher den Apnoetaucher mindestens halb so lange, wie der Tauchgang gedauert hat, bei Bedarf bis zu drei Minuten.

Da die Lunge den zunehmenden Umgebungsdruck nur begrenzt kompensieren kann, wird beim Apnoetieftauchen eine individuell unterschiedliche Grenze erreicht, wenn die Lunge auf das Residualvolumen komprimiert wird. Ab dieser Tiefe ist kein

Druckausgleich mehr möglich. Bei weiterem Abtauchen steigt der Umgebungsdruck weiter an, sodass sich ein **Lungenunterdruckbarotrauma** entwickeln kann. Um dies zu vermeiden, wird die Lunge beim Abtauchen maximal gefüllt, und es werden die Tiefengrenzen eingehalten.
Ebenfalls kritisch ist der mögliche **Blackout beim Apnoe-Tieftauchen**. Dieser ist eine plötzliche und ohne jede Vorwarnung auftretende Bewusstlosigkeit unter Wasser, die beim Auftauchen kurz vor Erreichen der Wasseroberfläche eintreten kann. Die Ursache liegt in einem starken Absinken des Sauerstoffpartialdrucks. Beim Apnoetieftauchen steigt in der Tiefe infolge des erhöhten Umgebungsdrucks zunächst der Sauerstoffpartialdruck. Beim Aufstieg vergrößert sich wieder das Lungenvolumen, der Sauerstoffpartialdruck sinkt jedoch stark ab und kann dabei unter die kritische Blackout-Schwelle fallen. Der Apnoetaucher wird dann bewusstlos, bevor der normale Atemreiz einsetzen kann. Begünstigt wird dies einerseits durch vorherige Hyperventilation, andererseits durch zusätzliche Körperarbeit und Anspannung. Dann ist nur durch das sofortige Eingreifen des Sicherungstauchers eine rechtzeitige Rettung möglich.

Mögliche Gefahren beim Apnoetieftauchen wären also

- Dekounfall, wenn mit entsprechender Stickstoffvorsättigung oder häufig mit kurzen Oberflächenpausen auf über 20 m getaucht wird
- Barotraumen (Maske, Ohr, Lunge, durch Infekte ...)
- Orientierungsverlust
- Krampf (bevorzugt in der Wade)
- Übertriebener Ehrgeiz, zu große Tiefe mit Flachwasser-Blackout beim Aufstieg
- Hyperventilation
- Verfangen in Führungsleine, Netzen, Angelschnüren, sonstigen Hindernissen
- Gefahr durch Überhänge oder Grotten
- Verletzung durch Meerestiere oder scharfkantige Korallen/Felsen
- Unzureichende Partnersicherung
- Kollision beim Auftauchen
- Schnorchel noch im Mund beim Erreichen der Wasseroberfläche und Wasseraspiration

4.20 Unterwasser-Zeichengebung

Zur Verständigung unter Wasser benutzt du international anerkannte Unterwasserzeichen.
Generell gilt: Bewegte Zeichen bedeuten eine Gefahr, unbewegte Zeichen sind eine Information oder Anweisung. Du benötigst am Anfang nur die folgenden Zeichen:

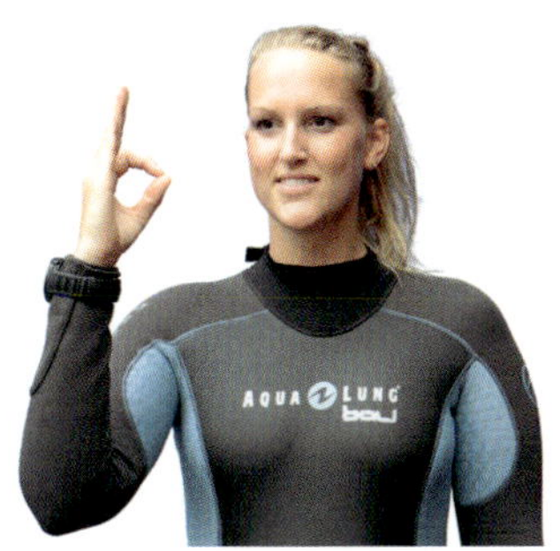

Alles OK?

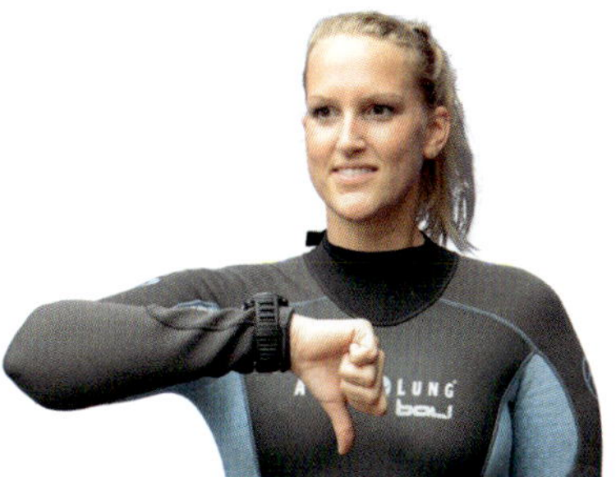

Abtauchen

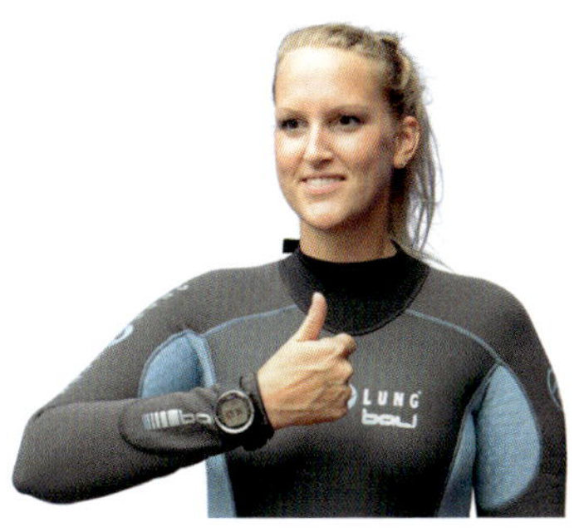

Auftauchen

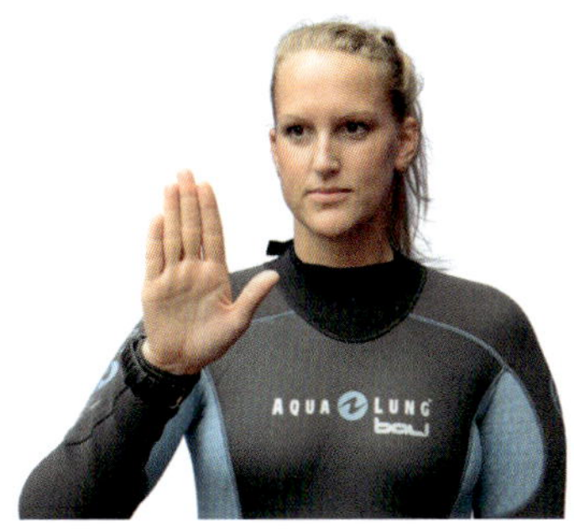

Stopp

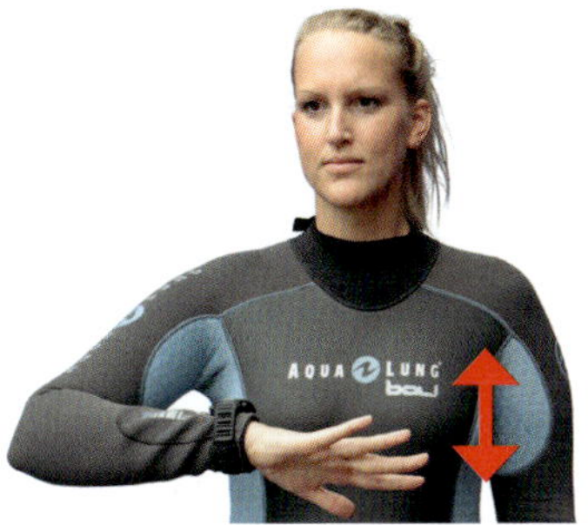

Unklare Situation

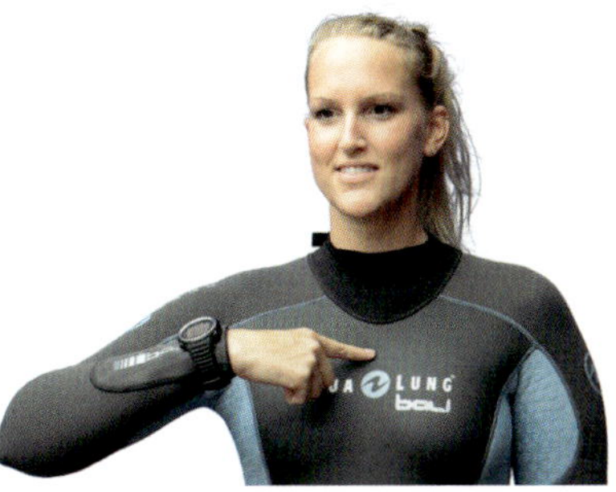

Ich

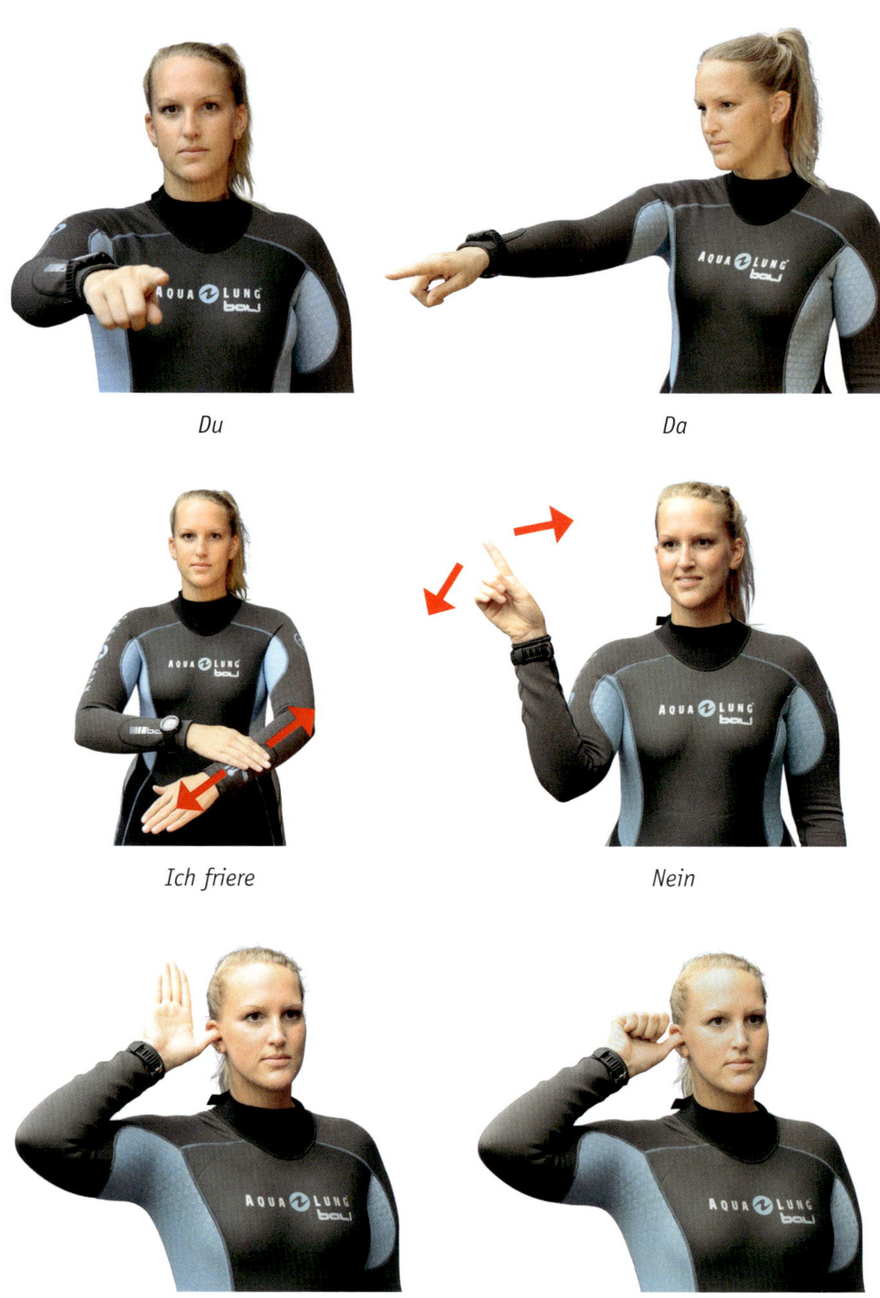

Du

Da

Ich friere

Nein

Kein Druckausgleich 1

Kein Druckausgleich 2

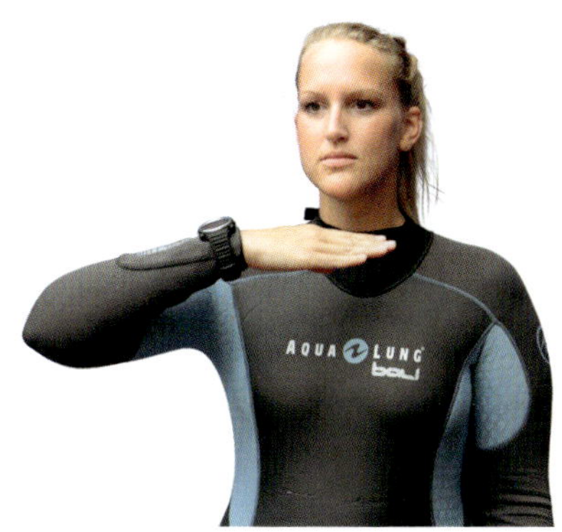

Luftmangel

Weitere Unterwasserzeichen

Die Ziffern von Null bis Neun werden einhändig mit folgenden Zeichen angezeigt:

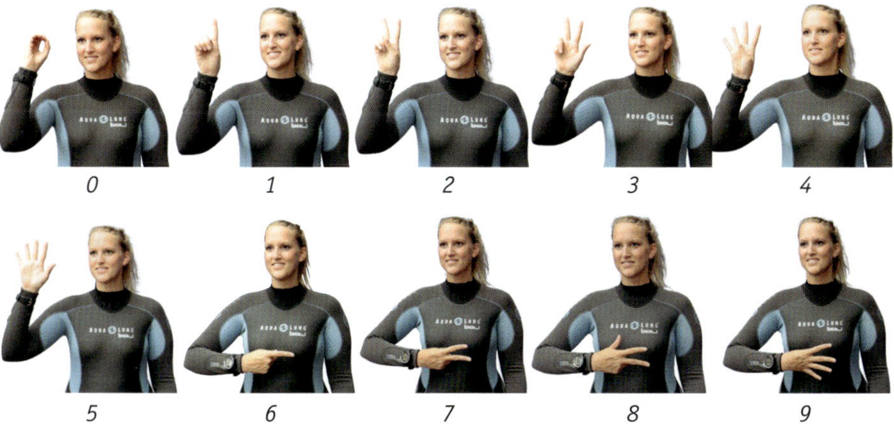

0 *1* *2* *3* *4*

5 *6* *7* *8* *9*

Einige Zeichen ähneln anderen Unterwasserzeichen, eine Verwechslung sollte verhindert werden. In der Regel ergibt sich aber bereits aus dem Zusammenhang mit einer Luft- oder Deko-Abfrage, dass es sich bei den Zeichen um die Ziffern handelt, so dass eine Verwechslung mit den Zeichen »Stopp« oder »Auftauchen« ausgeschlossen wird.

Die Luftabfrage erfolgt mit folgenden Zeichen:

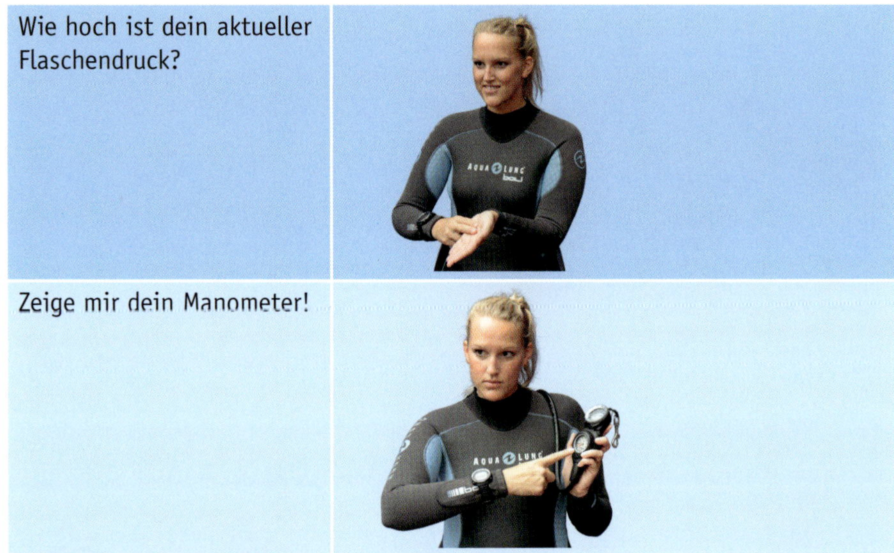

Wie hoch ist dein aktueller Flaschendruck?

Zeige mir dein Manometer!

Antwort auf die Luftabfrage:

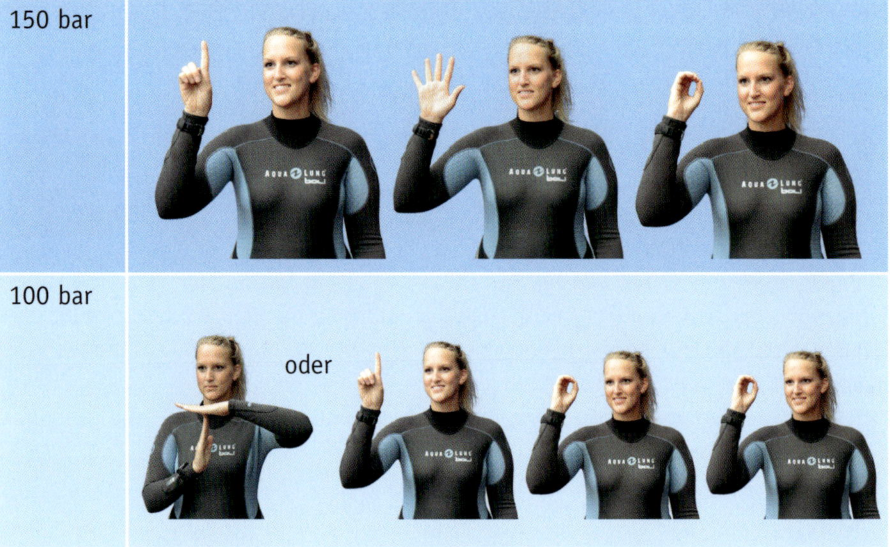

150 bar

100 bar

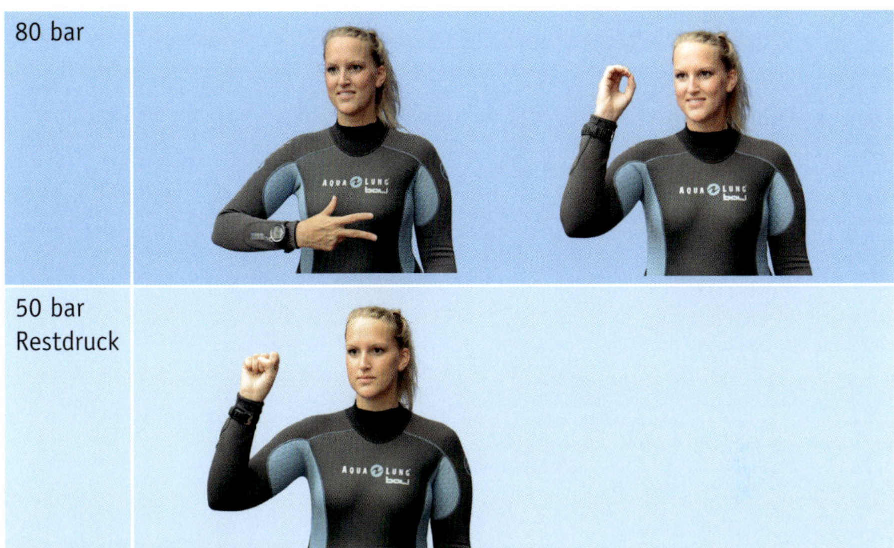

Zur Beantwortung der Luftabfrage sollte, insbesondere bei weniger geübten Tauchern, außer bei der Anzeige des »T« für 100 bar und der Faust für 50 bar Restdruck direkt das Unterwasser-Manometer gezeigt werden. Dies ist dann unmissverständlich und die genaue Anzeige des Flaschendrucks mit den einzelnen Ziffern ist so entbehrlich.

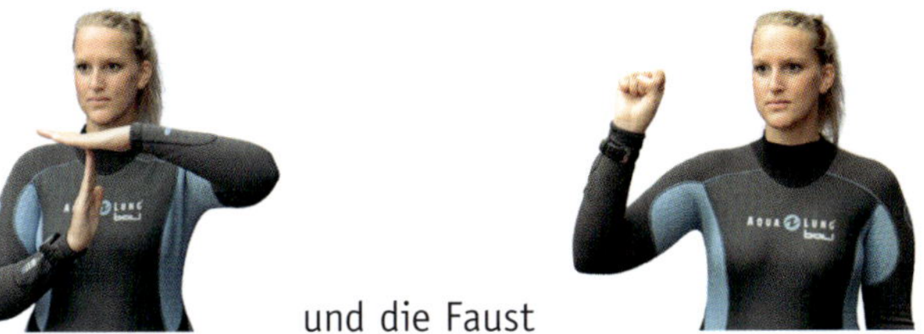

Die Zeichen »T« und die Faust haben eine eigenständige Bedeutung und können nicht miteinander kombiniert werden. Vielmehr sind die 150 bar mit den Ziffern oder mit dem Unterwasser-Manometer anzuzeigen.

Die Abfrage der Dekompression sowie die Beantwortung erfolgen mit folgenden Zeichen:

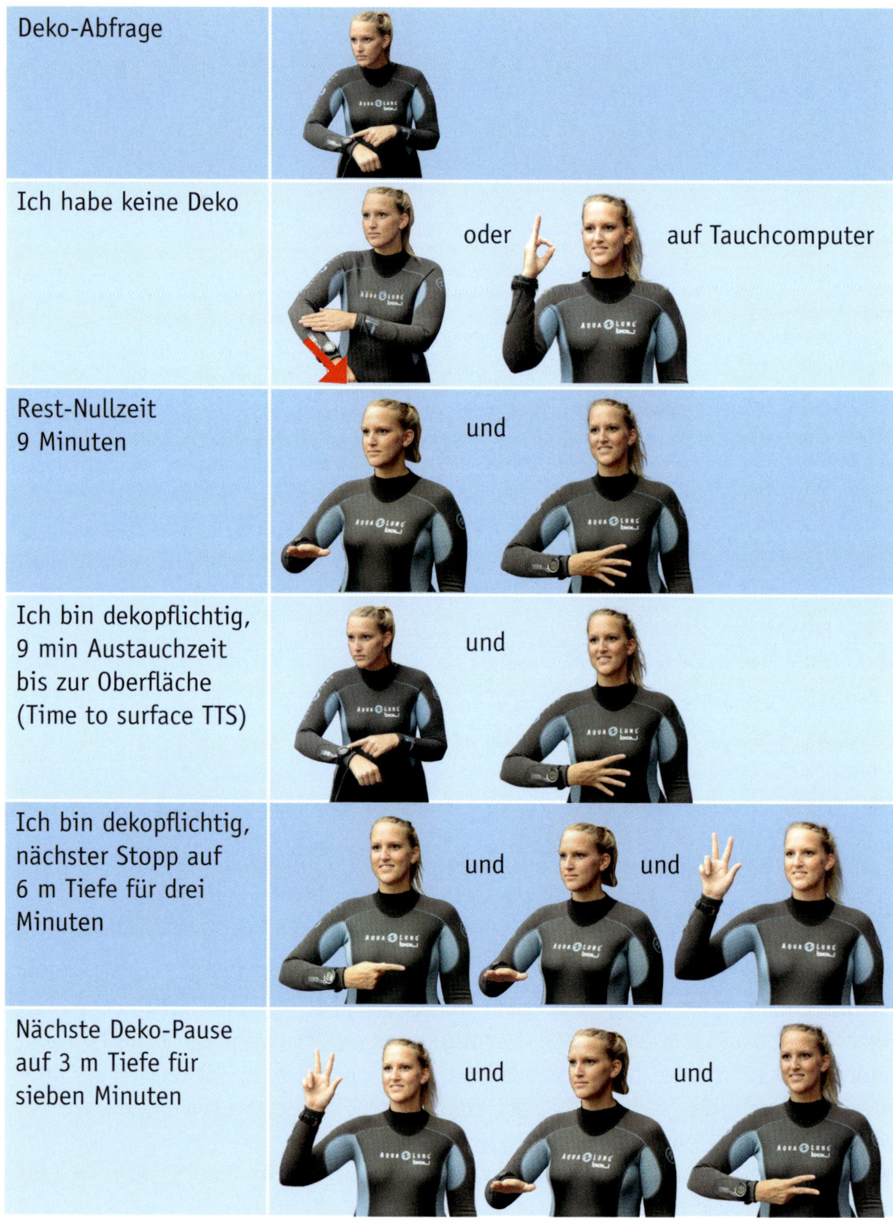

5 Tauchen und Umwelt

Das Thema »Tauchen und Umwelt« wird hier insgesamt für das DTSA** und für das DTSA*** behandelt, da alle Umweltthemen für jeden Taucher und daher für beide DTSA-Stufen relevant sind.

Einleitung zum erlebnisreichen Tauchen

Die Ausbildung zum DTSA und der erfolgreiche Abschluss als selbstständiger Taucher bietet eine großartige Chance, die gesamte Vielfalt der Unterwasserwelt zu erleben: Nur wir Taucher können diese faszinierende und vor allem auch dynamische Unterwasserwelt und deren Biodiversität erleben und nach dem Tauchgang darüber berichten.

Vielleicht stellt ihr euch ja zu Beginn eurer Ausbildung bereits die Frage: »Kann ich überhaupt noch etwas Neues bei meinem nächsten Tauchgang erleben, und warum nehme ich all die Strapazen auf mich, diese ganze Schlepperei, wenn es doch immer wieder das gleiche da unten zu sehen gibt?« Also alles schon gesehen? Bei weitem nicht. Wie sieht es denn mit dem insektenfressenden Wasserschlauch, einer gelb blühenden Pflanze in unseren Baggerseen, aus? Oder dem »ausgefransten« Wobbegong in Korallenriffen? Oder schon einmal den Paarungstanz der Seepferdchen im Mittelmeer beobachtet? Auch wenn sie immer seltener werden – mit ein bisschen Glück trifft man immer noch die zierlichen und aufrechten Schwimmer und ist von ihnen fasziniert wie beim ersten Mal. Aber das Knäuel zweier sich paarender Wasserkälber, das hast du schon gesehen? Nein, dann auf in die Voralpenseen! Dabei handelt es sich um bis zu einen halben Meter lange Saitenwürmer! Jeder Tauchgang, egal in welchem Gewässer, bietet Neues. Und nur für uns Taucher endet der Blick eben nicht an der Wasseroberfläche. Nur wir sind in der Lage, Zustände unter Wasser zu erfassen, zu dokumentieren und über Veränderungen zu berichten – ob dies die Neuansiedlung von Korallen nach dem zerstörerischen Ausbleichen ist oder die Kartierung von Wasserpflanzen zur Ermittlung des Zustandes eines Baggersees.

Also nicht nur diese neue physikalische Dimension unter Wasser, das Schweben, ist das Einzigartige an unserem wunderschönen Sport, sondern die Biologie, die Beschäftigung mit den Gewässern und den Lebewesen, das Hinterfragen dieser enormen Dynamik der Lebensräume, das Eindringen und die Ausbreitung neuer invasiver Arten, das ist es, was auch nach über vielen Hundert Tauchgängen immer wieder ins Wasser zieht.

Nur wir Taucher sind privilegiert diese Vielfalt des Lebens und ihre Entwicklung unter Wasser – die aquatische Biodiversität – zu erleben!

5.1 Ökologie von Seen

Lebensgemeinschaften und Nahrungsnetze

Der bewachsene Uferbereich, insbesondere die Schilfgürtel, haben in den Seen einen besonders hohen Wert für das Gesamtökosystem. Sie erfüllen gleich mehrere wichtige Aufgaben. So verhindern sie die Ufererosion, mindern den Wellenschlag und tragen so zur Uferbefestigung bei. Dann dienen sie vielen Vogel-, Fisch- und Amphibienarten als Schutz- und Lebensraum und sind auch gleichzeitig Laich- und Nistplatz. Zudem fungieren Schilfgürtel durch die Bindung von Verunreinigungen als »Kläranlage«. Deshalb nutzen wir die ausgewiesenen Tauchein- und ausstiege und tragen so zum Schutz dieser wertvollen Bereiche unserer Seen bei.
Aber auch kurz nach dem Abtauchen beobachten wir meist einen regelrechten Gürtel an Wasserpflanzen bzw. unterseeische Wiesen. Hier gibt es – entsprechend austariert – vieles zu entdecken: Flusskrebse, diverse Fische, Schnecken.
Die Grundlage für ein Ökosystem bilden sogenannte Primärproduzenten. In einem See sind dies Algen und Wasserpflanzen. Von diesen leben die sogenannten Primärkonsumenten. Dies ist vor allem eine große Anzahl von Insekten, aber auch Kaulquappen, Würmer, Schnecken, pflanzenfressende Fische, Vögel und Säuger gehören dazu. In der nächsten Stufe finden sich dann die Sekundärkonsumenten, die sich von den Primärkonsumenten ernähren, z. B. Fische und Vögel. Hier beginnen dann die Vernetzungen, denn die sogenannten Tertiärkonsumenten ernähren sich sowohl von den Primärkonsumenten als auch von den Sekundärkonsumenten und – wenn erreichbar – auch von kleinen Tertiärkonsumenten. Das Gleiche gilt auch für die Endkonsumenten, die in unseren Seen durch große Raubfische, wie Wels oder ausgewachsene Hechte sowie durch Vögel und z. B. Fischotter repräsentiert werden. Gestorbene Tiere sinken als tote Biomasse auf den Seegrund und werden u. a. durch Bakterien und Destruenten zersetzt. Die enthaltenen Nährstoffe werden freigesetzt und können von den Primärproduzenten wieder genutzt werden.

Temperaturunterschiede im See

Wer im Sommer in den einheimischen Seen taucht, merkt bei jedem Tauchgang, dass ab einer Wassertiefe von ca. 7–11 m die Wassertemperatur schlagartig abnimmt. Dies ist paradoxerweise besonders dann deutlich zu spüren, wenn es eine längere Hitzewelle gab. Wenn dann noch tiefer getaucht wird, wird es zum einen dunkel und zum anderen ist es ab einer Wassertiefe von ca. 20–25 m das ganze Jahr über konstant 4 °C kalt. Im Frühjahr und Herbst dagegen gibt es diesen Temperatursprung nicht. Im Winter unter Schnee und Eis ist es in den oberen Wasserschichten sogar kälter als im tieferen Wasser.

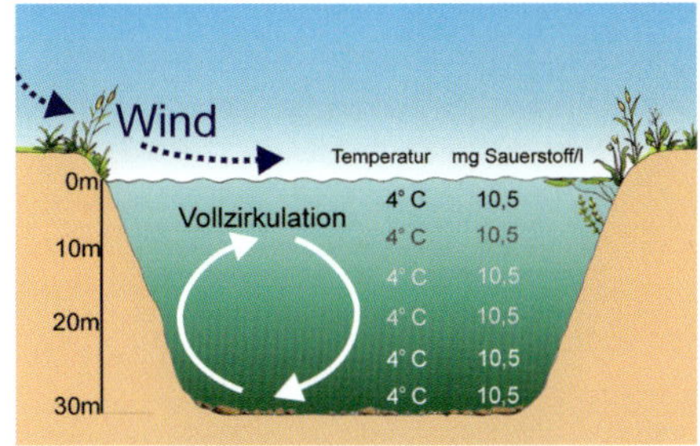

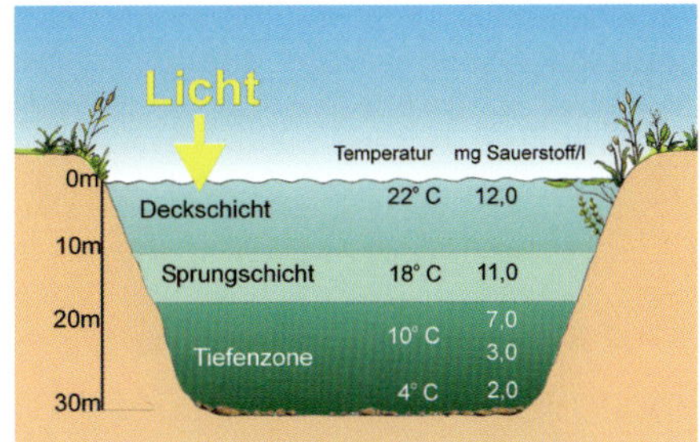

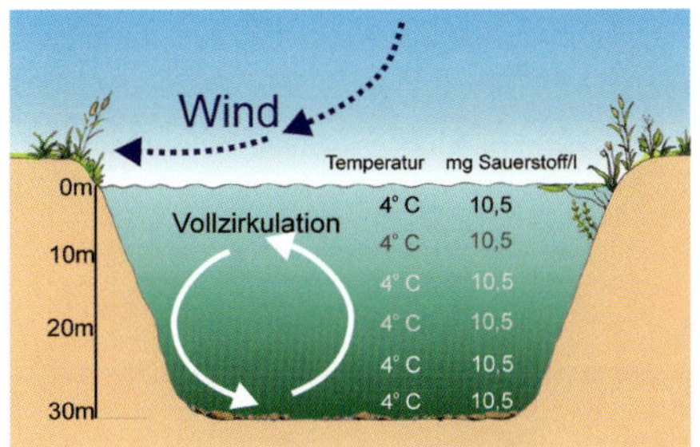

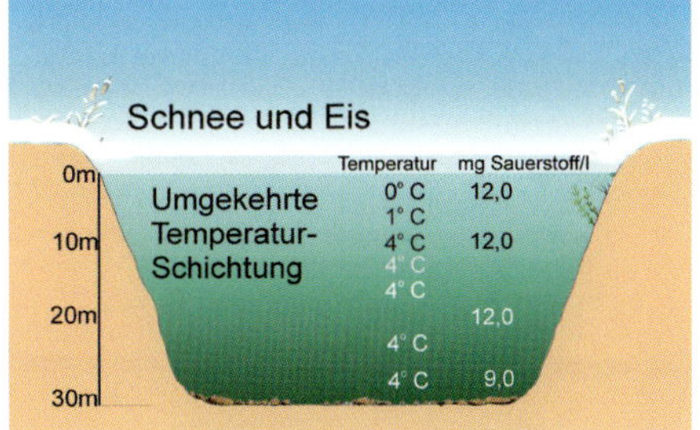

Temperaturschichtungen und Sauerstoffgehalt im See im Frühjahr, Sommer, Herbst und Winter

Sprungschicht

In unseren Breiten kann die Sonne das Wasser in den Seen nur bis zu einer bestimmten Tiefe erwärmen. Dies ist u. a. abhängig von der Lage des Sees, ob es Bäume am Ufer gibt, das Ufer also geschützt ist, aber auch vom Algen- und Trübstoffgehalt im Wasser. Im Gegensatz zum Licht nimmt die Temperatur nicht stetig ab, sondern es gibt einen Gradienten mit einem starken Temperatursprung. Unterhalb dieser Sprungschicht (Thermokline) findet kein Wärmeaustausch mehr statt. Diese Sprungschicht kannst du beim Auftauchen unter besonderen Umständen sogar sehen. Sie macht sich u. a. durch Flimmern oder durch eine dünne Schicht von konzentriertem Plankton oder Schwebeteilchen bemerkbar. Unterhalb dieser Sprungschicht kommt es in den Sommermonaten zu keinerlei Austausch mit dem Oberflächenwasser (Sommerstagnation).

Dichteanomalie des Wassers

Hier macht sich dann die Dichteanomalie des Wassers bemerkbar. Wasser hat seine größte Dichte bei 4 °C. Wenn das Wasser noch kälter wird, nimmt die Dichte wieder ab. Durch diese Dichteanomalie ist 4 °C »warmes« Wasser schwerer und sinkt in die Tiefe. Dies ist der Grund, weshalb in den tiefen Bereichen der Seen in Mittel-

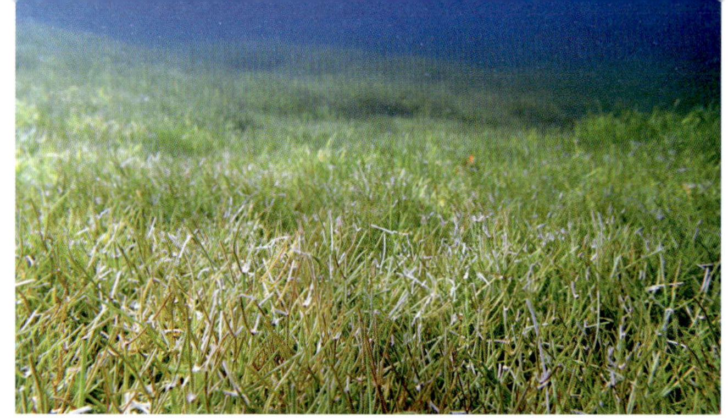

Grundrasen aus Stern-Armleuchteralgen (Nitellopsis obtusa)

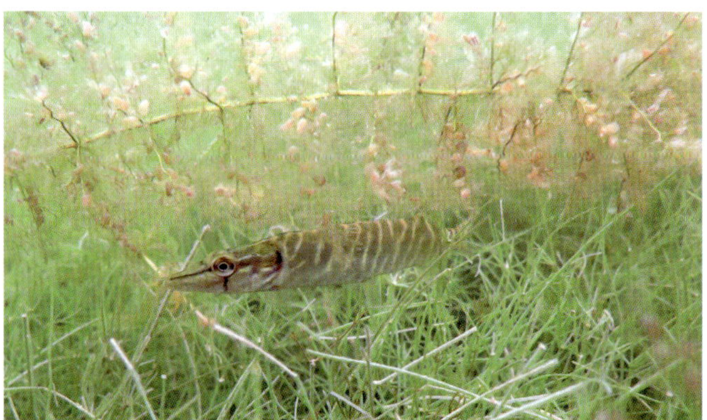

Gemeiner Wasserschlauch (Utricularia vulgaris) *und Stern-Armleuchteralge* (Nitellopsis obtusa)

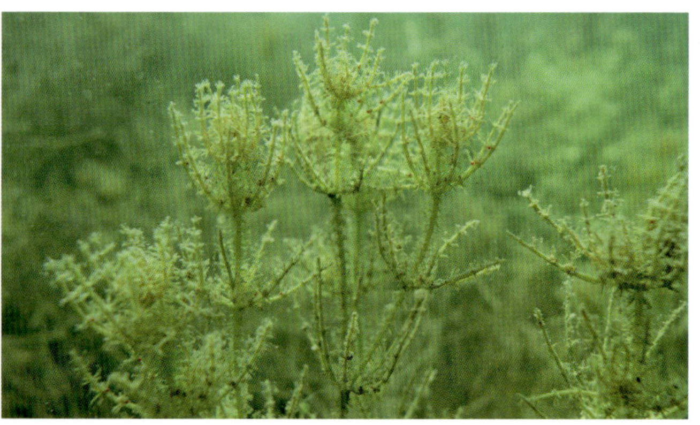

Vielstachelige Armleuchteralge (Chara polyacantha)

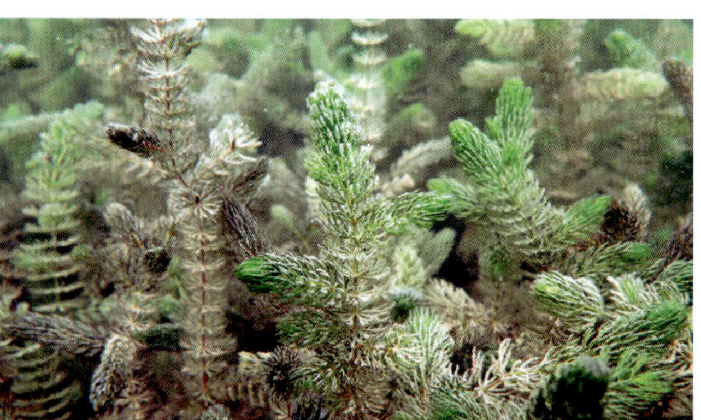

Raues Hornblatt (Ceratophyllum demersum)

europa ganzjährig konstant eine Temperatur von 4 °C herrscht. Im Winter, wenn es schneit oder der See mit Eis bedeckt ist, schwimmt das kältere, aber leichtere Wasser an der Oberfläche über dem 4 °C »warmen« Wasser (Winterstagnation). Nur durch die Dichteanomalie des Wassers ist es überhaupt möglich, dass Seen von der Oberfläche her zufrieren.

Vollzirkulation

Durch das Abkühlen des Oberflächenwassers im Herbst wird die Schichtung des Wasserkörpers instabil. In Kombination mit den Herbststürmen wird die Sprungschicht zerstört, und es kommt zu einer Vollzirkulation (Herbstzirkulation).
Im Frühjahr gibt es mit dem Erwärmen des Oberflächenwassers das Gegenstück. Auch hier gleichen sich die Wassertemperaturen der verschiedenen Wassertiefen an, und durch die Frühjahrstürme kommt es ebenfalls zu einer Vollzirkulation des Gewässers (Frühjahrszirkulation). Ausnahmen gibt es nur bei besonders tiefen Gewässern. Hier findet in den tiefen Bereichen überhaupt kein Austausch mehr statt.

Sauerstoff

Sauerstoff ist zusammen mit Licht die Vorausetzung für Leben auf unserem Planeten. Der im Wasser gelöste Sauerstoff hat zwei Quellen: die Atmosphäre (physikalisch) und die Fotosynthese der Pflanzen, Algen und Cyanobakterien (biologisch). Da Fotosynthese vom Licht abhängt, sind beide Prozesse auf die oberflächennahen und lichtdurchflutenden Wasserschichten beschränkt. Somit erreicht der Sauerstoff die tieferen Schichten eines Sees nur während der Zirkulationsphasen im Frühjahr und Herbst. Unterhalb der Sprungschicht kann in den Stagnationsphasen (Sommer und Winter) nur der Sauerstoff verbraucht werden, der bei der Durchmischung eingebracht wurde. Da aber bei dem Abbau von organischem Material, also abgestorbenen Pflanzen und Tieren, Sauerstoff verbraucht wird, kann es unterhalb der Sprungschicht im Dunkeln zu Sauerstoffmangel kommen. In diesen Bereichen des Sees gibt es dann keine Pflanzen oder Tiere mehr. Pflanzen und Algen benötigen zum Überleben Licht und sind entsprechend nur im oberen Bereich eines Sees zu finden. Fische und andere bewegliche Tiere meiden die sauerstoffarmen oder -freien Gebiete, und sesshafte Tiere sterben ab.

5.2 Fließgewässer

Ob es nun in der Verzasca im Tessin, in der Traun in Österreich oder im Rhein am Bodensee ist, um nur einige der schönsten Tauchplätze zu nennen – Tauchen in Flüssen ist reizvoll und teilweise sogar spektakulär, weil es möglich ist, in der Strömung zu treiben und ohne größere Anstrengungen die UW-Welt zu genießen. Dies sollte aber nur mit entsprechenden Erfahrungen, am besten mit dem SK »Flusstauchen«, durchgeführt werden.

Anpassungen

Die Strömung eines Fließgewässers hat natürlich nicht nur für das Tauchen Konsequenzen, sondern sie ist einer der wichtigsten Faktoren für das Leben der Wasserorganismen. Den meisten Fischen scheint diese Strömung nichts auszumachen. Sie stehen scheinbar mühelos in der Strömung oder schwimmen ohne Probleme stromaufwärts und überqueren, wie z. B. Lachse oder Forellen, sogar Stromschnellen. Kleinere Lebewesen in den Flüssen dagegen müssen sich anpassen.
In Fließgewässern rufen Hindernisse wie Steine und Pflanzen die Bildung von Wirbeln hervor. Hinter solchen Hindernissen können sich aber Zonen ausbilden, in denen praktisch keine Strömung mehr auftritt. Im Gewässerquerschnitt verringert sich die Strömungsgeschwindigkeit von der Mitte zu den Ufern und der Gewässersohle mit zunehmender Annäherung an die Hindernisse. Dabei entsteht ein besonders strömungsarmer Bereich über einer festen Oberfläche. So kann an der Oberfläche von flachen Steinen die Strömungsgeschwindigkeit fast Null sein. Dünne Algenteppiche, die auf diesen Steinen wachsen, sind also nicht der Strömung ausgesetzt. Entsprechend sind auch viele Fließwassertiere wie Eintagsfliegenlarven oder die Flussmützenschnecke in Gestalt und Verhalten an die Grenzschicht angepasst. Insektenlarven, die die Oberfläche von solchen Algen abweiden, sind stark abgeflacht und drücken sich bei starken Strömungen auch eng an die Oberfläche der Steine. Zusätzlich besitzen sie aber auch noch Krallen oder Saugnäpfe, um sich festzuhalten.

5.3 Lebensräume des Mittelmeeres

Hartgrund

Der Hartgrund ist durch seine große Anzahl festsitzender, leicht zu beobachtender und vielfach leuchtend bunter Bewohner für Taucher sehr attraktiv.
Die überwiegende Anzahl der Hartbodenbewohner ist festgewachsen und somit den in ihrem Bereich herrschenden Bedingungen auf Gedeih und Verderb ausgeliefert. Von besonderer Bedeutung sind deshalb hier Licht und Schatten sowie Strömungen, die bei diesen Organismen für den Transport von Nahrung und die Verbreitung von Geschlechtsprodukten und Nachwuchs sorgen.
Stellen wir uns einen Tauchgang an einer Steilwand vor:
Der obere Hartgrund ist zum großen Teil lichtdurchflutet. Daher findet man üppiges pflanzliches Leben in Form von Rot-, Braun- und Grünalgen. Das Licht ist Bedingung nicht nur für die mit bloßem Auge sichtbaren Pflanzen, sondern auch für die einzelligen Algen, die als Symbiosepartner z. B. in Wachsrosen und weißen Gorgonien leben. Damit ist das Licht auch limitierender Faktor für die Tiefenverbreitung dieser beiden Organismen. Diese Region ist eine Zone starker Temperaturschwankungen. Mit 8–10 °C in kalten Wintern und kurzfristig über 30 °C in heißen Sommern müssen die Organismen hier zurechtkommen. Großen Einfluss hat auch die Wasserbewegung: Unterschiedliche Strömungsverhältnisse und die Kraft der Wellen wirken sich auf Körperform, Ernährungsweise und Fortpflanzung der Meeresfauna aus. Um der Wasserströmung einen möglichst geringen Widerstand entgegenzusetzen, sind die Körperoberflächen der Organismen meist abgerundet oder flächig. Aufrechte Wuchsformen finden sich hier nur an geschützten Stellen in Höhlen oder Spalten. Die festsitzenden Bewohner der Zone sind darauf angewiesen, dass ihnen die Nahrung vom Wasser zugetragen wird. Mit Fangarmen und Tentakeln wird diese aus der Strömung gefischt. Um die Siedlungsflächen des Hartgrundes herrscht ein harter Konkurrenzkampf – kein Stückchen bleibt unbesiedelt. Ob nun steiler oder flacher Fels, Blockgründe mit vielen Spalten und Löchern oder echte Höhlen – auf den Sonnenseiten gewinnen meist die Algen, während an den Schattenseiten vorwiegend Tiere angesiedelt sind.
Tiefer weicht die starke Wasserbewegung der Oberfläche einer schwachen, aber stetigen, gerichteten Strömung parallel zur Küste. Dieser Wasserstrom reicht aus, Nahrung heranzuschaffen sowie Eier, Spermien und Larven zu verdriften. Hier können sich jetzt aber auch aufrechte und empfindlichere Wuchsformen behaupten. Da das Licht weniger wird, leben hier mehr Braun- und Rotalgen. Diese können mit weniger Licht auskommen. Tiere mit symbiontischen einzelligen Algen sind hier nicht mehr vertreten.

Im tiefen Hartgrund wachsen an Pflanzen fast nur noch Rotalgen, vor allem die kaum an Pflanzen erinnernden Kalkrotalgen. Temperaturschwankungen sind hier kein Kriterium mehr. In diesen Tiefen ist die gerichtete Strömung noch schwächer. Man bezeichnet diese Zone auch als tiefe Schwammzone. Aus gutem Grund, denn diese faszinierenden Organismen prägen hier die Landschaft. Daneben wachsen in diesen Tiefen u.a. rote Hornkorallen mit ihren prächtigen Fächern. Es gibt dort Moostierchenkolonien, das Gorgonenhaupt und vieles mehr.
Bei einigen Arten leben die Jungtiere im oberen Hartgrund, während sich die Erwachsenen in größere Tiefen zurückziehen. Dies trifft z.B. für große Kraken und Krebse zu oder auch für Zackenbarsche. Auch die Eier von Katzenhaien, die über eine je nach äußeren Bedingungen 5–11 Monate lange Entwicklungszeit konstante Bedingungen brauchen, sind bevorzugt in den Hornkorallenfächern des tiefen Hartgrundes zu finden.
Noch tiefer kommen wir dann an die Grenze des Sporttauchens. Selbst im unteren Hartgrund bleibt meist zu wenig Zeit, um sich in aller Ruhe umzuschauen. Bestimmte Tiere zu suchen ist hier relativ sinnlos. Man sollte sich an dem freuen, was spontan vor der Tauchermaske auftaucht, und die kurze Momentaufnahme genießen.

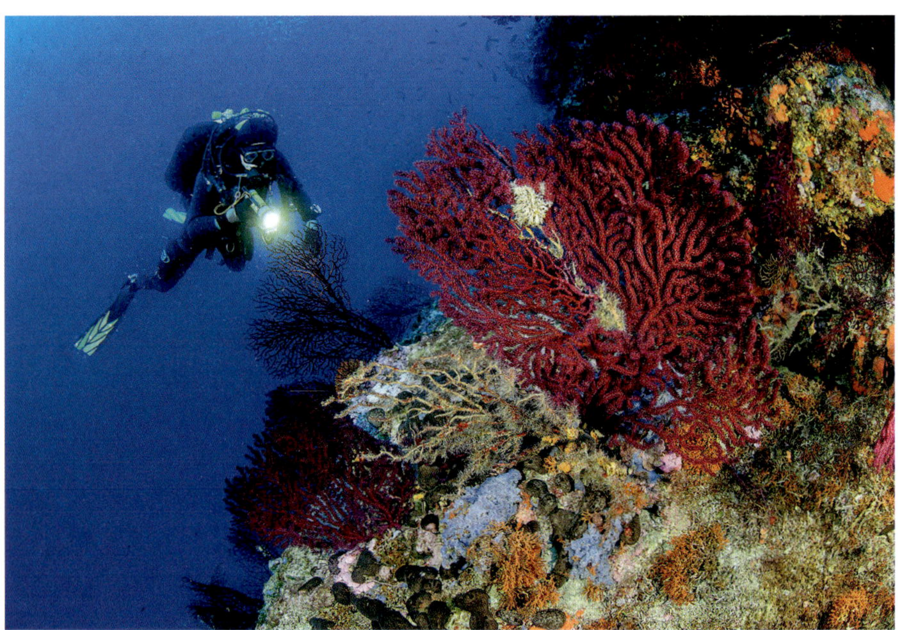

Steilwand im Mittelmeer

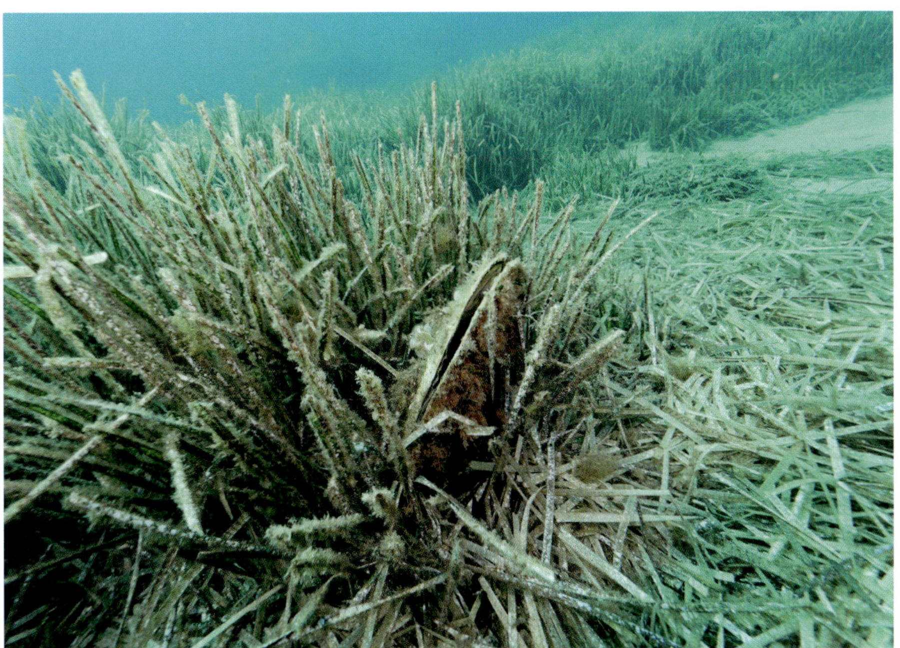

Seegraswiese im Mittelmeer

Seegraswiese

Wie auch Algen sind Seegraswiesen auf Licht angewiesen und somit auf das flachere Wasser beschränkt. Nur im klaren Wasser können einzelne Pflanzen bis in eine Tiefe von 30–40 m vorkommen. Damit eignen sich Seegraswiesen hervorragend für den Sicherheitsstopp gegen Ende eines Tauchganges oder sogar für Dekostopps. Ihr Beobachtung ist um vieles interessanter als diese Zeiten im Freiwasser zu verbringen.

Damit sich die Seegraswiese bilden kann, muss sich feines organisches Material in seichten Mulden ansammeln und durch ständige bakterielle Zersetzung Pflanzennährstoffe freisetzen. Dadurch werden die Wasserbewegung herabgesetzt, der Untergrund aufgelockert und weiteres organisches Material wie durch einen Filter festgehalten. Die Ausdehnung der Seegraswiesen erfolgt hauptsächlich durch Wachstum. Die Blätter treiben im Winter aus. In dieser Jahreszeit gibt es nur wenige Organismen im Plankton, die die Blätter besiedeln. So hat das Seegras einen gewissen Vorsprung und kann einige Zeit Fotosynthese betreiben und Reservestoffe bilden, bevor die Blätter bewachsen werden und somit weniger Licht erhalten.

Neben dem Küstenschutz durch Verfestigung des Sediments ist die wichtigste Rolle in der Primärproduktion organischer Substanz zu sehen. Etwa ein Drittel der abgestorbenen Seegrasblätter gelangt später in die offene See, wodurch letztlich die Versorgung von planktonarmen Meeresteilen gesichert wird. Ein Seegras-Rasen der Fläche eines Quadratmeters kann zudem am Tag bis zu 14 Liter Sauerstoff freisetzen. Er stellt somit die Lunge des Ökosystems Mittelmeer dar, von deren Produktion eine Vielzahl von Organismen abhängt. Erstaunlicherweise wird das Seegras selbst kaum als Nahrungsquelle genutzt.
In der Seegraswiese leben eine Vielzahl kleinerer Tiere: Unterschiedlichste Schwämme und Moostierchen besiedeln den strömungsberuhigten Bereich, wanderfreudige Seeanemonen erklimmen nachts die Blätter und gehen mit ihren nesselnden Tentakeln auf Planktonfang, Legionen verschiedener Fische nehmen Schutz und Nahrung in Anspruch, Putzerlippfische befreien andere Fische von lästigen Parasiten, kleine Seespinnen und Garnelen krabbeln durch den Blätterdschungel und Seegurken filtern unermüdlich den Sand. Am besten sucht man sich einen Canyon, lässt sich vorsichtig auf dem Sandboden nieder und guckt von der Seite ein bisschen in der Wiese »spazieren«.

Bring viel Zeit mit – es lohnt sich!

Sandgrund

Die meisten Taucher können dem Tauchen über Sand nichts abgewinnen, weil es dort scheinbar nichts zu entdecken gibt. Aber mit ein bisschen Geduld und genauerem Hinschauen stellt man plötzlich fest: Die Sandwüste lebt!
Sandgrund ist in Buchten und an flachen Küsten anzutreffen. Hier sind die Strömungs- und Brandungsverhältnisse derart, dass feinere Partikel ausgewaschen werden, gröberes Material jedoch sedimentiert. Die Beschaffenheit des Sandgrundes hängt also von der Wasserbewegung ab. Ein zweiter Faktor ist der Sauerstoffgehalt des Bodens, der zu einer Schichtung des Sediments führt. Fährt man mit der Hand etwas tiefer in den Sand, so ändert sich bereits in wenigen Zentimetern Tiefe die Farbe: aus Braun wird erst Grau, dann Schwarz. Das schwarze Sediment verrät auch durch seinen Geruch, dass es keinen Sauerstoff mehr, sondern eventuell bereits den giftigen Schwefelwasserstoff enthält. Aber selbst dort können außer anspruchslosen Bakterien noch Tiere leben!
Die Bewohner des Sandgrundes müssen sich den extremen Lebensbedingungen anpassen. Zum einen wird dieser Lebensraum durch die Wellenbewegung permanent umgeschichtet. Zum anderen bietet der Sand auf den ersten Blick kaum Schutz und wenig Nahrung. Die dort sesshaften Tiere sind gezwungen, sich selbst zu tarnen oder im Sand eingegraben für ihren Schutz zu sorgen. Zur Nahrungsbe-

schaffung wurden die unterschiedlichsten Strategien entwickelt: Irreguläre Seeigel lutschen Bakterien und Algen von den Sandkörnern, Sandgoldrosen fischen mit ihren Tentakeln Plankton aus dem Wasser, Muscheln benutzen ihren Sipho, um Nahrungspartikel von der Oberfläche abzusaugen, Lauerjäger wie Petermännchen, Himmelsgucker und Eidechsenfische graben sich ein und schnappen aus der Tarnung nach vorbeischwimmender Beute, Kammseesterne riechen die im Sand eingegrabenen Muscheln und kriechen ihnen nach ...

Für die permanent im Sand lebenden Organismen stellt sich auch das Problem der Sauerstoffversorgung: Sie müssen sich einen Zugang zum frischen Atemwasser offen halten. Muscheln tun dies z. B. mithilfe ihres Siphos, irreguläre Seeigel bilden einen Kamin mit speziellen längeren Stacheln, Maulwurfskrebse unterhalten ein gut ventiliertes Röhrensystem, Seemäuse und Schnecken kriechen immer wieder an die Oberfläche.

5.4 Korallenriffe

Tropische Korallenriffmeere sind nährstoffarme Lebensräume. Das Blau ist sozusagen die Wüstenfarbe des Meeres. Nährstoffreichere Meere erscheinen häufig eher grün. Andererseits beherbergen gerade die blauen Gewässer der Tropen mit ihren Korallenriffen die wohl üppigsten und artenreichsten Lebensgemeinschaften der Meere überhaupt.

Steinkorallen

Geschaffen werden die einzigartigen Korallenriffe von winzigen, aber hoch aktiven Baumeistern, den Korallenpolypen. Betrachtet man allein das Große Barrierer Riff mit über 2.000 Kilometer Gesamtlänge, so wird klar, dass Korallen die größten Bauwerke unseres Planten geschaffen haben und damit sogar die Bauleistung des Menschen in den Schatten stellen.

Steinkorallen gehören zu den Nesseltieren. In ihren Tentakeln besitzen sie Nesselkapseln, die bei Berührung aufplatzen und kleine Stilette mit Nesselgift auf die Beute oder den Angreifer schießen. Ein einzelner Polyp ähnelt in seinem Aufbau einer mit der Schwimmglocke am Boden festsitzenden Qualle oder der Miniaturausgabe einer Seeanemone. Korallen fangen Kleinlebewesen, die die Strömung an den Tentakeln vorbeitreibt. Berühren diese die Tentakel, werden sie von verschiedenartigen Nesselkapseln getroffen, festgehalten und durch das Nesselgift gelähmt oder gar getötet. Anschließend bewegt sich der Tentakel zur Mundöffnung und transportiert die Beute in den Magenraum, wo sie verdaut wird. Häufiger bilden sich Korallenkolonien, indem sich ein einzelner Polyp teilt und viele Schwesterpolypen bildet. Obwohl das Einzeltier nur wenige Millimeter groß ist, können solche Kolonien einige Meter Durchmesser erreichen und dann Abertausende von Polypen umfassen. Die charakteristische Eigenschaft von Steinkorallen ist ihre Fähigkeit, an ihrem Fuß, mit dem sie am Untergrund festhaften, Kalk aus dem Meerwasser abzuscheiden und so ein festes Skelett zu bilden. Die bizarren Korallen mit ihren mannigfaltigen Wuchsformen von krustig über massig bis zu filigran verästeltet bestehen fast ausschließlich aus diesem Kalk. Das eigentliche Tier überzieht lediglich mit einer dünnen Zellschicht die Ober- bzw. Außenseite des Kalkskeletts.

Fortpflanzung bei Steinkorallen

Steinkorallen können sich auf vielfältige Weise fortpflanzen. Die einfachste Methode ist die Teilung. Aus kleinen Teilen einer Korallenkolonie, die z. B. durch einen Sturm von der Mutterkolonie getrennt wurde, kann eine neue Kolonie heranwachsen, wenn es ihr gelingt, sich möglichst schnell wieder am Untergrund zu verankern. Bei der sexuellen Fortpflanzung geben manche Korallenarten, durch Mondphasen und Wasserstand synchronisiert, riesige Mengen an Eiern und Spermien ins Wasser ab. Hier verschmelzen sie und können zur Korallenlarve heranreifen. Ein Großteil wird jedoch schon in den ersten Stunden und Tagen gefressen oder stirbt. Bei dieser Strategie macht die Masse der Eier und Larven den Erfolg aus. Die Larven werden mit der Wasserströmung verdriftet und können so viele Hundert Kilometer zurücklegen und auch weit entlegene Inseln erreichen. Treffen die Larven auf einen geeigneten Untergrund, wandeln sie sich um (Metamorphose) und nehmen erstmalig die Gestalt eines sehr kleinen Korallenpolypen an. Von dem Zeitpunkt des Festsetzens an ist die Koralle auf Gedeih und Verderb mit den Bedingungen an ihrem Standort verbunden. Entsprechend hoch ist die Sterblichkeit.

Riffe wachsen langsam

Die Äste schnellwüchsiger Steinkorallenarten können bis zu 15 Zentimeter pro Jahr wachsen. Massige Arten nehmen jedoch pro Jahr nur wenige Millimeter an Umfang zu. In den zum Teil riesigen Kolonien stehen uns wahre Methusalems gegenüber, deren Jugend zeitgleich zur französischen Revolution lag. Der Zuwachs von ganzen Riffen liegt auch unter optimalen Bedingungen nur im Millimeterbereich, da viele Lebewesen zeitgleich mit dem Abbau der Riffe beschäftigt sind. Das heißt, bei jeder Schädigung des Riffs durch Taucher oder durch Ankern kann es Jahre dauern, bis der Schaden »repariert« ist.

5.5 Symbiose

Korallen – Algen

Ein Korallenriff in einem nährstoffarmen blauen Ozean ähnelt in vielerlei Hinsicht einer Stadt in der Wüste, und es bedarf einer Reihe von sehr raffinierten Anpassungen, um unter solchen nährstoffarmen »Wüstenbedingungen« die üppige Fülle an Leben hervorzubringen, die wir von Korallenriffen kennen. Der wichtigste Trick ist die Lebensgemeinschaft (Symbiose) von Steinkorallen und Algen. Fast alle Nahrungsnetze basieren auf der von den Pflanzen mithilfe von Sonnenlicht produzierten Biomasse. Diese wird von Pflanzenfressern verwertet, die wiederum Fleischfressern als Nahrung dienen. Der Kreislauf schließt sich, wenn die in den Top Räubern wie z. B. Haien gespeicherten Nährstoffe nach deren Absterben wieder verfügbar werden und erneut von den Algen oder Pflanzen verwendet werden können. In einem Lebensraum, in dem Nährstoffe natürlicherweise nur sehr begrenzt verfügbar sind, ist es von entscheidender Bedeutung, die Verluste bei der Weitergabe der Nährstoffe innerhalb des Systems so gering wie möglich zu halten. Tropische Korallenriffgemeinschaften sind Meister im Recycling, und die wohl bemerkenswerteste Strategie beim Kampf um Nährstoffe ist die Verkürzung der Transportwege durch die Lebensgemeinschaft.
Riffbildende Steinkorallen haben dies zur Perfektion entwickelt. Diese Korallen haben sich vom Nährstofferwerb durch Beutefang weitgehend unabhängig gemacht, indem sie symbiotische Algen (Zooxanthellen) in ihrem Gewebe beherbergen. Die Korallen als echte Tiere stellen ihren Untermietern Wohnraum und Pflanzennährstoffe, u. a. CO_2 und tierische Ausscheidungsprodukte, zur Verfügung und ernähren sich im Gegenzug von den Fotosyntheseprodukten der Algen. Diese helfen so den Steinkorallen vor allem beim Bau ihres Kalkskeletts. Dadurch steht den Korallenpolypen deutlich mehr Kalk für den Skelettbau zur Verfügung, und sie können ihr Wachstum auf einige Zentimeter pro Jahr steigern. Diese Symbiose zwischen Mikroalgen und Korallen ermöglicht erst die ausreichende Versorgung der Steinkorallen in einem nährstoffarmen Lebensraum und ist gleichzeitig der Garant für den Erfolg der Steinkorallen. Die Symbiose zwischen Korallen und Algen ist aber bei weitem nicht die einzige.

Anemonenfisch – Anemone

Die neben der für die Korallenriffe so wichtigen Symbiose von Korallen und Algen wohl bekannteste Symbiose ist die zwischen Anemonenfisch und Seeanemone. Auch hier profitieren beide Partner. Im Tentakelwald der stark nesselnden Anemone finden die Fische den notwendigen Lebensraum und Schutz und befreien dafür den Wirt von Schmutzpartikeln. Sie vertreiben auch potenzielle Feinde durch aktives Anschwimmen und Drohen. Anemonenfische sind im Riff nie ohne Anemonen anzutreffen. Sie sind gegen das starke Nesselgift der Anemone durch ihren eigenen Hautschleim geschützt. Vermutlich erwerben sie diesen Schutz im frühen Jugendstadium durch häufiges, kurzes Berühren der Tentakel. Dabei wird Schleim der Anemone, der die Tentakel vor gegenseitigem Nesseln schützt, auf die Haut des Fisches übertragen. Dieser verhindert dann das Abschießen der Nesselpfeile. Darüber hinaus hat man mittlerweile bei einer Art eine angeborene Resistenz gegen das Gift nachgewiesen. Meist trifft man in Anemonen ein erwachsenes Anemonenfischpärchen und je nach Größe des Wirtes eine größere oder kleinere Anzahl von Jungtieren an. Stirbt das Weibchen oder verlässt es die Anemone, so wandelt sich das Männchen zum Weibchen um, während das ranghöchste junge Männchen seine Stellung einnimmt.

Coral Bleaching

Weltweiter Temperaturanstieg

Im gesamten Indopazifik stiegen im Frühjahr 1998 die Wassertemperaturen enorm an. Dieser Anstieg war in diesem Jahr weitaus höher als sonst bei dem El-Niño-Phänomen – einer immer wieder auftretenden weltweiten Klimaschwankung – üblich. Auf den Malediven wurden an den Außenriffen über 30 °C und in den Lagunen noch höhere Temperaturen gemessen. Auch der Zeitraum der Erwärmung war größer als sonst. Die Wärme hielt sich über mehr als vier Monate! Hierzu die Aussage der Weltwetterorganisation (WMO) in Genf: 1998 war das wärmste Jahr seit Beginn der Temperaturmessungen im Jahre 1860! Doch dabei ist es nicht geblieben! Seither und besonders in den letzten 20 Jahren wurden die Korallenriffe mehrfach und weltweit von Ausbleichereignissen heimgesucht. Besonders die Korallenriffe im Indischen Ozean und Pazifik erlebten 2016 und 2017 ein Bleiche-Ereignis bisher unbekannten Ausmaßes.

Auswirkungen auf die Unterwasserwelt

Die Folgen sind katastrophal. Alle Organismen, besonders aber die Korallen, wurden durch diese hohen Wassertemperaturen einer enormen Belastung ausgesetzt. Bei riffbildenden Korallen, die mit einzelligen Algen in Symbiose leben, führte dies zum Ausbleichen (coral bleaching). Durch die lang anhaltenden Wassertemperaturen starben viele Steinkorallen letztlich ab. Erhöhen sich die Wassertemperaturen auf über 32 °C, steigt die Stoffwechselleistung der Algen in einem Maß an, dass die Korallen sie ausstoßen. Die Koralle bleicht aus, sie wird weiß. Auch eine Verringerung der Farbstoffe (Pigmente) in den Algenzellen, die für

die Fotosynthese wichtig sind, trägt zum Ausbleichen bei. Zwar lebt die Koralle auch in diesem »weißen Zustand«, bei dem ca. 20–30 % der Algen im Korallengewebe verbleiben können, doch ist ihr Wachstum stark reduziert. Bei länger anhaltenden hohen Wassertemperaturen führt diese Schwächung dann zum Tod der Korallen.
Neben dem Anstieg der Wassertemperatur werden eine erhöhte ultraviolette Strahlung der Sonne, starke Schwankungen des Salzgehaltes, hohe Sedimentbelastung, Bakterien- und/oder Parasitenbefall sowie bereits erfolgte Schwächung der Korallen durch z. B. mechanische Belastungen für die Schäden an den Korallenriffen verantwortlich gemacht. Die Korallenbleiche hat nicht nur die Riffe der Seychellen und Australiens oder der Malediven stark geschädigt, sondern dieses Phänomen wurde weltweit gefunden.

5.6 Neobiota

In den letzten Jahrzehnten können wir Taucherinnen und Taucher gerade auch unter Wasser einige weitreichende Veränderungen beobachten: Fast unbemerkt bekommen einheimische Tiere und Pflanzen Gesellschaft aus weit entfernten Ländern. In den heimischen Bach- und Flusssystemen sowie Seen fand eine Besiedelung durch neue, nicht heimische Arten statt, die immer noch anhält. Ob amerikanische Sonnenbarsche oder chinesische Süßwassermedusen, alle sind heute in heimischen Gewässern anzutreffen. Sie gehören zu den sogenannten Neobiota: Tiere und Pflanzen, die in Deutschland nicht heimisch sind und hierher eingewandert sind bzw. zu uns transportiert wurden. Nicht alle eingeführten Arten können sich allerdings in ihrer neuen Umgebung längerfristig auch etablieren. Sofern sie sich ohne Zutun des Menschen unter natürlichen Bedingungen über mehrere Generationen und einen längeren Zeitraum vermehren, gelten sie als eingebürgert (etabliert). Dabei gilt für Pflanzen die sogenannte »Zehnerregel«: von 1.000 eingeführten Pflanzen halten sich 10 % (100) unbeständig, davon etablieren sich 10 % (10) dauerhaft in naturnahen Lebensräumen. Von diesen etablierten Arten können weitere 10 % (1) eine unerwünschte Auswirkung und damit einen invasiven Charakter haben. In den Medien werden aber gerne alle Neobiota mit Invasoren gleichgesetzt. Doch nicht alle Arten verursachen Veränderungen und bedrohen die heimische Biodiversität. Diese Veränderungen sind meist schwer festzustellen. Doch gibt es auch Fälle mit z. T. großen ökologischen und wirtschaftlichen Schäden. So kann es durch den »Neuling« zum Verschwinden einer heimischen Art kommen. Tiere und Pflanzen werden nicht nur aus anderen Ländern nach Mitteleuropa eingeführt. Auch aus Mitteleuropa wurden und werden Arten weltweit verbreitet. So wurden zum Beispiel die Bachforelle und der Hausspatz absichtlich nach Nordamerika eingeführt. *Caulerpa taxifolia*, obwohl ursprünglich eine pazifische Algenart, hat sich in der Aquarienhaltung in Deutschland verändert und wurde somit kälteresistent. Durch Unachtsamkeit gelangte sie dann ins Mittelmeer und sorgt dort nun für besorgniserregende Veränderungen in küstennahen Lebensräumen. Aber auch unabsichtlich, z. B. über das Ballastwasser von großen Schiffen oder an Schiffsrümpfen, werden Arten über die Weltmeere transportiert und finden neue Lebensräume.

Ochsenfrosch

Der Ochsenfrosch (*Lithobates catesbeianus*) kommt ursprünglich aus den mittleren und östlichen USA sowie dem südöstlichen Kanada. Oft wurden die Tiere in Aquakulturen importiert, um als Nahrungsmittel verkauft zu werden. Zudem wurden Ochsenfrösche in einigen Fällen als biologisches Bekämpfungsmittel gegen landwirtschaftliche Plagen eingesetzt oder für den Gartenteich verkauft. Manche Frösche entkamen von dort, aber vielerorts wurden die Kaulquappen oder erwachsenen Frösche von Aquarianern auch ausgesetzt. Ochsenfrösche können große Strecken über Land zurücklegen und sich dadurch selbst in ganzen Fluss- und Seensystemen verbreiten. Sie werden bis zu 30 cm groß und über 1 kg schwer. Damit sind sie größer als alle einheimischen Amphibienarten. Sie leben in und an warmen, offenen Teichen und Seen. Ihr Lebensraum umfasst pflanzenreiche Gewässer wie größere Teiche, Altarme und Baggerseen. Erwachsene Ochsenfrösche sind Räuber, die alles zu fressen scheinen, was sie erreichen und schlucken können. So fangen sie Wirbellose und Wirbeltiere, wie z. B. Fische, Amphibien, Schnecken, Insekten und junge Wasservögel sowie Kleinsäuger. Die Jungstadien des Ochsenfrosches fressen auch Kaulquappen anderer Amphibienarten. Die Weibchen legen 1.000 bis 2.000 Eier, teilweise aber auch deutlich mehr. Die Gelege treiben frei im Wasser und sind manchmal bis zu 1 m groß. Die jungen Kaulquappen schlüpfen schon nach drei bis fünf Tagen und können eine Länge von bis zu 15 cm erreichen! Der Ochsenfrosch kann sich innerhalb kurzer Zeit hervorragend an die Gegebenheiten seines neuen, lokalen Lebensraums anpassen. So kann er z. B. als Kaulquappe in den tieferen Bereichen der Seen überwintern.
In der nördlichen Oberrheinebene sind die Ochsenfrösche auf mehrere, zum Teil größere Gewässer verteilt. Da Ochsenfrösche die heimische Amphibienfauna stark beeinträchtigen und sie der Ausbreitung des Frosches fast nichts entgegenzusetzen hat, wird der Ochsenfrosch zu den 100 gefährlichsten Neobiota-Arten gezählt.

Kalikokrebs

Der Kalikokrebs (*Orconectes immunis*) stammt ursprünglich aus dem oberen Mississippi-Einzugsgebiet in Nordamerika. Durch die Nutzung als lebender Angelköder wurde er in Nordamerika vielfach verschleppt. Überzählige Köderkrebse wurden dabei häufig einfach ausgesetzt und gründeten dann neue Bestände. So gelangte der Kalikokrebs vermutlich auch nach Europa. Er bevorzugt pflanzenreiche, stehende oder langsam fließende Gewässer mit einem lehmig-schlammigen und weichen Bodengrund – Lebensräume also, die in der Oberrheinebene verbreitet vorkommen. Der Kalikokrebs gräbt in geeignetem Bodengrund tiefe Wohnröhren, in denen er lange verweilen und sogar ein Austrocknen der Gewässer über mehrere Monate überdauern kann. Zudem toleriert er Wassertemperaturen bis 30 °C und kommt mit geringen Sauerstoffkonzentrationen zurecht. Damit gehört er vermutlich zu den Arten, die vom Klimawandel profitieren. Die Weibchen tragen im Winter bis zu 500 Eier, aus denen bereits im zeitigen Frühjahr ab März die Jungtiere schlüpfen. Diese zeigen bei optimalen Wassertemperaturen und genügend Nahrung ein sehr schnelles Wachstum und können bereits nach vier Monaten geschlechtsreif werden. Die Lebenserwartung ist mit zwei bis drei Jahren dafür vergleichsweise gering. Heimische Krebsarten werden häufig erst in diesem Alter geschlechtsreif!

Quagga-Muschel

Im Frühjahr 2016 wurden zum ersten Mal Exemplare der Quagga-Muschel (*Dreissena rostriformis*) im Überlinger See bei Wallhausen von Tauchern entdeckt. Die Quagga-Muschel ist eigentlich im Schwarzen Meer beheimatet und ist eine verwandte Art der bereits im See vorhandenen eingewanderten Zebra-, Wander- oder Dreikantmuschel (*Dreissena polymorpha*). Seither breitet sie sich im Bodensee aus. Aktuelle Erhebungen zeigten zum Ende des Jahres 2018 eine geschlossene Verbreitung im Flachwasserbereich des gesamten Bodensees! Dabei fällt auf, dass an den meisten Stellen die Quagga-Muschel deutlich dichter vorkommt als die schon länger etablierte Dreikantmuschel. Und die Quagga-Muschel kommt sowohl in den Flachwasserbereichen als auch in tieferen Seeteilen vor. Mittlerweile wird vermutet, dass sich die Quagga-Muschel im gesamten Bodensee das gesamte Jahr über stark vermehrt.

Exotische Rotfeuerfische erobern das Mittelmeer

Immer häufiger werden Rotfeuerfische von Tauchern beobachtet – und zwar bei ihren Tauchgängen im östlichen Mittelmeer, wie etwa an den Küsten der Türkei. Zuerst wurden sie im Jahr 1991 vor der Küste Israels entdeckt, 2012 dann in den Gewässern Libanons, 2014 folgten dann erste Sichtungen in der Türkei, 2015 an der gesamten Südküste Zyperns, dann bei Rhodos und 2016 erstmalig an der Südostküste von Kreta. Der Weg ins Mittelmeer ist kein Geheimnis: Der Rotfeuerfisch nutzt die Passage vom Roten Meer ins Mittelmeer über den Suez-Kanal. Dieser wurde im Jahr 1869 fertiggestellt und eröffnet. Damals feierte man die Vorteile der nun wesentlich verkürzten Handelsrouten, aber mögliche ökologische Folgen für das Mittelmeer waren mit dem damaligen Wissensstand kein Thema. Erst in den 1970er-Jahren fanden die ersten Neuankömmlingen aus dem Roten Meer Beachtung. Insgesamt schätzt man, dass bis heute über 1.000 Arten über den Suezkanal ins Mittelmeer gelangt sind.

Schlauchalgen als Bedrohung?

Im Mittelmeer breitet sich die Schlauchalge *Caulerpa taxifolia* aus. Häufig wird sie aufgrund ihres Ausbreitungstempos und ihrer Fähigkeit, Seegraswiesen zu überwachsen, auch als »Killeralge« bezeichnet. Im Jahr 1984 wurde die Alge zum ersten Mal im Mittelmeer vor Monaco entdeckt. Bald darauf verdichteten sich die Gerüchte, dass sich *Caulerpa taxifolia* über das Aquarium des Ozeanographischen Museums von Monaco ihren Weg ins Mittelmeer gebahnt hatte. Oder genauer gesagt, bei Reinigungsarbeiten gepaart mit Unachtsamkeit wurde die Alge ins Mittelmeer gespült.

Nach Monaco war sie übrigens aus dem Aquarium der Stuttgarter Wilhelma gekommen. Dort hatte sich die formschöne und leuchtend grüne Alge als »Zierpflanze« in den Becken bewährt. Ihre wahre Heimat liegt in warmen Gebieten des tropischen Pazifiks. Insofern galt sie als harmlos und wurde als nicht im Mittelmeer überlebensfähig eingestuft. Doch wie die Beobachtungen zeigen, kam es anders. Im Jahr 1996 bedeckte *Caulerpa taxifolia* eine Fläche von über 3.000 Hektar; 1989 waren es gerade mal zwei gewesen. Hauptverbreitungsgebiete sind die Côte d'Azur und die italienische Riviera zwischen Toulon und Alassio, ein etwa 300 Kilometer langer Küstenabschnitt. Aber auch vor Spanien, vor Elba und an der kroatischen Küste wurde und wird die Alge beobachtet. Sehr wahrscheinlich wurde sie über die Anker der Sport- und Segelboote verbreitet. Nur so kann die Überbrückung dieser weiten Entfernungen, wie zum Beispiel nach Kroatien, erklärt werden.

Doch worin liegt die eigentliche Bedrohung?

Wie die Ausbreitung an der französischen Küste zeigt, kommt die Schlauchalge bestens mit den Bedingungen im Mittelmeer zurecht. Und nicht nur das! Bedingt durch giftige Inhaltsstoffe, die als Fraßschutz dienen, wird die Alge von allen heimischen Tieren gemieden. Natürliche Feinde für die Schlauchalge gibt es im Mittelmeer nicht. Sie kann sich deshalb völlig ungestört ausbreiten.

In der Zwischenzeit folgt auf *Caulerpa taxifolia* eine weitere und ebenfalls neue Art, *Caulerpa racemosa*, die aus Australien eingeschleppt wurde. Im Jahr 1991 wurde diese Schlauchalgenart vor der Lybischen Küste erstmals beobachtet, und seither hat sie einen wahren »Siegeszug« im Mittelmeer hinter sich. Von den Küsten von zwölf Mittelmeerstaaten und von allen größeren Mittelmeerinseln werden Vorkommen berichtet.
Beim Schnorcheln und Tauchen sieht diese Killeralge ganz und gar nicht gefährlich aus. Im Gegenteil! Durch ihr auffallendes Grün und ihre gefiederten »Blättchen« bringt sie Form und Farbe in die eine oder andere Bucht. Doch sei an dieser Stelle darauf hingewiesen, dass nach dem Schnorcheln und Tauchen peinlichst genau darauf geachtet werden muss, dass keine *Caulerpa*, auch nicht noch so winzige Teile, in andere Buchten verschleppt werden. Also ist eine gründliche Kontrolle der Ausrüstung angesagt!

5.7 Taucher können das Gewässer schützen

Dem Schutz dient in erster Linie natürlich das Verhalten beim Tauchen selbst, aber auch das Verhalten am Gewässer, bei der Anfahrt zum See und bei der Vorbereitung für den Tauchgang. Aber auch das Verhalten nach dem Tauchen wirkt sich auf die Umgebung aus. Alles zusammen hat einen Einfluss auf die Qualität des Tauchplatzes und des Tauchganges, hat aber auch schon im negativen Fall zum Schließen des Tauchplatzes oder sogar des gesamten Sees geführt. Im Detail sind dies folgende Dinge:

Am Gewässer – Tauchplatzwahl/Tauchgangsplanung

- **Wahl des Tauchplatzes:** Nicht jedes Gewässer ist für jeden Tauchgang geeignet. So wie Tarierübungen nicht an Steilwänden durchgeführt werden, sollten sie auch in ökologisch sensiblen Gewässern unterbleiben. Um hier zu tauchen, sollte eine entsprechende Erfahrung vorhanden sein.
- **Einschränkungen von Tauchzeiten beachten:** Einschränkungen in Bezug auf Nachttauchen oder Tauchen im Winter, aber auch eine maximale Anzahl von Tauchgängen pro Tag sollten befolgt werden.
- **Parkplätze benutzen:** Wildes Parken ist auf jeden Fall zu vermeiden. Dies zerstört die Uferzonen, verärgert die Anwohner und kann zur Sperrung des Tauchplatzes führen.
- **Fahrgemeinschaften bilden:** Wenn möglich, nur wenige Fahrzeuge benutzen.

- **Lärm vermeiden:** Dazu gehören z. B. das Flaschenventil ausblasen, aber auch die Autotür knallen und Musik.
- **Respekt und Rücksicht** auf die Natur und Anwohner nehmen.
- **Keinen Müll hinterlassen.**
- **Toiletten benutzen.**
- **Nicht in Naturschutzgebieten tauchen:** In Naturschutzgebieten sollte generell nicht getaucht werden.

Der Tauchgang

- **Ein- und Ausstiege:** Nur befestigte Ein- und Ausstiege nutzen. Unter Umständen zum Tauchplatz schnorcheln.
- **Fische nicht berühren und nicht blenden,** insbesondere im Winter, wenn die Fische Winterruhe halten. Wenn sie aufgeschreckt werden, verbrauchen sie Energie, die sie eigentlich für die Winterruhe benötigen. Zusätzlich wird die schützende Schleimschicht beschädigt, die die Fische vor Pilzbefall schützt. Aber auch schon das Blenden mit starken Lampen kann eine Panikreaktion auslösen und zu Verletzungen führen.
- **Ausrüstung:** Die Ausrüstung sollte eng und kompakt am Körper liegen, damit weder Schläuche oder Geräte (z. B. Lampe) an Pflanzen hängenbleiben oder im Sediment schleifen.
- **Gute Tarierung:** Eine gute Tarierung und die Kontrolle über die eigene Bewegung sind notwendig. Dazu gehört auch, dass nicht mehr als die notwendige Menge Blei benutzt wird. Damit wird gewährleistet, dass das Schädigen von Pflanzen und Tieren sowie das Aufwirbeln von Sediment durch versehentliches Berühren und durch Flossenschläge vermieden werden kann.
- **Abstand zum Grund:** Ein sicherer Abstand zum Grund verhindert das Aufwirbeln von Sediment und auch eine plötzliche Sichtreduzierung.
- **Fotografieren und Filmen:** Auch beim Fotografieren und Filmen sollte ein sicherer Abstand zum Grund eingehalten werden. Hinknien oder Stehen, insbesondere bei weichem und feinem Sediment, aber auch auf lebendem Untergrund in Riffen, ist unbedingt zu vermeiden. Das Fotografieren oder Filmen sollte grundsätzlich im hydrostatischen Gleichgewicht erfolgen. Die Feintarierung erfolgt dabei über die Atmung.

Die letzten Punkte sind nicht nur unter Umweltaspekten wichtig, sondern gehören natürlich auch zum **sicheren Tauchen**.

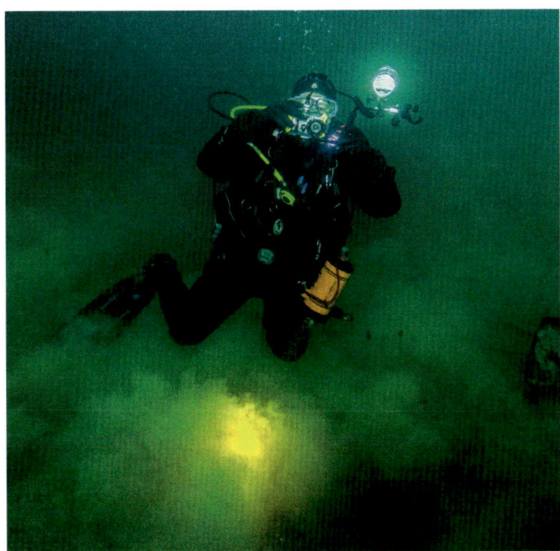

Zu wenig Abstand zum Grund mit Sedimentaufwirbelung

Diese Punkte sind schon seit langem in den zehn Goldenen Regeln des VDST und der CMAS zusammengefasst. Detaillierter und mit mehr Erklärungen sind diese in den **Leitlinien für einen umweltverträglichen Tauchsport** weiterentwickelt worden:

1. **Nachhaltigkeit des Tauchsports.** Der Tauchsport muss so ausgeübt werden, dass in allen Lebensräumen, in denen getaucht wird, kein gravierender und/oder dauerhafter Schaden entsteht und Tiere, Pflanzen, geologische Formationen und archäologische Objekte erhalten bleiben. Kommerzielle oder persönliche Interessen sind keine Legitimation zur Zerstörung der Natur. Sie sind dem Umweltschutzgedanken nachzuordnen.

2. **Ausbildung, die die Umweltverträglichkeit des Tauchens sicherstellt.** Die Ausbildung der Taucher muss so strukturiert sein (und durchgeführt werden), dass sie nur dann in Freigewässern tauchen dürfen, wenn sie die theoretischen und praktischen Kenntnisse besitzen (z. B. exaktes Tarieren), die sicherstellen, dass eine übermäßige und dauerhafte Beeinträchtigung der Lebensräume nicht zu erwarten ist. Dies gilt in besonderem Maße für die Anfängerausbildung. Dazu ist es unerlässlich, dass die Ausbilder sich mit dem Gedanken des umweltverträglichen Tauchens uneingeschränkt identifizieren und als gutes Beispiel vorangehen.

3. **Information – Mittel zur Minimierung von Schäden.** Um sicherzustellen, dass in dem gewählten Tauchgewässer nicht aufgrund regionaler, lokaler und/oder saisonaler Besonderheiten sowie durch die Art des Tauchgangs (z. B. zur Ausbildung) eine Beeinträchtigung der Umwelt durch das Tauchen auftreten kann, muss sich der Taucher vorher informieren. Diese Informationspflicht ist eine Holschuld. Die Taucher haben sie selbst einzubringen.

4. **Bereitschaft zum Verzicht.** Bei der Gefahr einer nachhaltigen Schädigung der Natur oder kulturhistorischer Objekte muss der Taucher – unaufgefordert und selbstverständlich – auf die Ausübung seines Sports verzichten.

5. **Die Verantwortung des Tauchsports bezieht die Ufer mit ein.** Die Taucher haben sicherzustellen, dass durch ihre Sportausübung generell keine vermeidbare Beeinträchtigung der Umwelt, z. B. durch Geräusche, Abgase, kurz- oder langfristige Flächenversiegelung, und sonstige Umweltstörungen auftreten. Auch die Gewässeranrainer sind ein Teil der Umwelt und haben den berechtigten Anspruch, nicht belästigt zu werden.

6. **Bioindikatoren.** Taucher sollten so ausgebildet sein (z. B. durch die Teilnahme an Umwelt-Spezialkursen), dass sie in der Lage sind, negative Veränderungen in einem Lebensraum, in dem sie tauchen, zu erkennen, aufzuzeigen und öffentlich bekanntzumachen. (Der VDST z. B. unterstützt diese Bemühungen durch Umweltfachleute in den Ländern und auf Bundesebene.)

7. **Die Verantwortung für andere.** Tauchsportler sollten sich verpflichtet fühlen, andere zu umweltverträglichem Verhalten anzuhalten, und ihre Einflussmöglichkeiten nutzen, grobe Verstöße gegen die Regeln des umweltverträglichen Tauchens und mutwillige Zerstörung der Natur durch andere zu unterbinden.

Manchmal ergibt sich die Gelegenheit, dass man in speziellen Schutzgebieten tauchen darf. Um dabei nichts falsch zu machen, ist es unerlässlich, immer vor Ort zu erfragen, wann und wie dies möglich ist! Bei Nichteinhaltung kann dies, insbesondere im Ausland, zu empfindlichen Strafen führen. Und es ist sehr hilfreich zu wissen, wie die verschiedenen Schutzgebiete definiert sind.

Schutzgebietskategorien

Zur Erhaltung und Sicherung der Schönheit, Eigenart und Vielfalt der Natur werden Schutzgebiete verschiedener Kategorien ausgewiesen:

Landschaftsschutzgebiete

Landschaftsschutzgebiete werden zur Erhaltung der natürlichen Vielfalt, Eigenart und Schönheit der Landschaft ausgewiesen und dienen auch zur Erhaltung oder Wiederherstellung der Leistungsfähigkeit des Naturhaushalts sowie zur Erhaltung oder Verbesserung der Nutzungsfähigkeit der Naturgüter. Mit diesem Instrument können außerdem Gebiete besonderer Bedeutung für die Erholung gesichert sowie Pufferzonen zu Naturschutzgebieten festgelegt werden. Die Ausweisung von Landschaftsschutzgebieten erfolgt durch die unteren Naturschutzbehörden per Rechtsverordnung.

Naturschutzgebiete

Gebiete, in denen ein besonderer Schutz von Natur und Landschaft aus wissenschaftlichen, naturgeschichtlichen oder landeskundlichen Gründen oder zur Erhaltung von Lebensstätten, Biotopen oder Lebensgemeinschaften bestimmter wildlebender Tier- und Pflanzenarten notwendig ist, werden als Naturschutzgebiete gesichert. Insbesondere dienen sie gefährdeten Tier- und Pflanzenarten als Rückzugsräume für eine möglichst ungestörte Entwicklung. Die Ausweisung von Naturschutzgebieten erfolgt durch die höheren Naturschutzbehörden per Rechtsverordnung.

FFH- / Natura-2000-Gebiete

Natura 2000 ist eine europäische Naturschutzkonzeption auf Grundlage der EG-Vogelschutzrichtlinie aus dem Jahr 1979 und der FFH-Richtlinie (Fauna = Tierwelt, Flora = Pflanzenwelt, Habitat = Lebensraum) aus dem Jahr 1992. Die Staaten der Europäischen Union haben sich damit die Erhaltung der biologischen Vielfalt in Europa zum Ziel gesetzt und den Aufbau eines zusammenhängenden Netzes europäischer Schutzgebiete (Natura-2000-Gebiete) beschlossen.

Nationalparks

Ein Nationalpark ist ein großflächiges Naturschutzgebiet, in dem Natur Natur sein darf. In den Kernzonen vom Menschen weitgehend unbeeinflusst, kann sich hier die Natur entwickeln. Wildlebende Pflanzen und Tiere finden hier ihre Lebensräume, wobei die Wildnis auch für den Menschen erlebbar ist. Nationalparks können dazu beitragen, den Rückgang der Artenvielfalt zu begrenzen. Sie sind einheitlich zu schützende Gebiete, die großräumig, weitgehend unzerschnitten und von besonderer Eigenart sind, und sich in einem überwiegenden Teil ihres Gebietes in einem vom Menschen nicht oder wenig beeinflussten Zustand befinden oder geeignet sind, sich in einen Zustand zu entwickeln oder in einen Zustand entwickelt zu werden, der einen möglichst ungestörten Ablauf der Naturvorgänge in ihrer Dynamik gewährleistet.

5.8 Mitmachmöglichkeiten und Weiterbildung

Citizen Science

Auch ohne wissenschaftlichen Hintergrund können Sporttaucher ausgezeichnete Beobachter sein und so wissenschaftliche Studien unterstützen. So können auf der Webseite www.neobiota.info die gebietsfremden Tier- und Pflanzenarten von Tauchern erfasst und so wissenschaftliche Studien unterstützt werden. Dort gibt es Detailinformationen – sogenannte Steckbriefe – zu einzelnen Arten und vieles mehr. Kleinere und größere Projekte gibt es in allen Teilen der Welt, von den einheimischen Seen über das Mittelmeer bis hin zu den Tropen. Hier sind deshalb nur einige Beispiele aufgeführt. Aktuelle Informationen gibt es über die Umweltabteilungen des VDST, der Landesverbände, aber auch im **VDST-Sporttaucher**.

Reef Check

Das wohl bei Tauchern bekannteste Projekt in diesem Rahmen ist das Reef-Check-Programm. Das ist eine globale freiwillige Initiative von Sporttaucher-Teams, die durch erfahrene Meereswissenschaftler angeleitet werden. Es gibt zwei Ziele: öffentliches Bewusstsein über den Wert von Korallenriffen zu schaffen, über die Bedrohungen ihrer Gesundheit und mögliche Lösungen dieser Probleme, und einen wissenschaftlich belegten Überblick über den Grad des menschlichen Einflusses auf die Riffe weltweit zu erhalten. Jeder Sporttaucher, der sicher tauchen kann und an einfach zu erlernenden Surveys von Riffen teilnehmen möchte, kann bei Reef Check aktiv mitmachen. Bei den Surveys werden 100 m lange Transekte mehrmals durchschwommen und dabei bestimmte Fischarten und Wirbellose, wie z. B. Seeigel, gezählt sowie die Korallenbedeckung abgeschätzt. Da nur wenige leicht erkennbare, Arten erfasst werden, kann man ohne spezielle Kenntnisse teilnehmen. Wie bei praktisch allen Citizen-Science-Projekten gibt es zu Beginn eine ausführliche Einführung. Weitere Informationen finden sich unter www.reefcheck.org. Diese Methode wurde in der Zwischenzeit auch auf verschiedene Lebensräume des Mittelmeeres als »Reef Check Mediterranean Sea« entwickelt. Informationen hierzu gibt es unter www.reefcheckmed.org.

Und auch für verschiedene Tier- und Pflanzengruppen gibt es Möglichkeiten, sich als Bürgerwissenschaftlerin und -wissenschaftler beim Datensammeln zu beteiligen. Ein kurzer Blick ins Internet, und man findet dort Citizen-Science-Projekte, z. B. *Caulerpa*-Algen, Seepferdchen oder Quallen.

Tauchen für den Naturschutz – Gewässerbeurteilung

Hier setzen sich Sporttaucher und Naturschützer gemeinsam für den Erhalt des guten Zustands der einheimischen Seen ein. Unterwasserpflanzen sind hervorragende Indikatoren des ökologischen Zustands eines Gewässers und werden bei der Bewertung der Gewässergüte genutzt. Doch oft fehlt es an Informationen und Daten, wie es unter Wasser überhaupt aussieht. Welche Pflanze wächst, wie häufig kommt sie vor, bis in welche Tiefe wachsen Pflanzen? Diese Fragen können mithilfe geschulter Sporttaucher beantwortet werden. Durch regelmäßiges Monitoring der Wasserpflanzen durch Sporttaucher ist es möglich, frühzeitig Veränderungen in den Seen festzustellen.

Sporttaucher helfen Eigentümern, Gemeinden, Nutzern und Behörden bei der Datengewinnung über den Zustand der Seen. Die Naturschützer helfen den Sporttauchern, diese Daten selbstständig verstehen, interpretieren und berichten zu können. Damit werden Sporttaucher zu Botschaftern für den Seenschutz.

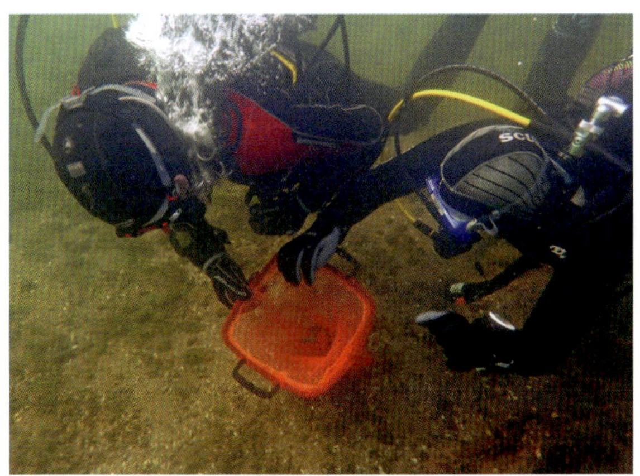

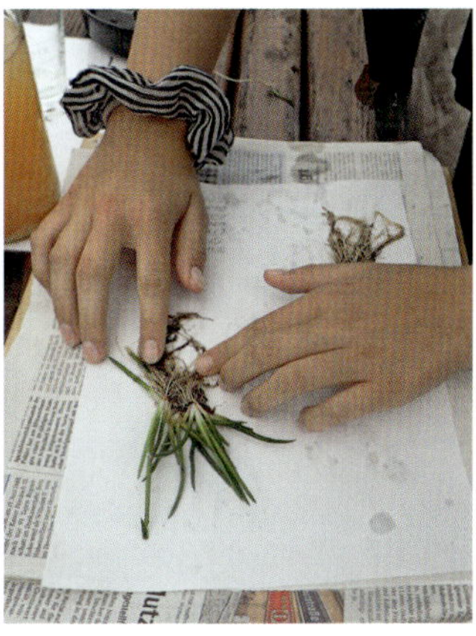

Probennahme und Bestimmung von UW-Pflanzen

Umwelt-Weiterbildungsmöglichkeiten im VDST

Für die Details beachte bitte auch die gültige SK-Ordnung.

Der VDST bietet über die Landesverbände regelmäßig Weiterbildungen für biologisch Interessierte an. Die Einstiegskurse beginnen mit Vorträgen zu Süßwasser- bzw. Meeresbiologie. Die Wochenend- oder Wochenkurse an unseren einheimischen Seen oder am Meer beinhalten auch geführte Tauchgänge und teilweise sogar kleine Experimente. Hier werden dann detailliert die Biologie und die Ökologie des jeweiligen Gewässers erklärt. Im Einzelnen sind dies folgende Kurse:

SK »Leben im See«
In diesem Kurs gibt es einen ersten Einblick in die Süßwasserbiologie. Die Zonierung eines Sees und die damit zusammenhängenden Großlebensräume und Lebensgemeinschaften werden erklärt. Zudem werden ausgewählte Tiere und Pflanzen vorgestellt. Das Erlernte kann dann durch biologisch geführte Tauchgänge ergänzt und vertieft werden. Dieser Kurs ist eine erste Einführung und macht Appetit auf mehr.

SK »Süßwasserbiologie«
Dieser zweitägige Kurs ist eine Einführung in die Limnologie der größeren heimischen Gewässer. Die wichtigsten Gruppen der Tiere und Pflanzen in den einheimischen Seen werden vorgestellt. Durch geleitete Tauchgänge wird ein größeres Verständnis der ökologischen Zusammenhänge im Gewässer erreicht. Durch selbstständiges Durchführen von kleinen Projekten unter Wasser, wie Verhaltensbeobachtungen oder Zählungen von Organismen, kann nun erlebnisreicher getaucht und der eigene Einfluss auf den Lebensraum Gewässer minimiert werden.

SK »Gewässeruntersuchung«
In diesem Kurs wird der Status eines Gewässers mithilfe von chemischen und biologischen Methoden abgeschätzt. Mit diesen Kenntnissen ist es möglich, Veränderungen in einem Gewässer frühzeitig zu erkennen, die Ursachen für mögliche Verschmutzungen auszumachen sowie langfristige Belastungen festzustellen.

SK »Tauchen für den Naturschutz«

Dieser Kurs gibt eine Einführung in die Methodik der Wasserpflanzenbestimmung. Es werden die gängigsten Unterwasserpflanzen erklärt und bestimmt. Bei geleiteten Tauchgängen wird auf Besonderheiten hingewiesen. Dazu werden Unterwasserpflanzen gesammelt und/oder fotografiert. Diese werden nach den Tauchgängen bestimmt, und anhand von Vorkommen und Häufigkeit wird der Zustand des Gewässers bestimmt. Der Kurs kann durch einen Schwerpunkt ergänzt werden, der die besonderen örtlichen Gegebenheiten berücksichtigt (etwa ein besonderer Seentyp).

SK »Ozeanologie«

Dieser Kurs gibt einen ersten Einblick in die Meeresbiologie. Es werden die Zusammenhänge im Ökosystem Meer, die Großlebensräume und Lebensgemeinschaften und insbesondere Vertreter der wichtigsten marinen Tiergruppen und Pflanzen sowie ihre Biologie erklärt. Der Kurs wird meist durch einen biologisch geführten Tauchgang ergänzt, bei dem auf die Besonderheiten aus der theoretischen Ausbildung hingewiesen und eine Nachbesprechung über eigene Beobachtungen und umweltschonendes Verhalten durchgeführt wird.

SK »Meeresbiologie«

Dieser Kurs ist eine Einführung in die Meeresbiologie. Hier werden die wichtigsten Gruppen mariner Tiere und Pflanzen vorgestellt. In diesem Kurs werden die verschiedenen Lebensräume und Lebensweise im Meer erklärt, z. B. welche Auswirkungen die Gezeitenströmung auf den Lebensraum hat. Aber auch die Auswirkungen von Umweltverschmutzung und Tourismus werden erklärt. In geführten Tauchgängen wird auf Besonderheiten hingewiesen. Durch selbstständiges Durchführen von kleinen Projekten unter Wasser wie Verhaltensbeobachtungen oder Zählungen von Organismen wird das Verständnis der ökologischen Zusammenhänge im Meer verbessert. Dies ermöglicht es erlebnisreicher zu tauchen. Der Kurs wird häufig durch einen Schwerpunkt ergänzt werden, der die besonderen örtlichen Gegebenheiten berücksichtigt, wie besondere Meeresgebiete, z. B. Korallenriffe, Mittelmeer oder auch Ostsee.

SK »Denkmalgerechtes Tauchen«

Dieser Kurs ist eine Einführung in den Denkmalschutz und die Archäologie im Süß- und im Salzwasser. Er soll ein Verständnis für die Bedeutung und die Empfindlichkeit von Unterwasserdenkmälern vermitteln und helfen, die wichtigsten Gruppen von Unterwasserdenkmälern zu erkennen. Diese Kenntnisse ermöglichen es, Unterwasserdenkmäler und Wracks sicherer und erlebnisreicher zu betauchen, korrekte Fundmeldungen zu erstellen und an die zuständigen Stellen weiterzuleiten sowie Veränderungen im Umfeld und an den Unterwasserdenkmälern zu erkennen. Der SK »Denkmalgerechtes Tauchen« ist ein gemeinschaftlicher Spezialkurs des VDST und der Kommission für UW-Archäologie im Verband der Landesarchäologen der Bundesrepublik Deutschland (KUWA).

Informationen zu den Terminen der einzelnen Kurse finden sich im VDST-Sporttaucher und unter www.vdst.de sowie bei den jeweiligen Landesverbänden.
Und für die schnelle und wesentliche Information bieten sich die VDST-Booklets Korallenriff-Wissen, Delfin-Wissen oder Kaliko-Wissen an. Diese sind unter www.vdst.de/umwelt/projekte.html auch online zu lesen.

Und zu guter Letzt noch ein Aufruf zum verantwortungsvollen und umweltbewussten Reiseverhalten. Um an viele Tauchplätze zu kommen, muss man Auto oder Flugzeug nutzen. Und so manche »besondere« Bestimmung erwartet einen in »fremden« Ländern. So sind Sonnenschutzmittel mit dem Wirkstoff Oxybenzon wegen ihrer korallenschädigenden Wirkung in einigen Ländern verboten. Dazu gehören unter anderen die Malediven und Hawaii. Daher lohnt es sich, sich vor der Reise über das richtige, für Korallenriffe geeignete Sonnenschutzmittel zu informieren und sich auch Gedanken darüber zu machen, wie durch die Mitnahme einer Trinkflasche der Plastikmüll reduziert werden kann.

6 Notfallrettung

Die Vermeidung von Unfällen ist vorrangiges Ziel der Tauchausbildung. Dies beginnt mit einer guten Sicherheitseinweisung, einer guten Gesundheit und einem guten Trainingsstand der Taucher. Die Kalkulation kritischer Situationen und Hinweise, wie diese vermieden werden können, ist die beste Vorbeugung, damit es gar nicht erst zu einem Notfall kommt. Aber ausschließen kann man nie, dass nicht auch Fehler gemacht werden – und wenn nicht in deiner Gruppe, dann vielleicht in einer anderen. Dann ist es wichtig, auch die richtigen Notfallmaßnahmen zu kennen und anzuwenden.

6.1 Notfallorganisation und Rettungskette

Bereits bei den Planungen eines Tauchgangs ist zu berücksichtigen, wie vor Ort eine Rettungskette funktioniert, welche Rettungssysteme vorhanden sind und wie im Notfall jemand an Land oder an Bord gebracht werden kann. Sich erst im Notfall darum zu kümmern, ist zu spät. Für jedes Gewässer ist die Notfallorganisation unterschiedlich. Dies kann mithilfe der zugehörigen Internetseiten vorab geklärt werden.

Um die Notfallorganisation kümmert sich in der Regel derjenige, der für die Sicherheit bei der Tauchunternehmung verantwortlich ist. Das ist bei einer Tauchfahrt mit mehreren Gruppen in der Regel der verantwortliche Tauchlehrer (er wird auch als »Tauchlehrer vom Dienst«, abgekürzt TLvD, bezeichnet), bei einem Tauchgang zu zweit ist es der jeweilige Gruppenführer. Daher gehört es auch zu deinen Aufgaben als DTSA**-Taucher im Rahmen der Gruppenführung, dich im Vorfeld um die Notfallorganisation zu kümmern.

Beim Tauchen an einer Tauchbasis liegt die Notfallorganisation zwar grundsätzlich bei der Tauchbasis selbst, der Verantwortliche einer Tauchgruppe hat sich jedoch selbst davon zu überzeugen, dass und wie hier Vorkehrungen getroffen wurden.

Schon vor dem Tauchgang überlegt man sich, wie bei einem Notfall vorgegangen werden kann. Man sieht sich am Tauchplatz um, schaut nach möglichen Rettungswegen und hält weitere Informationen hinsichtlich vorhandener Notfalleinrichtungen, des nächsten Krankenhauses, der nächsten Druckkammer und der Möglichkeiten eines Notfalltransports bereit.

Vorbereitung

- In welcher Zeit kann Hilfe eintreffen?
- Stehen Helfer oder eine Sicherungsgruppe zur Verfügung, oder erfolgt die Sicherung durch die Tauchbasis?
- Wer ist im Notfall als Ansprechpartner zu benachrichtigen?
- Wie kann ein Notruf abgesetzt werden, über Funk oder Mobiltelefon? Ist ein Mobilfunknetz am Gewässer vorhanden? Ist Funk an Bord vorhanden, wie funktioniert er, wer bedient ihn?
- Wie ist ein Notruf abzusetzen, mit welchen Inhalten?
- Welche Notfallnummern sollten bereitliegen oder im Telefonspeicher abgelegt sein?
- Wo sind der nächste Arzt, das nächste Krankenhaus, die nächste auch einsatzbereite Druckkammer?
- Welche Notsignalmittel sind vorhanden?
- Wo befinden sich der Notfallkoffer, das nächste Sauerstoffsystem und der nächste AED (automatisierter externer Defibrillator), und wie wird das Sauerstoffsystem bedient?
- Wie sind die Ein- und Ausstiegsmöglichkeiten am Tauchplatz, wie kann im Notfall ein Verunfallter an Land oder an Bord des Bootes gebracht werden?
- Wie kann ein Notarzt oder Rettungswagen an das Gewässer gelangen und parken (ggf. Einweiser bereitstellen)?
- Wo kann gegebenenfalls ein Hubschrauber landen?

Der Verantwortliche vor Ort sollte dann einen Ablaufplan einschließlich Notfallnummern für den Notfall bereithalten und die Sicherung organisiert haben. Hilfsmittel (insbesondere Notfallausrüstung mit Schneidwerkzeug und Sauerstoff) sollten bereitstehen und die Verfügbarkeit von Funk oder Telefonnetz überprüft worden sein. Um die erforderlichen Notfallmaßnahmen in Gang zu setzen, ist unmittelbar nach oder während der Erstversorgung der Notruf abzusetzen.

Notruf (international) 112

Damit wird die nächste Rettungsleitstelle alarmiert, die den örtlichen Rettungsdienst in Gang setzt. Dieser ist in Deutschland in kürzester Zeit am Einsatzort. Der Rettungsdienst übernimmt den Verunfallten und führt die Rettungsmaßnahmen fort. Dem Rettungsdienst sollte ein Unfallprotokoll mit Angaben zum Tauchgangsprofil (Tiefe, Zeit und erforderliche Austauchpausen), zum Auftreten und zur Art der Symptome und zu den bisher eingeleiteten Erste-Hilfe-Maßnahmen gegeben werden.

Im Ausland sind die Systeme zur Rettung bei einem Notfall sehr unterschiedlich. Erkundige dich daher bereits über die Möglichkeiten im Notfall, wenn du eine Tauchreise ins Ausland planst. Vergewissere dich vorher, welche Rettungsmöglichkeiten (Funk, Notfallkoffer, Sauerstoffsystem, AED) es an der Tauchbasis und an Bord des Tauchschiffes gibt, ob sie funktionsfähig sind und welche Qualifikation das Personal in Bezug auf Notfallmaßnahmen hat.
Die notwendige Unterstützung zu den speziell bei Tauchunfällen einzuleitenden Maßnahmen erhältst du als VDST-Mitglied im In- und Ausland über die

VDST-Taucherhotline +49 69 800 88 616

Über diese Hotline erhältst du bei Hinweis auf einen Tauchunfall rund um die Uhr Hilfe durch einen Taucherarzt. Außerdem beinhaltet die VDST-Mitgliedschaft eine Auslandsreisekrankenversicherung einschließlich Rücktransport aus dem Ausland in die Heimat. Damit ist auch die finanzielle Absicherung einer unter Umständen sehr teuren Behandlung im Ausland sichergestellt.

6.2 Risikoanalyse

Bei der Planung eines Tauchgangs ist bereits bei der Wahl der Jahreszeit, des Tauchgewässers und der Tageszeit, aber auch unmittelbar vor dem Tauchgang durch eine Bewertung der Tauchbedingungen zu beurteilen, welche Risiken möglicherweise bestehen und ob diese eingegangen werden können. Hier ist abzuwägen, inwieweit durch begleitende Maßnahmen Risiken begrenzt werden können und unter welchen Umständen ein Tauchgang besser nicht durchgeführt wird. Wir sprechen hier davon, dass nur kalkulierbare (beherrschbare) Risiken eingegangen werden. Nicht kalkulierbare Risiken hingegen müssen vermieden werden. Zur Kalkulierbarkeit gehört es, dass im Vorfeld des Tauchgangs ein Plan existiert, wie bei Eintreten eines Zwischenfalls oder besonderer Umstände reagiert werden kann.
Dazu gehören auch die Erstellung eines Notfallplans und die vorbereitenden Maßnahmen für einen Notfall, wie es im vorangegangenen Abschnitt 6.1 beschrieben wurde.
Risikopotenziale sind im Hinblick auf folgende Punkte zu bewerten:
- Sichtverhältnisse,
- Wassertemperatur,
- Helligkeit,
- Ein- und Ausstieg,

- Seegang,
- Strömung,
- Meerestiere,
- Psyche der Mittaucher,
- Ausbildungsstand der Mittaucher und
- geplante Übungen.

Die Sichtverhältnisse sind ein wesentlicher Sicherheitsfaktor und damit ein wichtiges Kriterium für die Durchführbarkeit eines Tauchgangs. Schlechte Sichtverhältnisse erhöhen nicht nur das Risiko, seine Mittaucher aus den Augen zu verlieren, sondern wirken auch auf die psychische Gesamtsituation eines jeden Tauchers. Das Risiko ist abhängig von dem Erfahrungsstand und der Psyche der Mittaucher, aber auch von der Art des geplanten Tauchgangs. Die Durchführung von Übungen ist je nach Sichtweite vielleicht gar nicht möglich. Auch die geplante Tauchtiefe sollte in Abhängigkeit von der Sichtweite gewählt werden. Anfängertauchgänge sind nur bei guter Sicht durchführbar.

Die Sichtverhältnisse sind teilweise auch schon längerfristig planbar. So ist es üblicherweise bekannt, in welcher Jahreszeit ein See eher gute Sichtweiten hat, und wann zum Beispiel aufgrund von Temperaturveränderungen, Algenblüte oder anderen Phänomen keine gute Sicht zu erwarten ist.

Bei der Auswahl des Sees helfen Erkundigungen bei anderen Tauchern, bei Tauchbasen, im Internet oder in sozialen Medien herauszufinden, ob für den geplanten Tauchgang dort gerade gute Sichtverhältnisse herrschen. Anderenfalls sollte ein anderer See als Tauchgewässer gewählt werden.

Auch nach sorgfältiger Auswahl des Sees kann es sein, dass aufgrund nicht vorhersehbarer Umstände die Sichtverhältnisse schlecht sind, sei es durch vorherige Tauchgruppen oder durch die Wetterbedingungen. Auch wenn der Aufwand mit der Fahrt zum See bereits hoch war, ist es dann sinnvoll, auf den Tauchgang zu verzichten oder einen anderen Tauchplatz anzufahren.

Auch die Wassertemperatur ist langfristig ermittelbar. Üblicherweise ist ein heimischer See in den Wintermonaten und in der Übergangszeit besonders kalt und in den Sommermonaten warm. Daher sollten Tauchgänge mit Anfängern in der warmen Jahreszeit geplant werden. Auch in der kalten Jahreszeit kann getaucht werden, wenn ein ausreichender Kälteschutz z. B. in Form eines Trockentauchanzugs als begleitende Maßnahme zur Reduzierung des Auskühlungsrisikos eingesetzt wird. Eine zu geringe Wassertemperatur birgt je nach Tauchzeit nicht nur das Risiko der Unterkühlung und Erfrierung, sondern vermindert auch die Konzentrationsfähigkeit, die Reaktionsfähigkeit und die Geschicklichkeit beim Bedienen der Ausrüstung.

Dunkelheit ist kein Ausschlusskriterium für einen Tauchgang. Schließlich werden auch Nachttauchgänge durchgeführt. Dies erfordert jedoch neben einer geeigneten Ausrüstung auch einen gewissen Erfahrungsstand. Deshalb werden Nachttauchgänge unter erhöhten Sicherheitsvorkehrungen und ohne zusätzliche Übungen durchgeführt. Tauchgänge mit Anfängern sollten möglichst nur bei guter Helligkeit durchgeführt werden, da dies bei den ohnehin schon ungewohnten Rahmenbedingungen den Stress reduziert. Es empfiehlt sich daher, solche Tauchgänge nicht in der Dämmerung und nicht bei schlechtem Wetter durchzuführen.
Ein- und Ausstieg sollten so gewählt werden, dass keine Kletterpartien erforderlich sind und ohne große körperliche Anstrengungen das Gewässer sicher erreicht und verlassen werden kann. Befestigte Einstiege, Treppen und Leitern sind hier zu wählen. Anderenfalls erhöht sich das Risiko durch körperliche Erschöpfung und zusätzlichen Stress. Auch für die Notfallplanung ist es erforderlich zu wissen, wie ein Taucher wieder ans Ufer oder in das Boot gebracht werden kann.
Je nach Seegang kann ein Tauchboot unter Umständen nicht mehr gefahrlos den gewünschten Tauchplatz erreichen, selbst wenn dieser an einer geschützten Stelle liegt. Dann wird bereits der Bootsführer eine solche Tauchausfahrt unterlassen. Aber auch wenn die Tauchausfahrt möglich ist, besteht bei Seegang Gefahr durch nicht befestigte Gegenstände, beim Bewegen auf dem Boot ohne ausreichenden Halt und auch durch Seekrankheit.
Strömung hingegen ist vorhersehbar und in gewissem Maße auch für das Tauchen kein Hinderungsgrund. Gezeitenströmungen können durch Wahl der Tauchzeit nahe am Gezeitenstillstand minimiert werden. Durch Wahl eines Tauchplatzes im Strömungsschatten können geeignete Tauchbedingungen geschaffen werden. Bei zu großer Strömung und ohne passenden Schutz davor kann ein Tauchgang jedoch nicht sicher durchgeführt werden.
Meerestiere machen einerseits den Tauchgang interessant und attraktiv, doch andererseits können gewisse gefährliche Meerestiere auch ein Risiko darstellen. Durch das Fernhalten von solchen Tieren und das Unterlassen von Füttern und Berühren können Risiken vermieden werden.
Die Psyche der Mittaucher stellt eine wesentliche Rahmenbedingung dar. Ein Tauchgang sollte in Ruhe und ohne Stress durchgeführt werden. Wenn bereits vor dem Tauchgang durch Anstrengung, zeitliche Hetze, ungünstige Rahmenbedingungen oder das vorangehende berufliche oder private Umfeld Stress mitgebracht wird, erhöht dies auch die Risiken beim Tauchgang. Durch sorgfältige Planung und Vorbereitung, passende Rahmenbedingungen und gegenseitiges Aufeinandereingehen kann Stress vermieden oder reduziert werden.
Auch der Erfahrungsstand der Mittaucher spielt hier mit hinein. Ein erfahrener Taucher wird sich durch unvorhergesehene Umstände weniger aus der Ruhe brin-

gen lassen als ein Neuling. Durch regelmäßiges Üben insbesondere der Reaktion auf Zwischenfälle lässt sich eine Routine bei den Fertigkeiten unter Wasser erreichen. Regelmäßiges Training beugt Problemen durch mangelnde Kondition oder Erschöpfung vor. Eine gute Ausbildung ist die Grundlage für sicheres Tauchen und auch für die Qualifizierung zur Führung von Gruppen oder zur Begleitung weniger erfahrener Mittaucher. Zur passenden Gruppenzusammenstellung je nach Ausbildungsstand dienen die Empfehlungen des VDST zur Tauchgruppenzusammensetzung. Je nach Rahmenbedingungen und Ausbildungsstand der Mittaucher ist auch die Größe der Tauchgruppe zu begrenzen.

Die Rahmenbedingungen entscheiden über Erfolg oder Misserfolg eines Tauchgangs und somit über seine Durchführbarkeit. Durch eine sorgfältige Analyse, vorbeugende Maßnahmen und eine darauf abgestimmte Planung kann ein Tauchgang so vorbereitet werden, dass die Risiken kalkulierbar bleiben und die Grundlagen für eine sichere Durchführung gegeben sind.

Zur Risikoanalyse sollte daher beurteilt werden:

- Ist ein Notfallplan erstellt worden?
- Ist der Tauchplatz hinsichtlich der Rahmenbedingungen wie Rettungsfähigkeit, Sichtweite, Temperatur, Tiefe, Profil, Strömung, Flora und Fauna geeignet?
- Ist ein gefahrloser Ein- und Ausstieg möglich?
- Welche Tageszeit sollte hinsichtlich Sicht und Helligkeit gewählt werden?
- Sind die Wetterbedingungen für den Tauchgang geeignet?
- Kann die Tauchausfahrt mit dem Boot aufgrund des Wetters oder des Seegangs durchgeführt werden?
- Haben die Mittaucher die erforderliche Erfahrung und den notwendigen Ausbildungsstand?
- Wie groß kann auf der Grundlage der Rahmenbedingungen und der Mittaucher die Gruppe sein?
- Wie kann die Gruppenzusammensetzung erfolgen?
- Welche Tauchtiefe kann maximal aufgesucht werden, welche maximale Tauchzeit ist einzuhalten?
- Können die geplanten Übungen durchgeführt werden?
- Haben alle Mittaucher eine gültige Tauchtauglichkeitsbescheinigung und leiden sie aktuell nicht unter gesundheitlichen Beeinträchtigungen?
- Entspricht die Ausrüstung aller Mittaucher den Sicherheitsanforderungen, ist sie vollständig und in einem gewarteten Zustand und weisen alle DTG den erforderlichen Fülldruck auf?
- Ist bei allen Mittauchern ein ausreichender Kälteschutz vorhanden?

Zum späteren Nachweis empfiehlt es sich, diese Beurteilung zu dokumentieren. Falls die Analyse ergibt, dass die Risiken zu hoch oder nicht kalkulierbar sind, ist auf die Durchführung des Tauchgangs zu verzichten. Auch wenn es schwerfällt, muss man dann auch einmal »nein« sagen können.

6.3 Erste Hilfe

Die Erste Hilfe ist die wichtigste Maßnahme zur Rettung von Verunglückten auch bei Tauchunfällen. Da wir nie alleine tauchen, ist in der Regel der Tauchpartner derjenige, der als Erster bei dem Betroffenen ist und ihm helfen kann. Deswegen kommt der Ersten Hilfe auch in der Tauchausbildung eine große Bedeutung zu, und jeder Taucher sollte über die notwendigen Maßnahmen Bescheid wissen. Dies erlernst du bei der Behandlung der tauchspezifischen Zwischenfälle in deiner Ausbildung.
Erste Hilfe und Reanimation erlernst du durch die Teilnahme an einem Aufbaukurs Herz-Lungen-Wiederbelebung (HLW). Ein solcher Kurs ist notwendige Voraussetzung zum Erwerb des Deutschen Tauchsportabzeichens**, ist aber auch für das DTSA* dringend zu empfehlen. Erst durch praktische Anwendung und regelmäßige Wiederholung dieser Kenntnisse kann im Notfall gut geholfen werden.
Darüber hinaus solltest du auch wissen, welche Maßnahmen bei Verletzungen, die beim Tauchsport vorkommen können, anzuwenden sind. Dazu gehören auch Verstauchungen, Verrenkungen, Knochenbrüche, Schürfverletzungen, Blutungen und Verletzungen durch Meerestiere. Du solltest auch einen Verband anlegen können. Kenntnisse hierzu werden in einer Erste-Hilfe-Ausbildung vermittelt, wie sie auch im Rahmen des Erwerbs eines Führerscheins vorgeschrieben ist.

6.4 Herz-Lungen-Wiederbelebung und AED

Wenn es zum Ausfall von Lebensfunktionen kommt, ist eine Rettung durch den Tauchpartner als erstem Helfer vor Ort die wichtigste und schnellste Maßnahme. Daher ist das Beherrschen der Herz-Lungen-Wiederbelebung (HLW) für jeden Taucher wichtig!
Das Aufrechterhalten des Kreislaufes ist für die Lebensfunktionen unabdingbar. Nur so wird der mit der Atmung über die Lunge aufgenommene Sauerstoff zu den Zellen transportiert. Das Herz hat dabei die Funktion einer Pumpe, damit das Blut überhaupt zirkuliert und den Sauerstoff transportieren kann. Wenn ein Element

ausfällt, sei es die Atmung, das Herz oder der Kreislauf, so kann kein Sauerstoff mehr an die Zellen gelangen. Wird dies nicht innerhalb weniger Minuten wieder in Gang gebracht, so sterben die Zellen ab und der Kreislauf kann nicht mehr reaktiviert werden. Daher kommt der sofortigen Herz-Lungen-Wiederbelebung eine so große Bedeutung zu.

Eine HLW ist also bei plötzlichem Herz-Kreislauf- und/oder Atemstillstand durchzuführen. Falls zunächst nur ein Atemstillstand vorliegt, kann das Herz noch einige Minuten schlagen und das Gehirn mit Sauerstoff aus der Lunge versorgen. Ein Herzstillstand kann dann durch sofortige Erste Hilfe verhindert werden. Auch bei vielen Tauchunfällen kann es zum Herz-Kreislauf- und Atemstillstand kommen. Häufigste Ursache für einen Kreislaufstillstand ist die Herzrhythmusstörung Kammerflimmern. Um einen Todesfall zu verhindern, muss die HLW unverzüglich durchgeführt werden, denn die Überlebenschancen sinken mit jeder Minute.

- Anfängliche Überlebensrate bei Kammerflimmern über 90 %.
- Abfall der Überlebensrate pro Minute um etwa 10–12 %.
- Nach 4 min bereits Auftreten von Gehirnschäden.
- Nach 10 min kein Überleben ohne Folgeschäden mehr möglich.

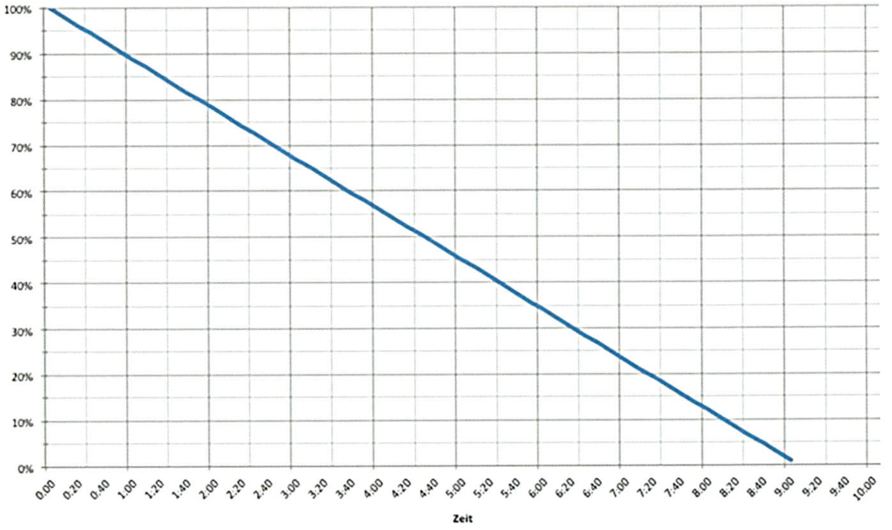

Abfall der Überlebenschance

Bei qualitativ guter Wiederbelebung hingegen beträgt der Abfall der Überlebensrate nur noch 3–4 % pro Minute. Hierzu gehört auch der frühzeitige Einsatz des automatisierten externen Defibrillators (AED). Anschließend muss möglichst

schnell die notfallmedizinische Behandlung einsetzen, damit die eigene Herz- und Atemtätigkeit des Verletzten wiederhergestellt wird.
Die Herz-Lungen-Wiederbelebung erlernst du im Rahmen eines Aufbaukurses HLW, der Voraussetzung zum DTSA** ist.
Die HLW wird nach den Guidelines for Resuscitation des European Resuscitation Council (ERC) hinsichtlich des BLS (basic life support) durchgeführt, die zuletzt im Jahr 2015 überarbeitet wurden (im Folgenden kurz ERC-Guidelines 2015 genannt). Sie erfolgt nach dem folgenden Ablaufschema:

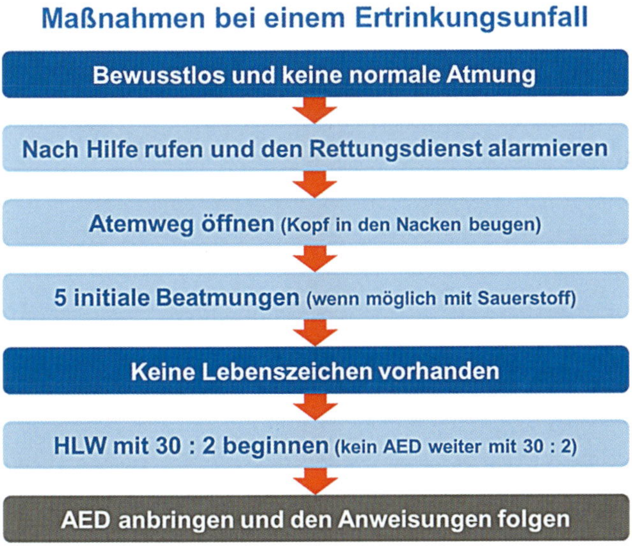

Maßnahmen bei einem Ertrinkungsunfall

Bewusstlos und keine normale Atmung
↓
Nach Hilfe rufen und den Rettungsdienst alarmieren
↓
Atemweg öffnen (Kopf in den Nacken beugen)
↓
5 initiale Beatmungen (wenn möglich mit Sauerstoff)
↓
Keine Lebenszeichen vorhanden
↓
HLW mit 30 : 2 beginnen (kein AED weiter mit 30 : 2)
↓
AED anbringen und den Anweisungen folgen

Schema der Basisreanimation für Erwachsene bei Ertrinkungs- bzw. Tauchunfall nach den ERC-Guidelines 2015

Wichtig ist, dass nach einer zügigen Überprüfung der Lebensfunktionen (Bewusstsein und Atmung) mit der HLW begonnen wird, denn mit jeder verstrichenen Minute sinkt die Überlebenswahrscheinlichkeit.
Achte bei der Durchführung auf deine und des Verletzten Sicherheit.

Prüfe zunächst das Bewusstsein durch vorsichtiges Schütteln an den Schultern und lautes Ansprechen. Falls der Betroffene reagiert, belasse ihn in der Position und rufe nach Hilfe, falls notwendig. Auch dann überprüfe regelmäßig, ob eine Verschlechterung eintritt. Anderenfalls überprüfe die Atmung durch Sehen, Hören und Fühlen. Auch bei schwacher Atmung ist eine Brustkorbbewegung zu erkennen. Falls eine normale Atmung vorliegt, wird der Bewusstlose in die Seitenlage gebracht. Bewusstsein und Atmung werden dann weiter ständig kontrolliert.

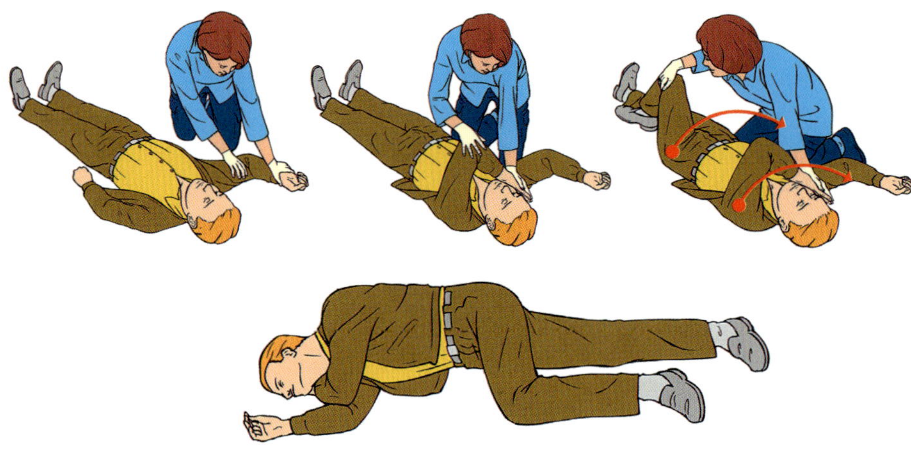

Seitenlage

Zum **Freimachen der Atemwege** werden der Kopf überstreckt und das Kinn angehoben. Nur bei sichtbaren Fremdkörpern in der Mundhöhle werden diese entfernt. Die Überprüfung der Atmung erfolgt dann durch Hören, Sehen und Fühlen.

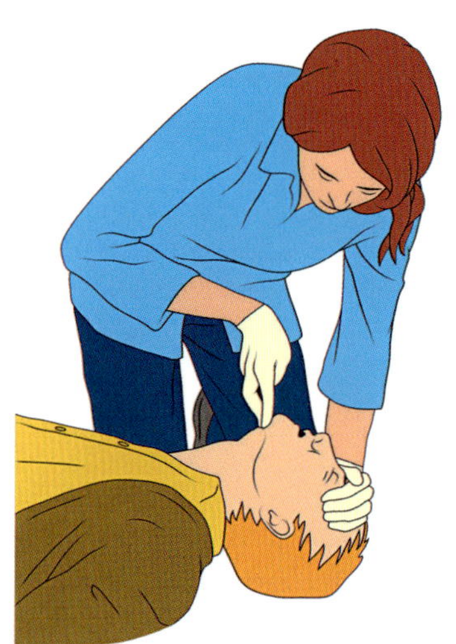

Freimachen der Atemwege durch Überstrecken des Kopfes

Die fünf Initialbeatmungen werden vorgenommen, wenn es sich um Kinder oder um Ertrunkene handelt. Sonst wird direkt mit den Thoraxkompressionen begonnen. Für die Thoraxkompressionen wird der Handballen auf die Mitte des Brustbeins gesetzt und dann mit gestreckten Armen der Brustkorb ca. 4–5 cm tief komprimiert. Dies erfolgt mit einem Rhythmus von 100 bis 120 Kompressionen pro Minute. Die HLW wird dann im Rhythmus 30 Thoraxkompressionen zu 2 Beatmungen weiter durchgeführt. So wird einerseits eine gute Sauerstoffsättigung des Blutes und eine gute Durchblutung des Gehirns erzielt.

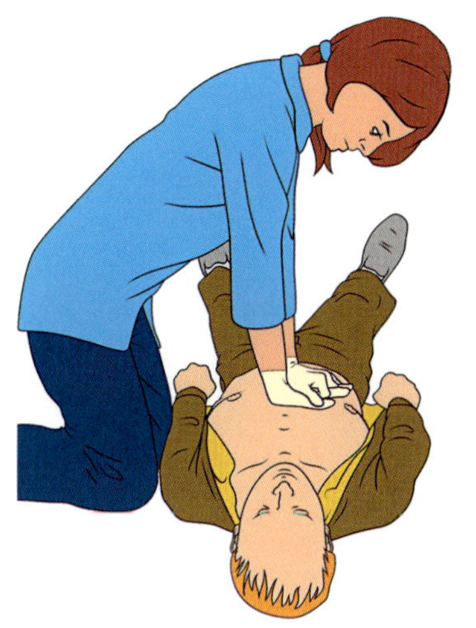

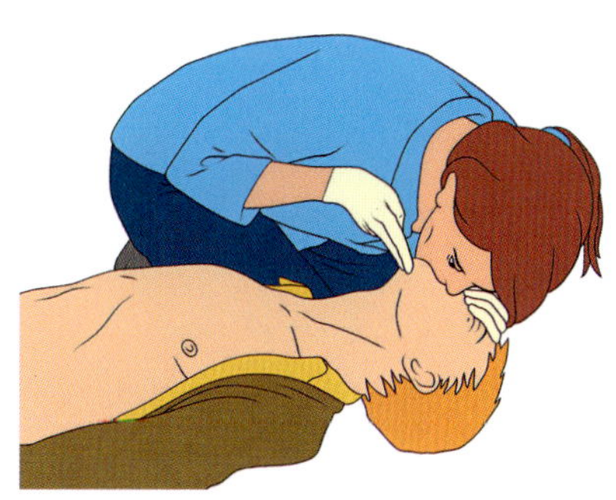

Rhythmus 30 Herzdruckmassagen zu 2 Beatmungen

Zur Herz-Lungen-Wiederbelebung gehört auch der Einsatz eines **automatisierten externen Defibrillators (AED)**, denn häufig ist ein Herzkammerflimmern die Ursache für den Kreislaufstillstand, was nur durch einen Elektroschock behoben werden kann. Wenn man auf das Eintreffen des Rettungsdienstes wartet, ist es in der Regel zu spät.

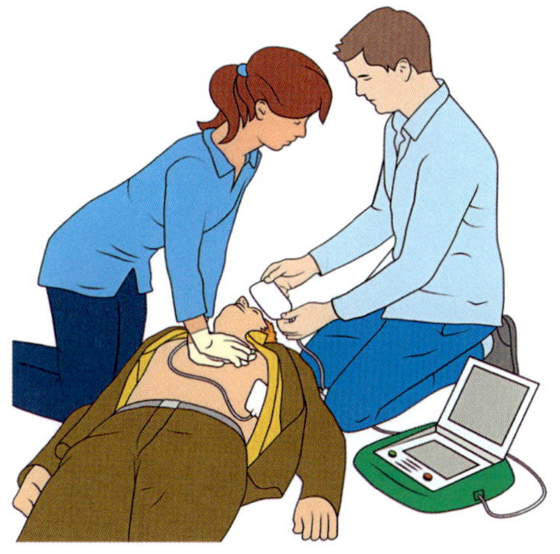

Gerät einschalten, Anweisungen folgen, Elektroden auf die Brust kleben.

Der Umgang mit AED-Geräten wird im Rahmen eines Aufbaukurses HLW erlernt. AED-Geräte sind immer häufiger verfügbar und haben eine große Bedeutung für eine erfolgreiche Reanimation.

Nach Beginn der Herz-Lungen-Wiederbelebung kann ein anderer Helfer bereits das AED-Gerät vorbereiten, indem er es öffnet und einfach den gesprochenen Anweisungen des Gerätes folgt. Dazu werden zunächst die Elektroden angelegt. Das Gerät analysiert dann kurz die Herztätigkeit und gibt gegebenenfalls die Anweisung zur Abgabe eines Elektroschocks.

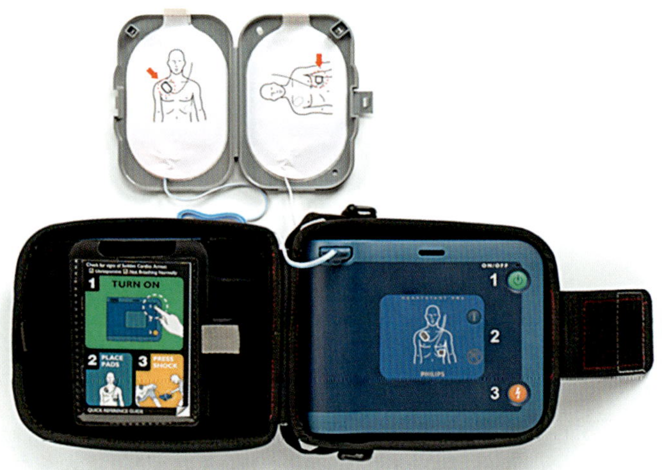

AED-Gerät

Falls der Verunglückte noch bei Bewusstsein ist, aber eine blasse Hautfarbe, erhöhten Puls und abfallenden Blutdruck hat, so liegt wahrscheinlich ein Schock vor. In diesem Fall erfolgt keine Herz-Lungen-Wiederbelebung oder Seitenlage, sondern der Betroffene wird in die Schocklage gebracht mit Hochlagerung der Beine. Des Weiteren muss er z. B. mit Decken vor Unterkühlung geschützt werden. Wenn er noch trinken kann, ist eine Flüssigkeitsgabe wichtig.

6.5 Sauerstoffgabe

Bei einem Verdacht auf einen Tauchunfall ist die Gabe von Sauerstoff vorrangig. Er darf dabei vom Laien eingesetzt werden. Wichtig ist, dass der Sauerstoff so hoch konzentriert und so schnell und so lange wie möglich gegeben wird.
Es gibt verschiedene Gerätschaften unterschiedlicher Qualität, mit denen Sauerstoff zur Atmung gegeben werden kann. Um möglichst 100 % Sauerstoff zu atmen, eignen sich am besten ein Demand-System, das wie ein Atemregler nur bei Einatmung dosiert Sauerstoff abgibt, oder ein Kreislaufsystem, bei dem das ausgeatmete Kohlendioxid absorbiert wird und der Sauerstoff der Ausatemluft so weiter genutzt werden kann.
Sauerstoffsysteme, bei denen über eine Maske ständig nachströmender Sauerstoff geatmet wird (constant flow), sind nur bedingt geeignet, weil hier keine so hohe Sauerstoffkonzentration in der Einatmung erreicht werden kann. Akzep-

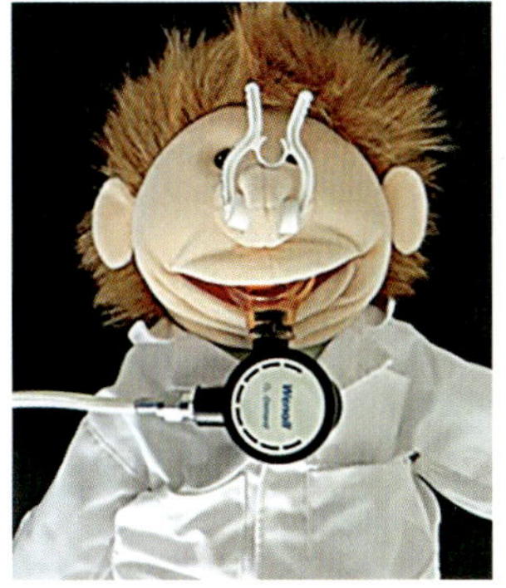

Demandventil

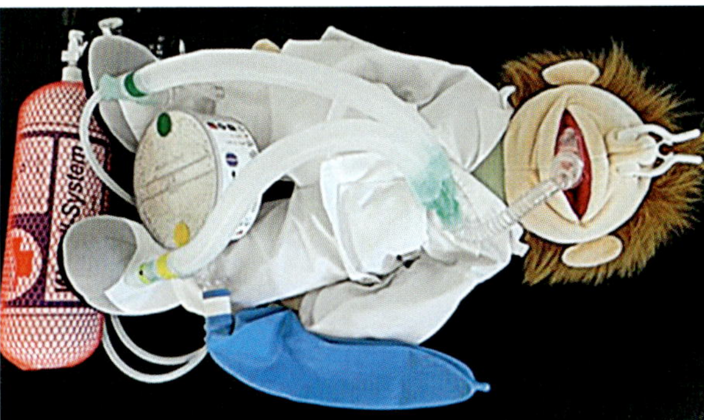

Kreislaufsystem mit Absorber für Kohlendioxid

tabel sind aber auch Sauerstoffmasken mit Reservoirbeutel, eventuell noch mit Ausatemventil.

Der Sauerstoff wird ohne Pause bis zur Ablösung durch den Rettungsdienst, dem Erreichen der Behandlungsdruckkammer oder einer anderweitigen Maßgabe des Taucherarztes verabreicht. Bei den meisten Tauchunfällen ist der Sauerstoff das wirksamste Medikament, das im Rahmen der Ersthelfermaßnahmen verfügbar ist. Er sollte an jeder Tauchstelle zur Verfügung stehen. Jeder Tauchverein und jede Tauchbasis sollten ein Sauerstoffsystem beim Tauchen bereitstehen haben.

6.6 Rettung eines handlungsunfähigen Tauchers an die Wasseroberfläche

Jeder Taucher kann in die Lage kommen, einen anderen Taucher retten zu müssen. Dies sollte nach folgendem Schema erfolgen:

- Antauchen des Betroffenen
- Feststellen der Handlungsunfähigkeit über Zeichengebung und Rütteln
- Herstellen eines Schwebezustands des Betroffenen durch Befüllen seines Jackets über den Inflator
- Fixieren des Betroffenen von vorn mit der linken Hand an der Jacketbebänderung
- Die Tarierung erfolgt am besten über beide Jackets, da so beide Personen annähernd im Gleichgewichtszustand gehalten werden können. Keinesfalls darf der Verunfallte einen größeren Abtrieb haben als der Retter, da er sonst bei versehentlichem Loslassen wieder absacken würde.
- Kontrolle der Aufstiegsgeschwindigkeit

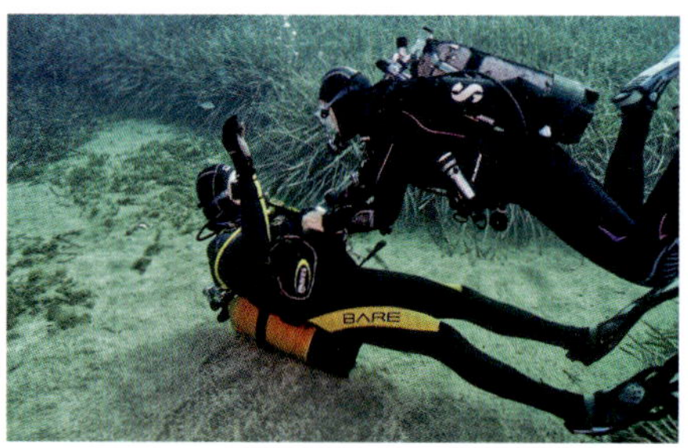

Feststellen der Handlungsunfähigkeit durch Rütteln

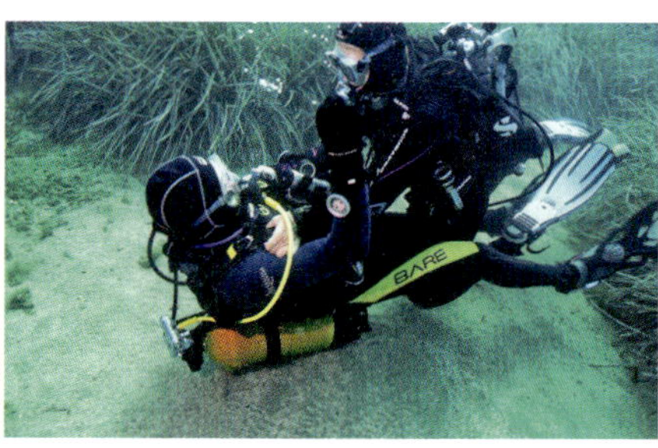

Herstellen eines Schwebezustands mithilfe des Inflators

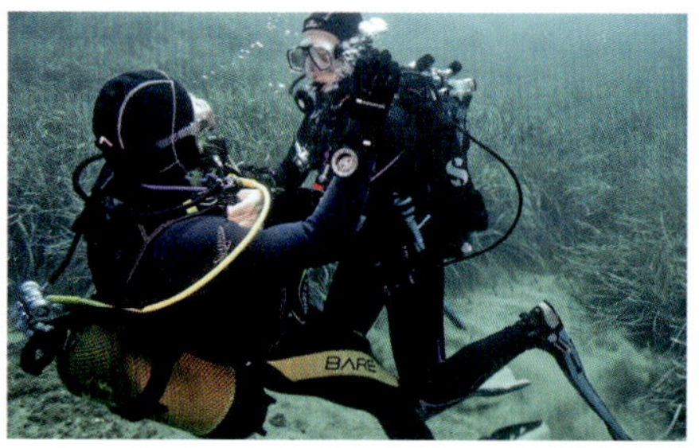

Fixieren des Betroffenen an der Jacketbebänderung

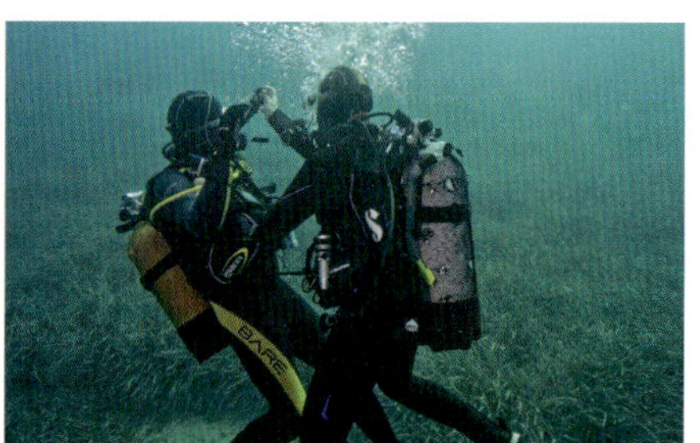

Kontrollierter Aufstieg mit Tarierung über beide Jackets

6.7 Transport eines Tauchers an der Wasseroberfläche

- An der Oberfläche Jacket des Betroffenen mit dem Inflator maximal befüllen, nachdem der Brustclip geöffnet wurde, damit die Atmung nicht behindert wird. So erhält der Betroffene je nach Jacketart eine ohnmachtssichere Rückenlage, der Kopf wird dabei gleich mit überstreckt.
- Durch Heben und Senken des Arms wird das Notsignal an Land oder an das Boot gegeben.

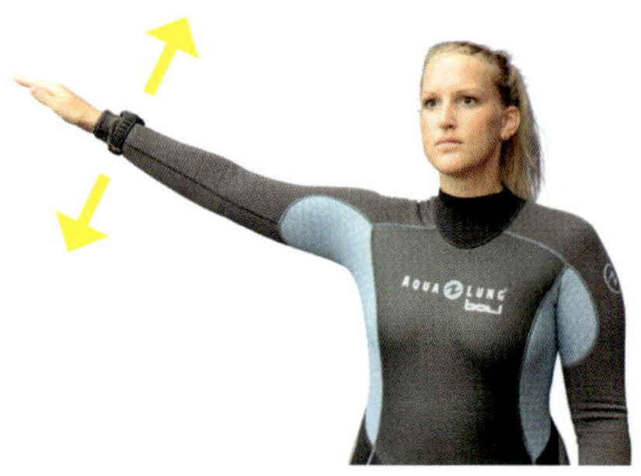

Notsignal

- Bleiabwurf (bei Übungen nur angedeutet). Dieser Griff muss im Notfall sitzen, daher ist regelmäßiges Üben wichtig. Zu unterscheiden sind hier Bleigurte, bei denen die Schnalle geöffnet wird, und jacketintegrierte Bleitaschen, die abzuwerfen sind. Da die Systeme hier unterschiedlich sind, sollte man sich vor dem Tauchgang damit vertraut machen. Ein Abwurf des kompletten Tauchgerätes ist nur sinnvoll bei sehr großer Entfernung zum Ufer oder zum Schiff. Sonst ist es immer besser, ohne Zeitverlust sofort mit dem Transport zu beginnen.
- Je nach Wellengang wird der Atemregler nach Möglichkeit aus dem Mund des Betroffenen genommen, damit er wieder frei atmen kann. Verbleibt der Atemregler bei Wellengang im Mund des Betroffenen, so muss vorher überprüft werden, dass der Atemregler noch gut funktioniert und dass noch genügend Luft im DTG ist.
- Transport an Land oder an das Boot, entweder durch Ziehen oder besser durch Schieben. Am effektivsten ist es, dass der Schiebende sich zwischen den Beinen des Betroffenen so auf ihn legt, dass beide gemeinsam einen langen »Rumpf« bilden. Dieser wird durch das aufgeblasene Jacket wie eine Plattform vorwärts geschoben. Hierdurch wird eine hohe Geschwindigkeit erreicht, und die Kraft des Flossenschlags wird direkt in eine Vorwärtsbewegung umgesetzt. Abdriften durch Strömung sollte einkalkuliert werden.
- Ist ein weiterer Helfer vorhanden, so entledigt sich dieser am Schiff oder am Ufer seiner eigenen Ausrüstung, um dann den zu Rettenden in Empfang zu nehmen.
- Der Betroffene wird an Land oder an Bord gebracht, dort Weiterversorgung bzw. Erste Hilfe.

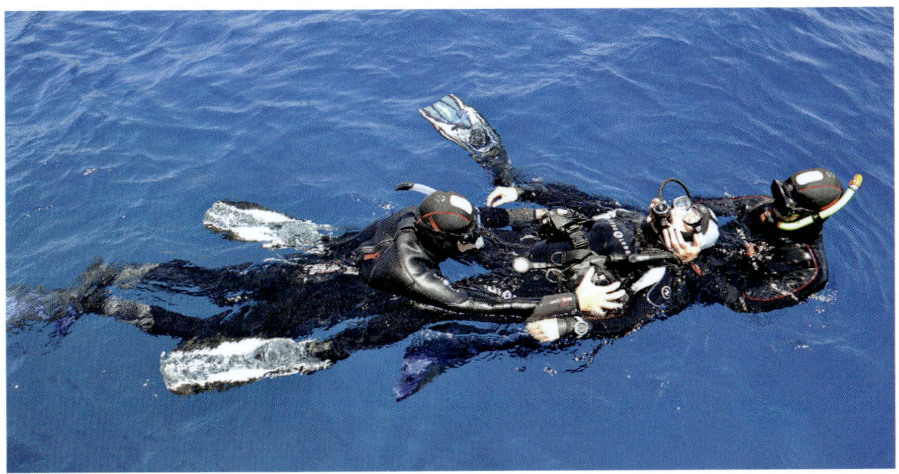

Transport an der Wasseroberfläche

6.8 Rettungsgriffe

Zu unterscheiden ist die Rettung an ein Ufer, in ein Schlauchboot oder an Bord eines größeren Bootes.
Um einen Verunfallten an ein Ufer zu bringen, wird ihm zunächst im seichten Wasser sein Tauchgerät inklusive Jacket abgenommen. Je nach Jacketbauweise kann dies recht schwierig sein. Zum Ablegen des Jackets sollte dieses zunächst von Luft weitgehend entleert werden. Um die Begurtung zu öffnen, sind Jackets mit zu öffnenden Clips an den Schultergurten ideal. Bei kompliziert zu öffnenden Gurtsystemen ist es im Zweifel schneller, mit einem Schneidwerkzeug den Gurt zu durchtrennen. Beim Ablegen des Gerätes muss sichergestellt sein, dass der Veruntallte gehalten wird und insbesondere der Kopf über Wasser bleibt, so dass der Betroffene weiter atmen kann. Bei Bewusstlosen ist der Kopf weiter zu überstrecken.

Rautek-Bergegriff

Nachdem der Retter sich selbst seiner Ausrüstung entledigt hat, kann er den Verunfallten mit dem Rautek-Bergegriff an Land ziehen. Dazu kniet sich der Helfer hinter den Verunfallten, richtet ihn leicht auf und greift unter seinen Achseln hindurch. Ein Arm des zu Rettenden wird vor dem Oberkörper angewinkelt und vom Helfer mit beiden Händen so umfasst, dass die Hände den Unterarm nicht mit den Daumen umgreifen. Der Rautek-Bergegriff ist nur dazu geeignet, den Verletzten aus dem akuten Gefahrenbereich zu holen.

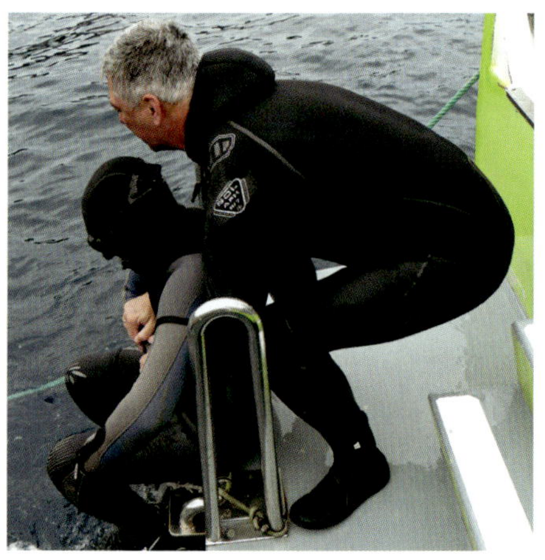

Rautek-Bergegriff

Rautek-Schultertragegriff

Mit dem Rautek-Schultertragegriff kann ein verunfallter Taucher aus hüfthohem Wasser an Land gerettet oder auch an Land getragen werden. Der Retter fasst dazu aus der Abschlepplage heraus über Kreuz das Handgelenk des Verunglückten und den Oberschenkel. Der Betroffene wird dann über die Längsachse gedreht und auf die eigenen Schultern gelegt. Nun wird mit dem Arm, auf dessen Seite die Beine liegen, um das Bein herum der Arm des Betroffenen gefasst. Die andere Hand

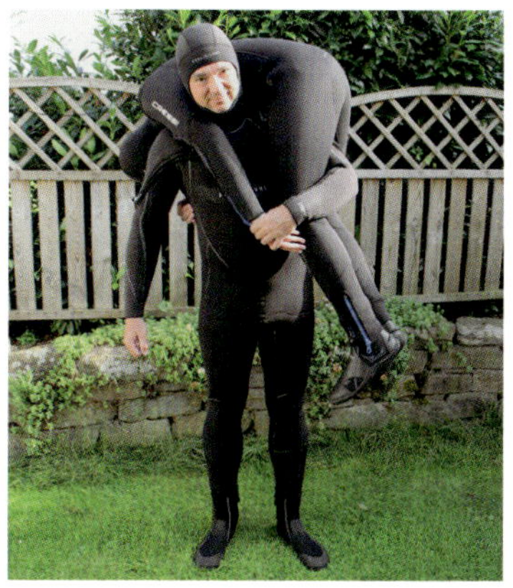

Rautek-Schultertragegriff

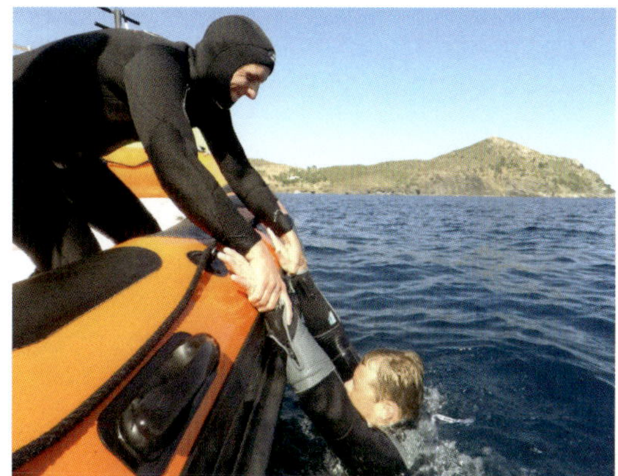

Retten in ein Schlauchboot

bleibt dann frei. Die Körperlast sollte möglichst gleichmäßig auf den Schultern verteilt sein, sodass nach dem Aufrichten der Verunfallte mit aufrechtem Rücken auf den Schultern getragen werden kann.

Retten in ein Schlauchboot

Anders als bei hochbordigen Booten ist die Rettung eines Tauchers in ein Schlauchboot wegen der niedrigen Bordwand auch von einer einzelnen Person möglich. Dazu wird zunächst die Hand des Betroffenen auf den Wulst des Schlauchbootes gelegt. Der Retter stützt sich auf den Wulst und schwingt sich mit Flossenschlag selbst in das Schlauchboot, ohne dabei die aufgelegte Hand loszulassen. Dann stellt er sich mit den Füßen eng an die Bordwand, bei größeren Schlauchbooten auch auf den Wulst, greift mit beiden Händen die Hände oder Handgelenke des Verunfallten und zieht ihn nach mehrmaligem Eintauchen (nicht des Gesichtes) mit seinem eigenen Gewicht und Schwung in das Schlauchboot.

Retten in ein Boot über die Leiter

Bei einem größeren Boot kann man einen Verunfallten mithilfe einer Leiter an Bord bekommen. Hierbei sind Taucherleitern mit den Sprossen an den Seiten geeignet, die auch eine gewisse Schräge haben und nicht zu steil sind. Bei Leitern mit innen liegenden Sprossen ist diese Rettung nur eingeschränkt und ohne Flossen möglich. Der zu Rettende wird dazu mit dem Rücken vor die Leiter geschoben. Wenn mit den Armen unter den Achseln des Betroffenen die Leiter festgehalten wird, ist der Betroffene zunächst fixiert. Dann wird er auf die Oberschenkel des Retters gescho-

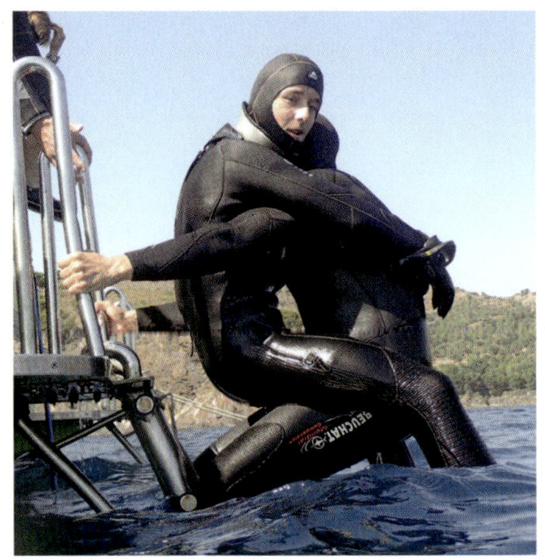

Retten in ein Boot über die Leiter

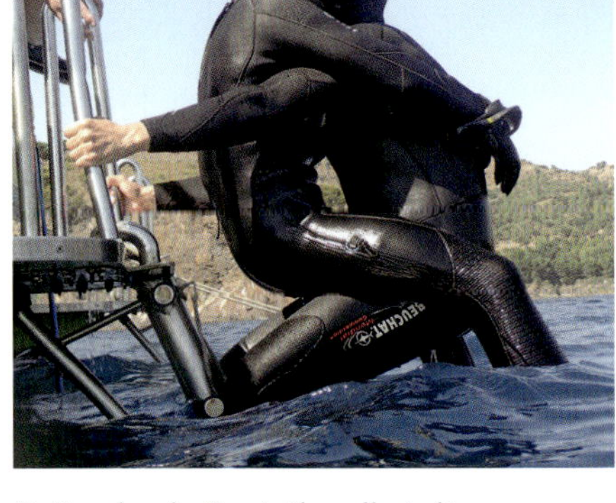

Retten in ein Boot mit einer Leine

ben, sodass er auf ihnen sitzt. Seine Beine bleiben rechts und links vom Retter. Durch Gewichtsverlagerung auf den Oberkörper kann der Betroffene so Sprosse um Sprosse nach oben getragen werden. Dort wird er von weiteren Helfern in Empfang genommen und an Bord gezogen.

Retten in ein Boot mit einer Leine

Alternativ kann ein Verunfallter auch mithilfe einer Leine an der Bordwand des Schiffes hochgezogen werden. Hierzu wird ihm der sogenannte Brustbund oder Feuerwehrstek angelegt. Dies geschieht, indem dem Verunfallten von vorn die Leine hinter den Nacken gelegt wird, beide Enden dann vor den Schultern wieder nach vorn und dann durch die Achseln hinter den Rücken geführt werden. Auf dem Rücken wird die Leine dann zweimal überkreuzt, sodass das lange Ende der Leine an der Seite bleibt, von der es gekommen ist. Anschließend wird die Leine vor der Brust enganliegend mit einem Palstek befestigt. Dann kann der Betroffene an der Bordwand hochgezogen werden, ohne dass er abgleiten kann. Dabei ist darauf zu achten, dass sich der Betroffene nicht an der Bordwand oder Reling verletzt. An der Reling wird er dann von weiteren Helfern in Empfang genommen und an Bord gezogen.

6.9 Notsignale

Im Notfall ist von den Betroffenen zunächst dem Schiff oder dem Aufsichtsführenden an Land zu signalisieren, dass Hilfe benötigt wird. Hierzu dient als Taucherzeichen das Heben und Senken der Arme als Notsignal (Abschnitt 6.6).

Über größere Entfernungen oder bei höherem Wellengang ist dies nicht unbedingt gut zu erkennen. Daher führen wir beim Tauchen eine Signalboje mit uns, die unter Wasser an die Oberfläche gelassen werden kann, um den Sichernden die Position der Gruppe zu signalisieren. Sie kann aber auch an der Oberfläche durch Heben und Senken als Notsignal benutzt werden und ist von Weitem sichtbar.

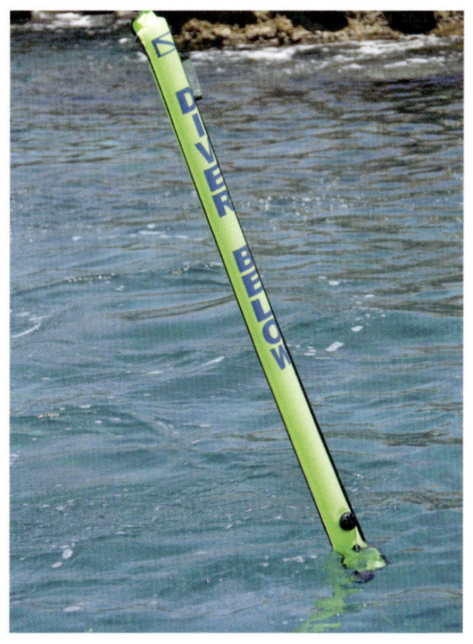

Signalboje

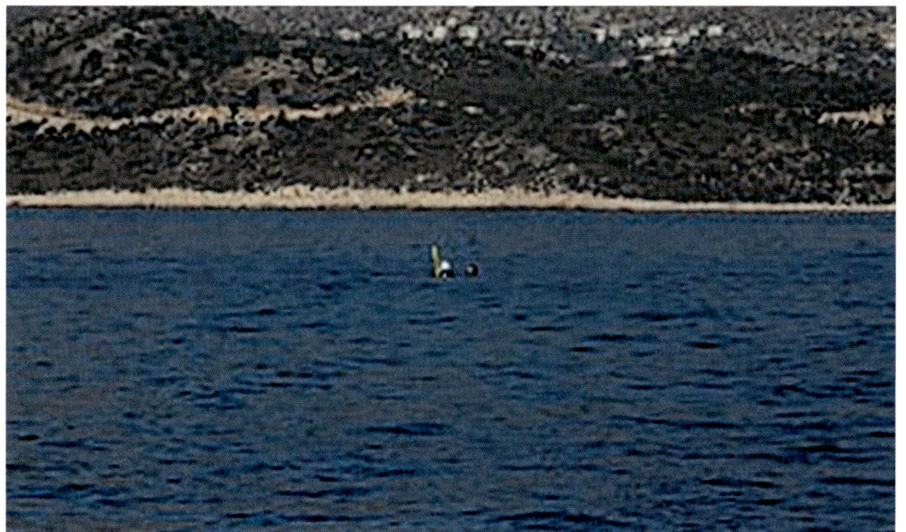

Taucherlampe als Signal an der Oberfläche

Über weitere Entfernungen ist als Notsignal die Taucherlampe sichtbar. Signalblitze sind hingegen nur für kurze Distanzen als Notsignal geeignet.
Als akustisches Signalmittel dient an der Oberfläche die Signalpfeife, die grundsätzlich am Jacket mitgeführt wird. Es gibt auch Signalhupen, die über den Inflatoranschluss mit Druckluft betätigt werden und teilweise auch unter Wasser funktionieren.
Damit auch vom Schiff weitere Hilfe angefordert werden kann, gibt es an Bord eines jeden Schiffes Seenotsignalmittel. Hierzu gehören rote Leuchtraketen oder Leuchtkugeln, Seewasserfärber, bestimmte Flaggen oder auch Rauchsignale. Von Bord aus wird auch ein Notruf über Funk abgesetzt, um die Rettungsdienste zu verständigen.

6.10 Notfallprotokoll

Wird nach den erfolgten Erste-Hilfe-Maßnahmen der Verunfallte dem Rettungsdienst übergeben, so benötigt dieser für die weitere Behandlung Informationen über den Unfallhergang und die bereits eingeleiteten Maßnahmen.
Hierbei sollen sich die Helfer nicht durch ihre Aussagen in rechtlich problematische Situationen bringen, aber durchaus die zur weiteren Behandlung erforderlichen Informationen liefern.
Dazu gehört eine Beschreibung des Tauchgangsprofils mit Tiefe, Zeit, eingelegten Sicherheitsstopps und Austauchpausen sowie eventuell vorher erfolgten Tauchgängen mit Oberflächenpausen.
Zu beschreiben sind auch Art und Zeit des Auftretens der beobachteten Symptome, die bereits eingeleiteten Erste-Hilfe-Maßnahmen und die Verlaufskontrolle.
Bei einem Tauchunfall mit Dekompressionssymptomen (DCS) ist wegen der dabei auftretenden neurologischen Beschwerden eine Verlaufsbeurteilung für die weitere Behandlung von größter Bedeutung. Dafür steht der VDST-Neurocheck zur Verfügung, der von Laien durchgeführt werden kann und der VDST-Hotline für die Entscheidung zur Druckkammerbehandlung wichtige Hinweise geben kann. Der VDST-Neurocheck steht ebenso wie das Tauchunfallprotokoll für Ersthelfer auf der Homepage des VDST zum Download zur Verfügung.
Formulare zur Meldung von Tauchunfällen an die VDST-Versicherung sind ebenfalls im Downloadbereich der VDST-Website verfügbar.

GDL**/DTSA** (CMAS**) – praktische Übungen

Im Schwimmbad bzw. im Freigewässer übst du mit deinem Tauchlehrer die für das DTSA** vorgegebenen Übungen. Die jeweils aktuellen Vorgaben dazu findest du in der aktuell gültigen DTSA-Ordnung.

Übungen mit ABC-Ausrüstung

0.1	45 Sekunden Zeittauchen unter stetiger Ortsveränderung (von etwa 10 Metern)
0.2	30 Meter Streckentauchen ohne Neopren oder 25 Meter Streckentauchen mit Neoprenjacke und -hose
0.3	7,5 Meter Tieftauchen im Freiwasser
0.4	40 Minuten Schnorcheln unter Zurücklegung einer Strecke von wenigstens 1.000 Metern, davon je 10 Minuten in Brustlage, Seitenlage, Rückenlage und mit einer Flosse oder der Nachweis Flossenschwimmabzeichen Silber nicht älter als 15 Monate
0.5	100 Meter Schnorcheln zu einem Gerätetaucher, der auf 5 Meter Tiefe liegt, Transportieren des Gerätetauchers an die Wasseroberfläche und 100 Meter an der Wasseroberfläche, je 50 Meter mit unterschiedlichen Transportgriffen
0.6	Regelgerechtes Springen mit kompletter DTG-Tauchausrüstung, aber ohne Jacket mit DTG, aus einer Höhe von 0,5 Metern ins Wasser. Das korrekte Anlegen des Jackets mit DTG erfolgt anschließend an der Wasseroberfläche

Übungstauchgänge mit DTG-Ausrüstung

1.0	**Tauchgang: 12–25 Meter Tiefe / mindestens 15 Minuten Dauer / mindestens ein Taucher und Tauchlehrer**
1.1	Deutliches Geben von drei Unterwasserzusatzzeichen, die auf einer unter Wasser vorgehaltenen Schreibtafel im Wortlaut geschrieben stehen
1.2	Einhalten eines Abstandes zum Grund von 1 bis 2 Metern bei mehrfach wechselnden Tiefen, sodass kein Sediment aufgewirbelt wird. Sich tariert über einem fixen Punkt in waagerechter Lage halten mit ca. 1 Meter Abstand (je nach Sicht), ca. 30 Sekunden danach weitertauchen
1.3	Geschwindigkeitskontrolliertes Aufsteigen in waagerechter Wasserlage im freien Wasser bis auf 6 Meter Tiefe mit einem deutlichen Stopp auf 9 Meter Tiefe. Nachtarieren mit dem Mund ist zulässig. Die Benutzung der Flossen ist nur zur Stabilisierung der Wasserlage (Trimm) zulässig.
2.0	**Tauchgang: 12–25 Meter Tiefe / mindestens 15 Minuten Dauer / mindestens ein Taucher und Tauchlehrer**
2.1	Geschwindigkeitskontrolliertes Aufsteigen unter Wechselatmung aus dem Atemregler des Bewerbers aus der maximalen Tiefe (vom Tauchlehrer bestimmt) im freien Wasser bis an die Wasseroberfläche mit einem Stopp von 3 Minuten auf 5 Meter Tiefe
2.2	15 Minuten Schwimmen mit vollständiger DTG-Ausrüstung in wechselnden Lagen mit Augenmerk auf das Flossenschwimmen in Rückenlage, ohne Verwendung des Schnorchels und bei selbstständigem Orientieren
3.0	**Tauchgang: 12–25 Meter Tiefe / mindestens 15 Minuten Dauer / mindestens ein Taucher und Tauchlehrer**
3.1	Vollständiges und korrektes Anlegen und Überprüfen der eigenen Ausrüstung und der des Tauchpartners vor dem Tauchgang und Versorgen der eigenen und der Ausrüstung des Tauchpartners nach dem Tauchgang
3.2	Vollständiges Öffnen und Schließen des Bleigurtes bzw. Herausnehmen und Wiedereinsetzen der Bleitaschen mit Taucherhandschuhen unter Wasser

3.3	Nach 10 Minuten Aufsteigen bis an die Wasseroberfläche, Anpeilen eines Punktes in etwa 100 Meter Entfernung mit dem Taucherkompass und Antauchen des Punktes in 3 bis 5 Meter Tiefe bei einer Querabweichung von höchstens 10 Metern
4.0	**Tauchgang: 12–25 Meter Tiefe / mindestens 15 Minuten Dauer / mindestens zwei Taucher und Tauchlehrer**
4.1	Vorbereiten, Führen und Nachbereiten des gesamten Tauchganges als Tagtauchgang (unter normalen Bedingungen). Der Mittaucher soll als wenig erfahren betrachtet werden. Entsprechend muss bei der Vorbereitung, Führung und Nachbereitung gehandelt werden
4.2	Simulation einer Vereisung oder eines Defekts am Hauptatemregler. Der Anwärter schließt im Flachbereich selbst das Ventil seines Hauptatemreglers und steigt auf den Zweitatemregler um. Nach Beendigung der Übung wechselt er auf den Hauptatemregler zurück. Im Warmwasser bei nur einem Ventil mit einer ersten Stufe werden das Erreichen des Handrades und der Atemreglerwechsel geübt.
4.3	Setzen einer Boje am Ende des Tauchgangs auf rund 10 m Tiefe mittels Spool. Die Tauchgruppe steigt kontrolliert an dieser Orientierung auf und hält einen Sicherheitsstopp von 3 min auf 5 m.
5.0	**Tauchgang: 12–25 Meter Tiefe / mindestens 15 Minuten Dauer / mindestens zwei Taucher und Tauchlehrer**
5.1	Transportieren des »verunfallten« Tauchpartners aus 12 Meter Tiefe auf 5 Meter und dann langsam an die Wasseroberfläche, an der Wasseroberfläche bis zum Ufer bzw. Boot (wenigstens 50 Meter) und anschließend an Land bzw. an Bord
5.2	Demonstrieren und Erläutern der Einhelfer-Methode
5.3	Demonstrieren und Erläutern der stabilen Seitenlage und der Schocklage
5.4	Erstellen eines Tauchgangprotokolls (Zusammenstellung aller wichtigen Daten des »Unfalltauchganges« für den Notarzt)

Nach Abschluss der Theorie und der Praxis erhältst du dann das Deutsche Tauchsportabzeichen** mit diesem Aufkleber für deinen Taucherpass:

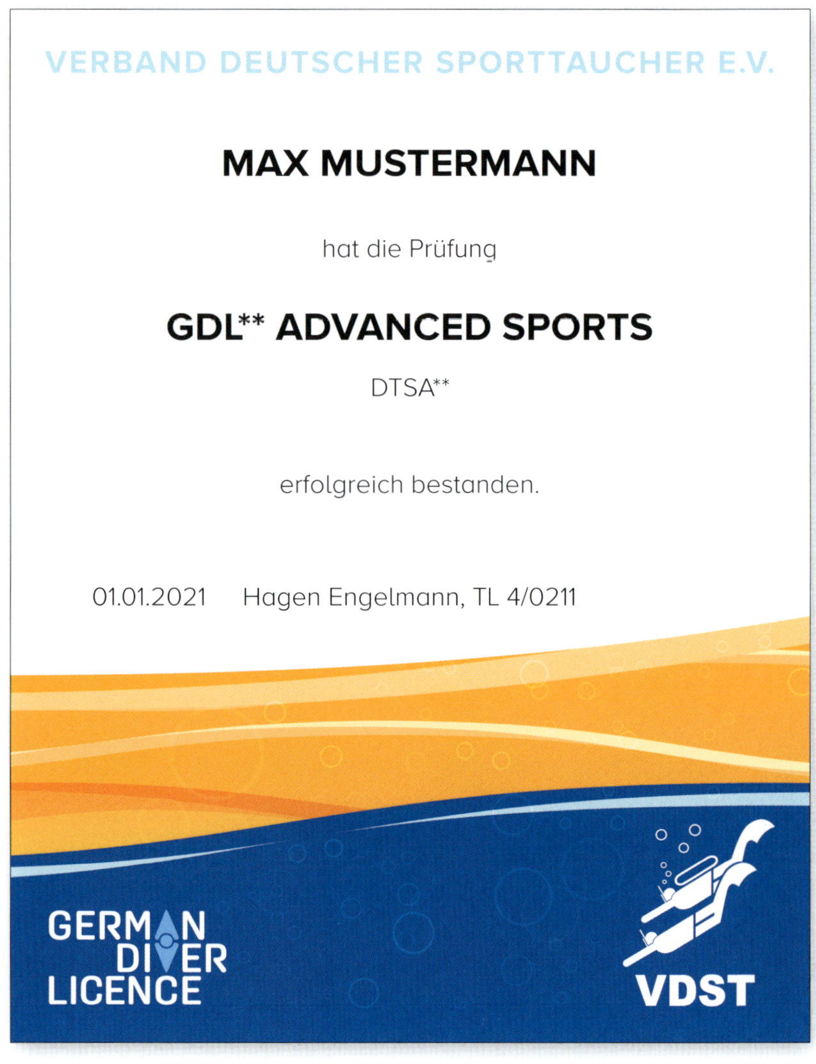

Dieses entspricht dem Brevet CMAS** des Weltverbandes CMAS. Du kannst über den VDST die CMAS-Karte für dieses Brevet bestellen und diese an allen Tauchbasen im In- und Ausland als Nachweis deiner Qualifikation vorlegen.

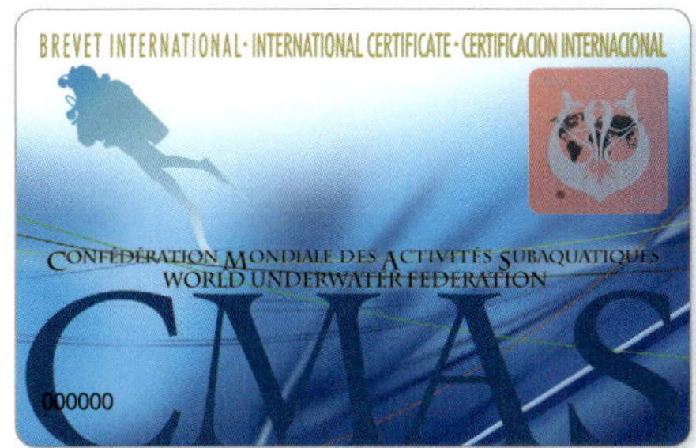

Vorderseite

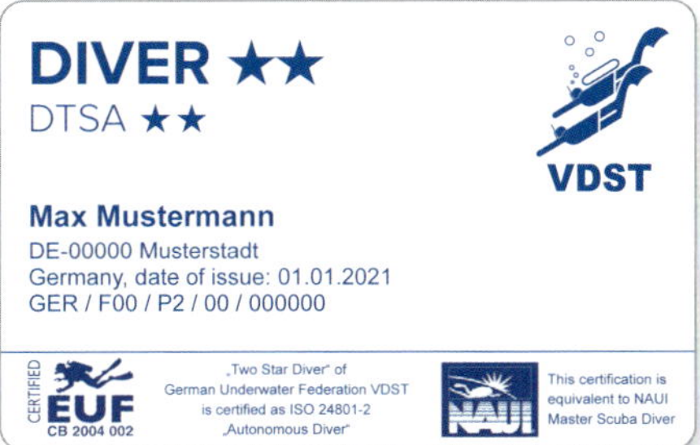

Rückseite

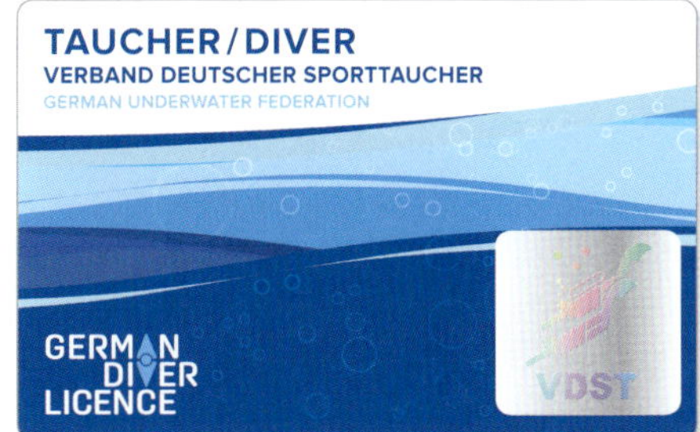

Vorderseite

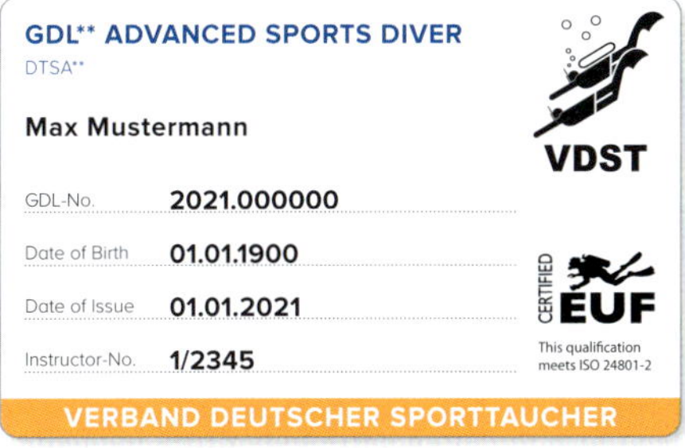

Rückseite

GDL***/DTSA*** (CMAS***)

Voraussetzungen zum DTSA***

Mit dem DTSA** hast du die Qualifikation zur sicheren Planung und selbstständigen Durchführung von Tauchgängen im Freigewässer erlangt. Du kannst Gruppen mit gleichwertigen Tauchern führen. Mit zunehmender Erfahrung kommt dann sicherlich der Bedarf, auch Tauchgänge unter erschwerten Bedingungen und auch einfache Tauchgänge mit unerfahrenen Tauchern verantwortlich durchzuführen. Hierzu dient die nächste Stufe der deutschen Tauchsportabzeichen, das DTSA***. Die dafür erforderlichen Voraussetzungen und Rahmenbedingungen findest du in der aktuellen VDST-DTSA-Ordnung auf der Website des VDST (www.vdst.de).
Das Mindestalter für das DTSA*** ist 18 Jahre.
Als Erfahrungsnachweis ist eine gewisse Anzahl von Tauchgängen erforderlich. Aktuell sind dies bis nach der Brevetierung 65 Tauchgänge, davon mindestens zehn Tauchgänge auf 30 bis 40 Meter Tiefe. Dies ist eine Mindestzahl. Du solltest auch mit deinem Tauchlehrer besprechen, ob du den Erfahrungsstand und die taucherischen Fertigkeiten besitzt.
Eine gültige Tauchtauglichkeitsbescheinigung ist ebenfalls erforderlich.
Mit dem DTSA*** erlangst du die Qualifikation zur Organisation und Führung von Tauchgängen unter erschwerten Bedingungen sowie einfacher Tauchgänge mit unerfahrenen Tauchern. Neu sind für dich insbesondere die Beherrschung der Rettungsfähigkeit sowie die Gruppenführung unter erschwerten Bedingungen. Daher sind auch die Aufbaukurse »Tauchsicherheit und Rettung« und »Nachttauchen« oder »Problemlösungen beim Tauchen« wichtige Ausbildungsstationen für dich auf dem Weg zum DTSA***. Empfohlen werden auch die Spezialkurse »Trockentauchen«, »Strömungstauchen«, »Wracktauchen«, »Eistauchen« und »Sporttauchen in Meeresgrotten« zur Erlangung der Fertigkeiten beim Tauchen unter diesen erschwerten Bedingungen.

GDL***/DTSA*** (CMAS***) – Ergänzende Theorie

Für die theoretische Ausbildung zum DTSA*** sind die im Theorieteil zum DTSA** behandelten Themen ebenfalls relevant. Diese solltest du zunächst wiederholen. Zusätzlich zu diesen grundlegenden Kenntnissen werden hier nun die weiteren für das DTSA*** relevanten Themen behandelt.

1 Tauchphysik

1.1 Grenzen der Gasgesetze

Die grundlegenden Gasgesetze beim Tauchen sind die Gesetze von Boyle-Mariotte und von Amontons bzw. Gay-Lussac. Das Gesetz von Boyle-Mariotte beschreibt den Zusammenhang zwischen Druck und Volumen, das Gesetz von Amontons den Zusammenhang zwischen Druck und Temperatur und das von Gay-Lussac zwischen Volumen und Temperatur. Diese Gesetze lassen sich in der sogenannten **allgemeinen Gasgleichung** so zusammenfassen, dass das Verhältnis von dem Produkt aus Druck und Volumen zur absoluten Temperatur dem Produkt aus der Stoffmenge n und der universellen Gaskonstante R entspricht. Dieses Produkt bildet wiederum eine Konstante. Als Formel ausgedrückt lautet dies:

$$\frac{p \cdot V}{T} = n \cdot R$$

Dieser Zusammenhang bedeutet jedoch, dass Gase bei Abkühlung in der Nähe des absoluten Nullpunkts nahezu keinen Druck bzw. kein Volumen mehr hätten. Hier wird also von sogenannten **idealen Gasen** ausgegangen, bei denen angenommen wird, dass die Moleküle beliebig klein werden können, sodass sie keinen Raum einnehmen. Tatsächlich unterscheiden sich **reale Gase** davon.

Bei den idealen Gasen werden gegenüber den realen Gasen die zwischenmolekularen Wechselwirkungen vernachlässigt und die Größe der einzelnen Gasteilchen als verschwindend klein angenommen. Das physikalische Verhalten idealer Gase wird nur von den drei Eigenschaften Druck, Temperatur und Volumen bestimmt. Tatsächliche Bindungskräfte zwischen den Gasteilchen bleiben jedoch unberücksichtigt. Dies wirkt sich vor allem bei hohen Drücken oberhalb von 230 bar und bei sehr niedrigen Temperaturen aus. Beim Tauchen haben wir es zwar nicht mit so niedrigen Temperaturen zu tun, wohl aber mit hohen Drücken in unserem Tauchgerät.
Das hat zur Folge, dass die Berechnung des Luftvorrates in unsererm DTG nach dem Gesetz von Boyle-Mariotte zu einer Fehlbeurteilung führen kann.
Ist beispielsweise ein 10-Liter-Tauchgerät auf 300 bar gefüllt, so würde sich nach dem Gesetz von Boyle-Mariotte bei Entspannung auf den Oberflächendruck von 1 bar ein Volumen von 10 l · 300 bar / 1 bar = 3.000 l ergeben. Da es sich aber um ein reales Gasgemisch handelt, dessen Moleküle ein Eigenvolumen besitzen, stehen in dem DTG tatsächlich nur etwa 2.700 l zur Verfügung.
Mit der idealen Gasgleichung wäre auch ein Vereisen des Atemreglers nicht erklärbar, denn auch der Joule-Thomson-Effekt ist eine Folge der Wechselwirkungen der Gasmoleküle.

1.2 Joule-Thomson-Effekt

Bei einer Absenkung des Drucks aus einem DTG kühlt sich das Gas ab. Diese Abkühlung wird einerseits durch die adiabatische Abkühlung der Flasche aufgrund der Druckabsenkung (in Verbindung mit dem Gesetz von Gay-Lussac) bestimmt, andererseits durch den Druck und die Druckdifferenz an der Drossel aufgrund des Joule-Thomson-Effekts. Auch die Art des Gases (z.B. Luft oder Helium), die Zeit der Gasströmung und die entspannte Gasmenge bestimmen die Abkühlung. Die adiabatische Abkühlung erfolgt durch schnell ablaufende Entspannung (Expansion) ohne ausreichenden Wärmeaustausch und bei guter thermischer Isolierung. Der Beitrag der adiabatischen Abkühlung ist beträchtlich, wird aber auf dem Strömungsweg teilweise aufgehoben. Umgekehrt erwärmt sich das Gas durch diesen Effekt bei einer Druckerhöhung.
Bei Temperaturmessungen im DTG werden sehr niedrige Temperaturen festgestellt, die auf den adiabatischen Effekt, aber auch auf den Joule-Thomson-Effekt zurückzuführen sind.
Der Joule-Thomson-Effekt wurde nach James Prescott Joule und Sir William Thomson benannt, die dieses Phänomen im Jahre 1852 beschrieben. Die Ursache des Joule-Thomson-Effekts liegt in der Wechselwirkung der Gasteilchen (Moleküle). Die Anziehungskräfte der Moleküle wirken beim Verdichten der Luft unterstützend und beim

Entspannen der Luft erschwerend. Ziehen sich die Teilchen an, muss bei der Vergrößerung des Teilchenabstandes Arbeit gegen diese Anziehung geleistet werden. Die Energie dazu kommt aus der kinetischen Energie der Gasteilchen, das Gas kühlt ab. Stoßen sich die Teilchen hingegen ab, so ist im gepressten Zustand mehr Energie vorhanden. Wenn sich die Teilchen voneinander wegbewegen können (Expansion), wird diese Energie frei. Der kinetische Anteil vergrößert sich also, und die Temperatur des Gases steigt. Dies nehmen wir als Wärme wahr. Ob sich die Teilchen eines Gases anziehen oder abstoßen, hängt von der Temperatur des Gases ab. Für reale Gase ändert sich dieses Verhalten bei der Inversionstemperatur. Diese beträgt für Luft 450 °C. Oberhalb dieser Temperatur führt der Joule-Thomson-Effekt zu Erwärmung, unterhalb tritt Abkühlung auf. Bei idealen Gasen werden diese Wechselwirkungen zwischen den Teilchen nicht berücksichtigt, sodass der Joule-Thomson-Effekt mit ihnen nicht zu erklären wäre.
In der ersten Stufe unserer Atemregler findet eine solche Entspannung der Luft statt. Daher entstehen auch hier äußerst niedrige Temperaturen, die im Zusammenhang mit eventuell vorhandener Feuchtigkeit unter Umständen zum Vereisen des Atemreglers führen können.
Je mehr Luft auf einmal dem Tauchgerät entnommen wird, desto höher sind die Strömungsgeschwindigkeiten und der Druckabfall in der ersten Stufe des Atemreglers und daher auch der Abkühlungseffekt. Noch niedrigere Temperaturen werden bei bereits niedrigen Umgebungstemperaturen erreicht.
Das Vereisen eines Atemreglers wird also einerseits beim Tauchen in kalten Gewässern durch die niedrige Umgebungstemperatur begünstigt, andererseits aber durch hohe Luftentnahme, beispielsweise durch

- Tauchen in größeren Tiefen,
- höheres Atemminutenvolumen z. B. bei Stress, Angst oder auch Anstrengung,
- Betätigen des Inflators bei gleichzeitigem Einatmen und
- Betätigen der Luftdusche, auch beim Füllen von Bojen.

Moderne kaltwassertaugliche Atemregler sind bereits so konzipiert, dass über einen Temperaturausgleich die relative Wärme des umgebenden Wassers genutzt wird, indem sie über die metallischen Bauteile in den Innenraum und an den Ventilsitz geleitet wird. Die Hersteller versuchen durch verschiedene Bauweisen einen möglichst guten Schutz vor Vereisung zu erzielen. Einen absoluten Schutz gibt es jedoch nicht. Die physikalisch gegebene Temperaturreduzierung durch das Entspannen kann nicht verhindert werden.
Daher werden beim Tauchen in kalten Gewässern zwei voneinander unabhängige kaltwassertaugliche Atemregler verwendet, die über separate Ventile des Tauchgerätes abgesperrt werden können. So kann der Hauptatemregler bei Vereisen abge-

sperrt werden und es kann über den zweiten Atemregler weitergeatmet werden. Zur Vermeidung hoher Luftentnahme soll insbesondere der Inflator des Jackets am Zweitatemregler angeschlossen werden, damit nicht gleichzeitig mit dem Einatmen über dieselbe erste Stufe Luft in das Jacket gefüllt werden kann. Dies wird im Abschnitt zur Ausrüstungskonfiguration genauer beschrieben.

1.3 Lösung von Gasen in Flüssigkeiten

Die Diffusion und das Gesetz von Henry wurden bereits in der Ausbildung zum DTSA** behandelt. Während das Gesetz von Henry die Abhängigkeit der im Sättigungszustand gelösten Gasmenge vom Teildruck des Gases über der Flüssigkeit beschreibt, ist die Diffusion der Vorgang der Lösung des Gases, bis dieser Sättigungszustand erreicht ist.
Der Vorgang der Aufnahme (Sättigung) und Abgabe (Entsättigung) einer Flüssigkeit bei Änderung des Umgebungsdruckes erfolgt nicht linear, sondern in Abhängigkeit von der Partialdruckdifferenz in Form einer Exponentialfunktion. Wenn nach einer bestimmten Zeit eine Flüssigkeit zur Hälfte mit dem Gas gesättigt ist, so ist der Partialdruckunterschied nur noch halb so hoch wie am Anfang. Die Diffusionsgeschwindigkeit nimmt ab. Die Zeit, nach der eine Flüssigkeit zur Hälfte mit dem Gas gesättigt ist, wird als **Halbsättigungszeit** oder **Halbwertszeit** bezeichnet. Nach zwei Halbwertszeiten ist die Flüssigkeit wiederum um die Hälfte der verbliebenen Hälfte mit dem Gas gesättigt, also zu 75 %, nach drei Halbwertszei-

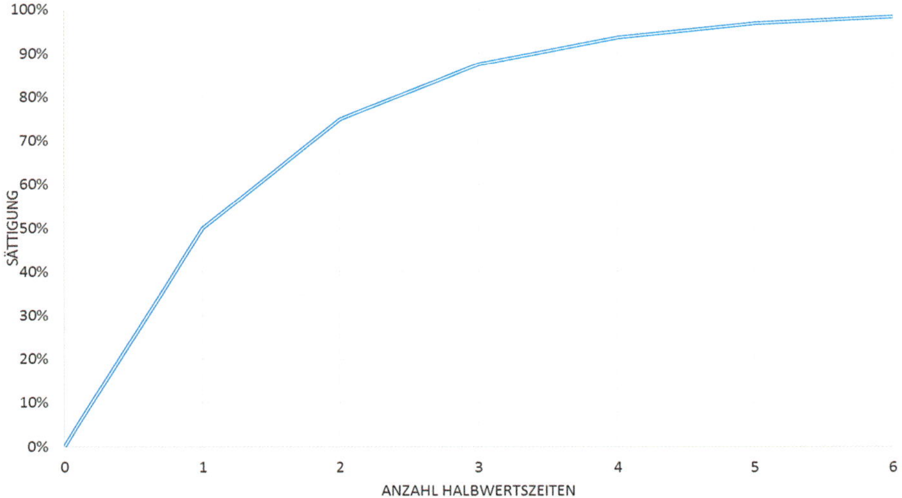

Verlauf der Sättigung nach Halbwertszeiten

ten zu 87,5 % usw. Nach der sechsfachen Halbwertszeit hat die Sättigung 98,4 % des Zustands der vollen Sättigung erreicht. Näherungsweise gehen wir daher nach sechs Halbwertszeiten von einer vollen Sättigung aus.

Umgekehrt kehren sich bei einer Entsättigung die Verhältnisse um. Die noch gesättigte Flüssigkeit hat sich dann nach einer Halbwertszeit zu 50 % wieder entsättigt. Die Halbwertszeit ist also ein Maß für die Geschwindigkeit des Lösungsvorgangs eines bestimmten Gases in einer bestimmten Flüssigkeit.
Beim Tauchen benötigen wir die Halbwertszeit in den Rechenmodellen zur Ermittlung der Stickstoffaufnahme der Gewebe unseres Körpers. Je kleiner die Halbwertszeit ist, desto schneller nimmt das Gewebe den Stickstoff auf, und desto schneller gibt es ihn aber auch beim Auftauchen wieder ab. Die Teildruckdifferenz bestimmt die Geschwindigkeit dieses Vorgangs.
Für die Rechenmodelle wird der Körper in Gewebe eingeteilt, die jeweils durch ihre Halbwertszeit charakterisiert sind. Diese rechnerischen Gewebe stimmen nicht mit den Gewebearten des Körpers überein. Im Körper hängt die Geschwindigkeit der Stickstoffaufnahme und -abgabe stark von der jeweiligen Durchblutung ab. Gut durchblutete Körpergewebe nehmen den Stickstoff schneller auf. Fettreiche Körpergewebe nehmen bei gleichem Stickstoffteildruck im Sättigungszustand mehr Stickstoff auf als fettarme Gewebe.

Die Menge des vor Erreichen des Sättigungszustands in einer Flüssigkeit gelösten Gases hängt ab von

- dem Unterschied der Teildrücke des Gases über der Flüssigkeit und in der Flüssigkeit selbst,
- der seit dem Beginn des Lösungsvorgangs vergangenen Zeit,
- der Temperatur der Flüssigkeit,
- der Oberfläche, an der die Diffusion stattfindet,
- der Flüssigkeitsmenge,
- der Löslichkeit des jeweiligen Gases in der jeweiligen Flüssigkeit (also von der Art des Gases und der Art der Flüssigkeit).

Für das Tauchen lassen sich diese Einflussfaktoren dann so auf die Lösung des Stickstoffs (Art des Gases) in den jeweiligen Körpergeweben (Art der Flüssigkeit) beziehen, dass sich der Stickstoffanteil erhöht,

- je tiefer wir tauchen,
- je länger die Zeit ist, die wir in dieser Tiefe verbringen,
- je kälter die Umgebungstemperatur ist und
- je besser das Gewebe durchblutet ist.

1.4 Physikalisch-physiologische Faktoren für ein Essoufflement

Die Entstehung eines Essoufflements wurde bereits in der Ausbildung zum DTSA** behandelt. Hier werden nun die physikalischen und physiologischen Einflussfaktoren für ein Essoufflement betrachtet. Diese werden unterteilt in

- Atemwiderstand,
- Anstrengung und
- persönliche Leistungsgrenzen (Trainingszustand).

Eine körperliche Belastung hat zur Folge, dass

- der Sauerstoffbedarf wächst und
- der Kohlendioxidpartialdruck ansteigt.

Beides führt zu einem höheren Atemminutenvolumen.

Ursachen für die körperliche Belastung sind

- ein schlechter Trainingszustand,
- ein schlechter Tauchstil (durch schlechte Tarierung, wasserverdrängende Schwimmlage, uneffektive Flossentechnik),
- Schwierigkeiten bei der Handhabung der Ausrüstung,
- Behinderung durch die eigene Ausrüstung,
- eine nicht ausatemorientierte Atmung, die unter anderem eine erhöhte und eigentlich nicht benötigte Menge Blei mit der entsprechenden Gewichtskraft und einen schlechteren Tauchstil zur Folge hat.

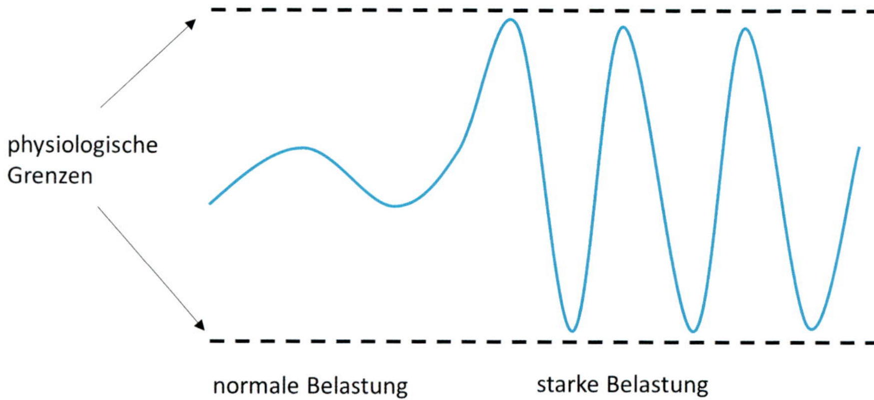

Atmung und körperliche Belastung

Der Zusammenhang zwischen körperlicher Belastung und Atmung wird durch die Abbildung links unten einerseits für normale Belastung und andererseits für starke Belastung dargestellt.
Je stärker die Belastung wird, desto höher wird auch das Atemminutenvolumen. Sowohl die inspiratorische und die exspiratorische Reserve als auch die Atemfrequenz haben jedoch physiologische Grenzen. Diese Grenzen sind abhängig von der Anatomie und vom Trainingszustand. Ist eine Belastung so stark, dass das Atemminutenvolumen an diese Grenzen gerät, kann es nicht weiter erhöht werden. Diese physiologische Grenze wird als **Atemgrenzwert** bezeichnet. Der Atemgrenzwert ist daher das bei tiefer, schneller Aus- und Einatmung maximal zu atmende Luftvolumen pro Minute.
Du kannst selbst durch einen kleinen Test deinen ungefähren Atemgrenzwert ermitteln, indem du 15 Sekunden lang maximal schnell und tief aus einem (möglichst kleinen) DTG atmest und dann über die Druckdifferenz (Δ p) das verbrauchte Volumen ermittelst. Der Atemgrenzwert in Liter pro Minute ergibt sich dann nach der Formel

$$\textbf{Atemgrenzwert} = \frac{V_{DTG} \cdot \Delta p}{p_{Atmosph.}} \cdot \frac{4}{1\ \text{min}}$$

Der so ermittelte Atemgrenzwert ist jedoch nur kurz, nämlich für ca. 15 Sekunden, zu erreichen. Deshalb wird er auch nur über diese kurze Zeitspanne ermittelt und mit 4 multipliziert, um den Wert pro Minute zu erhalten. Bei länger andauernder Belastung beträgt der Atemgrenzwert nur ca. drei Viertel dieses Wertes.

Der Atemgrenzwert sinkt mit zunehmendem Atemwiderstand!

Einflussfaktoren für einen zunehmenden Atemwiderstand sind

- eine hohe Tauchtiefe, da dort die Atemgasdichte zunimmt und damit auch die Atemarbeit ansteigt,
- ein schlecht gewarteter Atemregler,
- ein nicht richtig geöffnetes Ventil,
- ein zu enger Anzug,
- der höhere Druck auf die Lunge beim Schnorcheln mit Gerät (da die Lunge tiefer im Wasser liegt und daher gegen den höheren Umgebungsdruck arbeiten muss).

Findet nun gleichzeitig eine erhöhte Anstrengung statt, so steigt der Kohlendioxidspiegel. Dieser führt zu einer Beschleunigung der Atmung, da der Körper eine höhere Ventilation zum Abbau des Kohlendioxids benötigt.

Durch die erhöhte Anstrengung steigt also das physiologisch erforderliche Atemminutenvolumen!

Wenn nun das physiologisch erforderliche Atemminutenvolumen größer als drei Viertel des Atemgrenzwertes ist, so ist eine höhere Ventilation nicht mehr möglich. Die Folge ist eine Atemnot.

In welchen Fällen kann es zu einem Überschreiten von drei Viertel des Atemgrenzwertes kommen?

Hierzu ist die Veränderung des Atemgrenzwertes in Abhängigkeit von der Tiefe zu betrachten. Der Atemgrenzwert verringert sich mit zunehmender Tiefe ungefähr wie $\frac{1}{\sqrt{p}}$, wobei p der Druck in der entsprechenden Tiefe ist.

In der folgenden Grafik wird der Atemgrenzwert für einen trainierten und für einen untrainierten Taucher dargestellt.

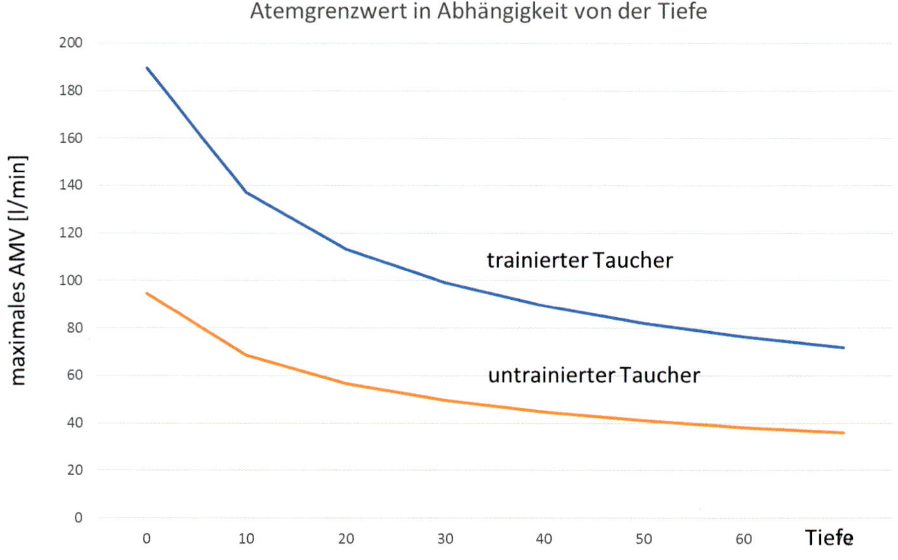

Atemgrenzwert für trainierte und untrainierte Taucher

Bei länger andauernder Belastung sind jedoch drei Viertel des Atemgrenzwertes anzusetzen. Für den trainierten Taucher ergibt sich dann folgende Grafik:

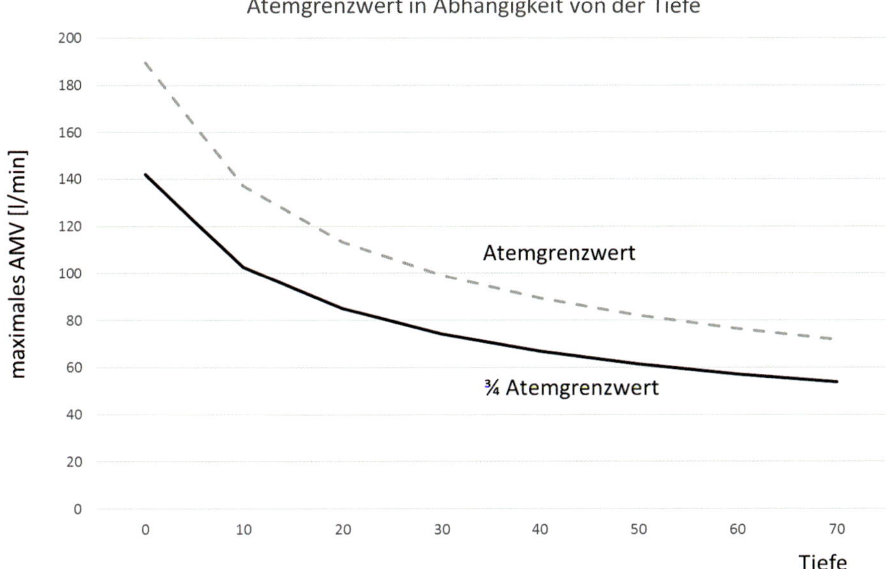

Atemgrenzwert bei länger andauernder Belastung

Dies zeigt, dass dieser Taucher bei Belastung

- an der Oberfläche immerhin noch bis zu 142 l/min ventilieren kann,
- in 10 m Tiefe noch bis zu 102 l/min,
- in 20 m Tiefe noch bis zu 85 l/min,
- in 30 m Tiefe noch bis zu 74 l/min,
- in 40 m Tiefe noch bis zu 66 l/min,

und in größeren Tiefen noch entsprechend weniger.

Liegt nun das durch die Belastung physiologisch erforderliche Atemminutenvolumen bei 70 l/min, so kann der Taucher zwar in 30 m Tiefe noch ausreichend ventilieren. In 40 m Tiefe werden jedoch bereits drei Viertel des Atemgrenzwertes überschritten, sodass Atemnot die Folge sein wird. In diesem Fall hilft nur noch die Reduktion der Belastung und/oder die Erhöhung des Atemgrenzwertes durch Tauchen in eine geringere Tiefe.

2 Tauchmedizin

2.1 Auswirkungen eines Rechts-Links-Shunts und Bedeutung eines offenen Foramen ovale für die Dekompression

Immer wieder kommt es im Tauchsport zu Unfällen mit Störungen des zentralen Nervensystems, die sich nicht mit dem vorherigen Tauchgang erklären lassen. Völlig normale Tauchgänge, die innerhalb der Nullzeit oder mit ausreichend Austauchpausen durchgeführt wurden, führten zu Schäden, die in der Druckkammer zu behandeln waren.
Falls die Symptome direkt nach dem Tauchgang auftraten, handelte es sich in den meisten Fällen um ein Air Trapping, das im Zusammenhang mit dem Lungenüberdruckunfall behandelt wird. Treten jedoch schwere Symptome der Dekompressionskrankheit einige Zeit nach dem Tauchgang auf und dies meist nur bei einer Person der Gruppe, so liegt dies an den unterschiedlichen physiologischen und pathologischen Situationen im Körper verschiedener Menschen.
Eine große Bedeutung hat hier der **Rechts-Links-Shunt**, ein Übertritt von venösem Blut (rechte Herzhälfte) in den arteriellen Kreislauf (linke Herzhälfte). Ein physiologischer oder **funktioneller Rechts-Links-Shunt** entsteht in der Lunge durch unterschiedliche Ventilations- und Durchblutungsverhältnisse. Manche Bezirke der Lunge werden stark ventiliert, andere überhaupt nicht. So kann es auch vorkommen, dass Lungenpartien nicht ventiliert, aber durchblutet werden. So gelangt sauerstoffarmes Blut in den arteriellen Kreislauf, ohne dass an den Alveolen ein Gasaustausch stattfinden konnte. Dieser physiologische Shunt ist im Ruhezustand am größten (ca. 5 bis 10 % des Herzzeitvolumens), weil dann nur wenige Lungenbereiche für die Atmung benötigt werden.
Bei Arbeit dagegen kommt es zur Ventilationssteigerung und somit zu einer gleichmäßigeren Belüftung der verschiedenen Lungenpartien, verbunden mit einem Absinken des Shuntvolumens auf ca. 2 % des Herzzeitvolumens. Dies hat zur Folge, dass bei Arbeit durch den geringeren Shunt auch eine schnellere Stickstoffaufnahme erfolgt. Das ist auch ein Grund für die längeren Dekompressionszeiten bei Arbeit.
In der Dekompressionsphase sinkt der inspiratorische Stickstoffteildruck schneller ab als der arterielle Stickstoffteildruck, weil dem arteriellen Blut noch venöses Blut beigemischt wird. Dies führt zu einer zeitlich begrenzten verzögerten Stick-

stoffabgabe, die für die Dekompression von Bedeutung ist. Die Stickstoffabgabe wird durch die Verlegung der Lungenkapillaren durch die in die Blutbahn eingeschwemmten Mikrogasblasen zusätzlich verzögert. Die verzögerte Stickstoffabgabe hat zur Folge, dass der Stickstoffteildruck im Gewebe größer ist als ohne Berücksichtigung des Shunts. Das hat Folgen für Wiederholungstauchgänge, Fliegen nach dem Tauchen und Fahren über einen Bergpass nach dem Tauchen. Ohne die Berücksichtigung des physiologischen Shunts bei der Dekompression kann es zu Symptomen der Haut, der Muskulatur und der Gelenke kommen.
Neben der venösen Zumischung in der Lunge gibt es noch eine andere Möglichkeit, dass venöses Blut in den arteriellen Kreislauf gelangt, nämlich im Herzen. Dies kann bei einem Loch in der Herzscheidewand der Vorhöfe geschehen, das dann eine Verbindung zwischen der rechten und linken Herzhälfte herstellen kann. Ein solches Loch in der Vorhofscheidewand hat jeder Embryo während der Schwangerschaft, weil dadurch der Lungenkreislauf umgangen wird. Normalerweise wächst dieses Loch nach der Geburt wieder zu. Bei etwa 25 bis 30 % der Menschen bleibt die Öffnung jedoch bestehen. Dieses wird als **offenes Foramen ovale** bezeichnet. Hierdurch kann auch ein Rechts-Links-Shunt mit einem Übergang venösen Blutes in den arteriellen Kreislauf entstehen. Für Nichttaucher ist das bei normalem Umgebungsdruck harmlos. Beim Tauchen jedoch ist das venöse Blut mit Mikrogasblasen angereichert.
Anders als beim physiologischen Rechts-Links-Shunt in der Lunge, bei dem das Kapillarsystem der Lunge als Filter wirkt und die Mikrogasblasen dort abgebaut werden, können durch ein offenes Foramen ovale jedoch auch Mikrogasblasen in den arteriellen Kreislauf gelangen und dort eine Gasembolie mit den Folgen

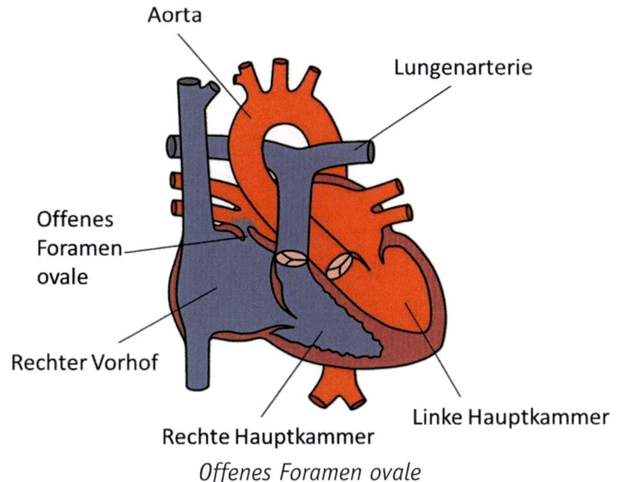

Offenes Foramen ovale

einer Dekompressionskrankheit, wie zum Beispiel Schädigungen des Gehirns oder Rückenmarks, auslösen.
Dies geschieht jedoch nur unter bestimmten Umständen, denn das offene Foramen ovale ist nicht dauerhaft geöffnet (sonst wäre es ein Ausschlusskriterium für die Tauchtauglichkeit), sondern öffnet sich wie ein Ventil nur bei einem Überdruck in der rechten Herzhälfte. Die Folgen sind auch abhängig von der Einkapselung der Mikrogasblasen mit Gerinnungsprodukten, die bei jedem Menschen unterschiedlich abläuft. Daher muss auch nach einem normalen Tauchgang, bei dem alle anderen Tauchpartner beschwerdefrei sind und nur ein Taucher Symptome hat, ernsthaft von einer Dekompressionskrankheit ausgegangen werden, auch wenn der Tauchgang unter Einhaltung aller Austauchregeln erfolgte.
Zu einem Überdruck in der rechten Herzhälfte kommt es nur in gewissen Konstellationen, denn im Normalfall ist der Druck im linken Herzen höher als im rechten Herzen, sodass das offene Foramen ovale wie ein Ventil durch eine Überlappung verschlossen ist. Ein höherer Druck im rechten Herzen mit dem möglichen Übertritt von venösem Blut und ggf. Mikrogasblasen in den arteriellen Kreislauf kann geschehen durch

- Husten,
- Niesen,
- Pressatmung,
- Druckausgleich mit starkem Pressen bei dem Valsalva-Manöver.

Zur Vermeidung von Schädigungen ist dies daher beim Tauchen zu unterlassen. Ein erneuter Druckausgleich ist in der Dekompressionsphase ohnehin nicht erforderlich, außer bei einem erneuten Abtauchen. Dies sollte daher vermieden werden. Statt der Methode des Druckausgleichs nach Valsalva ist die Methode von Frenzel vorzuziehen, bei der kein Pressdruck in der Lunge erzeugt wird. Hier wird mit dem Zungengrund der Nasen-Rachen-Raum verschlossen und beim Druckausgleich nur der Nasen-Rachen-Raum einem Überdruck ausgesetzt. Auch Husten unter Wasser sollte möglichst vermieden werden. Wenn es doch einmal nicht unterdrückt werden kann, sollte vorsorglich bewusst langsam ausgetaucht werden, Austauchpausen verlängert werden und auf jeden Fall ein Sicherheitsstopp von 3 Minuten auf 5 m eingehalten werden. Dies dient auch der Vermeidung eines Air Trappings.
Ob ein offenes Foramen ovale vorliegt, wird im Rahmen der normalen Tauchsporttauglichkeitsuntersuchung nicht festgestellt. Hierzu sind weitere spezielle und kostenpflichtige Untersuchungen, zum Beispiel mit einer Echokardiografie, erforderlich. Selbst wenn ein offenes Foramen ovale diagnostiziert wurde, ist dies kein Ausschlussgrund für das Tauchen, denn schließlich haben rund 25 bis 30 % der

Menschen und damit auch der Taucher ein solches und tauchen damit beschwerdefrei. Taucher mit einem offenen Foramen ovale sollten jedoch mit einem verstärkten Risikobewusstsein tauchen, die Austauchzeiten individuell verlängern, ggf. eine höhere Empfindlichkeit am Tauchcomputer einstellen und die beim DTSA** aufgeführten »Hinweise für sicheres blasenarmes Tauchen« beachten.

2.2 Behandlung der Dekompressionskrankheit

Eine Dekompressionskrankheit ist je nach Symptomatik möglichst schnell mit hyperbarem Sauerstoff (HBO) zu therapieren. Um Sauerstoff unter erhöhtem Druck zu atmen, ist eine Behandlung in einer Druckkammer erforderlich.
Die Behandlung eines Tauchunfalls hängt von den Symptomen, d.h. von der Schwere des Tauchunfalls, und von der Entwicklung der Symptome ab.
Dies gilt sowohl für die Behandlung einer Dekompressionskrankheit als auch einer arteriellen Gasembolie, die Symptomatik ist hier ähnlich. Eine Unterscheidung kann nach folgenden Kriterien erfolgen:

Dekompressionskrankheit	Arterielle Gasembolie
Ursache: Inertgasübersättigung, Ausperlen von Stickstoffblasen im Blut, Shunt, Blasenbildung im Gewebe	Ursache: Lungenriss durch Überschreiten der physiologischen Elastizitätsgrenzen
unterlassene oder fehlerhafte Dekompression	Not- bzw. Panikaufstieg bei mangelhaftem Abatmen, Air Trapping
in der Regel längere Tauchzeit	unabhängig von Tauchzeit und Tauchtiefe
allmählich zunehmende Beschwerden, zeitliches Auftreten bis zu mehreren Stunden (meist innerhalb von drei Stunden) nach dem Auftauchen	Symptomatik schlagartig, unmittelbar nach dem Auftauchen beim Erreichen der Wasseroberfläche oder kurz danach
Missempfindungen, Lähmungen, starke Müdigkeit, Körperschwäche	Sensibilitätsstörungen, Lähmungen, Bewusstlosigkeit, Tod
evtl. Lähmungen eher als Querschnittslähmung	evtl. Lähmungen, typischerweise als Hemiparese (Halbseitenlähmung)
Embolien durch Stickstoffblasen im ZNS und anderen lebenswichtigen Organen	Embolien durch Atemluftblasen im ZNS und anderen lebenswichtigen Organen

Eine Unterscheidung nach Dekompressionsunfall oder arterieller Gasembolie (AGE) ist jedoch für die Therapie nicht relevant, da die Behandlung analog verläuft.
Bei milden Symptomen wie Hautjucken oder auffälliger Müdigkeit erfolgen die Erste-Hilfe-Maßnahmen wie im Abschnitt zum DTSA** beschrieben, insbesondere die Sauerstoffatmung unter atmosphärischen Bedingungen. Wenn die Symptome noch nach 30 Minuten bestehen, ist die Behandlung wie bei schweren Symptomen fortzusetzen.
Schwere Symptome sind Hautsymptome, Schmerzen, Ameisenlaufen, körperliche Schwäche, Taubheitsgefühl, Lähmungen, Atembeschwerden, Seh-, Hör-, Sprachstörungen, Schwindel, Übelkeit und Bewusstlosigkeit oder eingeschränktes Bewusstsein. Symptome, die schon unter Wasser entstehen, sind immer als schwer zu bezeichnen. Hier erfolgen auch die Erste-Hilfe-Maßnahmen mit Sauerstoffatmung. Bei schweren Symptomen ist jedoch entsprechend der Leitlinie Tauchunfall der GTÜM e. V. eine Behandlung in einer Druckkammer erforderlich. Hierzu ist ein schneller Transport zur nächsten einsatzbereiten Druckkammer erforderlich, der über die zuständige Rettungsleitstelle organisiert wird. Zur telefonischen taucherärztlichen Beratung ist die VDST-Hotline hinzuzuziehen. Listen von in- und aus-

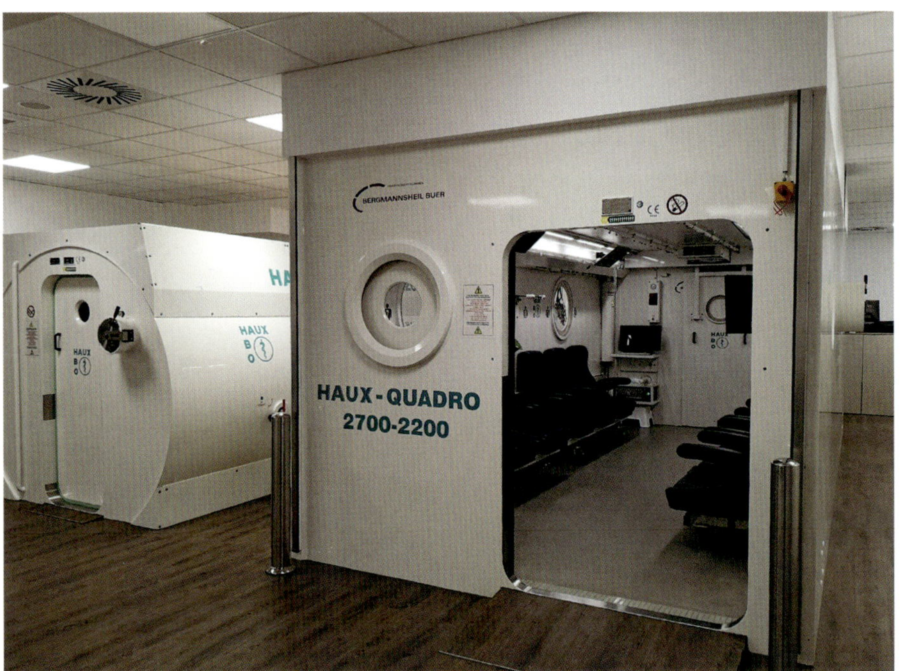

Behandlungsdruckkammer

ländischen Druckkammern und ihre Bereitschaftszeiten sind unter www.gtuem.org zu finden. Eine richtige Therapie mit moderner intensivmedizinischer Betreuung kann nur in einer Behandlungsdruckkammer erfolgen. Ein-Personen-Druckkammern sind lediglich Transportkammern.
In der Druckkammer erfolgt eine Rekompression mit gleichzeitiger hyperbarer Sauerstoffatmung. Die Therapie erfolgt heute üblicherweise bei akuten Tauchunfällen nach der US-Navy-Tabelle 6 oder einer Modifikation dieser Tabelle, und zwar für alle Unfälle unabhängig vom Atemgas des verunfallten Tauchers. Bei unzureichender Dekompression ohne Symptomatik sind Tabellen mit kürzeren Zeiten möglich, zum Beispiel US-Navy-Tabelle 5. Die Behandlung mit reinem Sauerstoff erfolgt bei einem Druck von bis zu 2,8 bar (entsprechend 18 m Wassertiefe).

2.3 Ertrinken

Auch wenn es beim Tauchen nur selten zu einem direkten Ertrinkungstod kommt, wird das Ertrinken sehr oft als offizielle Todesursache laut Totenschein angegeben. Dabei ist in diesen Fällen meist kein unmittelbarer Ertrinkungstod erfolgt, sondern die Ursache ist oft eine andere. Beim Tauchen kann es aus verschiedensten Gründen zu einer Bewusstlosigkeit unter Wasser kommen, die dann in der Folge zu einem Ertrinken führt. Die häufigsten Ursachen für ein Ertrinken unabhängig vom Tauchen sind die Unfähigkeit zu schwimmen, Suizid, Alkoholeinfluss, Erschöpfung oder Krampfanfälle, in manchen Fällen auch ein akuter Herztod im Wasser.
Ertrinken ist der Tod durch Sauerstoffmangel (Ersticken) durch Einströmen von Wasser in die Lunge bzw. durch Untertauchen. Dies wird auch als primäres Ertrinken bezeichnet.
Davon zu unterscheiden ist das sekundäre Ertrinken. Hier wird der Verletzte zunächst gerettet, stirbt jedoch nach einigen Tagen an schweren Organschädigungen, insbesondere an den Lungenschäden.
Beim Beinahe-Ertrinken wird der Verletzte lebend geborgen, die Reanimationsmaßnahmen haben Erfolg und er überlebt wenigstens die ersten 24 Stunden nach dem Unfall.
Der Ablauf eines Ertrinkens beginnt mit dem Untertauchen im Wasser, gefolgt von panischen Angstzuständen, wirrem Umherschlagen und reflektorischen Einatmungsversuchen. Der Sauerstoffmangel wird größer, das Kohlendioxid steigt an und erhöht den Atemreiz stark. In der Folge wird Wasser aspiriert und verschluckt. Allerdings wurde bei 15 % der Ertrunkenen kein Wasser in der Lunge festgestellt (trockenes Ertrinken), was auch auf einen vorangehenden Stimmrit-

zenkrampf zurückgeführt werden kann. Durch den zunehmenden Sauerstoffmangel tritt schließlich Bewusstlosigkeit ein. Dies führt unter Wasser schließlich zum Tod durch Herz-Kreislauf-Stillstand.
Eine Unterscheidung zwischen dem Ertrinken im Salzwasser und im Süßwasser wird heute nicht mehr vorgenommen, da die Unterschiede nur im klinischen Bereich liegen. Die intensivmedizinischen und ersthelferischen Maßnahmen sind die gleichen.
Für die Therapie steht die Wiederherstellung einer effektiven Ventilation und die Zufuhr von reinem Sauerstoff an erster Stelle aller Notfallmaßnahmen, weil der Sauerstoffmangel die Hauptursache für neurologische Schäden und schließlich den Tod ist. Eine Beurteilung der Kreislauffunktion wird im Rahmen der Herz-Lungen-Wiederbelebung nicht vorgenommen und wäre bei einem Ertrunkenen auch sehr schwierig. Wichtig sind bei nicht normaler Atmung die sofortige Reanimation, möglichst verbunden mit dem Einsatz eines Gerätes zur automatisierten externen Defibrillation (AED), und anschließend die intensivmedizinische Behandlung im nächsten Krankenhaus.

2.4 Hitzeschäden (Hyperthermie)

Die Thermoregulation des Körpers ist wichtig zur Erhaltung einer konstanten Körpertemperatur unabhängig von Temperaturschwankungen der Umgebung. Hierzu dienen verschiedene Arten der Wärmeabgabe durch Wärmestrahlung, Wärmeleitung (Konduktion) und Wärmeströmung (Konvektion), die auch bei der Verdunstung im Rahmen der Schweißproduktion wirkt. Der Körper reguliert die Wärmeabgabe und die Wärmeproduktion durch Verbrennungsvorgänge und Muskelarbeit so, dass die Betriebstemperatur konstant bleibt.
Werden die Möglichkeiten der Wärmeabgabe durch die Umgebungsbedingungen eingeschränkt, so kann dies zu Hitzeschäden führen. Beim Tauchen ändern sich schon viele Faktoren durch das Tragen des Tauchanzuges. So wie der Tauchanzug unter Wasser gegen Auskühlung schützt, so behindert er auch über Wasser die Wärmeabgabe, was insbesondere bei hohen Außentemperaturen und körperlichen Belastungen zu Ausfallerscheinungen führen kann.

Hitzeerschöpfung

Eine Hitzeerschöpfung bzw. ein Hitzekollaps ist ein durch Hitzeeinfluss und damit verbundenem Flüssigkeitsverlust hervorgerufener Kreislaufkollaps.

Hitzeerschöpfung	
Symptome	▸ Subjektiv Kopfschmerzen, Ohrensausen, Schwindel, Sehstörungen, Übelkeit und Brechreiz (analog zum Kreislaufkollaps infolge Blutdruckabfall). ▸ Objektiv Blutdruckabfall mit steigendem Puls. ▸ Gerötete und warme Haut aufgrund stärkerer Blutfüllung der Hautgefäße. ▸ Ggf. Bewusstlosigkeit wegen Mangeldurchblutung des Gehirns aufgrund Umverteilung des Blutes.
Behandlung	▸ Lagerung mit Kopftieflage im Schatten oder in einem kühlen Raum. ▸ Flüssigkeitsersatz z. B. mit Mineralwasser (enthält Elektrolyte). ▸ Überwachung des Kreislaufs durch Kontrolle von Blutdruck und Puls.
Vorbeugung	▸ Vermeidung von körperlichen Anstrengungen bei hohen Außentemperaturen. ▸ Vermeidung von langanhaltender Hitzeeinwirkung, z. B. Tauchanzug erst unmittelbar vor dem Tauchgang anlegen und lange Wege im Tauchanzug zum See vermeiden, ggf. Pausen an schattigen Stellen einlegen. ▸ Ausreichend trinken (mindestens zwei bis drei Liter am Tag).

Hitzekrämpfe

Bei hoher Schweißsekretion werden auch vermehrt Elektrolyte abgegeben. Dies kann zu Krampfzuständen mit Muskelzuckungen führen, vorwiegend an den Beinen oder am Bauch.

Hitzekrämpfe	
Symptome	Muskelkrämpfe
Behandlung	▸ Lagerung in kühler Umgebung. ▸ Flüssigkeits- und Elektrolytersatz z. B. mit Mineralwasser (enthält Elektrolyte) und ggf. mit Mineralsalzpräparaten. ▸ Überwachung des Kreislaufs durch Kontrolle von Blutdruck und Puls.
Vorbeugung	▸ Vermeidung von übermäßiger Schweißsekretion und körperlicher Belastung. ▸ Ausreichende Flüssigkeits- und Elektrolytzufuhr bei hohen Außentemperaturen mit körperlicher Belastung.

Hitzschlag

Bei dem lebensgefährlichen Hitzschlag steigt die Körperkerntemperatur auf über 40 °C an (Rektaltemperatur), weil die körpereigene Temperaturregulierung versagt und die Möglichkeiten der Abkühlung durch Wärmeabgabe erschöpft sind. Meist entsteht ein Hitzschlag durch ein Zusammenwirken von großer Hitze, schwerer körperlicher Belastung und verstärkter Flüssigkeitsabgabe nach starkem Schwitzen.

Hitzschlag	
Symptome	▸ Kopfschmerzen, Schwindel, Übelkeit, Körperschwäche, Bewusstseinsstörung bis zur Bewusstlosigkeit. ▸ Gerötete, heiße, trockene Haut bei völligem Stillstand der Schweißproduktion. ▸ Anstieg der Körpertemperatur auf 40 bis 42 °C. ▸ Erhöhung des Herzminutenvolumens, des Blutdrucks, der Herzfrequenz und des Atemminutenvolumens. ▸ Schädigung des Gehirns (Hirnödem) in Abhängigkeit von der Erhöhung der Körpertemperatur und der Dauer der Einwirkung. ▸ Schock und Tod durch Herz-Kreislauf-Versagen.
Behandlung	▸ Lagerung in kühler Umgebung. ▸ Abkühlung durch kalte, feuchte Tücher. ▸ Sauerstoffbeatmung. ▸ Schocklagerung, ggf. Reanimation. ▸ Unbedingt ärztliche Behandlung wegen Todesgefahr!
Vorbeugung	▸ Gute Wärmeabgabe durch Verdunstung bei hohen Außentemperaturen gewährleisten! ▸ Vermeidung von langanhaltender Hitzeentwicklung, z. B. Tauchanzug erst unmittelbar vor dem Tauchgang anlegen und lange Wege im Tauchanzug zum See vermeiden, ggf. Pausen an schattigen Stellen einlegen.

Sonnenstich

Durch intensive, länger andauernde Sonneneinstrahlung auf den nicht geschützten Kopf kann durch Schädigung der Gehirnzellen ein Sonnenstich entstehen.

Sonnenstich	
Symptome	▸ Übelkeit, Erbrechen, Schwindel. ▸ Hochroter und heißer Kopf. ▸ In schweren Fällen Krämpfe und Bewusstlosigkeit.
Behandlung	▸ Lagerung in kühler Umgebung, Kopf leicht erhöht. ▸ Kühlung des Kopfes mit kalten, feuchten Tüchern. ▸ Schneller Transport ins Krankenhaus wegen Gefahr eines Hirnödems.
Vorbeugung	▸ Tragen einer Kopfbedeckung bei direkter Sonneneinstrahlung. ▸ Vermeidung von direkter Sonneneinstrahlung.

Sonnenbrand

In Abhängigkeit von der Intensität und Dauer der UV-Strahlen können die Hautschichten geschädigt werden. Am höchsten ist die Strahlung bei hoch stehender Sonne. Besonders intensiv ist sie in den Tropen oder Regionen mit dünner Ozonschicht, sogar bei bedecktem Himmel. Verstärkt wird die UV-Strahlung auch beim Aufenthalt am Wasser, da die Strahlen durch die Wasseroberfläche reflektiert werden. Generell sollte übermäßiges Sonnenbaden vermieden werden. Auch Schnorchler sind gefährdet und müssen sich schützen.

Sonnenbrand	
Symptome	▸ Subjektiv brennende Schmerzen, Juckreiz und Hitzegefühl an den betroffenen Stellen. ▸ Großflächige Rötung und ggf. ödematöse Schwellung, Temperaturerhöhung. ▸ In schweren Fällen Fieber. ▸ In schweren Fällen Blasenbildung analog zu einer Verbrennung zweiten Grades.
Behandlung	▸ Kühlende Gele oder cortisonhaltige Salben zur Beeinflussung der entzündlichen Reaktion der Haut. ▸ Sterile Verbände bei Blasenbildung wegen der Infektionsgefahr.

Sonnenbrand	
Behandlung	▸ Öffnung von Blasen nur von sachkundigen Helfern und mit sterilem Material, anschließend Bedeckung mit antibiotikahaltiger Wundgaze. ▸ Keine Manipulation an Krusten oder Hautabschälungen wegen der Infektionsgefahr, sie stoßen sich von selbst ab.
Vorbeugung	▸ Vermeidung von langer direkter Sonnenbestrahlung gerade an den ersten Urlaubstagen. ▸ Sonnenbrandempfindliche Personen nur kurz und langsam steigernd den UV-Strahlen aussetzen. ▸ Sonnenschutz auftragen mit entsprechend hohem Schutzfaktor, insbesondere Nasenrücken und Gesicht.

Verbrennungen

Je nach betroffenen Hautschichten werden Verbrennungen in drei Graden unterschieden.

- Verbrennungen ersten Grades: ödematöse Rötung wie beim Sonnenbrand
- Verbrennungen zweiten Grades: Blasenbildungen
- Verbrennungen dritten Grades: Schädigungen tieferer Hautschichten mit Gewebsuntergängen

Während Verbrennungen ersten Grades mit antibiotika- oder sulfonamidhaltigen Gelen behandelt werden können, gehören Verbrennungen höheren Grades in ärztliche Behandlung. Eine Linderung verschaffen zunächst auch die Kühlung unter fließendem Leitungswasser und eine anschließende sterile Abdeckung.

2.5 Psychische Faktoren beim Tauchen

Der Mensch ist kein Fisch. Das sollten wir im Hinterkopf haben, wenn wir uns fragen, welche Anforderungen das Tauchen an uns stellt und wie wir diese am besten bewältigen. Beim Aufenthalt unter Wasser verändern sich unsere Atmung, unsere Haltung und die Art der Fortbewegung. Wir nehmen die Umwelt anders wahr und können uns frei in einem dreidimensionalen Raum bewegen. Diese Veränderungen machen den Reiz des Tauchens aus, sind uns aber erst einmal nicht vertraut und erfordern eine gewisse Gewöhnung an die Unterwasserwelt. Die Erfahrungen, die wir in der Ausbildung, bei unseren Tauchgängen und auch beim regelmäßigen Training sammeln, helfen uns, Sicherheit zu gewinnen und das Tauchen als wunderschönen Sport zu genießen. Wenn es doch einmal zu ungewohnten oder unerwarteten Situationen kommt, technische Schwierigkeiten auftreten oder etwas anders läuft als geplant, müssen wir diese Probleme unter Wasser lösen. Besonders bei Umgebungsbedingungen wie Kälte, Dunkelheit oder Strömung verursachen solche Situationen nicht selten Aufregung, Stress und manchmal auch Angst. Im schlimmsten Fall kann eine Panikreaktion entstehen, die dann häufig zu Unfällen führt.

Stress

Wenn wir »im Stress sind«, fühlen wir uns meist unter Druck (z.B. Zeitdruck), angespannt und nervös (z.B. durch eine wichtige Prüfung) oder einfach überlastet (z.B. durch zuviel Arbeit). Stress entsteht immer dann, wenn wir uns bedroht fühlen, glauben in Gefahr zu sein oder wenn wir nicht wissen, wie wir ein Problem lösen können. Je wichtiger das Problem für uns ist, desto stärker wird der Stress erlebt.

Was ist jetzt aber diese Stressreaktion?
Der Mensch geriet in der Entwicklungsgeschichte immer wieder in lebensgefährliche Situationen. Sei es, weil z.B. Feinde auftauchten, Gefahr durch wilde Tiere drohte oder Brände, Stürme und Überschwemmungen die ganze Gruppe in Lebensgefahr brachten. In solchen Gefahrenmomenten hatten die frühen Menschen dann die Wahl zwischen »kämpfen« (fight) oder »flüchten« (flight). Es war überlebenswichtig, sehr rasch sehr wach und sehr wehrhaft zu sein. So hat der Organismus in der Evolution gelernt, blitzschnell zu reagieren und den ganzen Menschen in Kampf- / Fluchtbereitschaft zu versetzen. Die »fight or flight«-Reaktion war enorm hilfreich für das Überleben. Dieses Muster hat sich bis heute erhalten, auch wenn die Situationen, in denen es wirklich nützlich ist, erheblich seltener geworden sind.
Zuständig für die »fight or flight«- Reaktion ist eine uralte Struktur in unserem Gehirn, der Hirnstamm. Hier werden - über das vegetative Nervensystem - lebenswichtige Funktionen, wie z.B. die Atmung und das Herz-Kreislaufsystem, gesteuert.
Das vegetative Nervensystem besteht aus dem sympathischen und dem parasympathischen Teil. Wird der Sympathikus aktiv, führt das z.B. zu einer Aktivierung z.B. mit einem Anstieg der Herzfrequenz und einer Verengung der Blutgefäße. Der Parasympathikus bewirkt eher das Gegenteil: Verminderung der Herzfrequenz, Erweiterung der Blutgefäße und allgemein eher Beruhigung und Entspannung. Verschiedene Hormone wie Adrenalin, Noradrenalin und Kortisol

sind beteiligt. Manchmal werden diese Hormone auch als die »Stresshormone« bezeichnet.
Die Stressreaktion des Körpers äußert sich in vielfältiger Weise, von Mensch zu Mensch und von Situation zu Situation ganz unterschiedlich:
Zunächst gerät der Körper in Aktionsbereitschaft: das Herz schlägt schneller, der Blutdruck steigt, die Muskeln spannen sich an und anderes mehr. Wir spüren vielleicht ein leichtes Zittern, fühlen uns angespannt und geraten ins Schwitzen. Unser Denken verändert sich und kreist um das, was uns belastet (»Tunnelblick«), wir können schlecht schlafen, die Konzentration leidet - es gibt eine Fülle verschiedener Symptome. Zusätzlich entwickeln wir auch negative Gefühle, wir haben Angst, dass wir die Situation nicht angemessen lösen können oder werden wütend auf denjenigen, der uns »Stress macht«.
Wie aber können wir sinnvoll mit Stress umgehen oder - besser noch - übermäßigen Stress gleich vermeiden? Zur Erinnerung: Stress entsteht immer dann, wenn wir uns überfordert oder sogar in Gefahr fühlen und nicht wissen, wie wir ein Problem lösen können.
Beim Tauchen lernen wir in der Ausbildung, wie sich bereits im Vorfeld viele Risikofaktoren ausschalten lassen. Wir tauchen nur, wenn wir uns gesund und ausgeruht fühlen. Die Tauchgänge werden so geplant, dass die Sicherheit an erster Stelle steht. In der Gruppe sind alle, die mittauchen, angemessen qualifiziert und fühlen sich sicher. Die Ausrüstung wird entsprechend der geplanten Tauchgänge zusammengestellt, ist ordentlich gewartet und alle sind mit der Bedienung vertraut. Die Umgebungsbedingungen müssen berücksichtigt werden und bei der Auswahl der Tauchbasis für die Ferien sollten Sicherheit und moderne Ausstattung wesentliche Kriterien sein. Im Zweifel sollten wir den Tauchgang anders planen oder durchaus einmal auf einen Tauchgang verzichten, wenn wir »kein gutes Gefühl« haben.
Wir haben also vielfältige Möglichkeiten Schwierigkeiten zu vermeiden. Dennoch sind wir vor Überraschungen nicht sicher. Es kann immer wieder zu unerwarteten Herausforderungen kommen. So wird vielleicht doch einmal die Luft knapp, tritt plötzlich Strömung auf, fällt die Lampe beim Nachttauchgang aus. Wir verlieren den Partner oder die Orientierung bei schlechter Sicht. Technische Defekte wie ein vereisender Atemregler, ein gerissenes Flossenband oder eine verlorene Maske können uns sehr rasch in Aufregung, Stress und Angst versetzen.

Angst

Angst ist eine ganz normale und überlebenswichtige Emotion. Angst macht uns wach, aufmerksam und vorsichtig. Angst führt dazu, dass wir Situationen vermeiden, die uns gefährlich erscheinen. Aber die Angst kann auch übertrieben und

irrational sein (z. B. Flugangst) - grundsätzlich ist es wichtig, die eigene Angst wahrzunehmen und zu hinterfragen.
Wenn trotz guter Vorbereitung einmal eine schwierige Situation beim Tauchen auftritt, kommt es auf zwei wesentliche Dinge an: Wie schätzen die Beteiligten die Situation ein und können sie das Problem angemessen lösen?
Realistische Bewertung und Kompetenzen zur Lösung der Situation sind abhängig vom Ausbildungsstand und den eigenen Vorerfahrungen. Schwierigkeiten, die wohlbekannt sind und schon mehrfach erfolgreich gemeistert oder trainiert wurden, verursachen viel weniger Aufregung als neue, unbekannte Probleme. Wissen, was zu tun ist, und dies routiniert umsetzen zu können, ist das beste Mittel gegen Angst und aufsteigende Panik.
Durch Training und Schulung können richtige Reaktionen auf ungewohnte Situationen erlernt werden. So werden Fehlreaktionen reduziert oder ganz vermieden. Häufige Problemsituationen können sehr gut und ohne größeren Aufwand im Schwimmbad geübt werden:

- schlechte Sicht/Maskenverlust: Tauchen ohne Maske oder mit abgedeckter Maske
- perfekte Tarierung, enge Räume: Durchtauchen von Ringen oder einer Röhre
- Luftmangelsituation beim Tauchen: Simulation eines Essoufflements durch anstrengendes Tauchen oder Schnorcheln mit DTG verbunden mit erhöhtem Atemwiderstand

Das regelmäßige Einüben und Trainieren wesentlicher Kompetenzen in der Ausbildung und danach im Training ist der Schlüssel zur Vermeidung von Stress, Angst und letztlich auch der Panik!

Panik

Besonders wenn die Angst sehr groß ist oder mehrere Probleme gleichzeitig auftreten, kann es zu einer Panikreaktion kommen. Panik ist eine intensive, blindmachende (Todes-) Angst. Dieser extreme Erregungszustand hat häufig völlig unsinnige Folgen, so reißen die Betroffenen sich z.B. die Maske herunter und lassen den Atemregler fallen. Panik ist oft die Ursache für ernsthafte Tauchunfälle und mündet immer wieder in unkontrollierten Notaufstiegen mit gefährlichen Folgen (Lungenüberdruck-/Dekounfall).
Panik kann auch erfahrene Taucher erfassen, die an die Grenze ihrer psychischen Belastbarkeit geraten.
Für den Tauchpartner ist diese Situation sehr anspruchsvoll, er kann eingreifen und sollte

- versuchen den Betroffenen zu beruhigen
- geringere Tiefe aufsuchen,

- feste Bezugspunkte nutzen, freies Wasser vermeiden,
- den Tauchgang unter Beachtung der Austauchregeln beenden,
- den Notaufstieg aktiv verhindern
- stets die eigene Sicherheit berücksichtigen!

In Situationen starker Belastung oder aufkommender Angst können wir vor allem unsere Atmung nutzen, um uns zu beruhigen, einen klaren Kopf zu behalten und Zeit für die Lösung des Problems zu gewinnen: Atme zunächst einmal ruhig durch, hole tief Luft und atme verlängert aus. Eine entspannende und beruhigende Atmung erreichst du, indem du die Ausatemphase doppelt so lang hältst wie die Einatemphase, z.B. etwa vier Sekunden für die Einatmung und acht Sekunden für die Ausatmung.

Psychische Störungen

Es gibt eine ganze Reihe von psychischen Störungen, bei denen nicht getaucht werden darf. Das betrifft vor allem die Phasen akuter Erkrankungen (z.B. bei Depressionen, Alkohol- oder Drogenmissbrauch u.a.). Manche Betroffene müssen nach dem Abklingen der akuten Symptome langfristig Medikamente einnehmen (z.B. Psychopharmaka) und dürfen deshalb nicht tauchen. Diese Fragen müssen in der tauchsportärztlichen Untersuchung durch die Ärzte geklärt werden. Die Einschätzung der Tauchtauglichkeit ist selbst mit einer sorgfältigen Untersuchung nicht immer ganz einfach.
Manchmal zeigen sich Schwierigkeiten auch erst während der Ausbildung oder später im Taucheralltag. Alle Ausbilder sollten hier besonders aufmerksam sein und die Auszubildenden unterstützen und beraten. Bei sehr ängstlichen Menschen kann es auch durchaus einmal sinnvoll sein, vom Tauchen abzuraten oder nach einiger Zeit einen neuen Anlauf zu unternehmen.

2.6 Sauerstoffvergiftung

So wie das Atemgas Stickstoff einen Tiefenrausch hervorrufen kann, kann auch der lebensnotwendige Sauerstoff giftig auf den menschlichen Körper wirken. Dies ist abhängig von dem Partialdruck des Sauerstoffs p_{O_2} und von seiner Einwirkdauer. Der Sauerstoffpartialdruck ist abhängig von der Tauchtiefe und beträgt beispielsweise in 40 m Wassertiefe bereits das Fünffache des Partialdrucks an der Oberfläche.
Als Grenzwert für Tauchen mit sauerstoffhaltigen Atemgasgemischen gilt ein p_{O_2} von 1,4 bar. Beim Tauchen mit Druckluft beträgt der Sauerstoffanteil 21 %, d.h. $f_{O_2} = 0{,}21$. Der Sauerstoffpartialdruck errechnet sich aus dem Umgebungsdruck $p_{Umgeb.}$ mittels

$$p_{O_2} = p_{Umgeb.} \cdot f_{O_2}$$

Um zu ermitteln, in welcher Tiefe der kritische Sauerstoffpartialdruck von 1,4 bar beim Tauchen mit Druckluft erreicht wird, ist diese Formel nach dem gesamten Umgebungsdruck aufzulösen:

$$p_{Umgeb.} = p_{O_2} / f_{O_2} = 1{,}4 \text{ bar} / 0{,}21 = 6{,}67 \text{ bar}$$

Zur sicheren Seite gerundet ergibt sich also für das Tauchen mit Druckluft eine maximale Tauchtiefe von 56 Metern.
Beim Tauchen mit anderen Atemgasgemischen, insbesondere bei Sauerstoff-Kreislaufgeräten oder beim Tauchen mit Nitrox, gelten jeweils vom Atemgas abhängige Tiefengrenzen. Bei der Nutzung von Sauerstoff als Dekompressionsgas gilt für den p_{O_2} ein Grenzwert von 1,6 bar. Er kann also als Atemgas für Austauchpausen ab 6 m Tiefe genutzt werden. Die Benutzung der verschiedenen Atemgasgemische bedarf einer erweiterten theoretischen und praktischen Ausbildung, die in den entsprechenden Kursen angeboten wird. Für die Tauchgangsplanung ist hier neben den Tiefengrenzen für den Stickstoff auch die maximale Tauchgangstiefe aufgrund des Sauerstoffpartialdrucks auszurechnen.
Bei den Vergiftungserscheinungen durch Sauerstoff werden zwei Effekte unterschieden, die von der Entstehung her völlig verschieden sind.
Bei der Einwirkung eines hohen Sauerstoffpartialdrucks über eine kurze Einwirkdauer können Vergiftungen des zentralen Nervensystems (ZNS) auftreten, der sogenannte **Paul-Bert-Effekt**. Bei Sauerstoffpartialdrücken oberhalb des Grenzwertes ist mit großer Wahrscheinlichkeit von einer Vergiftung des ZNS auszugehen. Zur Erhaltung der Lebensfunktionen hingegen ist mindestens ein Sauerstoffpartialdruck von 0,16 bar erforderlich. Die folgende Tabelle beschreibt die Einteilung der Gefahrenpotenziale in Abhängigkeit vom Partialdruck:

p_{O_2}	**Auswirkungen**
0,16 bar	Minimum zur Lebensfunktion
0,21 bar	Normaler Partikeldruck auf Höhe des Meeresspiegels
0,30 bar bis 0,50 bar	Langzeittauchen
0,50 bar	Grenzwert für Sättigungstauchen, erste Langzeitsymptome
1,40 bar	Maximaler Partikeldruck, Beginn ZNS-Symptome

Die Symptome der Sauerstoffvergiftung im Zusammenhang mit einer ZNS-Vergiftung ähneln sehr denen einer Stickstoffnarkose (Tiefenrausch). Es kann im Einzelfall daher nicht unbedingt unterschieden werden, ob ein euphorisches Hoch auf einer Stickstoffnarkose beruht oder aufgrund einer toxischen Schädigung des zentralen Nervensystems durch Sauerstoff verursacht wurde.

Die Symptome einer ZNS-Vergiftung (Paul-Bert-Effekt) sind

- Krampfanfall und Bewusstseinsverlust,
- Euphorie,
- Übelkeit,
- Zuckungen und Muskelkrämpfe,
- gesteigerte Angstgefühle,
- Benommenheit und Schwindel,
- irrationales und unvernünftiges Handeln,
- visuelle Störungen, Tunnelblick,
- Ohrensausen.

Die Symptome können in beliebiger Reihenfolge und nur in bestimmten Ausprägungen auftreten. Beim Auftreten von Tiefenrauschsymptomen kann es sich durchaus um Symptome einer Sauerstoffvergiftung handeln.
Die große Gefahr liegt bei den Krampfanfällen, da man sie unter Wasser nicht in den Griff bekommen kann. Die Folge kann der Tod sein!
Zur Vermeidung gibt es Grenzwerte für die maximale Einwirkdauer in Abhängigkeit vom Sauerstoffpartialdruck, die für Tauchgänge mit $f_{O_2} > 21\ \%$ speziellen Tabellen zu entnehmen sind und bei der Tauchgangsplanung zu berücksichtigen sind.
Aber auch ein niedrigerer Sauerstoffpartialdruck kann zu Schädigungen führen, wenn er für eine längere Zeit einwirkt. Dies wird als pulmonare oder Ganzkörper-Vergiftung beziehungsweise als **Lorraine-Smith-Effekt** bezeichnet. Wegen der langen Einwirkdauer sind solche Ganzkörper-Vergiftungserscheinungen weit außerhalb der Reichweite des Sporttauchens. Allenfalls im Rahmen der Sauerstofftherapie kann eine Relevanz gegeben sein.

Symptome der pulmonaren oder Ganzkörper-Sauerstoffvergiftung sind

- Husten ohne Schleimauswurf,
- Erhöhung des Atemwiderstandes,
- Schwierigkeiten, komplett einzuatmen (Verringerung der Vitalkapazität),
- erkennbare Ungeschicklichkeit und/oder Koordinationsprobleme,
- Schmerzen im Bereich der Brust und des Brustbeins.

Eine Ganzkörper-Sauerstoffvergiftung kann vermieden werden durch Einhalten der maximalen Langzeitdosis für Sauerstoff. Beim Sporttauchen können die Maximalwerte in der Regel nicht erreicht werden, aber bei der Behandlung in einer Druckkammer. Eine hyperbare Sauerstoffbehandlung nach einem Tauchunfall ist in der Regel jedoch immer möglich und alternativlos!

2.7 Kohlenmonoxidvergiftung

Kohlenmonoxid (CO) ist ein sehr gefährliches Gas, das wie das Kohlendioxid farblos, geruchlos und geschmacklos ist und in unserer Atemluft eigentlich gar nicht vorkommt. Es kann nur durch unsachgemäße Befüllung in ein DTG gelangen, wenn Verbrennungsabgase mit angesaugt werden, zum Beispiel durch falsche Positionierung des Ansaugschlauches bei einem Kompressor mit Verbrennungsmotor. Da Kohlenmonoxid keine Reizerscheinungen an den Schleimhäuten hervorruft, wird eine Verunreinigung der Atemluft mit Kohlenmonoxid in der Regel nicht rechtzeitig erkannt.

Wird Kohlenmonoxid beim Tauchen mit eingeatmet, so ist schon die geringste Beimischung von CO zur Atemluft lebensgefährlich, da CO eine 300-mal höhere Bindungsfähigkeit an das Hämoglobin im Blut hat als der Sauerstoff. Dadurch wird das für den Sauerstofftransport im Blut so wichtige Hämoglobin blockiert. Der noch unproblematische Maximalwert von CO in der Atemluft beträgt 0,01 % bei einer Einwirkdauer von acht Stunden.

Kohlenmonoxidvergiftung	
Symptome	Je nach Grad der Anlagerung des CO an das Hämoglobin (HbCO): ▸ ab 20 %: Kopfschmerzen, Kurzatmigkeit, Übelkeit, später auch Rausch- und Erregungszustände, ▸ ab 50 %: zunächst Lähmungsstadium mit flacher Atmung, Bewusstseinsverlust und hellroter Hautfarbe, dann Eintritt des Todes.
Behandlung	▸ Unbedingt möglichst schnelle hyperbare Sauerstoffbehandlung (HBO), damit das Blut und damit der Körper weiter mit Sauerstoff über die physikalische Lösung von nahezu 100 % versorgt werden ▸ Ist eine HBO-Therapie nicht möglich, ist zumindest eine normobare Sauerstoffbehandlung, also eine Beatmung mit 100 % Sauerstoff bei atmosphärischem Druck, durchzuführen. Hierdurch verkürzt sich die Halbwertszeit der HbCO-Verbindung von 4 Stunden auf 40 Minuten.
Vorbeugung	▸ Auf Reinheit der Atemluft achten! ▸ Beim Kompressorbetrieb auf die korrekte Lage des Ansaugschlauchs achten!

2.8 Schock

Ein Schockzustand kann bei vielen Arten von Tauchunfällen eintreten. Er stellt ein ernstes Krankheitsbild dar, das sowohl sofortige Erste Hilfe durch Laien als auch schnelle ärztliche Hilfe erfordert. Es handelt sich um ein Versagen des Kreislaufs, bei dem es in der Regel zu einer so kritischen Verminderung des für den Kreislauf zur Verfügung stehenden Blutvolumens kommt, dass ein akuter Sauerstoffmangel in den Organen verbunden mit einer Ansäuerung der Gewebe auftritt. Ein Schock kann daher im Unterschied zu dem häufigeren und harmloseren Kreislaufkollaps sehr kritische Auswirkungen haben.
Es gibt verschiedene Ursachen für einen Schock. Die häufigste Form ist ein **Volumenmangelschock**, bei dem es zu einer Verminderung des Blutvolumens durch äußere oder innere Blutungen kommt.
Ein Schock kann auch durch eine kritische Verminderung des Eiweiß-, Wasser- oder Salzgehaltes des Blutes eintreten, zu dem es bei Verbrennungen oder auch bei schwerem und gehäuftem Erbrechen oder bei unstillbarem Durchfall kommen kann, zum Beispiel nach Magen-Darm-Infektionen.
Ein kardiogener Schock ist das Versagen der Herzleistung infolge einer schweren Herzerkrankung.
Weitere Erscheinungsformen sind ein septischer Schock bei einer Überschwemmung des Kreislaufs mit Bakteriengiften oder ein allergischer Schock als Folge von akuten allergischen Reaktionen gegen Arzneimittel oder körperfremdes Eiweiß, aber auch gegen Gifte von Meerestieren.
Der Schock unfasst verschiedene Phasen.
Die erste Phase ist eine **Zentralisation**. Der Körper stellt die periphären Blutgefäße eng, um so den Blutkreislauf im Körperkern mit den lebensnotwendigen Organen und speziell dem Gehirn aufrechtzuerhalten.
In der anschließenden Phase kommt es zur **Dezentralisation**, wenn die Ursache, beispielsweise die Blutung, weiter anhält und so die Zentralisation durch die Engstellung der äußeren Gefäße nicht weiter aufrechterhalten werden kann. Hierdurch bricht der Kreislauf zusammen, sodass er die Versorgung der Organe nicht mehr aufrechterhalten kann.
Schließlich mündet dies in der **Irreversibilität** und damit zu bleibenden Organschädigungen. Infolge des Sauerstoffmangels und der Übersäuerung kommt es zu irreparablen Gewebsuntergängen in der Leber, in den Nieren und im Herzmuskel.
Eine Beurteilung des jeweiligen Schockzustandes kann durch die Messung des Blutdrucks und der Pulsfrequenz erfolgen. Eine auch für den Ersthelfer anzuwendende Methode zur Beurteilung der Intensität und Gefährlichkeit des Schocks ist der **Schockindex**.

Schockindex = Pulsfrequenz / systolischer Blutdruck

Die Pulsfrequenz wird in Schlägen pro Minute gemessen und der systolische Blutdruck in mm Hg.
Bei normalen Verhältnissen mit einem Puls von 60 und einem systolischen Blutdruck von 120 mm Hg ergibt sich so ein Schockindex von 60/120 = 0,5.
Ein schwerer Schock hingegen liegt beispielsweise bei einem Puls von 120 und einem systolischen Blutdruck von nur 60 mm Hg vor, der Schockindex beträgt dann 120/60 = 2.
Je höher der Schockindex, desto schwerer ist der Schock einzustufen.
Eine erfolgreiche Schockbehandlung ist an einem Absinken der Pulsfrequenz auf normale Werte verbunden mit einer Normalisierung der Blutdruckwerte zu erkennen.

Schock	
Symptome	▸ Keine Bewusstlosigkeit, aber Bewusstseinstrübung, ggf. Verwirrung. ▸ Beschleunigter und schwer tastbarer, schwacher Puls ▸ Blasse, feuchte und kalte Haut. ▸ Bei höherem Blutverlust Schnappatmung, Lufthunger, zunehmende Unruhe. ▸ In der Anfangsphase Puls > 100, systolischer Blutdruck < 100 mm Hg, bei stärkerem Blutverlust Puls > 140, systolischer Blutdruck = 70 mm Hg. (Ermittlung Schockindex)
Behandlung	▸ Angenehme Lage ohne Schmerzen. ▸ Schocklagerung mit Hochlagerung der Beine (nicht zu hoch) und Horizontallage des Oberkörpers und des Kopfes. ▸ Sauerstoffatmung. ▸ Schutz vor Unterkühlung und Überhitzung. ▸ Laufende Messung von Puls und Blutdruck. ▸ Schneller und schonender Transport ins Krankenhaus, dort ärztliche Weiterbehandlung.
Vorbeugung	Vermeidung von Unfällen und Verletzungen

2.9 Diabetes und Tauchen

Eine sehr verbreitete Volkskrankheit ist die Zuckerkrankheit (Diabetes mellitus). Diese hormonelle Erkrankung betrifft etwa 12 % der Personen zwischen 25 und 79 Jahren. Unterschieden werden eine Diabeteserkrankung vom Typ 1, bei dem ein absoluter Mangel an Insulin vorliegt, und die häufiger auftretende Erkrankung vom Typ 2, die erblich bedingt ist. Beim Typ 2 ist für die Betroffenen Insulin unwirksam oder es liegt ein Insulinmangel vor.

Personen mit Diabetes können tauchtauglich sein, wenn gewisse Tauchtauglichkeitskriterien erfüllt sind. Allerdings sind gerade bei insulinpflichtigen Diabetikern häufiger Komplikationen möglich, sodass hier Besonderheiten zu beachten sind. Der mit Diabetes vertraute Taucherarzt stellt im Rahmen der Tauchtauglichkeitsuntersuchung fest, ob Tauchtauglichkeit vorhanden ist oder ob Einschränkungen gegeben sind. Ein Diabetiker muss aber seine Tauchgruppe vor einem Tauchgang informieren, und auch die Tauchpartner müssen mit Diabetes vertraut sein und wissen, wie in Notfallsituationen Glukose oral verabreicht werden kann. Hierzu führt der Diabetiker dann auch beim Tauchgang ein Glukosepräparat mit sich.

Zu beachten ist bei Diabetikern:

- Der Betroffene muss seine Erkrankung gut kennen und über praktische Erfahrungen verfügen.
- Es sind regelmäßige Blutzuckerkontrollen durchzuführen, vor einem geplanten Tauchgang zu unterschiedlichen Zeiten.
- Die Höchstgrenzen für die Blutzuckerwerte vor dem Tauchgang sind einzuhalten.
- Damit eine Dekompressionskrankheit verhindert wird, muss besonderer Wert auf eine ausreichende Flüssigkeitsaufnahme vor dem Tauchgang gelegt werden (zwei Liter Flüssigkeit in zwei Stunden pro Tauchgang).
- Auch nach dem Tauchgang ist ausreichend Flüssigkeit zuzuführen.
- Glukose und evtl. Glukagon sollten zur Therapie von Entgleisungen mitgeführt werden.
- Der Betroffene führt ein Diabetiker-Logbuch.
- Taucher mit Diabetes sollten max. zwei Tauchgänge pro Tag durchführen, die nicht tiefer als 30 m sind. Zudem sollte nach drei Tauchtagen eine Pause eingelegt werden, um dem Körper die Gelegenheit zu geben, sich vollständig wieder zu regenerieren.
- Es werden nur Nullzeittauchgänge durchgeführt, damit jederzeit ein Aufstieg möglich ist.
- Treten Symptome einer Unterzuckerung (Hypoglykämie) auf, muss der Tauchgang sofort abgebrochen werden. Für den Fall der Fälle sollte man eine Notfallausrüstung griffbereit bei sich tragen und wissen, wo sie sich befindet.

- Unmittelbar vor dem Einstieg ins Wasser sollte die Entscheidung getroffen werden, ob der Tauchgang durchgeführt wird oder nicht. Dabei sollten die aktuell vorhandenen Blutzuckerwerte und die Blutzuckerentwicklung (Tendenz) berücksichtigt werden.
- Mit dem Unterwasserzeichen »L« ist dem Partner gegebenenfalls anzuzeigen, dass der Blutzuckerspiegel niedrig ist, also die Folgen einer Hypoglykämie drohen.

2.10 Erste Hilfe bei Verletzungen durch Meerestiere

Die Schönheit der Unterwasserwelt zu betrachten ist ein Grund, warum wir tauchen. Die Meerestiere, die wir dabei sehen, sind beeindruckend. Sie haben eine natürliche Scheu vor Menschen und fliehen normalerweise auch vor uns Tauchern. Daher stellen sie auch keine Gefahr für uns dar, wenn wir uns an gewisse Regeln halten.

Wenn wir keine Tiere anfüttern, werden sie auch nicht angelockt.
Wenn wir keine Tiere anfassen, verletzen wir weder uns noch die Tiere.
Wenn wir uns richtig austarieren und ausreichenden Abstand zum Riff halten, stoßen wir auch nicht versehentlich gegen ein Meerestier.

Du solltest wissen, vor welchen häufigsten Verletzungsmöglichkeiten du dich in Acht nehmen musst. Man unterscheidet zwischen direkten Verletzungen, wie z. B. Bissen, und indirekten, wie z. B. Gifteinwirkungen, mit den verschiedensten Ursachen.

Die Berührung von nesselnden Tieren kann Schmerzen vom leichten Prickeln bis zu heftigen Schmerzen mit schweren Begleiterscheinungen führen. Mögliche Symptome sind

- leichter Juckreiz bis stark brennender Schmerz,
- Rötung, Schwellung, Blasenbildung und Quaddeln (flüssigkeitsgefüllt),
- Kopfschmerzen,
- Temperaturerhöhung und Schüttelfrost,
- evtl. allergische Reaktion von Haut, ZNS, Lunge, Magen,
- evtl. Kreislaufstörung bis -versagen, Schockzustand, Bewusstlosigkeit, Lähmungen.

Hüte dich daher vor der Berührung von **Feuerkorallen**, **Seeanemonen**, **Quallen**, **Feuerschwämmen** oder **Federpolypen**.

Da Nesseltiere bei Berührung Nesselkapseln abgeben können, ist bei der Behandlung darauf zu achten, dass nicht weiteres Gift freigesetzt wird und dass man die vernesselte Stelle nicht berührt. Keinesfalls sollte ein Schleimfilm mit noch aktiven Kapseln abgewischt werden. Am besten werden sie durch Spülungen mit Meerwasser behandelt, auch Essig oder Rasierschaum mit Abschaben sind mögliche Methoden. Anschließend können Salben Linderung verschaffen, die vom Arzt zu verordnen sind.

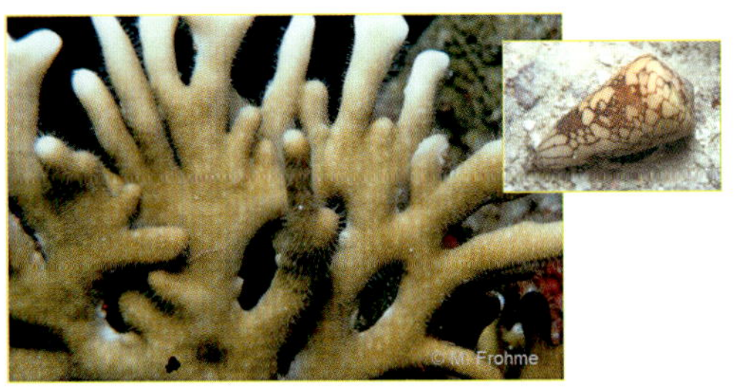

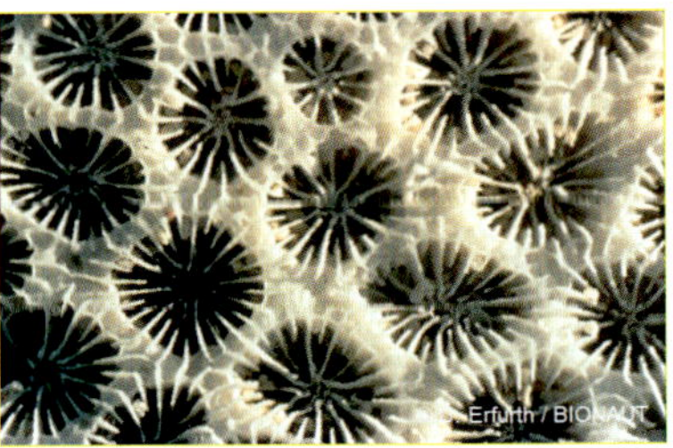

Feuerkoralle, Kegelschnecke, Steinkoralle

Bei Bissverletzungen liegt hauptsächlich eine mechanische Schädigung des Gewebes vor, die mit sterilen Verbänden, Blutstillung und möglichst schneller Versorgung durch einen Arzt zu behandeln sind.

Seeigel kommen häufig vor, und ihre Stacheln verursachen beim Eindringen in unsere Haut einen starken Schmerz mit Rötung und Schwellung. Oftmals brechen auch Stacheln ab und verbleiben in der Wunde. Zur Behandlung können Stachelreste zum Beispiel mit einer Pinzette entfernt werden. Kleine Reste werden mit der Zeit resorbiert. Stachelreste in der Haut können auch über längere Zeit mit Essig- oder Zitronensaftumschlägen aufgelöst werden.

Stechende Meerestiere sind beispielsweise **Drachenköpfe** bzw. **Skorpionfische, Rotfeuerfische**, **Steinfische** oder auch **Petermännchen,** die sich im Sand aufhalten. Die Wunde wird mit frischem heißem Wasser oder Seifenwasser ausgewaschen. Bei dieser Art von Verletzungen empfiehlt sich immer eine Vorstellung beim Arzt.

Auch **Stachelrochen** können mit ihren am Schwanz sitzenden Stacheln Verletzungen verursachen und auch Gift übertragen. Da das Gift alkalisch ist, hilft hier Waschen mit Säure, z. B. Essig oder Zitronensäure. Auch hier sollte immer eine Vorstellung beim Arzt erfolgen.

2.11 Medikamente, Drogen und Tauchtauglichkeit

Die Einnahme von Medikamenten erfolgt bei vielen Menschen entweder bezogen auf eine akute Krankheit oder auch regelmäßig. Eine häufige Medikamenteneinnahme kommt daher durchaus auch bei Tauchern vor. Die Beurteilung andauernder bzw. chronischer Erkrankungen und der damit verbundenen Medikamentengabe in Bezug auf das Tauchen erfolgt im Rahmen der Tauchtauglichkeitsuntersuchung. Nimmt ein Taucher hingegen aufgrund einer akuten Erkrankung Medikamente ein, so stellt sich auch hier die Frage der Tauchtauglichkeit.
Grundsätzlich sind alle Medikamente für das Tauchen bedenklich, auf deren Beipackzettel vor Beeinträchtigungen im Straßenverkehr und beim Bedienen von Maschinen gewarnt wird, weil diese Auswirkungen auf das zentrale Nervensystem (ZNS) haben. Generell besteht beim Tauchen nach Einnahme von Medikamenten ein Risiko, da Medikamente nicht unter hyperbaren Bedingungen getestet wurden. Medikamente können das Nervensystem oder das Herz-Kreislauf-System beeinflussen oder bestimmte Schmerzrezeptoren ausschalten. Beim Tauchen muss daher mit unvorhersehbaren Nebenwirkungen gerechnet werden. Daher ist zur Vorbeugung möglichst eine Medikamenteneinnahme in Verbindung mit dem Tauchen zu vermeiden. Zumindest sollte die Wirkung auf den eigenen Körper unter normobaren Bedingungen bekannt sein. Absolute Vorsicht ist bei unbekannten Medikamenten und bei Erkältungserkrankungen mit Medikamenteneinnahme geboten.
Auswirkungen auf das Tauchen haben bereits als Lifestyle-Medikamente oder Gesellschaftsdrogen einzustufende Stoffe.

Kaffee: In hoher Dosierung können eine Blutdruckerhöhung und Herzrasen ausgelöst werden. Es kommt zu einer Gefäßweitstellung mit der Folge eines erhöhten Wärmeverlustes.
Die Urinproduktion wird angeregt, und durch den Flüssigkeitsverlust besteht die Gefahr einer Dekompressionskrankheit.

Alkohol: Euphorie, mangelnde Selbstkritik und verlangsamte Reaktionen sind die Folge von Alkoholkonsum. Sie führen in Verbindung mit dem erhöhten Umgebungsdruck zu einer erhöhten Anfälligkeit für einen Tiefenrausch mit Verschiebung der Tiefenrauschgrenze.
Auch hier kommt es zu einer Gefäßweitstellung mit der Folge eines erhöhten Wärmeverlustes. Der Temperaturausgleich wird also gestört.
Die körperliche Leistungsfähigkeit ist vermindert, und der Luftverbrauch ist erhöht.
Die Urinproduktion wird angeregt, und durch den Flüssigkeitsverlust besteht die Gefahr einer Dekompressionskrankheit. Auch Restalkohol ist besonders riskant in Verbindung mit dem Kaffee am nächsten Morgen.

Rauchen: Die Gefahr eines Air Trapping wird durch »Bronchospasmen« (Verengung der Atemwege durch die Verkrampfung der bronchienumspannenden Muskulatur) und eine erhöhte Bronchialschleimproduktion gesteigert. Dadurch kommt es gegebenenfalls zu einer Panik.
Die körperliche Leistungsfähigkeit ist vermindert, und der Luftverbrauch ist erhöht. Veränderter Temperaturhaushalt, höherer Kohlenmonoxid- und Kohlendioxid-Spiegel, Begünstigung eines Essoufflements.

Urlaubs-Medikamente

Malariamittel: Lariam kann zu Benommenheit, Übelkeit und Erbrechen führen. Es wirkt auf das vegetative Nervensystem und kann die Feinmotorik einschränken. Alternativen können Doxycilin oder Malarone sein (siehe auch Empfehlung der GTÜM).

Reisetabletten oder Mittel gegen Seekrankheit können zu Kopfschmerzen, Müdigkeit und Unruhe führen und wirken oft auch auf das ZNS.

Durchfallerkrankungen: Loperamid (in Imodium enthalten) kann Kopfschmerzen, Müdigkeit und Schwindel auslösen.

Antihistaminika gegen allergische Reaktionen können starke Müdigkeit und Schwindel auslösen.
Bei allen genannten Medikamenten besteht die Gefahr in der Einschränkung der taucherischen Fähigkeiten und Gefährdung der Sicherheit beim Tauchen.
Auch die Einnahmen von Medikamenten bei Nasen- oder Ohrenproblemen, um dann doch noch tauchen zu können, ist kritisch zu sehen.

Nasentropfen und Nasensprays bewirken eine Schleimhautabschwellung durch Engstellung der Gefäße und werden örtlich begrenzt eingesetzt. Hier besteht die Gefahr, dass die abschwellende Wirkung während des Tauchgangs deutlich nachlässt und es so beim Auftauchen zu einem Barotrauma kommen kann.

Ohrentropfen bewirken oft eine örtliche Betäubung durch enthaltene Schmerzmittel. Dadurch besteht die Gefahr einer Überdehnung des Trommelfells oder eines Trommelfellrisses aufgrund betäubter Nerven.

Tabletten zur Schleimhautabschwellung wirken im Gegensatz zu Tropfen und Sprays auch auf das zentrale Nervensystem. Die Gefahr besteht hier in einer Beeinflussung des Kreislaufes durch Herzrasen oder Unruhe und eines Air Trapping bei bronchialen Schwellungen.

3 Tauchausrüstung

3.1 Trockentauchanzüge

Der Schutz vor Wärmeabgabe ist die wichtigste Funktion eines Tauchanzuges. Du hast bereits die verschiedenen Arten der Wärmeabgabe durch Wärmeleitung (Konduktion), Wärmeströmung (Konvektion) und Wärmestrahlung kennengelernt. Bei einem Halbtrockentauchanzug wird die Wärmeabgabe durch Konvektion durch die Einschränkung der Wasserzirkulation schon stark eingeschränkt, und die Wärmeleitung wird durch die Dicke des Neoprenmaterials reduziert, da die eingeschlossenen Gasbläschen eine gute Wärmedämmung bewirken. Allerdings gelangt Wasser in den Halbtrockentauchanzug, und an dieses Wasser wird Wärme durch direkte Übertragung abgegeben. Auch ein Halbtrockentauchanzug kann das Eindringen und den Austausch von Wasser nicht vollkommen ausschließen.

Mit Anzügen, in denen man völlig trocken bleibt, wird ein wesentlich besserer Schutz vor Wärmeverlust erreicht. Die eingeschlossene Luft bietet einen guten Schutz vor der Wärmeleitung. Durch die völlige Abdichtung mithilfe von Dichtmanschetten und einem gasdichten Reißverschluss bietet ein solcher Trockentauchanzug auch einen Schutz vor Konvektion. Die Wärmeabgabe über die Atmung und Wärmestrahlung hingegen ist ähnlich wie bei einem Halbtrocken- oder Nasstauchanzug.

Gerade beim Tauchen im Winter oder in kalten Gewässern über eine längere Zeit ist ein Trockentauchanzug daher die richtige Wahl. Da sich das Trockentauchen vom Tauchen mit einem Halbtrockentauchanzug unterscheidet, bedarf es einer speziellen Ausbildung, die im Spezialkurs »Trockentauchen« vermittelt wird. Mit einem gut passenden Trockentauchanzug und entsprechender Übung kannst du darin genauso tauchen wie im Halbtrockentauchanzug.

Zu unterscheiden sind Trockentauchanzüge aus den Materialien Gummi, Trilaminat und Neopren bzw. crushed Neopren. Während das Neopren bereits durch das Material mit den eingeschlossenen Gasblasen eine Wärmedämmung bewirkt, erfordern die dünnen Materialien Gummi und Trilaminat das Tragen eines Unterziehanzuges. Da bei jedem Trockentauchanzug jedoch Luft im Anzug eingeschlossen ist, unterliegt er nach dem Gesetz von Boyle-Mariotte bei Druckveränderungen einer Volumenveränderung. Beim Abtauchen nimmt mit zunehmendem Umgebungsdruck das eingeschlossene Volumen ab, und der Anzug presst sich immer enger an den Körper, sodass schmerzhafte Unterdruck-Barotraumen der Haut entstehen können. Die Bewegungsmöglichkeit wird dabei eingeschränkt.

Daher ist es bei Verwendung eines Trockentauchanzuges unabdingbar, dass dem Anzuginneren Luft oder ein anderes Tariergas zugeführt werden kann, um das darin enthaltene Volumen auch bei Tiefenänderungen konstant zu halten. Daher sind Trockentauchanzüge immer als **Konstantvolumenanzüge** konstruiert. Um dem Anzuginneren beim Tauchen Luft oder ein anderes Tariergas zuzuführen, haben Trockentauchanzüge ein Einlassventil, das mit einem Inflatorschlauch mit der ersten Stufe des Atemreglers und dem DTG verbunden wird. Bei Verwendung eines anderen Tariergases mit anderen Isolationseigenschaften als Luft, z. B. Argon, erfolgt die Zuführung aus einer separaten Flasche. Da das im Anzug enthaltene Gas sich beim Auftauchen auch wieder ausdehnt, muss es auch wieder abgelassen werden können. Dies geschieht mithilfe eines Auslassventils, das entweder manuell oder automatisch wie das Überdruckventil des Jackets wieder Gas an die Umgebung abgibt. Der Ansprechdruck des Auslassventils kann in der Regel eingestellt werden. Die einstellbare Feder öffnet es, sobald der Anzuginnendruck beim Auftauchen den Federdruck übersteigt. Durch Anheben des Arms gelangt verstärkt Luft in den Armbereich und öffnet das Ablassventil. Ein manuelles Ablassen kann durch Drücken mit der Hand auf das Ventil erfolgen.

Durch Ein- und Auslassen von Gas kann so in jeder Tiefe erreicht werden, dass im Anzug das gleiche Volumen enthalten ist und so auch die Isolationseigenschaften gleich bleiben.

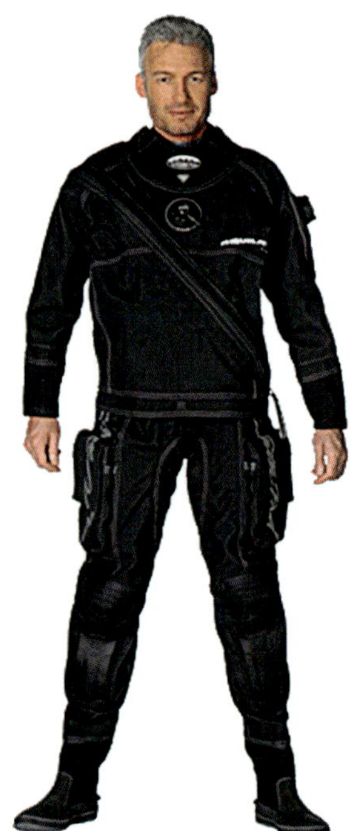

Trockentauchanzug aus Trilaminat

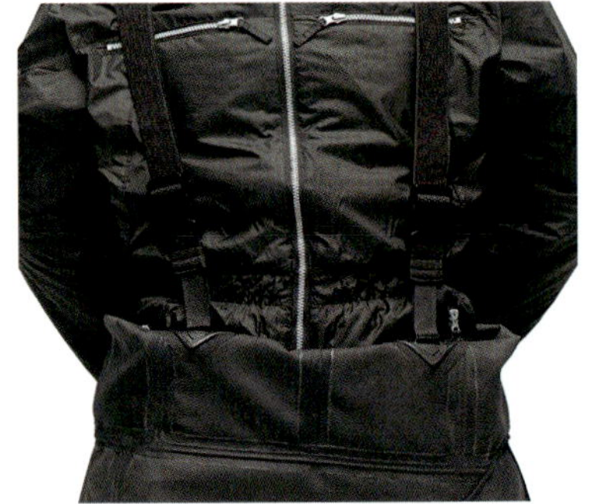

Hosenträger-Fixierung

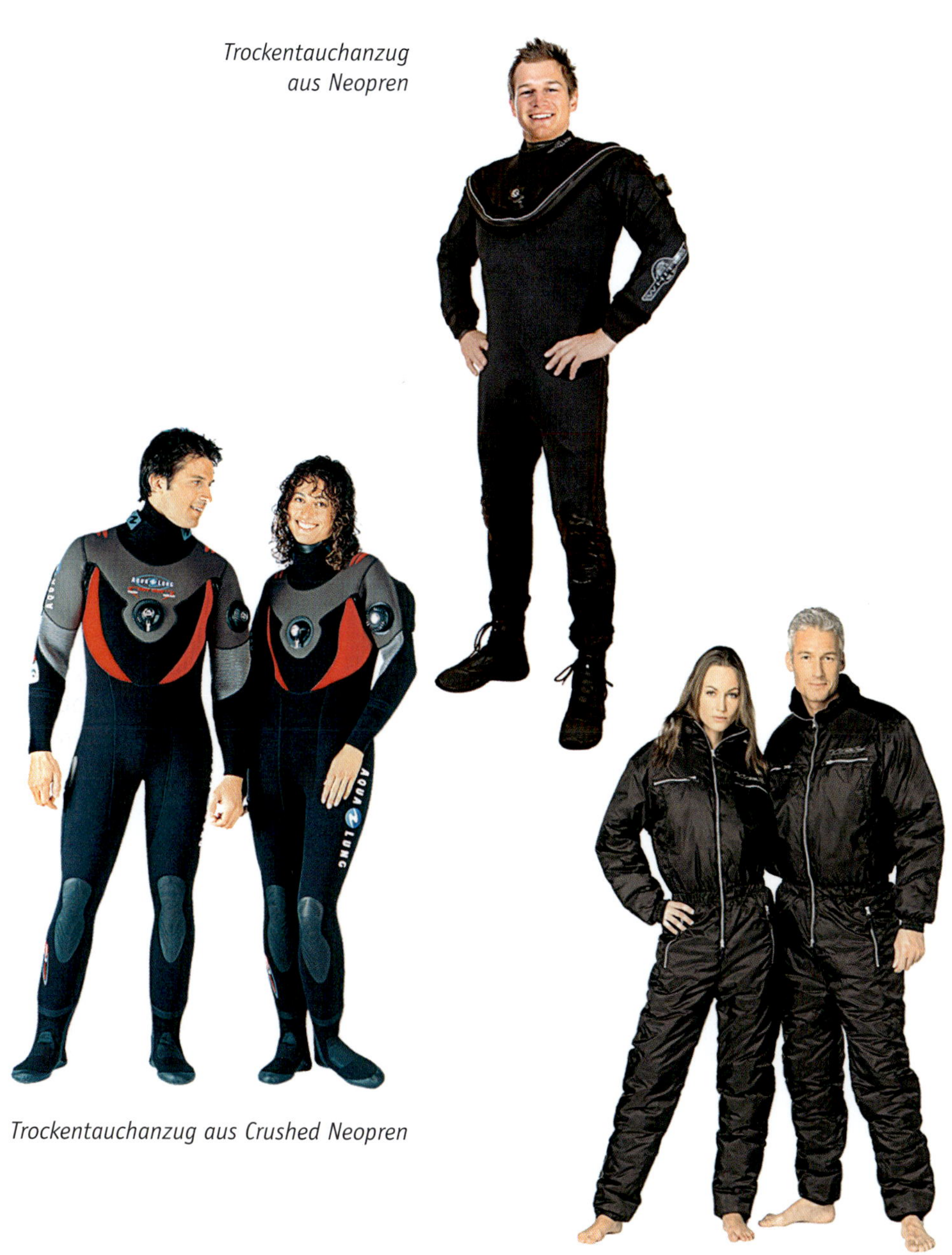

Trockentauchanzug aus Neopren

Trockentauchanzug aus Crushed Neopren

Unterziehanzug mit Nylonbeschichtung und Thermofüllung aus Kunststoffhohlfasern

Vor- und Nachteile verschiedener Trockentauchanzüge	
Trilaminat oder Gummi	**Neopren oder Crushed Neopren**
Dünnes, leichtes Material, wenig Platzbedarf.	Dickes Material, Neopren meist 7 mm, Crushed Neopren etwa 3 bis 4 mm, mehr Platzbedarf.
Keine Wärmedämmung durch das Material, daher Unterziehanzug erforderlich. Dicke des Unterziehanzugs kann je nach Außenbedingungen variiert werden (normal 300–400 g/m²).	Gute Wärmedämmung bereits durch das Neopren auch ohne Unterziehanzug, lässt jedoch im tieferen Bereich nach. Dünne Unterziehwäsche zur Schweißaufnahme (wegen schnellerem Schwitzen). Crushed Neopren ist werksseitig bereits vorkomprimiert und dadurch eher steif. Gute Wärmeisolation unabhängig von der Wassertiefe und sehr dünn und geschmeidig.
Leichtes An- und Ausziehen.	An- und Ausziehen modellabhängig.
Robuste und unempfindliche Außenhaut bei Trilaminat, Gummi wird auch beim Tauchen im industriellen Bereich nicht angegriffen.	Neopren ist oft empfindlicher gegen Beschädigungen. In der Regel außen und/oder innen kaschiert mit einem Nylon-Stretchgewebe als Materialschutz.
Leicht auch selbst zu reparieren.	Schwieriger zu reparieren, in der Regel durch Fachhandel.
Gute Beweglichkeit, wenn der Anzug genau passt.	Beweglichkeit abhängig von Bauart und Sitz des Anzugs.
Geringer Auftrieb, weniger Blei erforderlich in Abhängigkeit vom Unterziehanzug.	Höherer Auftrieb durch Neopren gerade in geringen Tiefen, lässt in größeren Tiefen nach.
Bei Wassereinbruch sind zum Notaufstieg äußere Hilfsmittel (Jacket) erforderlich, sonst Bleiabwurf.	Bei Wassereinbruch ist Notaufstieg wie bei einem Halbtrockentauchanzug möglich aufgrund des Neopren-Eigenvolumens.
Kurze Trockendauer.	Längere Trockendauer.

Damit ein Trockentauchanzug den Körper völlig wasserdicht umschließt, hat er eng anliegende Dichtmanschetten an den Handgelenken und am Hals, während die Füße bereits in den Anzug eingeschlossen sind. Am Hals sollten Latexmanschetten verwendet werden, die zum jeweiligen Halsumfang passend abgeschnitten werden und ohne Umschlagen kaum Druck auf die Carotisarterie ausüben. Meist wird eine separate Neopren-Kopfhaube getragen. Es gibt aber auch Anzüge mit angesetzter Kopfhaube und Abdichtung am Gesicht. Für den Kälteschutz der Hände gibt es neben den üblichen Neopren-Handschuhen auch wasserdichte Trockentauchhandschuhe.

Um in den Anzug steigen zu können und diese Öffnung wieder dicht zu verschließen, ist ein völlig gas- und wasserdichter Reißverschluss erforderlich. Auch wenn durch den Volumenausgleich im Trockentauchanzug eine gewisse Tarierung erfolgt, ist ein Jacket beim Trockentauchen unerlässlich. Das Jacket hat wichtige Sicherheitsfunktionen zum raschen Erreichen der Oberfläche, zum Notaufstieg, zum Retten anderer Personen sowie als Schwimmhilfe und zum Stabilisieren an der Wasseroberfläche. Durch das Jacket darf die Bedienung des Trockentauchanzugs nicht behindert werden. Insbesondere ist darauf zu achten, dass der Einlassknopf gut erreichbar bleibt.

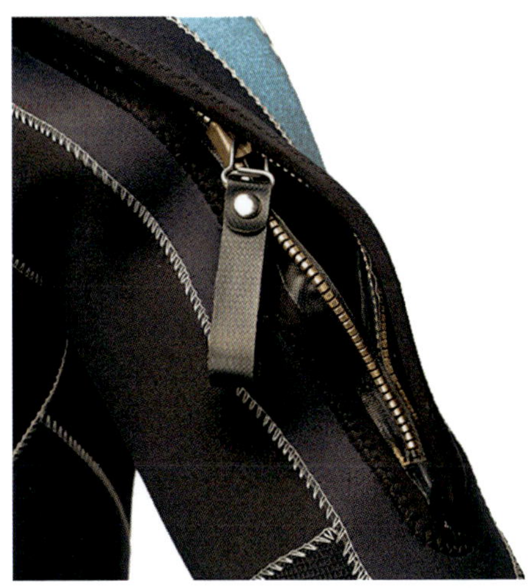

Gasdichter Trockentauchreißverschluss

Die Tarierung erfolgt auch beim Trockentauchen vorwiegend über das Jacket. In den Trockentauchanzug wird nur die zum Volumenausgleich erforderliche Luft gegeben. Es sind so zwar zwei Systeme zu bedienen, aber es wird verhindert, dass sich im Trockentauchanzug überschüssiges Gas befindet, das Auswirkungen auf die Beweglichkeit hat, aber auch je nach Lage ungewollt in andere Bereiche des Anzugs gelangen kann. Gelangt beispielsweise zu viel Luft in den Beinbereich, können die Beine hochsteigen, und aus einer Kopftieflage kann zunächst keine Luft abgelassen werden. Durch das Erlernen einer geeigneten Technik ist auch eine Drehung aus der Kopftieflage heraus möglich. Schon bei der Anschaffung eines Trockentauchanzugs ist daher wichtig, dass er möglichst gut und passgenau sitzt und gerade an den Beinen eng anliegt. Das Anprobieren erfolgt mit dem passenden Unterziehanzug. Dabei ist auch eine aus-

reichende Beweglichkeit erforderlich. Das Knien in der Hocke, das Verschränken der Arme und das Erreichen der Ein- und Auslassventile sollten möglich sein.
Die Pflege der Latex-Dichtmanschetten erfolgt mit Talkum. Der Reißverschluss wird regelmäßig mit Paraffin oder Wachs eingerieben und sollte zugunsten einer längeren Haltbarkeit so selten wie möglich geschlossen und geöffnet werden.

3.2 Alternative Tariersysteme und Bleisysteme

Zum Tarieren gibt es verschiedene Systeme. Die gebräuchlichste Jacket-Bauweise ist das **ADV-Jacket**. Dieses hat den Vorteil, dass es einfach einstellbar ist, da insbesondere die Schultergurte an die individuelle Größe angepasst werden können. Oft haben ADV-Jackets je nach Modell ein geringes Auftriebsvolumen. Bei einer Rettung können die Schultergurte zum Ablegen meist geöffnet werden. Vor dem vollen Aufblasen des Jackets sind jedoch der Brustgurt und je nach Modell auch der Bauchgurt zu öffnen, damit die Atmung durch die vollen Luftkammern nicht behindert wird.
In früheren Jahren waren **Stabilizing-Jackets** vor allem wegen ihres größeren Volumens und der ohnmachtsicheren Lage an der Wasseroberfläche verbreitet. Der große Nachteil bei diesen Jackets ist jedoch die innen liegende Begurtung, die

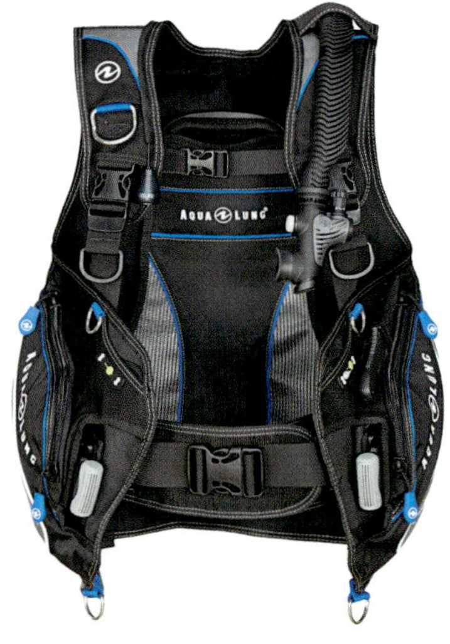

ADV-Jacket

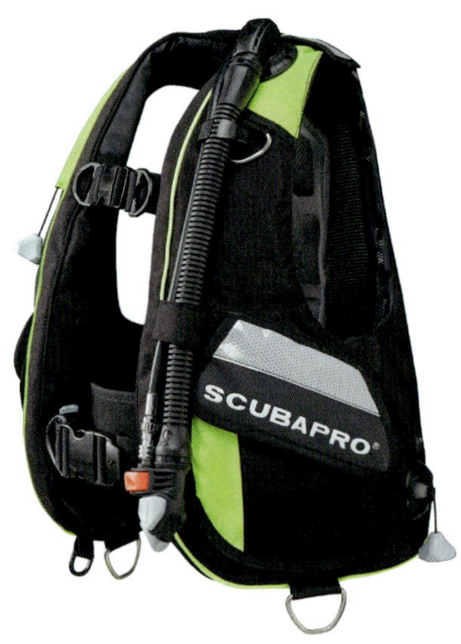

Stabilizing-Jacket

bei einer Rettung durch einen anderen Taucher nur sehr schwierig lösbar ist und so das Ablegen des Jackets behindert. Dies ist daher beim Ausrüstungscheck im Briefing besonders anzusprechen.
Um beim Tauchen eine gute Lage zu erreichen und dabei zugunsten einer besseren Bewegungsfreiheit keine luftgefüllten Bauteile im vorderen Bereich zu haben, wird der Auftriebskörper bei **Wing-Jackets** wie ein Flügel (Wing) nur am Rücken platziert. Hierdurch wird das Tauchen in einer waagerechten Schwimmlage begünstigt, wobei Wing-Jackets auch ein großes Auftriebsvolumen haben. Da Wing-Jackets jedoch nicht so weit verbreitet sind, ist beim Ausrüstungscheck im Briefing auf die Besonderheiten insbesondere beim Ablegen und im Rettungsfall einzugehen. Für die Lage an der Wasseroberfläche hingegen ist das aufgeblasene Wing-Jacket nachteilig, da eine passive Rückenlage instabil wird. Bei einer Rettung ist der Betroffene durch den Retter aktiv in der Rückenlage zu halten. Beim Transport kann dies idealerweise im Rahmen der Schiebetechnik erfolgen, indem das Wing-Jacket des Betroffenen aufgeblasen und wie eine Plattform vom Retter geschoben wird. Zum Ablegen eines Wing-Jackets im Wasser muss zunächst Luft abgelassen werden, damit die Begurtung abgestreift werden kann.
Auch im Bereich des Sporttauchens werden immer häufiger reine **Wingblasen** eingesetzt, die mit einer Rückentrage aus Metall (**Back-Plate**) und einer Begurtung (**Harness**) mit dem DTG verbunden werden.

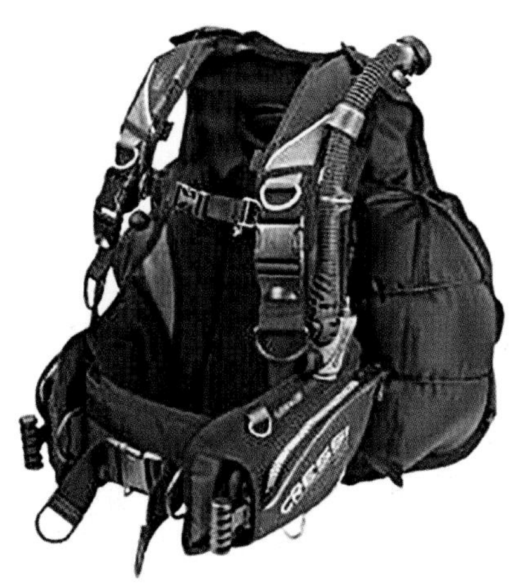

Sporttaucher-Wing-Jacket

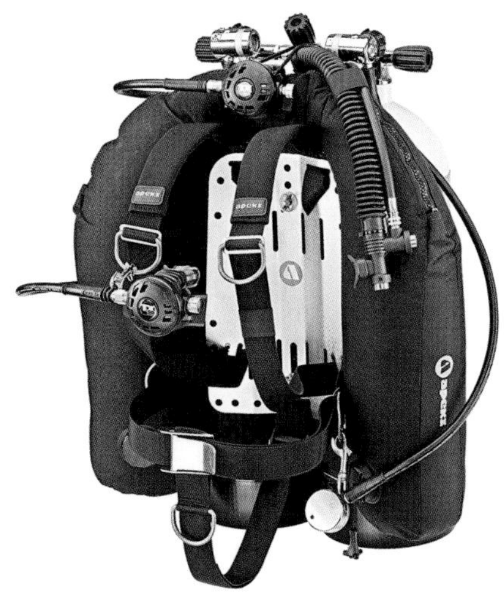

Wing-Blase mit Backplate und Harness

Diese Bauform begünstigt wie ein Wing-Jacket eine waagerechte Lage unter Wasser und bietet eine große Bewegungsfreiheit vor dem Körper. Das System ist sehr stabil und ist trotz Einheitsgröße durch die Bebänderung fest am Körper befestigt. Auch für die Verwendung mit Doppelflaschengeräten ist diese Kombination gut geeignet.

Da die Begurtung durchgehend ist, lässt sie sich nur schwer ablegen. Daher sind auch hier, wie beim Wing-Jacket, das Ablegen, die Rettung und der Transport im Briefing besonders zu erläutern.

Einige Hersteller bieten auch Jackets an, bei denen die **Ein- und Auslasssteuerung** in einer Einheit untergebracht sind, sodass der sonst übliche Faltenschlauch entfällt oder ergänzt wird. Bei pneumatischen Systemen wird über Druckluftsteuerungen das Ein- oder Auslassventil vollständig geöffnet, bei mechanischen Systemen erfolgt die Öffnung stufenlos über einen Drahtseilzug. Der Vorteil solcher Systeme liegt darin, dass die Steuerungseinheit immer an einer festen, gut erreichbaren Stelle seitlich am Jacket direkt und schnell erreicht wird. Das Hochhalten eines Faltenschlauches zum Luftablassen ist hier nicht erforderlich. Im Rahmen einer Rettung kann der Retter außer an dieser Steuerungseinheit die Luft alternativ auch durch leichtes Ziehen des Bandes direkt am Schnellablass herauslassen. Er hat dabei durch die Sicht auf die austretenden Luftblasen die optische Kontrolle über die Menge der ausgelassenen Luft.

Die meisten Jackets verfügen über eine **Bleiintegration**, das heißt, das Blei wird nicht wie früher separat an einem Bleigurt getragen, sondern in Bleitaschen, die in das Jacket gesteckt werden. Dies hat den Vorteil, dass das Blei den Rücken weniger stark belastet, weil es direkt mit dem Auftriebskörper verbunden ist und sich Auftrieb und Gewichtskraft so gegenseitig ausgleichen.

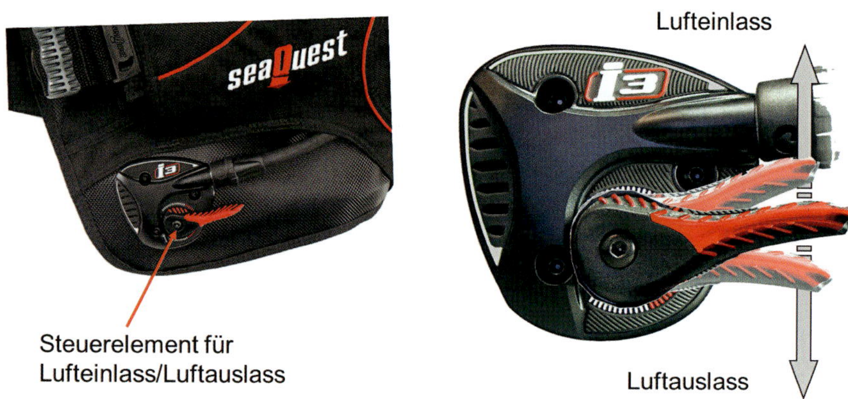

Steuerelement für Lufteinlass und Luftauslass

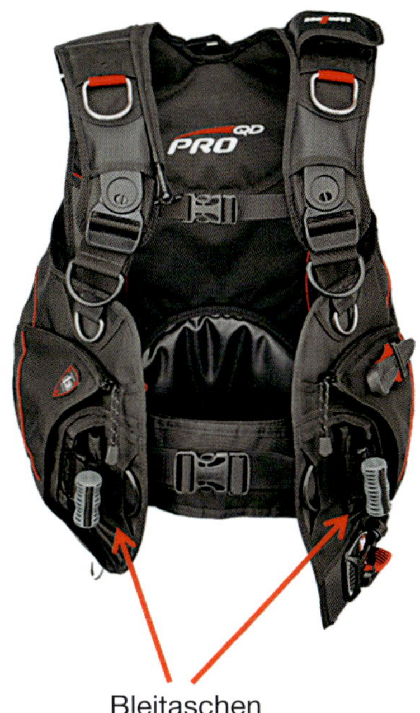

Jacket mit Bleitaschen

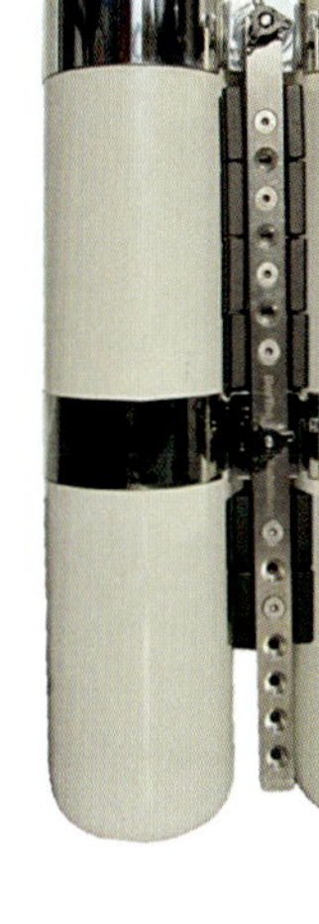

Verschraubtes V-Blei

Hier gibt es unterschiedliche Bauformen hinsichtlich der Beladung, der Sicherung gegen unbeabsichtigten Verlust und des Abwurfs in einem Notfall.
Soweit die Bauart des Jackets es zulässt, sollte zuerst das DTG mit dem Jacket angelegt werden. Erst anschließend sollten die Bleitaschen eingesetzt werden, denn sonst wäre das DTG mit Jacket unnötig schwer und würde die Wirbelsäule belasten.
Werden die Bleitaschen von vorn eingeschoben, so liegen sie beim Tauchen senkrecht über dem Grund und würden ohne besondere Sicherung durch die Schwerkraft herausfallen. Hier gibt es verschiedene mehr oder weniger geeignete Sicherungssysteme mit Velcro-Befestigung, die auch als Klett-Verschluss bezeichnet wird, oder mit mechanischen Systemen. Bei einer Rettung ist das Abwerfen der von vorn eingeschobenen Bleitaschen schwierig, da sie bei einem auf dem Rücken liegenden Taucher nach oben herausgezogen werden müssen.
Werden die Bleitaschen hingegen von oben eingeschoben, so liegen sie beim Tauchen parallel zum Grund, sodass ein unbeabsichtigtes Verlieren verhindert wird. Bei einem auf dem Rücken liegenden Taucher können sie leicht seitlich herausgezogen werden.

Bleigewichte sollten grundsätzlich leicht lösbar angebracht werden, um diese im Notfall abzuwerfen. Allerdings sind inzwischen auch fest verschraubte Gewichte (z. B. V-Blei) üblich und erlaubt.
Weiterhin werden zunehmend Tragesysteme mit Metallplatten (Backplate) verwendet. In Kombination mit schweren Flaschen sind damit oft zusätzliche Gewichte überflüssig.
Aus Umweltschutzgründen soll nur ummanteltes Blei und keinesfalls Bleischrot in Netztaschen benutzt werden. Bleieintrag in Gewässer ist zu vermeiden.

3.3 Vereisung

Das Vereisen eines Atemreglers äußert sich in der Regel darin, dass ein Atemregler nach Beendigung des Einatemvorgangs weiter Luft ausströmen lässt – er bläst ab. Dies hat seine Ursache in der starken Abkühlung aufgrund des Joule-Thomson-Effekts beim Entspannen der Luft aus dem DTG im Atemregler verbunden mit niedrigen Außentemperaturen.
Mit innerer Vereisung wird die Bildung von Eiskristallen zwischen Ventilsitz und Schließkolben des Druckminderers bezeichnet, mit äußerer Vereisung die Bildung von Eis in der Wasserkammer des Druckminderers, das dann Druck auf den Kolben oder die Membran ausübt.
Durch den physikalischen Effekt kühlen die erste Stufe und in der Folge auch die zweite Stufe des Atemreglers stark ab. Es wurden Temperaturen von –27 °C in der ersten Stufe und von –6 °C in der zweiten Stufe gemessen. Hauptsächlich hängt die Abkühlung von der Menge der strömenden Luft in der ersten Stufe ab. Daneben spielt auch die Bauart des jeweiligen Atemreglers eine Rolle. Je stärker also die Luft abströmt, desto kälter wird der Atemregler. Eine Zunahme der Luftströmung und somit ein Absinken der Temperatur werden insbesondere durch gleichzeitiges Atmen aus dem Atemregler und Betätigen des Inflators bewirkt. Hierdurch steigt die Gefahr einer Vereisung des Atemreglers.
Da die Vereisung eines Atemreglers oft der Auslöser tödlicher Tauchunfälle ist, muss diese Gefahr möglichst reduziert werden. Um ein Absinken der Temperatur durch zu hohe Luftströmung zu vermeiden, darf nicht durch Inflatorbetätigung eine zusätzliche Kältelast in den Atemregler eingebracht werden, aus dem gerade geatmet wird. Daraus ergibt sich direkt die Anforderung, dass der Inflator an den Zweitatemregler angeschlossen wird, da aus diesem beim Tauchgang im Normalfall nicht geatmet wird.

Einflussfaktoren für eine Vereisung sind also
- die Druckdifferenz vor und nach Entspannung der Luft (Joule-Thomson-Effekt),
- die Menge der durchströmenden Luft, die auch mit zunehmender Wassertiefe steigt,
- die Kälte des umgebenden Wassers,
- die Bauweise des Atemreglers, insbesondere die Wärmeleitung der Materialien.

Beim Tauchen in kalten Gewässern (maximal 10 °C Wassertemperatur in der aufgesuchten Wassertiefe) sind daher sowohl als Hauptatemregler als auch als Zweitatemregler nur gemäß der europäischen Norm als kaltwassertauglich zugelassene Atemregler zu verwenden. Einen absoluten Schutz vor Vereisung kann jedoch kein Atemregler bieten. Ein Vereisen ist bei hohen Durchflussmengen und niedrigen Temperaturen nicht auszuschließen.
Falls beim Tauchgang der Atemregler vereist und die Luft massiv abströmt, ist ein Weiteratmen aus dem abblasenden Atemregler in der Regel nicht möglich. Die richtige Reaktion ist in einem solchen Vereisungsfall das Absperren des abblasenden Atemreglers und der Übergang auf den Zweitatemregler. Voraussetzung dazu sind zwei separate Atemregler an zwei getrennt absperrbaren Ventilen, die von der Seite erreichbar sind. Alternativ zum selbstständigen Absperren des Ventils, dem sogenannten Ventilmanagement, kann auch der Tauchpartner das Ventil mit dem abblasenden Atemregler absperren. Schließlich sind auch die Atmung aus dem Hauptatemregler des Partners oder der Aufstieg unter Wechselatmung möglich.

3.4 Ausrüstungskonfiguration

Die Art und die Anordnung der Ausrüstung für das Tauchen haben sich in den letzten Jahren durchaus weiterentwickelt. Der Übergang zwischen dem Sporttauchen und dem technischen Tauchen ist fließend, da viele Ideen und Erkenntnisse für beide Bereiche sinnvoll sind. Bereits in der Ausbildung zum DTSA** wurden Ausrüstungsempfehlungen behandelt.
Maßgebend ist zunächst die europäische Norm DIN EN 250, deren Regelungen in die **VDST-Sicherheitsstandards** übernommen wurden. Danach umfasst die Standardausrüstung eines Tauchers für Freigewässertauchgänge mit DTG zumindest:
- Flossen,
- Maske,
- Schnorchel,
- Atemregler,

- alternative Atemgasversorgung,
- Druckgasflasche,
- Tragevorrichtung für die Druckgasflasche,
- Tariermittel,
- Ballastsystem mit Schnellabwurfvorrichtung (falls erforderlich),
- Unterwasser-Manometer,
- Instrumente/Hilfsmittel zur Messung von Tiefe und Zeit sowie zur sicheren Begrenzung der Einwirkung von Inertgasen,
- Tauchanzug (falls erforderlich),
- Messer/Schneidewerkzeug.

Besondere Tauchbedingungen und -vorhaben erfordern zusätzliche, gegebenenfalls auch redundante Ausrüstung (z. B. UW-Navigationshilfe, Lampen, Leinen, Signalmittel, Schreibtafel).
Bei Tauchgängen mit Gerät in kalten Gewässern gelten besondere Anforderungen an eine alternative Gasversorgung. Ausbilder führen einen zweiten Atemregler an einem getrennt absperrbaren Flaschenventil mit.

Die Sicherheitsstandards beschreiben auch die besonderen Anforderungen an eine alternative Atemgasversorgung.
Jedes Mitglied der Tauchgruppe führt bei allen Tauchgängen mit Gerät als alternative Atemgasversorgung einen zweiten Atemregler mit sich, in kalten Gewässern einen zweiten Atemregler an einem getrennt absperrbaren Flaschenventil (Definition kaltes Wasser: max. 10 °C Wassertemperatur in der aufgesuchten Wassertiefe).
Bei Tauchgängen mit Gerät in nicht kalten Gewässern ist als alternative Atemgasversorgung auch ein sogenanntes Oktopussystem ausreichend, d. h. eine erste Stufe wird mit zwei zweiten Stufen verbunden. Voraussetzung dafür ist, dass beide zweite Stufen vom Hersteller für die Kombination mit der ersten Stufe zugelassen sind. Beide Atemregler kommen grundsätzlich von rechts.
Der VDST empfiehlt für alle Ausbildungsstufen einen langen Mitteldruckschlauch (ab 1,5 Meter) für den Hauptatemregler.

Die VDST **Ausrüstungsstandards** beschreiben konkrete Anforderungen:
- Zwei getrennte, komplette Atemregler (jeweils eine erste und eine zweite Stufe).
- Zwei getrennt absperrbare und erreichbare Ventile.
- Beide Atemregler kommen von rechts, keine Kreuzung mit dem Faltenschlauch des Jackets.
- Langer Mitteldruckschlauch am Hauptatemregler, dieser wird im Notfall abgegeben!
- Hauptatemregler ist am rechten Ventil montiert.

- Zweitatemregler ist in Brusthöhe fixiert.
- Zweitatemregler ist genauso gut wie der Hauptatemregler, optimal sind zwei baugleiche Atemregler.
- Kaltwassertaugliche Atemregler sind zu verwenden.

Die Anforderung von zwei separaten Atemreglern an zwei getrennt absperrbaren Flaschenventilen ist daher bei allen Tauchgängen in kalten Gewässern und von jedem Taucher einzuhalten, da eine Nichteinhaltung ursächlich für einen Tauchunfall sein kann. Die Anforderungen an die Schlauchanordnung hingegen sind für Taucher als Empfehlungen anzusehen.

Für das Tauchen in warmen Gewässern ist auch die Verwendung eines Oktopussystems ausreichend. An vielen Urlaubstauchbasen sind ohnehin nur Tauchgeräte mit Monoventilen verfügbar. Bei der Zusammenstellung eines Oktopussystems, d. h. einer ersten Stufe in Verbindung mit zwei zweiten Stufen, ist darauf zu achten, dass Hauptatemregler und Zweitatemregler absolut baugleich sind. Keinesfalls dürfen erste und zweite Stufen unterschiedlicher Hersteller oder unterschiedlicher Bauart zu einem Atemregler zusammengefügt werden. Es sind immer die Herstellerangaben zu beachten. Viele Hersteller geben Hinweise, welche Atemregler zu einem Oktopussystem kombiniert werden können. Eine Redundanz der Atemgasversorgung bietet aber auch im Warmwasser Vorteile und ist auch dort, besonders von Tauchausbildern, anzustreben.

Damit die Funktion des Inflators auch nach dem Schließen des Ventils am Hauptatemregler gegeben ist und so das Jacket des Betroffenen mittels Inflator

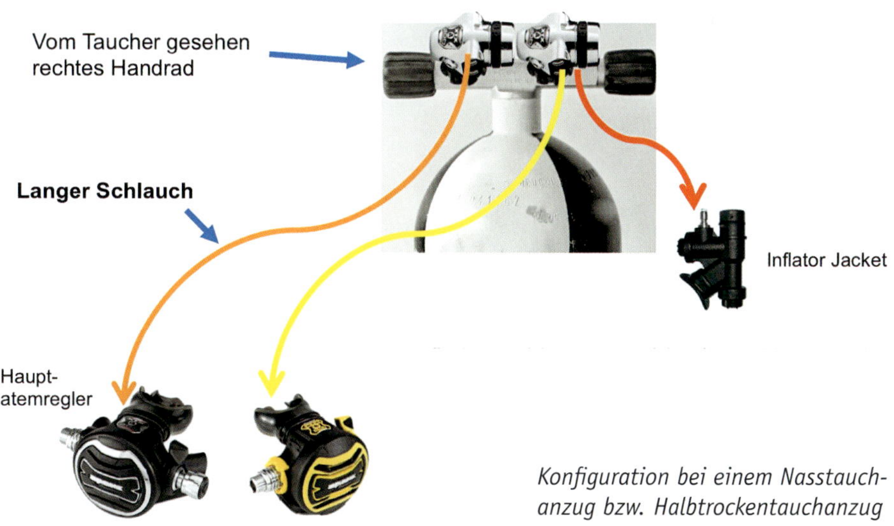

Konfiguration bei einem Nasstauchanzug bzw. Halbtrockentauchanzug

weiterhin belüftet werden kann, ist die Kältelast von Atmung und Tarierung auf zwei erste Stufen zu verteilen. Zur Anordnung der Mitteldruckschläuche sind daher bestimmte Konfigurationen sinnvoll.

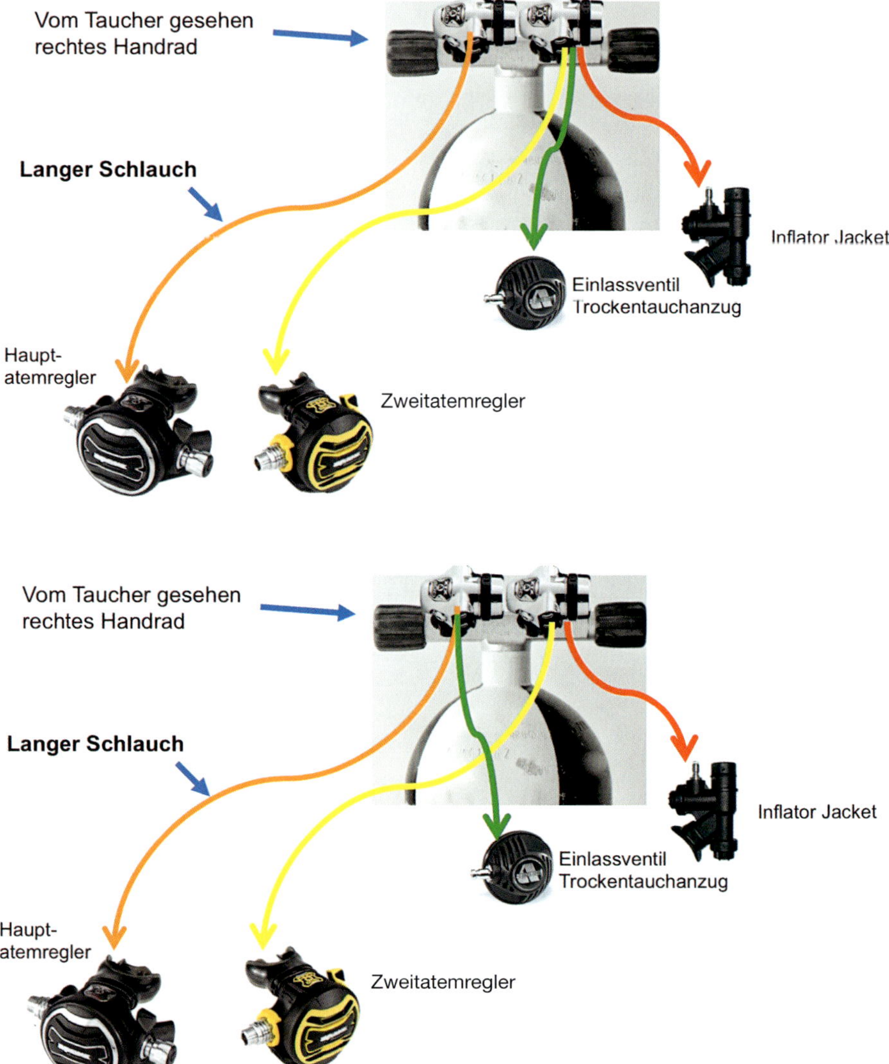

Konfiguration bei einem Trockentauchanzug

Bei Verwendung eines Nass- oder Halbtrockentauchanzuges werden der Hauptatemregler mit langem Mitteldruckschlauch am aus Sicht des Tauchers rechten Ventil und der Jacketinflator am Zweitatemregler angeschlossen. Die Vorteile liegen darin, dass die Kältelast von Atmung und Tarierung auf zwei erste Stufen verteilt wird und so die Vereisungsgefahr minimiert wird. Die Bedienung des Inflators funktioniert auch bei zugedrehtem Hauptatemregler-Ventil, zum Beispiel nach einer Vereisung. Dies ist wichtig für die Eigen- und Fremdrettung.
Bei Verwendung eines Trockentauchanzugs ist zusätzlich der Inflatorschlauch für den Trockentauchanzug anzuschließen. Dieser kann entweder am Zweitatemregler montiert werden. Dazu ist jedoch eine erste Stufe mit ausreichend vielen Mitteldruckabgängen auf einer Seite erforderlich. Alternativ kann der Trockentauchanzug-Inflator auch am Hauptatemregler angeschlossen werden. Da die Belüftung des Trockentauchanzugs nur in kurzen Stößen erfolgt, wird auch hier die Vereisungsgefahr durch gleichzeitige Inflatorbedienung und Atmung aus dem Hauptatemregler minimiert. Bei Verwendung einer separaten Füllgasflasche für den Trockentauchanzug erfolgt der Anschluss des Trockentauchanzug-Inflators dort.

3.5 Tauchlampen

Bei jedem Tauchgang sollte eine geeignete, gute Unterwasserlampe mitgeführt werden, denn diese hat mehrere wichtige Funktionen:

- Sehen bei Dunkelheit, insbesondere beim Nachttauchen,
- beim Tagtauchen zur Ermöglichung des Farbensehens in jeder Tiefe,
- bei Tag und Nacht als Notsignalmittel an der Wasseroberfläche, da am weitesten sichtbar,
- zum Gesehenwerden in der Tauchgruppe.

Die bisher üblichen Halogen-Scheinwerfer mit wiederaufladbaren Akkus waren lange Zeit am weitesten verbreitet. Batteriebetriebene Tauchlampen hingegen haben den Nachteil, dass mehrere Monozellen regelmäßig ausgetauscht werden müssen.
Eine höhere Lichtleistung bei gleicher Stromaufnahme liefern Gasentladungslampen.

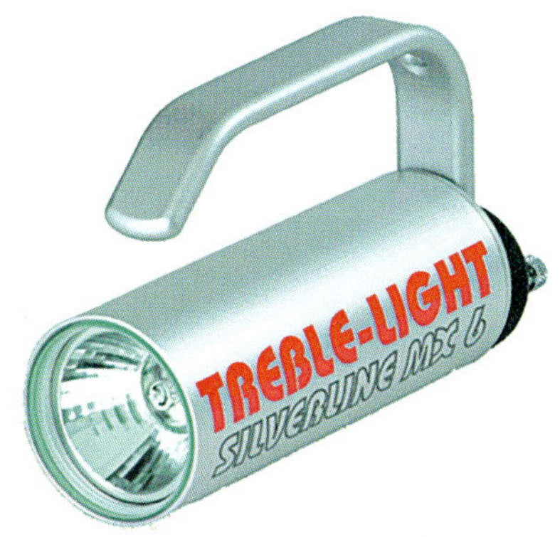

Halogen-Handlampe

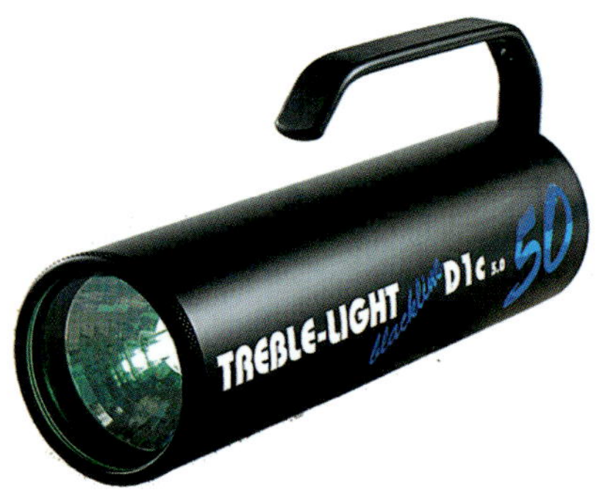

Gasentladungslampe

Bei Pilotlampen mit Akkutank sind der Lampenkopf und der Akku baulich getrennt und mit einem Kabel verbunden. Dies hat den Vorteil, dass der schwerere Akku nicht gehalten werden muss, sondern in der Regel fest am DTG oder am Jacket montiert wird. Nur der leichte Lampenkopf muss dann noch mit der Hand geführt werden.

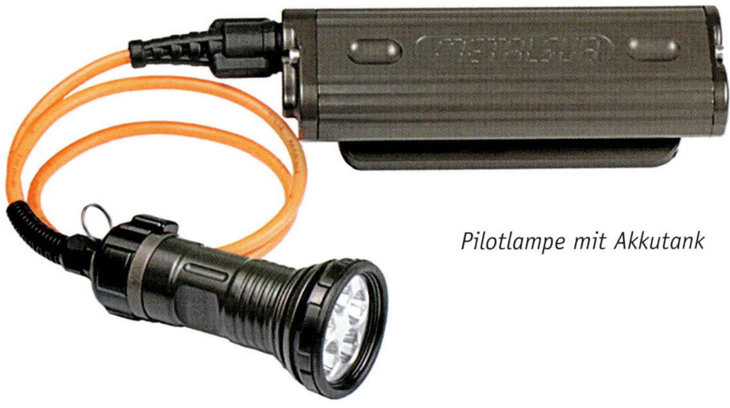

Pilotlampe mit Akkutank

Nachdem sich jedoch LED-Leuchten in allen Bereichen verbreitet haben und in verschiedenen Lichtfarben erhältlich sind, haben sie sich auch beim Tauchen wegen ihrer hohen Lichtleistung bei minimaler Stromaufnahme durchgesetzt. Hierdurch ist eine äußerst kompakte Bauweise bei hoher Leistung möglich. Auch als Handlampe sind LED-Leuchten erhältlich.

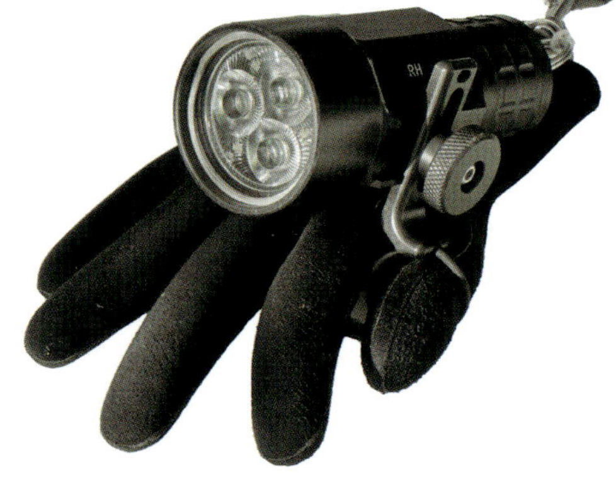

LED-Handleuchte

Ideal sind Tauchlampen mit wiederaufladbaren Akkus als Stromquelle. Nickel-Metallhybridakkus (NiMH) haben gegenüber den früher üblichen Nickel-Cadmium-Akkus oder gar den älteren Blei-Akkus den Vorteil, dass sie nicht nur eine lange Lebensdauer bei gleichbleibender Lichtleistung haben, sondern dass bei ihnen auch der Memory-Effekt kaum noch vorhanden ist. Zum Laden der Akkus sind die dafür vorgesehenen Ladegeräte zu verwenden. Die Ladezeit ist modellabhängig. Wird eine schnellere Ladung über einen höheren Ladestrom eingestellt, so kann eine solche Schnellladung schädlich für den Akku sein. Er verliert dann an Leistungsvermögen.

Wichtige Kriterien für eine Tauchlampe sind die Leistung und die Brenndauer. Die Lichtleistung bei Tag sollte bei einer Halogenlampe 35 bis 50 Watt betragen, um gegenüber dem vorhandenen Tageslicht eine gute Leuchtwirkung zu erzielen. Je heller das Restlicht im Wasser ist, desto mehr Lichtleistung wird benötigt. Nachts reichen bei guter Sicht etwa 20 Watt aus. Bei schlechter Sicht bewirkt die Lampe eine Streuung wie bei Nebel (insbesondere die Breitstrahler). Ob Breit- oder Punktstrahler zu bevorzugen sind, hängt von der Einsatzart ab. Tagsüber können Objekte mit einem Punktstrahler von etwa 3° Leuchtwinkel gut ausgeleuchtet werden, während sich nachts und bei guter Sicht Breitstrahler eignen. Bei LED-Leuchten wird mit geringeren Watt-Zahlen eine höhere Lichtleistung erzielt.

Die Brenndauer begrenzt den Tauchgang zumindest nachts genauso wie der Luftvorrat und muss daher in die Tauchgangsplanung einbezogen werden. Auch hier gilt als Faustformel die Drittelregel: ein Drittel der Brenndauer für den Hinweg, ein Drittel für den Rückweg und ein Drittel als Reserve. Die Brenndauer sollte daher mindestens der 1,5-fachen Tauchzeit entsprechen. Unabhängig davon gilt, dass pro Gruppe eine Reservelampe vorhanden sein muss.

Nur als Not- oder Ersatzlicht können kleine Stablampen oder Blitzer fungieren, die mit wenigen Batterien oder Akkus versehen sind. Leuchtstäbe hingegen sind aus ökologischen Gründen abzulehnen und können wegen ihrer geringen Leuchtkraft ohnehin kaum zum Ausleuchten genutzt werden.

Um gegen Verlust gesichert zu sein, sollten Lampen immer mit einem Karabiner am Jacket oder an der Begurtung befestigt werden.

Beim Transport sind Tauchlampen gegen unbeabsichtigtes Einschalten zu sichern. Bei der Mitnahme in einem Flugzeug sind Tauchlampen im Handgepäck mitzuführen, und der Brenner muss herausgenommen werden, damit ein unbeabsichtigtes Einschalten ausgeschlossen ist. Anderenfalls könnte sich eine Lampe so erhitzen, dass Brandgefahr besteht.

3.6 Aufbau des Kompressors

Die Funktionsweise eines Kompressors basiert im Wesentlichen auf dem Prinzip der Luftverdichtung. Maßgebend ist die physikalische Gesetzmäßigkeit, dass der Druck sich aus der Kraft auf eine bestimmte Fläche ergibt (p = F/A). Während die Kraft durch einen Elektro- oder Verbrennungsmotor erzeugt wird und dessen Drehbewegung über eine Welle und einen exzentrischen Pleuel in eine Hubbewegung der Kolben umgesetzt wird, ergibt sich über die Fläche des jeweiligen Kolbens der dadurch erreichbare Druck. Außerdem sind die Reinheit und die Trocknung der Atemluft zu gewährleisten.

Der Antrieb eines Kompressors erfolgt je nach Typ durch einen Verbrennungs- oder einen Elektromotor. Verbrennungsmotoren werden hauptsächlich für mobile Kompressoren verwendet. Gebräuchlich sind 2-Takt- und 4-Takt-Benzinmotoren sowie Dieselmotoren. Bei Verbrennungsmotoren entstehen giftige Abgase, die keinesfalls in die angesaugte Luft geraten dürfen. Für stationäre Anlagen werden in der Regel Elektromotoren mit Wechselstrom oder mit Drehstrom verwendet.

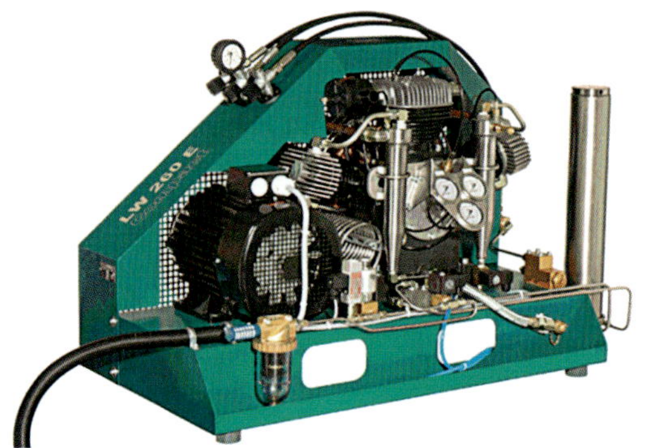

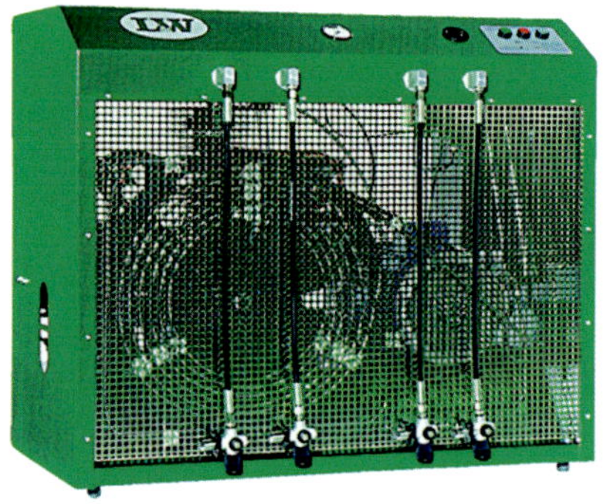

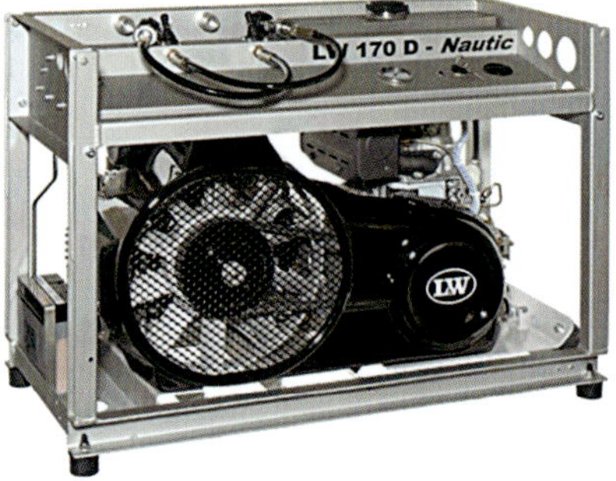

Kompressortypen

Die Luftverdichtung erfolgt, indem der über die Pleuelstange bewegte Kolben die im Zylinder befindliche Luft zusammendrückt. Je kleiner die Fläche des Zylinders ist, desto höher ist der resultierende Druck.
Die Anforderung an einen Kompressor ist die Verdichtung möglichst großer Luftmengen in möglichst kurzer Zeit auf den gewünschten hohen Enddruck von in der Regel 200 bar. Dabei sollte die Bauweise des Kompressors so kompakt wie möglich sein.

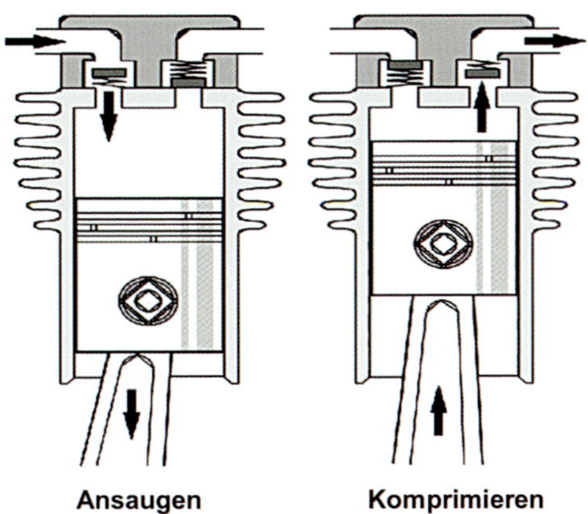

Prinzip der Luftverdichtung mithilfe eines Kolben

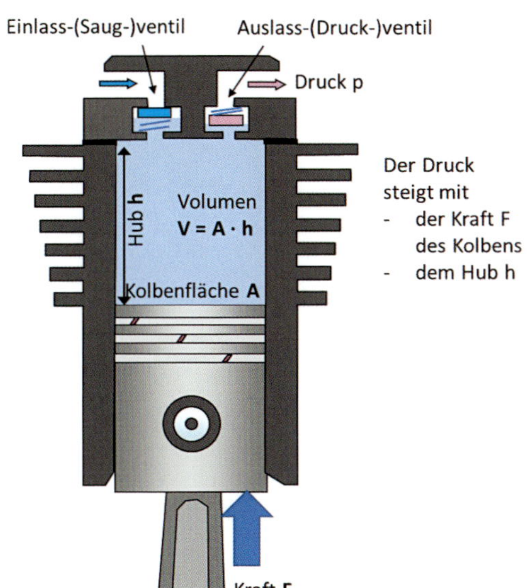

Um in einem Kolben in einem Schritt den Druck auf etwa 220 bar zu erhöhen, müssen bei einer gegebenen Kraft des Motors das Verdichtungsvolumen verringert oder der Hub vergrößert werden. Dies folgt aus der Ermittlung des Drucks als Kraft durch Fläche p = F/A = F/(V/h).

Verdichtung in einem Zylinder

Zur Vergrößerung des Hubes h muss der Kolben extrem lang gebaut werden, sodass dies nicht bei einer kompakten Bauweise möglich ist. Wird das Verdichtungsvolumen verringert, so verlängert sich die Zeit des Füllvorgangs entsprechend. Mit einem Zylinder allein lassen sich also nicht die Forderungen nach kompakter Bauweise, kurzer Füllzeit, großer Luftmenge und hohem Enddruck gemeinsam erfüllen. Beim Komprimieren der Luft in einem Arbeitsgang würde sie auch sehr heiß, und die Verluste wären sehr groß.
Aus diesem Grund erfolgt die Luftverdichtung auf den angestrebten Enddruck in mehreren Schritten. Der Kompressor besitzt mehrere Zylinder als Verdichtungsstufen, die alle mit der Kurbelwelle des Motors verbunden sind. Nach jeder Stufe wird die Luft wieder gekühlt. Üblich sind hier Kompressoren mit drei oder vier Stufen.

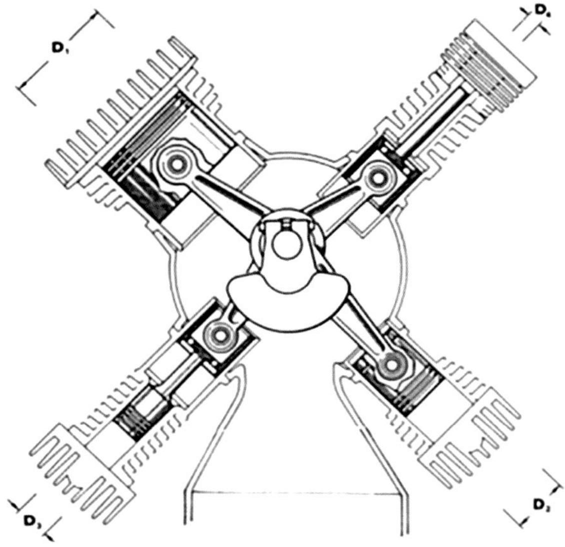

Vierstufiger Kompressorblock

In der ersten Stufe ist das Volumen des Zylinders am größten und dementsprechend ist der erzielte Druck noch gering. In den folgenden Zylindern ist das Volumen immer geringer und der erreichbare Druck wird entsprechend höher. Dabei bleibt das Verhältnis von Volumenverringerung und Druckerhöhung gleich, da die Kraft $F = p \cdot A = p \cdot V / h$ in allen Stufen die gleiche ist.
Die Druckabstufung richtet sich nach der Zahl der Kompressionsstufen. Das Druckverhältnis ist bei dreistufiger Bauweise etwa 1 : 6 (6 bar – 36 bar – 216 bar). Der Enddruck wird durch das verplombte Enddruck-Sicherheitsventil bestimmt.

Der Ablauf in einem Kompressor besteht aus aufeinander folgenden Schritten der Reinigung, Verdichtung und Kühlung.

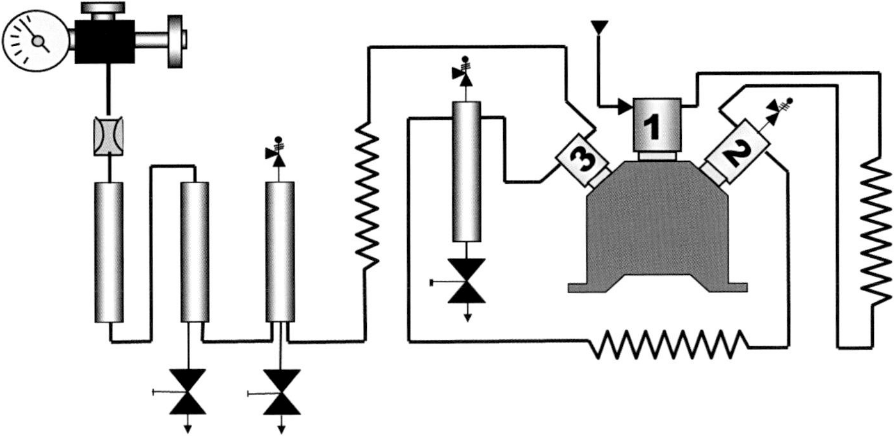

Ablaufschema einer dreistufigen Kompression

Eine **Verdichtungsstufe** besteht im Wesentlichen aus einem Zylinder, in dem sich ein Hubkolben bewegt, sowie einem Saug- und einem Druckventil. Über den Antriebsmotor wird die Kurbelwelle bewegt, die über eine Pleuelstange mit dem Hubkolben verbunden ist und diesen auf- und abwärts bewegt. Durch die Abwärtsbewegung erzeugt der Hubkolben einen Unterdruck, sodass über das Saugventil am Zylinderkopf Luft angesaugt wird und in den Innenraum strömt. Beim Wechsel der Richtung schließt das Saugventil. Der Hubkolben wird nach oben bewegt und drückt die Luft zusammen, bis der Öffnungsdruck des Druckventils erreicht ist und es den Weg zur nächsten Stufe freigibt.

Die **Kühlung** erfolgt einerseits mit einem Axialgebläse, andererseits aus Zwischenkühlern nach der ersten und zweiten Stufe sowie einem Nachkühler nach der dritten Stufe.

Zur **Reinigung** befindet sich zunächst ein Grobfilter am Ansaugschlauch und ein Micronic-Filter vor der ersten Stufe. Je nach Modell befinden sich Öl- und Wasserabscheider zwischen der zweiten und dritten Stufe sowie nach der dritten Stufe. Dies ist erforderlich, weil die angesaugte Luft immer einen Wasserdampfanteil enthält, der bei Überschreiten des Sättigungsdampfdrucks bei der Kompression als Wasser ausfällt, und weil durch die Schmierung des Kompressors ein Öldampfanteil hinzu kommt. Dieses Öl-Wasser-Gemisch wird auch als Kondensat bezeichnet. Zum Schluss erfolgt eine Feinreinigung mit einem Aktivkohlefilter.

In der letzten Stufe ist der Querschnitt des Kolbens sehr gering, sodass an einem derart dünnen länglichen Kolben kein Pleuel mehr angesetzt werden kann. Daher wird dieser sogenannte **Freiflugkolben** frei fliegend auf einen größeren Führungskolben aufgesetzt. Dieser erzeugt dann durch das Aneinanderstoßen von Freiflug- und Führungskolben beim drucklosen Anlaufen des Kompressors ein nagelndes Geräusch.

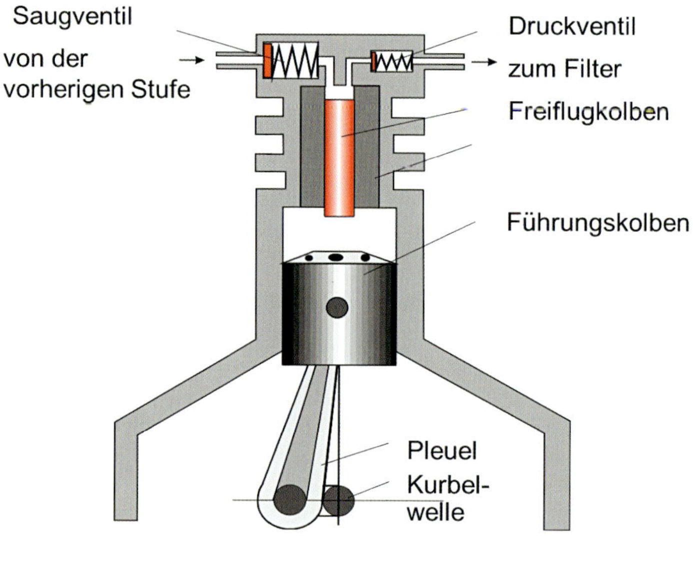

Freiflugkolben

GDL***/DTSA*** (CMAS***) – Praxis

4 Tauchpraxis

4.1 Tauchen in größeren Gruppen

Das Tauchen gemeinsam mit anderen Tauchern zu praktizieren macht besondere Freude und bringt neben dem Gemeinschaftssinn auch neue Erfahrungen, denn jeder Tauchgang mit anderen Partnern führt zu neuen Situationen und Erlebnissen. Natürlich kann bei einem Tauchausflug mit 10 bis 20 Tauchern nicht beliebig getaucht werden, denn das kann durchaus die Umgebung und die Sicherheit beeinträchtigen. Die Gemeinschaft bedeutet auch die Einbindung wenig erfahrener Taucher durch die erfahreneren Mittaucher. Eine solche Veranstaltung erfordert also eine gute Organisation und du als DTSA***-Taucher kannst mit deiner Erfahrung diese Aufgaben mit übernehmen.

Schon bei der Planung und Vorbereitung ist einiges zu beachten. Welcher See wird gewählt, und welche Rahmenbedingungen findest du dort vor? Der See und das Tauchgebiet dort sollten dir bekannt und auch für den Erfahrungsstand der Taucher geeignet sein. Es sollte keine Beeinträchtigung der Umwelt in sensiblen Bereichen wie zum Beispiel Vogelnistplätzen oder Schilfgürteln erfolgen, und auch der Zugang zum See sollte nicht durch sensible Bereiche führen. Es sollte ein sicherer Ein- und Ausstieg vorhanden sein. Wichtiger sind jedoch geeignete Rahmenbedingungen wie Sicht und Temperatur.

Die Temperatur kann durch die Wahl der passenden Jahreszeit berücksichtigt werden. Bei Tauchgängen in der kalten Jahreszeit ist zusätzlich für eine geeignete windgeschützte Umzieh- und Aufwärmmöglichkeit, zum Beispiel in einem Zelt zu sorgen. Warme alkoholfreie Getränke sollten bereitgestellt werden. Je nach Temperatur sollte schon vor der Tauchfahrt geklärt werden, mit welchem Kälteschutz (z. B. Trockentauchanzug) und mit welcher Ausrüstung (z. B. kaltwassertaugliche Atemregler) getaucht werden kann. Auf die Probleme der möglichen Unterkühlung,

des erhöhten Luftverbrauchs und eventuell verlängerter Dekompressionszeiten ist zu achten.
Ein wichtiger Faktor sowohl für das Taucherlebnis als auch für die Sicherheit ist die Sicht. Hier kann schon langfristig vorher bei der Auswahl der Jahreszeit und des Sees so geplant werden, dass kein erfahrungsgemäß schlechter Monat gewählt wird. Zu den Sichtverhältnissen in dem See können rechtzeitig vorher Informationen von anliegenden Tauchschulen oder anderen Tauchern eingeholt werden. Auch die Notfallorganisation ist in der Gruppe vorab sicherzustellen, wenn dies nicht von einer Tauchbasis vor Ort geschieht. Aber auch dann sollte vorher geklärt sein, wie im Notfall vorzugehen ist. Es ist zu überprüfen, ob Rettungsmittel, Sauerstoff, ein Handy und die erforderlichen Notfallnummern bereitliegen, und es ist ein Ansprechpartner zu benennen. Beim Tauchen in mehreren Gruppen ist immer eine **Tauchgangsliste** zu führen, auf der die Gruppeneinteilung, die Ein- und Ausstiegszeit sowie die Tauchzeit, Tiefe und erfolgte Dekompression jeder Gruppe vermerkt werden. Nur so kann überblickt werden, wer noch im Wasser ist und wie bei einem evtl. Notfall die Tauchgangsdaten waren.
Es empfiehlt sich, die Tauchgangsliste wasserfest zu gestalten, z. B. eine Kunststoff-Schreibtafel zu benutzen, die mit einem Bleistift beschrieben wird. So kann sie auch bei nasser Umgebung beschriftet werden, die Tauchgangsdaten gehen nicht verloren, und durch Reinigung mit einem Radiergummi oder mit einem Schwamm und Scheuermittel steht die Tafel für den nächsten Tauchgang wieder zur Verfügung. Am besten befestigst du Stift und Radiergummi mit einem Band direkt an der Schreibtafel, um alles immer griffbereit zu haben.

Im Einzelnen werden mit der Tauchgangsliste folgende Sicherheitsfunktionen gewährleistet:

- Feststellen der Mittaucher und deren Qualifikation sowie Gruppeneinteilung vor dem Tauchgang,
- Kontrolle der Anwesenheit und Vollständigkeit der Gruppen,
- Vermerk der Einstiegszeit,
- Vermerk der Ausstiegszeit, Tauchzeit, Tauchtiefe, erfolgter Dekompression und besonderer Vorkommnisse zum Nachvollziehen der Dekompression und eventueller Unfallursachen,
- Vermerk zwischendurch auftauchender Gruppen,
- Kontrolle der Vollständigkeit nach den Tauchgängen,
- Tauchgangsdokumentation durch Aufbewahrung der Daten nach dem Tauchgang eventuell als Kopie (mit Datum und Unterschrift des Listenführers).

Die Einteilung der Tauchgruppen erfolgt unter Berücksichtigung des Brevets und der Tauchgangsanzahl der Mittaucher, aber auch nach deren Erfahrung und

Tauchgangsliste

VDST

Datum: ______________ Ort: ______________________________________

Windstärke: ____________ Wellengang: ______________ Strömung: ____________

Gemeinsame Vorgaben/Übungen: ____

____

Gruppe 1		**Gruppe 2**		**Gruppe 3**	
GF: ____________		GF: ____________		GF: ____________	
MT1: ____________		MT1: ____________		MT1: ____________	
MT2: ____________		MT2: ____________		MT2: ____________	
MT3: ____________		MT3: ____________		MT3: ____________	
MT3: ____________		MT3: ____________		MT3: ____________	
MT4: ____________		MT4: ____________		MT4: ____________	
Taucher von Bord:	h	Taucher von Bord:	h	Taucher von Bord:	h
Taucher an Bord:	h	Taucher an Bord:	h	Taucher an Bord:	h
Tauchzeit:	min	Tauchzeit:	min	Tauchzeit:	min
Tauchtiefe:	m	Tauchtiefe:	m	Tauchtiefe:	m
Dekompression 3 m:	min	Dekompression 3 m:	min	Dekompression 3 m:	min
Dekompression 6 m:	min	Dekompression 6 m:	min	Dekompression 6 m:	min
Dekompression 9 m:	min	Dekompression 9 m:	min	Dekompression 9 m:	min

Gruppe 4		**Gruppe 5**		**Gruppe 6**	
GF: ____________		GF: ____________		GF: ____________	
MT1: ____________		MT1: ____________		MT1: ____________	
MT2: ____________		MT2: ____________		MT2: ____________	
MT3: ____________		MT3: ____________		MT3: ____________	
MT3: ____________		MT3: ____________		MT3: ____________	
MT4: ____________		MT4: ____________		MT4: ____________	
Taucher von Bord:	h	Taucher von Bord:	h	Taucher von Bord:	h
Taucher an Bord:	h	Taucher an Bord:	h	Taucher an Bord:	h
Tauchzeit:	min	Tauchzeit:	min	Tauchzeit:	min
Tauchtiefe:	m	Tauchtiefe:	m	Tauchtiefe:	m
Dekompression 3 m:	min	Dekompression 3 m:	min	Dekompression 3 m:	min
Dekompression 6 m:	min	Dekompression 6 m:	min	Dekompression 6 m:	min
Dekompression 9 m:	min	Dekompression 9 m:	min	Dekompression 9 m:	min

Besondere Vorkommnisse:

Datum: Unterschrift:

Muster einer Tauchgangsliste

Qualifikation. Die einzelnen DTSA-Stufen sollen dazu befähigen, Tauchgänge in gewissen Tiefen und in Begleitung bestimmter Taucher durchzuführen. Maßgebend sind hier neben den altersabhängigen Tiefenbegrenzungen die folgenden Regeln.

Regeln zur Tauchgruppenzusammenstellung des VDST:

Brevetstufe		Brevetstufe		Autorisierung		empfohlene max. Tauchtiefe
Basic Diver	mit	Basic Diver	=	NEIN		
Taucher*/**	mit	Basic Diver	=	NEIN		
Taucher*	mit	Taucher*	=	NEIN		
Taucher**	mit	Taucher*	=	JA	=	20 m
Taucher**	mit	2 Taucher*	=	NEIN		
Taucher**/***/****	mit	Taucher**/***/****	=	JA	=	40 m
Taucher***/****	mit	Basic Diver	=	JA	=	12 m
Taucher***/****	mit	Taucher*	=	JA	=	30 m
Taucher***/****	mit	Taucher* (mit SK Tiefer Tauchen)	=	JA	=	40 m

*Unter optimalen Bedingungen und mit entsprechender Ausbildung (mindestens DTSA***) beträgt der maximal zulässige Sauerstoffpartialdruck für Sporttaucher 1,4 bar (gemäß CMAS Standard).*

Anfänger tauchen nur mit einem Tauchlehrer. Mit Anfängern oder unerfahrenen Tauchern soll nur in Zweiergruppen getaucht werden, um diesen die größtmögliche Aufmerksamkeit widmen zu können.

Die Gruppeneinteilung wird in der Regel von dem verantwortlichen Tauchlehrer oder von dem erfahrensten Taucher der Gruppe vorgenommen. Auch die Kontrolle der Tauchtauglichkeit ist von den Verantwortlichen vorzunehmen.

Die Gruppeneinteilung ist oft nicht einfach, da der Erfahrungsstand der Taucher in einer größeren Gruppe in der Regel sehr gemischt ist. Bereits rechtzeitig vor der Tauchausfahrt sollte im Rahmen der Anmeldung festgestellt werden, über welche Qualifikation die einzelnen Mittaucher verfügen. Nur wenn ausreichend erfahrene

Taucher dabei sind, können überhaupt Gruppen gebildet werden, bei denen auch die weniger erfahrenen Taucher berücksichtigt werden können. Für die Gruppenführung ist mindestens das DTSA** erforderlich, je nach Mittaucher und Tauchtiefe das DTSA***. Damit ist auch klar, dass es in einer größeren Gruppe meist nicht geht, dass die erfahrenen Taucher unter sich tauchen, denn sonst bleiben die weniger erfahrenen Taucher übrig. In einer größeren Gruppe ist vielmehr Rücksicht auf jeden einzelnen angesagt. Stellt sich im Rahmen der Anmeldung heraus, dass das Verhältnis der erfahrenen zu den unerfahrenen Tauchern nicht passt, so sollten entweder noch weitere erfahrene Taucher zur Teilnahme gewonnen werden oder es können nur weniger unerfahrene Taucher mitfahren. Bei der Gruppeneinteilung darf es keine Kompromisse in Bezug auf die Sicherheit geben. Die Sicherheit kann es erforderlich machen, dass bei zu geringer Zahl an erfahrenen Tauchern ein Taucher auf seinen Tauchgang verzichten muss. Je nach Gegebenheiten lässt sich ein Engpass auch dadurch beheben, dass ein Gruppenführer noch einen weiteren Tauchgang begleitet.

An einem See ist auch auf Vermeidung von Lärm und auf Schutz der Umwelt zu achten. Gerade eine größere Gruppe verursacht verstärkt Lärm. Ein Kompressor sollte möglichst nicht an einem See betrieben werden. Hier kann die Mitnahme ausreichend vieler DTG zugemutet werden. Lärm und massives Auftreten können auch Ärger mit Anwohnern verursachen und andere Taucher und Passanten belästigen, aber auch die Tierwelt stören.

Das Parken der Fahrzeuge sollte nur auf ausgewiesenen Plätzen erfolgen, um nicht die Natur zu schädigen oder andere zu behindern. Rücksicht auf Passanten sollte auch beim Umkleiden genommen werden. Schließlich soll das Ansehen des Tauchens nicht beeinträchtigt werden, damit auch zukünftig noch an dem Gewässer getaucht werden kann.

Schon bei der Gewässerauswahl ist darauf zu achten, dass nicht jeder See größere Gruppen verkraften kann. Insbesondere kleine Seen oder Gewässer mit viel Pflanzenbewuchs sollten geschont werden.

Vor dem Tauchen erfolgt eine gemeinsame Einweisung, bei der neben der Gruppenzusammenstellung auch Informationen zum Gewässer gegeben werden. Jeder Gruppenführer sollte das Gewässer bereits kennen, und allen Tauchern wird das Gewässer beschrieben. Dies beinhaltet sowohl Sicherheitsaspekte, Topografie, Gefahrenstellen, aktuelle Sichtbedingungen als auch sehenswerte Besonderheiten. Je nach Gewässer und Tauchqualifikation können Tiefen- und Tauchzeitbegrenzungen festgelegt werden. Da das Tauchen mehrerer Gruppen durchaus eine Belastung für den See darstellt, sind Hinweise zum umweltgerechten Tauchen wichtig. Idealerweise wird auch abgesprochen, welche Tauchgruppe in welche Richtung taucht, damit nicht alle im gleichen Bereich unterwegs sind. Um auch die Ufergürtel zu schützen, sollte ein gemeinsamer Einstieg gewählt werden, der möglichst befestigt ist. Die Tauchgruppen sollen ruhig und gut tariert tauchen, damit kein Sediment aufgewirbelt wird, denn dies schädigt nicht nur die Umwelt, sondern verschlechtert auch die Sicht für nachfolgende Gruppen. Schließlich wird die gesamte Gruppe über die Notfallorganisation informiert. Dies betrifft die Notfallnummern, den Notfallkoffer mit Sauerstoff und AED, die Rettungsmöglichkeiten und den Ansprechpartner an Land, der in der Regel auch die Tauchgangsliste führt. Jede Gruppe meldet sich bei dem Listenführer an und ab.

4.2 Tauchgänge mehrerer Gruppen vom Boot

Beim Tauchen im Meer von einem Tauchboot aus sind in der Regel auch mehrere Tauchgruppen gemeinsam unterwegs. Üblicherweise geschieht dies unter Leitung und Verantwortung einer Tauchbasis. Auch du als DTSA***-Taucher hast dabei unter Umständen teilweise Verantwortung für die Tauchgruppen, mit denen du gemeinsam unterwegs bist. Neben den Vorkehrungen, die auch beim Tauchen mehrerer Gruppen im See zu beachten sind, gibt es beim Tauchen vom Boot weitere Besonderheiten. Dies beginnt schon vor der Ausfahrt. Es betrifft weiter die Fahrt zum Tauchplatz und zurück, das Verhalten an Bord und die Sicherheit während der Tauchgänge.

Vor der Tauchausfahrt

- Informationen über das voraussichtliche Tauchgebiet hinsichtlich Tauchtiefe, Strömung, Besonderheiten von der Tauchbasis einholen.
- Mittaucher zusammenstellen und, falls nicht schon vorher geschehen, Tauchtauglichkeit, Anzahl der Tauchgänge, letzten Tauchgang, Brevet, Fitness, Wiederholungstauchgang, aktuelle gesundheitliche Beeinträchtigungen überprüfen.
- Einteilung der Tauchgruppen und Gruppenführer in Abhängigkeit von Qualifikation und Erfahrung.
- Klärung der Notfallorganisation mit Notfallnummern oder Funknotruf sowie Sicherung durch die Bootsbesatzung oder in Eigenorganisation.
- Klären, ob Hilfsmittel wie Sauerstoff, Strömungsleine mit Boje, Beiboot vorhanden sind.
- Selbst vertraut machen mit Funk, Notfallhilfsmitteln, Beiboot.
- Erstellen der Tauchgangsliste und Klärung, wer diese führt.
- An Land Ziel und voraussichtliche Rückkehrzeit hinterlassen.

Während der Fahrt:

- Platzeinteilung der Tauchgruppen auf dem Boot vornehmen.
- Ausrüstung sicher verstauen, Tauchgeräte gegen Umfallen sichern.

- Die Bootsbesatzung nicht bei Manövern behindern.
- Bei Manövern nur helfen, falls dies nicht durch die Besatzung erfolgt.
- Gemeinsame Besprechung der Gruppenführer mit Einweisung in das Tauchgebiet, Tauchgangsablauf, geplante Tiefen, Besonderheiten, Gefahren, Strömung und Absprache von Notsignalen.
- Tauchgangsvorbesprechungen der Gruppen.

Vor dem Tauchgang

- Reservegerät mit Atemregler an Dekoleine heraushängen.
- Strömungsleine ausbringen, falls erforderlich.
- Betriebsbereitschaft des Beiboots kontrollieren.
- Leitern ausbringen.
- Ausrüstungscheck innerhalb der Tauchgruppen.
- Klären, ob die Sicherung von der Bootsbesatzung oder selbst übernommen wird.
- Sicherung beim Ein- und Ausstieg.
- Ins Wasser einzeln und erst nach OK-Zeichen springen.
- OK an Bord zurückgeben, falls alles in Ordnung ist.
- Einstiegsbereich frei machen für nachfolgende Taucher.
- Einstiegszeit der Gruppe auf der Tauchgangsliste vermerken.

Während des Tauchgangs

- Ggf. Sicherung übernehmen mit Ausschau nach auftauchenden Gruppen.
- Meidung der Gefahrendreiecke zwischen Ankerleine und Boot sowie zwischen Ankerkette und Grund.
- Ankersitz wird durch erste Gruppe überprüft.
- Beim Auftauchen OK-Zeichen zum Boot geben, sonst wird Notfall angenommen.
- Boje setzen, wenn nicht am Boot aufgetaucht wird.
- Anker durch letzte Gruppe auf Einholbarkeit prüfen lassen.
- Ausstieg einzeln an der Leiter, Leiterbereich freihalten.

Nach dem Tauchgang

- Vervollständigung der Tauchgangsdaten in der Tauchgangsliste.
- Feststellen der Vollständigkeit.
- Einholen der Reserve- und Dekoflaschen.
- Einholen der Leiter.
- Einholen der Strömungsleine.
- Sicheres Verstauen der Ausrüstung.
- Keine Behinderung der Bootsbesatzung bei Manövern.
- Bei Manövern nur helfen, falls dies nicht durch die Besatzung erfolgt.
- Tauchgangsnachbesprechungen der Gruppen durchführen.

4.3 Ausfahrt mit einem Schlauchboot

Eine Tauchausfahrt mit einem Schlauchboot an der Küste eines Meeres erfolgt üblicherweise unter der Leitung eines Bootsführers einer örtlichen Tauchbasis. In vielen Ländern ist das Führen des Bootes einer Tauchbasis auch gar nicht zulässig, selbst mit einem gültigen Bootsführerschein. Bei privaten Unternehmungen hingegen ist je nach örtlichen Regelungen durchaus eine Tauchausfahrt mit einem Schlauchboot möglich. Dann sind besondere Überlegungen hinsichtlich der Planung und auch hinsichtlich der Möglichkeiten einer Rettung anzustellen.

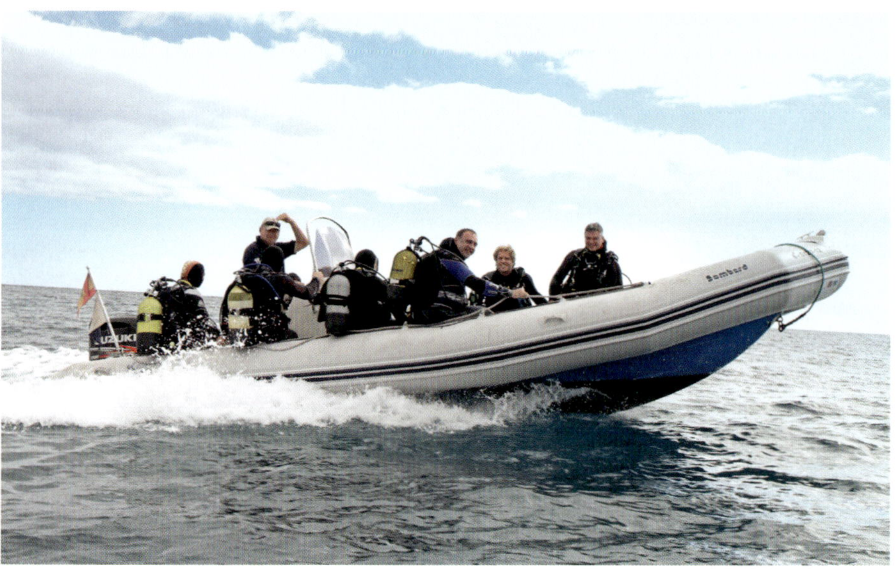

Tauchausfahrt mit einem Schlauchboot

Die Planung einer Tauchveranstaltung sollte immer auch Zwischenfälle, wie zum Beispiel eine Rettungsaktion, berücksichtigen. Aus diesem Grund sind bereits im Vorfeld der Ausfahrt Informationen zu sammeln, um für eine Rettungsaktion vorbereitet zu sein.

Planungen im Vorfeld der Ausfahrt

- Informationen über das Seegebiet einholen, Seekarte studieren.
- Tauchgenehmigungen und Tauchreglementierungen einholen.
- Ausweichziel bei geänderten Witterungsbedingungen einplanen.
- Entfernung zum Tauchgebiet ermitteln.
- Position des Tauchgebiets feststellen.

- Orientierungshilfen zum Auffinden des Tauchgebiets mitnehmen.
- Tiefen der Tauchgebiete ermitteln.
- Strömungen (Stärke und Richtung) feststellen.
- Wassertemperaturen zum Zeitpunkt der Ausfahrt in Erfahrung bringen.
- Übliche Witterungsbedingungen zum Zeitpunkt der Ausfahrt, insbesondere Wind und Wellengang, ermitteln.
- Aktuellen und lokalen Wetterbericht einholen.
- Möglichkeiten zum Ankern, Ankergrund und -tiefe ermitteln.
- An Land den geplanten Zielort, die Namen der Mittaucher und die voraussichtliche Rückkehrzeit hinterlassen.

Informationen über das Schlauchboot und Ausrüstung

- Größe, zulässige Personenzahl, Stauraum
- Motorisierung, Kraftstoffvorrat, Kraftstoffverbrauch/Stunde, Öl, Werkzeug, Ersatzteile
- Druck der Schläuche vor der Ausfahrt überprüfen, Reparaturmittel und Pumpe
- Notfallausrüstung des Schlauchboots (Schwimmwesten, Feuerlöscher, Notfallkoffer mit Sauerstoff, weitere Erste-Hilfe-Ausstattung, Signalmittel, Funk, Lenzpumpe oder Ösfass, Beleuchtung, Paddel)
- Ausrüstung: Leiter, Anker mit Kettenvorläufer und Leine, Getränke, Bergungsgeschirr, Flaggen
- Zusatzausrüstung für das Tauchen: Taucherflagge, Strömungsleine mit Boje, Ersatzflasche und Atemregler, Tampen mit Karabiner zum Befestigen der Tauchgeräte
- Navigationsmittel wie Kompass, Seekarten, Tideninformation für das Seegebiet, GPS, Echolot
- Kommunikationsmittel

Kommunikation

- In Küstennähe ist meist Handy-Kommunikation möglich.
- Kontaktdaten der Rettungsleitstelle ermitteln.
- Außerhalb des Handy-Funkbereichs ist See-Funk-Kommunikation einzusetzen.

Vorbesprechung und Planung mit den Teilnehmern

- Ablauf der Ausfahrt
- Funktionsverantwortlichkeiten
- Seemannschaft
- Erste Hilfe
- Sicherungsteam
- Ansprechpartner an Land

- Hinterlegung der Reiseplanung bei Verantwortlichen an Land
- Erarbeitung eines Tauchplanes
- Teilnehmerliste mit Ansprechpartner im Notfall
- Qualifikation
- Tauchtauglichkeit der Teilnehmer
- Gruppenzusammensetzung bzw. Leitung
- Sicherung der Tauchergruppe während des Tauchens

Die eigenständige Planung einer Tauchausfahrt mit einem Schlauchboot erfordert eine umfassende Erfahrung des Verantwortlichen. Je nach Wetterbedingungen, bei zu starkem Wind, zu starker Strömung oder zu starkem Wellengang kann eine solche Tauchausfahrt nicht durchgeführt werden.
Bei der Ausfahrt mit einem Schlauchboot werden die Tauchanzüge in der Regel schon vorher angezogen, bei rauer See auch die Jackets. Je nach Dauer der Tauchausfahrt sollte bei hohen Temperaturen der Anzug noch nicht vollständig angezogen werden, um eine ausreichende Wärmeabgabe zu ermöglichen. Für das An- und Ablegen oder beim Ankern benötigt der Bootsführer unter Umständen die Hilfe der Mitfahrenden. Die Tauchgeräte werden je nach Länge der Tauchausfahrt erst unmittelbar vor dem Tauchgang angelegt und vorher in der Mitte des Schlauchbootes gelagert. Bei kurzen Tauchausfahrten hingegen wird die Tauchausrüstung bis auf die Kleinteile schon vorher angezogen. Die Kleinteile können dann beispielsweise in einer Tasche mitgeführt werden. Wichtig ist, dass alle Gegenstände im Boot sicher verstaut und gegen Verrutschen gesichert sind. Um sich dann für den Tauchgang fertig zu machen, sollten alle Taucher ihre Rest-Ausrüstung erreichen können.
Am Tauchplatz angekommen, wird ein guter Ankerplatz gesucht und der Anker wird ausgebracht. Die Länge der Ankerleine sollte der drei- bis fünffachen Wassertiefe entsprechen, und sie sollte möglichst einen Kettenvorläufer haben. Die erste Gruppe prüft den Sitz des Ankers, die letzte Gruppe stellt sicher, dass der Anker problemlos aufgeholt werden kann. Während des Tauchgangs werden die Taucherflagge gesetzt und ggf. eine Strömungsleine ausgebracht. Bei Nacht wird ein Ankerlicht gesetzt.
Der Einstieg ins Wasser erfolgt bei Schlauchbooten üblicherweise, indem man sich rückwärts von dem Wulst ins Wasser fallen lässt. Um nach dem Tauchgang wieder in das Schlauchboot zu gelangen, wird bei größeren Schlauchbooten vorher eine Leiter ausgebracht. Je nach Schlauchboot wird zunächst das Blei ins Schlauchboot gereicht und gegebenenfalls das DTG mit Jacket im Wasser abgelegt und auch vorab an Bord gereicht. Bei kleinen Schlauchbooten gelangen die Taucher ohne Gerät dann mit etwas Schwung durch Flossenschlag über den Wulst ins Schlauchboot.

Rettung in ein Schlauchboot

Um in einem Notfall einen verunfallten Taucher in ein Schlauchboot zu retten und dort Erste Hilfe zu leisten, gibt es je nach Schlauchboot verschiedene Techniken. Zunächst ist ein Abbruch der Tauchgänge erforderlich, ohne dass die Mittaucher gefährdet werden. Je nach Ausrüstung des Schlauchbootes kann der verunfallte Taucher über eine Leiter in das Schlauchboot gerettet werden. Steht eine solche Leiter nicht zur Verfügung oder eignet sie sich nicht für die Rettung, kann eine Reihe von anderen Rettungstechniken infrage kommen. Diese Techniken werden im SK »Tauchsicherheit und Rettung« des VDST ausgebildet. Bei Schlauchbooten mit nicht zu hohem Wulst eignet sich am besten die Technik, den von der Ausrüstung befreiten Verunfallten von oben an den Händen über den Bauch in das Schlauchboot zu ziehen. Dabei ist darauf zu achten, dass es nicht zu weiteren Verletzungen kommt. Alternativ kann auch eine Rettung mit Hilfsmitteln wie einer Leine oder einer Rettungsschlinge erfolgen.

Ist der verunfallte Taucher an Bord, sollte er ruhig und flach gelagert werden. Die räumliche Enge in einem Schlauchboot erfordert dazu ein Umverstauen der Ausrüstung. Dabei ist darauf zu achten, dass niemand verletzt oder gefährdet wird. Vielleicht besteht die Möglichkeit, dem verunfallten Taucher aus der Ausrüstung ein Lager zu bauen. Die akut notwendigen Erste-Hilfe-Maßnahmen werden direkt nach der Rettung eingeleitet. Sind alle Taucher gemäß Tauchgangsliste wieder an Bord, wird so schnell wie möglich die Rückreise begonnen. Das Tempo der Rückfahrt richtet sich dabei nach dem Befinden des Verunfallten und den Seeverhältnissen. Während der Rückfahrt sollten weitere Hilfemaßnahmen den Verunfallten begleiten. Besteht die Möglichkeit, über Kommunikationsmittel die Hilfskräfte an Land bereits auf der Rückfahrt zu informieren, kann damit wertvolle Zeit bei der Rettungsaktion gewonnen werden.

4.4 Gruppenführung mit unerfahrenen Mittauchern

Mit dem DTSA*** bist du dazu qualifiziert, Tauchgänge mit DTSA*-Tauchern zu begleiten. Dies können Taucher mit wenigen Tauchgängen und entsprechend geringer Erfahrung sein. Bei der Führung von Tauchgruppen mit unerfahrenen Mittauchern ist eine besondere Sorgfalt von der Vorbereitung über die Durchführung bis zur Nachbereitung nötig.

Vorbereitung

Die Vorbereitung fängt schon bei der Planung lange vor dem Tauchgang an. Schon hier legst du entscheidende Rahmenbedingungen für den Tauchgang fest und kannst so maßgebend beeinflussen, ob der Tauchgang auch unter geeigneten Rahmenbedingungen stattfindet.

Schon die **Jahreszeit** ist entscheidend für andere wichtige Faktoren wie Temperatur, Sicht oder Kälteschutz. Um temperaturbedingte Risiken zu minimieren, werden Tauchgänge mit unerfahrenen Tauchern entweder in südlichen Regionen oder in der warmen Jahreszeit durchgeführt. Nur bei ausreichend hohen **Wassertemperaturen** kann mit einem Nass- oder Halbtrockentauchanzug in angemessener Stärke getaucht werden, ohne zu frieren. Auch die Handschuhe können dann ausreichend dünn gewählt werden, damit sie die Handlungsfähigkeit nicht noch unnötig einschränken.

Ein entscheidender Einflussfaktor ist die **Sicht**. Auch diese ist in einem gewissen Rahmen vorhersehbar, denn erfahrungsgemäß haben je nach Jahreszeit die bekannten Gewässer eine mehr oder weniger gute Sicht. Beispielsweise sind Zeiten der Algenblüte oder des temperaturbedingten Umwälzens von Wasserschichten generell Zeiten schlechterer Sichtweiten. Über die aktuellen Sichtverhältnisse informierst du dich bei Tauchern, die in dem Gewässer erst kürzlich tauchen waren. Aber auch bei bester Planung ist nicht auszuschließen, dass größere Gruppen anderer Taucher vor dir dort waren und für Sedimentaufwirbelungen gesorgt haben. Gute Sichtbedingungen sind gerade beim Tauchen mit unerfahrenen Tauchern unverzichtbar. Sie bilden nicht nur den Rahmen für einen schönen Erlebnistauchgang, sondern beeinflussen auch stark die Psyche und sind so auch ein wichtiger Sicherheitsfaktor. Schließlich hat auch das **Wetter** einen Einfluss auf die Sicht. Daher sollte bei Wind und Regen nicht nur wegen der schlechteren Gegebenheiten über Wasser, sondern auch wegen der schlechteren Sicht auf Tauchgänge gerade mit unerfahrenen Tauchern verzichtet werden.

Neben der guten Sicht ist auch die **Helligkeit** ein wichtiger Faktor. Durch helles Licht erscheint die Unterwasserwelt nicht nur freundlicher und schöner – auch die Psyche wird davon beeinflusst. Vermeide daher Tauchgänge mit unerfahrenen Tauchern am Morgen oder abends in der Dämmerung sowie bei trübem Wetter.

Durch die Wahl der **Tauchtiefe** kannst du selbst Einfluss auf die Temperatur, Sicht und Helligkeit nehmen. Gerade im flacheren Bereich eines Sees ist die Temperatur in der warmen Jahreszeit angenehm, während ein See im tieferen Bereich meist ganzjährig kalt ist. Mit Tauchneulingen sollte daher oberhalb einer Sprungschicht getaucht werden. In der flachen Zone ist es auch durch das Umgebungslicht heller und somit auch hinsichtlich der Unterwasservegetation und des Fischvorkommens am schönsten. Deshalb sollte mit unerfahrenen Tauchern vorwiegend im Bereich bis fünf Meter Tiefe getaucht werden. Dies ist auch für das Tarieren einfacher, denn es muss bei passender Bleimenge in der Regel noch gar keine oder nur wenig Luft ins Jacket gegeben werden.

Auch das **Gewässer** selbst sollte mit seinem Tauchprofil und seinen Ein- und Ausstiegsmöglichkeiten für ungeübte Taucher geeignet sein. Ein Klettern zum Erreichen des Einstiegs ist genauso zu vermeiden wie das Tauchen an Steilwänden. Ein flaches Profil zum Einstieg und beim Tauchen sollte vorhanden sein. Anderenfalls sollte von vornherein ein anderes Gewässer für den Tauchgang mit einem unerfahrenen Taucher gewählt werden, auch wenn dies eine längere Anfahrt bedeutet. Die guten Rahmenbedingungen setzt du mit der Auswahl selbst.

Eine zusätzliche Schwierigkeit stellt **Strömung** dar. Sie sollte, soweit dies möglich ist, gemieden werden. Strömung kann aber auch mit guter Planung so einbezogen werden, dass sie unproblematisch ist. Mithilfe von Gezeitentabellen kann die Tageszeit gewählt werden, an der die Strömung am geringsten ist oder gar gänzlich zum Stillstand kommt. Auch in Gebieten mit Strömung können Tauchplätze aufgesucht werden, an denen im Strömungsschatten getaucht werden kann. So wird das Tauchen bei zu starker Strömung vermieden, wohingegen eine leichte Strömung sogar als Orientierungshilfe genutzt werden kann. Gerade die schönsten Tauchgebiete haben oft Strömung, und auch dort werden Anfänger ausgebildet.

Durch die Wahl geeigneter Rahmenbedingungen kannst du also selbst die meisten Risiken und Schwierigkeiten minimieren. Sind die Rahmenbedingungen nicht passend, so muss auch einmal auf das Tauchen verzichtet werden, auch wenn dies Überwindung kostet.

Zur Tauchgangsvorbereitung gehört auch die Auswahl der passenden **Ausrüstung** für den unerfahrenen Taucher, damit nicht erst am Gewässer das Fehlen, die falsche Größe oder die Nichtnutzbarkeit von Ausrüstungsgegenständen festgestellt wird. Insbesondere ein passender und vollständiger Kälteschutzanzug mit Handschuhen und Kopfhaube, einwandfrei funktionierende Atemregler und Instrumente gehören dazu. Je nach Gewässer reicht ein Oktopussystem nicht aus. Im kalten Gewässer sind zwei getrennte Atemregler an zwei getrennt absperrbaren Ventilen erforderlich. Vor der Fahrt wird gecheckt, dass ein DTG passender Größe und vollständig gefüllt mitgenommen wird. Auch Zusatzausrüstung wie Leinen oder Lampen sind einzuplanen.

Tauchgangsvorbesprechung

Im Briefing werden im Rahmen der üblichen Reihenfolge Mensch, Gewässer, Durchführung, Ausrüstungscheck entsprechende Informationen an die Gruppenmitglieder weitergegeben. Ebenfalls informiert wird über Ein- und Ausstiegsbedingungen, Orientierungsmerkmale, Gefahrenpunkte, Sehenswürdigkeiten und ggf. Strömungsstärke und -richtung. Auf jeden Fall sollte der Erlebnischarakter des geplanten Tauchgangs herausgestellt werden. Auf das Verhalten und die Organisation in einem Notfall sollte nur soweit eingegangen werden, wie dies nicht bereits vorher allen Mittauchern bekanntgegeben wurde. Beim Ausrüstungscheck, besser schon beim Anlegen der Ausrüstung durch den unerfahrenen Taucher, achtest du auf die Reihenfolge des Anlegens, die Vollständigkeit, den Fülldruck des DTG, die Öffnung der Flaschenventile, die Position des Erst- und Zweitatemreglers und die Funktion der Atemregler und des Jackets. Dabei atmet der Tauchpartner aus beiden Atemreglern und kontrolliert das Unterwasser-Manometer. Kläre schon vor dem Tauchgang ab, wie viel Blei der unerfahrene Taucher mitnimmt. Das Blei wird entweder auf einem Bleigurt oder in Jacketbleitaschen mitgeführt. Schon hier sollte vorab darauf geachtet werden, dass nicht zu viel Blei mitgenommen wird. Du selbst kannst ein zusätzliches Stück Blei an einem Karabiner mitnehmen, ein sogenanntes Arbeitsblei, das du bei Bedarf dem Tauchpartner zusätzlich anstecken kannst. Damit beim späteren Bleicheck auch das eventuell zu viel mitgeführte Blei abgelegt werden kann, sollten auch 1-kg-Stücke mitgeführt werden. Idealerweise machst du dich schon vor dem Tauchgang damit vertraut, wie einzelne Stücke vom Bleigurt abgenommen oder aus den Bleitaschen entfernt werden können. Je nach Gewässer wird von dir geeignete Sicherheitsausrüstung wie zum Beispiel eine Boje mit Spool mitgeführt.

Tauchgangsdurchführung

Zu Beginn des Tauchgangs wird mit einem dir neuen und unerfahrenen Tauchpartner zunächst ein Bleicheck durchgeführt und der Wasser-Nase-Reflex überprüft. Ist dies bereits bei einem früheren Tauchgang geschehen, kann bei gleichbleibender Ausrüstung darauf verzichtet werden.

Der Tauchgang kann nur bei einem negativen Wasser-Nase-Reflex durchgeführt werden. Das heißt, dass beim Atmen an der Wasseroberfläche mit dem Gesicht im Wasser die Ausatmung aus der Nase und nicht aus dem Atemregler erfolgt. Auch ein nur stoßweises Ausatmen aus der Nase weist auf Probleme hin, die beim Tauchen sonst im Fall von Wasser in der Nase zu einem Atemstopp mit eventuellem Notaufstieg führen können.

Wird beim Bleicheck (in der Ausbildung zum DTSA** ist die Durchführung beschrieben) zu viel Blei festgestellt, so muss dieses vor dem Tauchgang konsequent abgenommen werden, damit der ungeübte Taucher nicht in eine einatemorientierte Atmung mit dem Risiko eines Essoufflements gerät. Sollte das Abtauchen noch schwierig sein, weil der Tauchpartner dabei nicht ausatmet, so kannst du zur Überbrückung deine Hand anbieten oder dem Partner das Arbeitsblei in einen D-Ring einhängen. Der Handkontakt ist auch beim späteren Tauchgang hilfreich, denn er nimmt Nervosität, gibt Sicherheit und signalisiert dir über die Hand direkt, wie sich dein Tauchpartner fühlt.

Das Abtauchen sollte ohnehin bei guter Sicht und mit Grundsicht erfolgen. Andernfalls ist es hilfreich, vorher einige Meter vom Einstiegsort wegzuschwimmen. Beim Abtauchen achte auf die Durchführung des Druckausgleichs, indem du ihn vorführst und aktiv abfragst. In 3–5 Metern Tiefe wird ein kurzer Kontrollstopp eingelegt, um dort zu checken, ob alles richtig sitzt, funktioniert und keine Blasen am Atemregler aufsteigen (Bubble-Check). Auch die einwandfreie Funktion beider Atemregler wird hier überprüft. Achte auf die richtige Tarierung deines Tauchpartners und hilf ihm dabei gegebenenfalls durch Zeichengebung oder durch aktive Einflussnahme. Je weniger du beim Tauchgang die Tiefe wechselst, desto weniger muss die Tarierung verändert werden.
Achte beim Tauchgang auch auf die ausatemorientierte Atmung und auf die Lage unter Wasser. Kontrolliere regelmäßig den Luftvorrat des Tauchpartners, indem du entweder einfach auf sein Unterwasser-Manometer schaust oder dir den Druck von ihm anzeigen lässt. Bei Erreichen des vorher abgesprochenen Drucks oder der vorbesprochenen Tauchzeit wird dann der Rückweg angetreten. Mithilfe deiner Orientierung kommt ihr idealerweise wieder am Ausgangspunkt an.
Wichtig ist, dem unerfahrenen Taucher einen schönen und erlebnisreichen Tauchgang zu bereiten.

Tauchgangsnachbereitung

Nach dem Tauchgang möchte dein Tauchpartner sicherlich von seinen Erlebnissen erzählen. Lass ihn berichten und festige das positive Erlebnis. Spare nicht mit Lob für gutes Tauchen. Geht den Tauchgang noch einmal in Gedanken durch und analysiert die Situationen. Zur Vorbereitung auf den nächsten Tauchgang gib deinem Partner gegebenenfalls Tipps für Verbesserungen.

4.5 Gruppenführung beim Nachttauchen mit einem Neuling

An einem Nachttauchgang nehmen keine Tauchanfänger teil, denn dazu ist ein bestimmtes Maß an Taucherfahrung erforderlich. Beim Nachttauchen kann in einer Gruppe maximal ein Taucher ohne Nachttaucherfahrung teilnehmen. Dieser ist kein Tauchanfänger mehr, sondern beherrscht das Tauchen und ist gut vertraut mit seiner Ausrüstung. Wenn du als DTSA***-Taucher die Gruppe beim Nachttauchen führst, bist du für den Nachttauchneuling der sachkundige Ansprechpartner und gehst speziell auf ihn ein. Ergänzend zur üblichen Tauchgangsvorbesprechung sind die besonderen Aspekte beim Nachttauchen anzusprechen.

Persönliche Voraussetzungen

- Erfahrungsstand aller Mittaucher
- Nachttauchneuling schon von Tagtauchgängen bekannt
- Nachttaucherfahrung bei allen anderen Mittauchern
- Als Gruppenführer gute eigene Erfahrung im Nachttauchen
- Maximal ein Taucher ohne Nachttaucherfahrung
- Keine Probleme mit Dunkelheit oder Klaustrophobie
- Gültige Tauchtauglichkeit
- Alle Taucher fit und ausgeruht

Gewässer

- Tauchplatz sollte allen schon von Tagtauchgängen bekannt sein
- Einfache Orientierung, Hinweis auf Orientierungsmöglichkeiten
- Ideal zur Orientierung ist eine Vollmondnacht
- Begrenzte Tauchtiefe
- Keine Steilwände, Höhlen oder Gefahrenstellen
- Keine Strömung
- Kein Wrack-, Deko- oder Tieftauchgang
- Keine Schädigung der Umwelt
- Ein- und Ausstieg im Hellen begutachten, ggf. Ersatzausstieg
- Ständige Beleuchtung des Ein- und Ausstieges, ggf. mit Beaufsichtigung

Tauchgangsdurchführung

- Maximale Tauchzeit und Tiefe
- Brenndauer der Lampen, Drittelregel für Licht und Luft
- Kein Tauchgang mit besonderen Schwierigkeiten
- Keine großen Tauchstrecken, maximale Entfernung vom Einstieg oder Boot, damit das Boot oder der beleuchtete Ausstieg auch bei vorzeitigem Auftauchen noch gesehen werden kann
- Verstärkte Kontakthaltung, engere Abstände der Taucher untereinander als bei Tag, strenger auf Positionen achten, kein Taucher darf zurückfallen oder sich weiter entfernen, da er im Falle eines Lampenausfalls nicht mehr sichtbar ist.
- Hinweis auf Orientierung hinsichtlich Beleuchtung und Kennzeichnung des Ausstiegs an Land oder am Boot, ggf. Kennzeichnung der Ankerleine mit einem Blitzer oder einer Lampe
- Umgang mit den Lampen besprechen: Lichtsignale und Notfallsignale, Handhabung der Lampen, um Tauchpartner und Tiere nicht zu blenden, Überwassersignale sind Notfallsignale, daher nicht mit der Lampe an der Wasseroberfläche leuchten!
- Umweltschutz beachten, insbesondere keine schlafenden Fische aufschrecken

Ausrüstungscheck

- Besonders sorgfältig, jeder Mittaucher muss blind seine Ausrüstung bedienen können und alle Teile auch im Dunkeln auffinden können.
- Vollständig geladene Lampen mit ausreichender Leuchtdauer für den geplanten Tauchgang (Drittelregel) vorhanden? Ersatzlampen vorhanden?
- Die Befestigung der Lampen
- Instrumente mit Beleuchtung oder nachleuchtendem Hintergrund einsetzen.

Zeige deiner Gruppe und insbesondere dem Nachttauchneuling die Besonderheiten und Schönheiten der nächtlichen Unterwasserwelt, erkläre die Handhabung der Lampe, gib Unterwasserzeichen mit der Lampe und lass deinen Mittaucher auch Zeichen geben. Zeige deinen Mittauchern, wie du dich orientierst und mithilfe der Beleuchtung den Ausstieg an Land oder am Boot wiederfindest.

4.6 Tauchen in Bergseen

Das Tauchen in Bergseen ist nicht zuletzt wegen des meist sehr klaren Wassers und der damit verbundenen Sichtweiten besonders reizvoll. Andererseits sind Bergseen

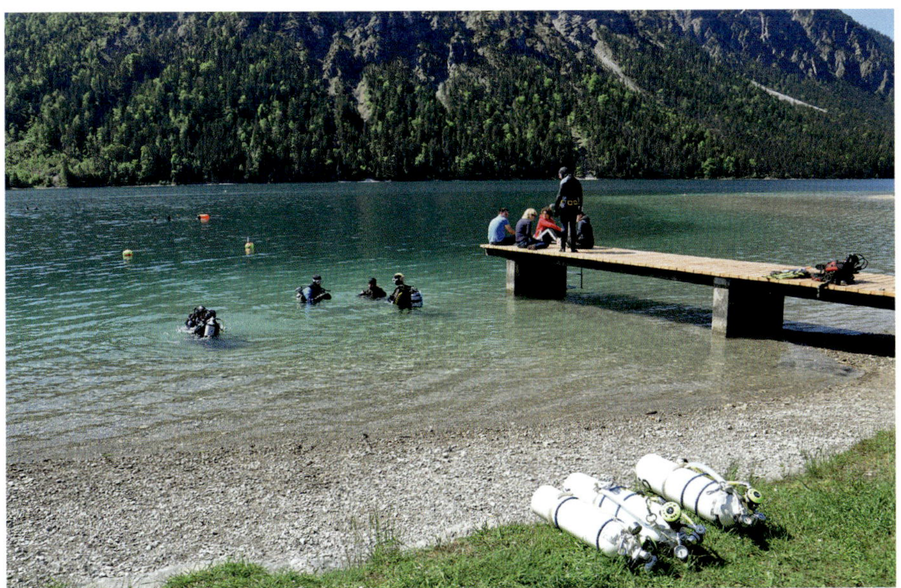

Tauchen im Bergsee

auch in der Regel sehr kalt, sodass Besonderheiten hinsichtlich veränderter Druckverhältnisse, Dekompression und Kälteschutz zu beachten sind.
Der Luftdruck ist in den Bergen geringer als auf Meereshöhe, da die darüber befindliche Lufthülle der Erde nicht mehr so hoch ist und daher eine geringere Gewichtskraft pro Fläche ausübt. Der Luftdruck in der jeweiligen Höhe kann mithilfe der barometrischen Höhenformel ermittelt werden. Für unsere Zwecke reicht jedoch die Faustformel, dass der Luftdruck pro 1.000 m Höhe um etwa 0,1 bar abnimmt. Damit kann der Luftdruck beispielsweise an einem Bergsee in 2.000 m Höhe mit etwa 0,8 bar angesetzt werden.
Damit ändern sich auch der Umgebungsdruck beim Tauchen und insbesondere die Druckgradienten bei Änderungen der Tiefe. Während wir beim Tauchen im Meer von der Oberfläche bis auf 10 m Tiefe eine Verdoppelung des Umgebungsdrucks von 1 bar auf 2 bar haben, beträgt die Druckzunahme beim Tauchen in theoretisch angenommenen 5.000 m Höhe (0,5 bar Luftdruck) von der Oberfläche bis auf 10 m Tiefe bereits das Dreifache und auf 20 m Tiefe das Fünffache. Damit ist die Druckreduzierung beim Auftauchen in einem Bergsee bei gleicher Tiefenänderung wesentlich höher als beim Tauchen im Meer. Dies hat eine deutlich verlängerte Dekompression beziehungsweise kürzere Nullzeiten zur Folge. Um dies zu berücksichtigen, muss beim Tauchen in Bergseen unbedingt die für die entsprechende Höhe zugelassene Bergseetabelle verwendet werden. Der Tauchcomputer ist ebenfalls auf die Höhe des Bergsees umzustellen, falls dies nicht bereits automatisch erfolgt.

Tauchgang im Meer	Luftdruck	Wasserdruck	Umgebungsdruck	Verhältnis zum Luftdruck
0 m	1 bar	0 bar	1 bar	1
10 m	1 bar	1 bar	2 bar	2
20 m	1 bar	2 bar	3 bar	3
30 m	1 bar	3 bar	4 bar	4

Tauchgang im Bergsee	Luftdruck	Wasserdruck	Umgebungsdruck	Verhältnis zum Luftdruck
0 m	0,5 bar	0 bar	0,5 bar	1
10 m	0,5 bar	1 bar	1,5 bar	3
20 m	0,5 bar	2 bar	2,5 bar	5
30 m	0,5 bar	3 bar	3,5 bar	7

Druckverhältnisse im Meer und im Bergsee

Die Verwendung einer Bergseetabelle erfolgt wie die einer Dekotabelle für Tauchgänge auf Meereshöhe. Die abzulesende Tiefenstufe entspricht der Tauchtiefe, die Dekompression ist auf die üblichen Dekostufen berechnet. Bei den Modellen zur Berechnung der Austauchzeiten wurden die veränderten Druckverhältnisse bereits eingerechnet.
Auch der Kälteschutz sollte der Temperatur des Bergsees angemessen sein. Aufgrund der meist niedrigen Wassertemperatur wird in Bergseen meist mit einem Trockentauchanzug getaucht. Zu verwenden sind zwei getrennt absperrbare und kaltwassertaugliche Atemregler. Nach dem Tauchgang sollten warme Getränke bereitstehen und eine Aufwärmmöglichkeit sollte vorhanden sein.
Der Aufenthalt in den Bergen hat auch zur Folge, dass die Leistungsfähigkeit aufgrund des verminderten Sauerstoffteildrucks in der Höhe abnimmt. Die Kondition nimmt ab und die Tiefenrauschanfälligkeit nimmt zu. Damit sich der Körper den veränderten Verhältnissen anpassen kann, sollte vor dem Tauchen mindestens ein Ruhetag eingelegt werden (Adaption). Der Körper reagiert auf den geringeren Sauerstoffteildruck nach einiger Zeit mit der verstärkten Bildung von roten Blutkörperchen zur besseren Sauerstoffversorgung. Durch die Adaption wird auch der Stickstoffteildruck im Körper an die Umgebung angepasst und reduziert, sodass du einen späteren Tauchgang mit weniger Stickstoff beginnst. Anderenfalls hätte der höhere Stickstoffteildruck im Körper wie die Vorsättigung bei einem Wiederholungstauchgang eine längere Dekompression zur Folge.
Beim Tauchen in Bergseen ist auch der Flüssigkeitsverlust höher. Daher ist eine vermehrte Flüssigkeitsaufnahme wichtig, insbesondere nach dem Tauchen.
Zur Planung eines Bergseetauchgangs sollte zunächst geklärt werden, in welchen Seen und an welchen Stellen dort überhaupt getaucht werden darf. Zu dem betreffenden See ist dann die Höhenlage zu ermitteln, um die passende Austauchtabelle zu wählen oder den Tauchcomputer entsprechend einzustellen. Die Höhenlage kannst du anhand einer Landkarte, mithilfe einer barometrischen Luftdruckmessung oder auch mithilfe vieler Navigationsgeräte ablesen. Bei anliegenden Tauchbasen, anderen Tauchern oder Einheimischen sind dann Informationen zum See, zu Sehenswürdigkeiten und Gefahrenstellen, zu möglichen Einstiegsstellen, Zu- und Abflüssen, Stauwehren und zur Topologie des Bodenverlaufs einzuholen. Zu klären ist auch, wie die Anfahrt erfolgen kann und ob eventuell noch ein anstrengender Anmarsch erforderlich ist. Unter Berücksichtigung der Dekompression kann dann der Tauchgang mit maximaler Tiefe und Tauchzeit geplant werden.
Ein Bergseetauchgang ist ein Tauchgang unter erschwerten Bedingungen. Daher sollten nur Taucher mit ausreichend Taucherfahrung, guter Kondition und Verantwortungsbewusstsein in Bergseen tauchen.

Aufgrund der geänderten Druckverhältnisse sollten nur Tiefenmesser oder Tauchcomputer verwendet werden, die auch den richtigen Umgebungsdruck messen und anzeigen. Tauchcomputer messen meist den tatsächlichen Umgebungsdruck vor dem Tauchgang und zeigen auch die tatsächlichen Tiefen richtig an. An manchen Tauchcomputern ist der passende Bergseemodus manuell einzustellen. Bei Tiefenmessern hingegen hängt es von der Bauart ab, welche Tiefe sie anzeigen. Membran- oder Rohrfedertiefenmesser messen den absoluten Druck und übertragen diesen auf der Skala in eine Tiefenangabe, die diesem Druck entspricht. Der Zeiger eines solchen Tiefenmessers zeigt dann an der Oberfläche wegen des geringeren Luftdrucks zunächst einen Wert unter Null an. Die Anzeige in der Tiefe weist eine der Luftdruckdifferenz entsprechende geringere Tiefe aus. Dies kann bei Tiefenmessern mit einer Nullpunktjustierung korrigiert werden. Bei Tiefenmessern nach dem System von Boyle-Mariotte hingegen wird das Verhältnis des aktuellen Drucks zum Druck an der Wasseroberfläche angezeigt. Die Skala zeigt beim doppelten Umgebungsdruck eine Tiefe von 10 m an. Da bei einem Bergsee mit einem Luftdruck von 0,5 bar der doppelte Druck bereits in 5 m Tiefe erreicht wird, zeigt ein solcher Tiefenmesser dort 10 m an. Ein Boyle-Mariottescher Tiefenmesser zeigt also größere Tiefen als die tatsächliche Tiefe an.

4.7 Planung eines Tauchgangs im Bergsee mit Berechnung der Dekompression und des Luftverbrauchs

Beispiel für eine komplette Tauchgangsberechnung für einen Tauchgang in einem sehr kalten Bergsee auf 1.000 m ü. N.N.:

Zu verwenden ist die Dekompressionstabelle DECO 2000.1 (701 – 1.500 m ü. N.N.)

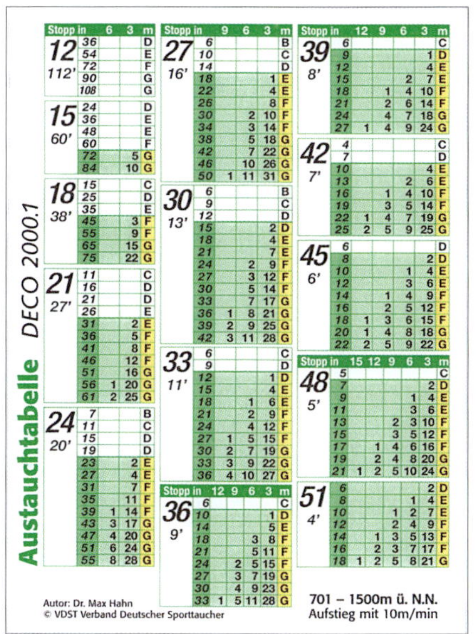

Austauchtabelle DECO 2000.1

Tiefe m (Nullzeit)	Grundzeit min	Stopp in 15	12	9	6	3 m	Gruppe
12 (112')	36						D
	54						E
	72						F
	90						G
	108						G
15 (60')	24						D
	36						E
	48						E
	60						F
	72					5	G
	84					10	G
18 (38')	15						C
	25						D
	35						E
	45					3	F
	55					9	F
	65					15	G
	75					22	G
21 (27')	11						C
	16						D
	21						D
	26						E
	31					2	E
	36					5	F
	41					8	F
	46					12	F
	51					16	G
	56				1	20	G
	61				2	25	G
24 (20')	7						B
	11						C
	15						D
	19						D
	23					2	E
	27					4	E
	31					7	F
	35					11	F
	39				1	14	F
	43				3	17	G
	47				4	20	G
	51				6	24	G
	55				8	28	G
27 (16')	6						B
	10						C
	14						D
	18					1	E
	22					4	E
	26					8	F
	30				2	10	F
	34				3	14	F
	38				5	18	G
	42				7	22	G
	46				10	26	G
	50			1	11	31	G
30 (13')	6						B
	9						C
	12						D
	15					2	D
	18					4	E
	21					7	E
	24				2	9	F
	27				3	12	F
	30				5	14	F
	33				7	17	G
	36			1	8	21	G
	39			2	9	25	G
	42			3	11	28	G
33 (11')	6						C
	9						D
	12					1	D
	15					4	E
	18				1	6	E
	21				2	9	F
	24				4	12	F
	27			1	5	15	F
	30			2	7	19	G
	33			3	9	22	G
	36			4	10	27	G
36 (9')	6						C
	10					1	D
	14					5	E
	18				3	8	F
	21				5	11	F
	24			2	5	15	F
	27			3	7	19	G
	30			4	9	23	G
	33		1	5	11	28	G
39 (8')	6						C
	9					1	D
	12					4	E
	15				2	7	E
	18			1	4	10	F
	21			2	6	14	F
	24			4	7	18	G
	27		1	4	9	24	G
42 (7')	4						C
	7						D
	10					4	E
	13				2	6	E
	16			1	4	10	F
	19			3	5	14	F
	22		1	4	7	19	G
	25		2	5	9	25	G
45 (6')	6						D
	8					2	D
	10				1	4	E
	12				3	6	E
	14			1	4	9	F
	16			2	5	12	F
	18		1	3	6	15	F
	20		1	4	8	18	G
	22		2	5	9	22	G
48 (5')	5						C
	7					2	D
	9				1	4	E
	11				3	6	E
	13			2	3	10	F
	15			3	5	12	F
	17		1	4	6	16	F
	19		2	4	8	20	G
	21	1	2	5	10	24	G
51 (4')	6					2	D
	8				1	4	E
	10			1	2	7	E
	12			2	4	9	F
	14		1	3	5	13	F
	16		2	3	7	17	F
	18	1	2	5	8	21	G

Autor: Dr. Max Hahn

701 – 1500m ü. N.N.
Aufstieg mit 10m/min

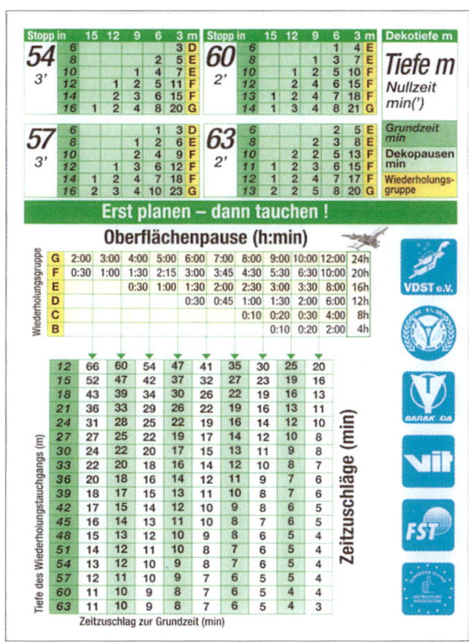

Tiefe m (Nullzeit)	Grundzeit min	Stopp in 15	12	9	6	3 m	Gruppe
54 (3')	6					3	D
	8				2	5	E
	10			1	4	7	E
	12		1	2	5	11	F
	14		2	3	6	15	F
	16	1	2	4	8	20	G
57 (3')	6				1	3	D
	8			1	2	6	E
	10			2	4	9	F
	12		1	3	6	12	F
	14	1	2	4	7	18	F
	16	2	3	4	10	23	G
60 (2')	6				1	4	E
	8			1	3	7	E
	10		1	2	5	10	F
	12		2	4	6	15	F
	13	1	2	4	7	18	F
	14	1	3	4	8	21	G
63 (2')	6				2	5	E
	8			2	3	8	E
	10		2	2	5	13	F
	11	1	2	3	6	15	F
	12	1	2	4	7	17	F
	13	2	2	5	8	20	G

Dekotiefe m: Tiefe m, Nullzeit min(')
Grundzeit min
Dekopausen min
Wiederholungsgruppe

Erst planen – dann tauchen !

Oberflächenpause (h:min)

Wiederholungsgruppe											
G	2:00	3:00	4:00	5:00	6:00	7:00	8:00	9:00	10:00	12:00	24h
F	0:30	1:00	1:30	2:15	3:00	3:45	4:30	5:30	6:30	10:00	20h
E			0:30	1:00	1:30	2:00	2:30	3:00	3:30	8:00	16h
D					0:30	0:45	1:00	1:30	2:00	6:00	12h
C							0:10	0:20	0:30	4:00	8h
B								0:10	0:20	2:00	4h

Zeitzuschläge (min)

Tiefe des Wiederholungstauchgangs (m)	Zeitzuschlag zur Grundzeit (min)								
12	66	60	54	47	41	35	30	25	20
15	52	47	42	37	32	27	23	19	16
18	43	39	34	30	26	22	19	16	13
21	36	33	29	26	22	19	16	13	11
24	31	28	25	22	19	16	14	12	10
27	27	25	22	19	17	14	12	10	8
30	24	22	20	17	15	13	11	9	8
33	22	20	18	16	14	12	10	8	7
36	20	18	16	14	12	11	9	7	6
39	18	17	15	13	11	10	8	7	6
42	17	15	14	12	10	9	8	6	5
45	16	14	13	11	10	8	7	6	5
48	15	13	12	10	9	8	6	5	4
51	14	12	11	10	8	7	6	5	4
54	13	12	10	9	8	7	6	5	4
57	12	11	10	9	7	6	5	5	4
60	11	10	9	8	7	6	5	4	4
63	11	10	9	8	7	6	5	4	3

Austauchtabelle DECO 2000.1 701 – 1.500 m ü.N.N.

Anfahrt zum See am Vortag.
Tauchgang 1 um 11.00 Uhr auf 25 m Tiefe, Tauchzeit 21 min
Tauchgang 2 um 16.00 Uhr auf 23 m Tiefe, Tauchzeit 20 min

Tauchgang 1 (25 m Tiefe, 21 min Tauchzeit):
Es muss aufgrund des Kaltwassertauchgangs die nächsthöhere Zeitstufe, hier also unter 27 m und 26 min, abgelesen werden.
Es ergibt sich eine Austauchpause von 8 min auf 3 m.

Gesamttauchzeitberechnung:

21 min	Tauchzeit
3 min	Aufstieg von Maximaltiefe bis zur Oberfläche
8 min	Dekostopp auf 3 m
3 min	Sicherheitsstopp auf 3 m
35 min	Gesamttauchzeit

Luftverbrauchsberechnung:

21 min · 3,5 bar · 20 l/min / 1 bar =	1.470 l
3 min · 3,5 bar · 20 l/min / 1 bar =	210 l
8 min · 1,3 bar · 20 l/min / 1 bar =	208 l
3 min · 1,3 bar · 20 l/min / 1 bar =	78 l
	1.966 l

Berechnung der erforderlichen Größe des DTG:
Aus der Formel $p_1 \cdot V_1 = p_2 \cdot V_2$ ergibt sich mit dem verfügbaren Flaschendruck von 150 bar (aus Fülldruck 200 bar abzüglich Reservedruck 50 bar):
V_2 = (1 bar x 1.966 l) / 150 bar = 13,11 l
Daher ist mindestens ein 14-Liter-DTG (2 x 7 l)erforderlich, alternativ ein 15-Liter-DTG.

Die Wiederholungsgruppe für diesen ersten Tauchgang ist »F«.

Das Tauchgangsende ist nach 35 min Tauchzeit um 11.35 Uhr.
Die Oberflächenpause bis zum Beginn des zweiten Tauchgangs um 16.00 Uhr beträgt 4 h 25 min.

Tauchgang 2 (23 m Tiefe, 20 min Tauchzeit):

Der Zeitzuschlag für diesen Wiederholungstauchgang beträgt laut Tabelle 19 min bei der nächstkleineren Tiefenstufe 21 m.

Tabellenwerte für Dekompressionszeitermittlung:
Abzulesende Tiefe: 24 m
Abzulesende Grundzeit: 20 min + 19 min Zeitzuschlag = 39 min
Aufgrund des Kaltwassertauchgangs wird in der Tiefe von 24 m die nächsthöhere Zeitstufe abgelesen, hier also statt unter 39 min unter der Zeitstufe von 43 min. Es ergibt sich daher ein Tauchgang mit Dekostopps.

Gesamttauchzeitberechnung:

20 min	Tauchzeit
3 min	Aufstieg von der Maximaltiefe bis zur Oberfläche
3 min	Dekostopp auf 6 m
17 min	Dekostopp auf 3 m
3 min	zusätzlicher Sicherheitsstopp auf 3 m
46 min	Gesamttauchzeit

Luftverbrauchberechnung:

20 min · 3,3 bar · 20 l/min / 1 bar = 1.320 l
3 min · 3,3 bar · 20 l/min / 1 bar = 198 l
3 min · 1,6 bar · 20 l/min / 1 bar = 96 l
17 min · 1,3 bar · 20 l/min / 1 bar = 442 l
3 min · 1,3 bar · 20 l/min / 1 bar = 78 l

2.134 l

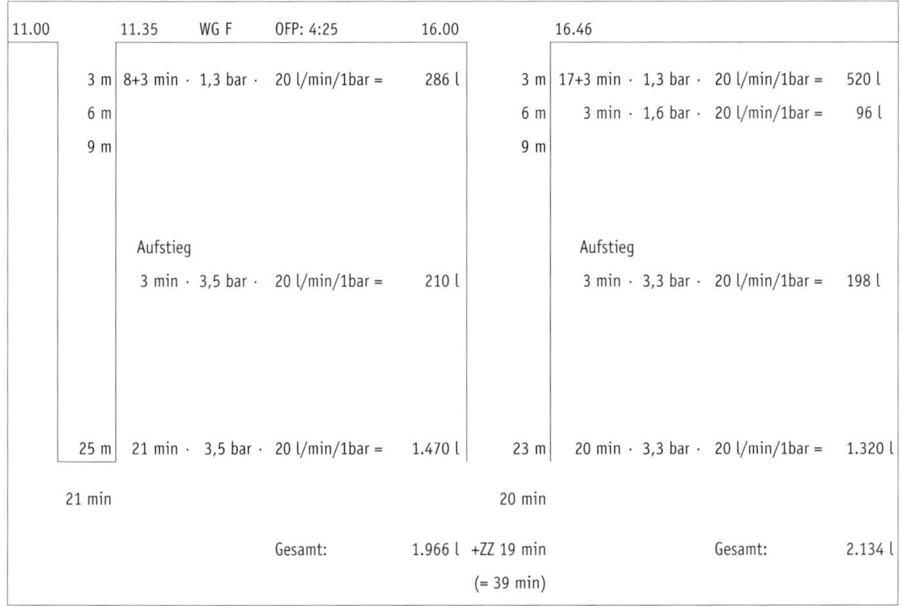

Rechenschema Luftverbrauchsberechnung

Berechnung der erforderlichen Größe des DTG:
V_2 = (1 bar · 2.134 l) / 150 bar = 14,23 l
Daher ist mindestens ein 15-Liter-DTG erforderlich.

4.8 Planung eines Tauchgangs mit Berechnung der Dekompression und des Umkehrdrucks

Wir planen nun einen Tauchgang mit Dekompression und ermitteln den Umkehrdruck. Für die Luftverbrauchsberechnungen gehen wir zur Vereinfachung – auch bei einem Bergseetauchgang – von einem Luftdruck von 1 bar aus.

Wir gehen von Folgendem auf Meereshöhe aus:
Erster Tauchgang:
Beginn 10.00 Uhr, maximale Tiefe 33 m, Grundzeit 20 Minuten
Zweiter Tauchgang:
Beginn 13.00 Uhr, maximale Tiefe 22 m, Grundzeit 25 Minuten
Das Atemminutenvolumen beträgt 20 l/min.

Du hast ein 15-Liter-DTG und dein Tauchpartner ein 12-Liter-DTG.
Es wird von dem Problem eines vollständigen Ausfalls eines DTG auf der Tauchtiefe ausgegangen, sodass beide Taucher nach Übergabe des Hauptatemreglers und Wechsel auf den Zweitatemregler aus einem DTG atmen. Für die Lösung dieses Problems auf der Tiefe wird eine Minute angesetzt.

Austauchpausen erster Tauchgang:
1 min auf 6 m und 7 min auf 3 m,
Sicherheitsstopp 3 min auf 3 m.
Aufstieg aus 33 m Tiefe: 4 min
Ende des ersten Tauchgangs: 10.35 Uhr
Wiederholungsgruppe F
Oberflächenpause: 2 h 25 min
Zeitzuschlag: 26 min, d. h. Ablesen unter 25 min + 26 min = 51 min bei 22 m

Austauchpausen zweiter Tauchgang:
3 min auf 6 m, 17 min auf 3 m, Sicherheitsstopp 3 min auf 3 m.

Zu ermitteln ist nun das für den Aufstieg einschließlich Austauchpausen und Sicherheitsstopp erforderliche Luftvolumen (bezogen auf 1 bar Oberflächendruck). Grundlage der Berechnungen ist ein Luftdruck von 1 bar; für die Luftverbrauchsberechnung des Aufstiegs wird aus Sicherheitsgründen der Druck der maximalen Tiefe und für das Atemminutenvolumen je Taucher ein Wert von 20 l/min angesetzt.

Dann ergibt sich:

Atemminutenvolumen:	20 l/min + 20 l/min (Partner) =	40 l/min
Problemlösung 1 min auf der Tiefe:	1 min · 4,3 bar · 40 l/min / 1 bar =	172 l
Aufstieg aus 33 m Tiefe:	4 min · 4,3 bar · 40 l/min / 1 bar =	688 l
Austauchpause 3 min auf 6 m:	1 min · 1,6 bar · 40 l/min / 1 bar =	64 l
Austauchpause 7 min auf 3 m:	7 min · 1,3 bar · 40 l/min / 1 bar =	364 l
Sicherheitsstopp 3 min auf 3 m:	3 min · 1,3 bar · 40 l/min / 1 bar =	156 l
Gesamtvolumen für den Aufstieg		$V_{Oberfläche}$ = 1.444 l

Nun stellt sich die Frage, bei welchem Flaschendruck, dem sogenannten Umkehrdruck, spätestens der Tauchgang zu beenden und mit dem Austauchen zu beginnen ist, damit ein solcher Aufstieg durchgeführt werden kann. Ein Reservedruck muss bei diesem Szenario nicht im DTG verbleiben.

Bei unterschiedlichen Flaschengrößen ist aus Sicherheitsgründen vom ungünstigeren Fall auszugehen, d. h. es wird die kleinste vorhandene Flaschengröße angesetzt, hier also 12 l.

Gesucht: Druckdifferenz in dem DTG (p_{DTG})

Notwendiges Luftvolumen	$V_{Oberfläche}$ =	1.444 l
Volumen des DTG	V_{DTG} =	12 l
Umgebungsdruck an der Oberfläche:	$p_{Oberfläche}$ =	1 bar

$$p_{DTG} = \frac{p_{Oberfläche} \cdot V_{Oberfläche}}{V_{DTG}} = \frac{1\ \text{bar} \cdot 1.444\ \text{l}}{12\ \text{l}} = 120\ \text{bar}$$

Der Umkehrdruck beträgt also 120 bar.

Da bereits der geplante Tauchgang von 20 Minuten auf 33 m ein Luftvolumen von 20 min · 4,3 bar · 20 l/min / 1 bar = 1.720 l erfordert und das für den Aufstieg erforderliche Volumen von 1.444 l noch hinzukommt, reicht das Flaschenvolumen von 2.400 l nicht aus. Erforderlich sind vielmehr mindestens 16 l Flaschenvolumen. Entweder wird der Tauchgang mit größeren DTG (z. B. Doppel-8,5-l-DTG) durchgeführt oder die geplante Grundzeit wird entsprechend reduziert.

4.9 Tauchen im Trockentauchanzug

Gerade beim Tauchen im Winter oder in kalten Gewässern über eine längere Zeit ist ein Trockentauchanzug aufgrund der vollständigen Abdichtung des Anzuginneren der ideale Kälteschutz. Die Prinzipien von Trockentauchanzügen wurden bereits im Abschnitt zur Ausrüstung behandelt.
Da sich das Trockentauchen vom Tauchen mit einem Halbtrockentauchanzug unterscheidet, bedarf es auch einer speziellen Ausbildung, die im Spezialkurs »Trockentauchen« vermittelt wird. Mit einem gut passenden Trockentauchanzug und entsprechender Übung kannst du dann in der Regel genauso tauchen wie im Halbtrockentauchanzug.
Das Üben der Handhabung in verschiedenen Situationen ist dazu jedoch erforderlich, denn das Tauchen im Trockentauchanzug unterscheidet sich durch die bauartbedingten Besonderheiten. Um einem Barotrauma durch die im Anzug eingeschlossene Luft vorzubeugen und eine in jeder Tiefe gute Isolation zu erreichen, ist jeder Trockentauchanzug als Konstantvolumenanzug ausgelegt. Das bedeutet, dass beim Abtauchen dem Anzug so viel Luft über einen Inflator zugeführt wird, dass der Volumenverlust aufgrund des Gesetzes von Boyle-Mariotte ausgeglichen wird. Umgekehrt dehnt sich die im Trockentauchanzug vorhandene Luft beim Aufstieg aus und muss abgelassen werden. Dies erfolgt über ein Auslassventil, das in der Regel am Oberarm eingebaut ist. Somit muss neben dem Jacket ein weiterer Ausrüstungsgegenstand be- und entlüftet werden. In den Trockentauchanzug wird jedoch nur so wenig Luft wie nötig gegeben. Die eigentliche Tarierung erfolgt weiterhin über das Jacket. Das dient einerseits der besseren Beweglichkeit im Trockentauchanzug, und andererseits kann über das Jacket wesentlich schneller bei einem Aufstieg die Luft abgegeben werden, wobei das Jacket zusätzliche Sicherheitsfunktionen insbesondere bei einer Rettung erfüllt.
Beim Anziehen des Trockentauchanzugs ist darauf zu achten, dass alle Dichtmanschetten richtig sitzen und dass der Reißverschluss richtig geschlossen ist. Es empfiehlt sich, die Dichtmanschetten vorher mit Talkum einzureiben. Dies dient nicht nur der Pflege, sondern ermöglicht auch ein leichteres Anziehen. Die Halsmanschetten sind üblicherweise aus Latex, werden beim ersten Gebrauch auf die passende Länge eingekürzt und am Hals in der Regel nicht umgeschlagen. Der Inflatorschlauch für den Trockentauchanzug wird so montiert, dass er unter den Atemreglerschläuchen liegt und so die freie Abgabe eines Atemreglers nicht behindert.
Zum Abtauchen mit dem Trockentauchanzug lässt du zunächst über das Auslassventil die überschüssige Luft aus dem Anzug heraus. Bei den meisten Auslassventilen erfolgt dies automatisch durch Heben des Arms, wenn die Federspannung

am Auslassventil durch Drehen leicht genug eingestellt worden ist. Während des Abtauchens wird dann durch das Betätigen des Inflators nur so viel Luft in den Anzug gegeben, dass der Volumenverlust ausgeglichen wird. Beim Auftauchen ist dann wieder durch Heben des Armes oder manuelles Betätigen des Auslassventils die überschüssige Luft abzulassen. Erst danach erfolgt die Tarierung über das Jacket. Damit die Luft im Trockentauchanzug über das Auslassventil abgegeben werden kann, muss sich das Auslassventil an der höchsten Stelle des Anzugs befinden. Dies kann durch das Einnehmen einer Lage mit erhöhtem Oberkörper oder gar einer senkrechten Lage erreicht werden. Liegt hingegen der untere Teil des Trockentauchanzugs höher als der Oberkörper, kann die Luft daraus nicht abgelassen werden. Dies kann bei einem Aufstieg zu einem ungewollten Auftrieb führen. Daher sind auch Techniken einzuüben, wie man aus dieser Lage wieder herauskommt.

Beim Trockentauchen sind also folgende Punkte zu beachten:

- Ist das Luftauslassventil verstopft, kann die Luft alternativ durch die Hals- oder eine Armmanschette abgelassen werden.
- Ist das Lufteinlassventil verstopft, ist keine Tarierung durch Lufteinlassen mit dem Anzug möglich. Die Tarierung erfolgt dann nur über das Jacket, wobei nicht tiefer getaucht werden kann, da sonst ein Unterdruckbarotrauma im Anzug eintritt. In diesem Fall ist mithilfe des Partners auszutauchen.
- Falls das Lufteinlassventil in geöffneter Stellung klemmt und so immer weiter Luft in den Anzug gibt, hilft nur das sofortige Abziehen des Inflatorschlauchs. Anschließend ist der Tauchgang zu beenden.
- Falls zu viel Luft in den Fußbereich gelangt, ist mit geeigneter Technik die Schwimmlage zu ändern, sodass der Kopf hoch und die Beine tief liegen.
- Bei plötzlichem Wassereinbruch ist auf die Tarierung zu achten. Gegebenenfalls ist sie mit dem Jacket wiederherzustellen, und der Tauchgang ist zu beenden.
- Im Fall eines Hitzestaus durch einen langen Fußmarsch oder ein langes Briefing ist für eine ausreichende Abkühlung vor dem Tauchgang zu sorgen.
- Bei einem plötzlichen Bleiverlust muss schnell die Luft aus dem Jacket und dem Anzug über das Auslassventil sowie ggf. über Hals- und Armmanschette abgelassen werden. Bei Auftrieb ist bewusst tief auszuatmen. Anschließend ist der Tauchgang mit Partnerhilfe zu beenden.

4.10 Eistauchen

Eistauchen gehört mit zu den schönsten Erlebnissen beim Tauchen im Süßwasser. Oft kann man mit fantastischen Sichtweiten rechnen, da der Wind das Wasser über längere Zeit nicht mehr durchmischen konnte. Bizarre Eindrücke von einfallendem Sonnenlicht durch klare Eisschichten vermitteln unvergessliche Taucherlebnisse. Allerdings gehört Eistauchen aufgrund der Temperaturverhältnisse und der Tatsache, dass kein direktes Auftauchen möglich ist, zu den Disziplinen des Sporttauchens, die besondere Anforderungen an Mensch, Ausbildung und Ausrüstung stellen. Mit dem Spezialkurs Eistauchen soll erreicht werden, Eistauchgänge so sicher wie möglich zu gestalten.

Vom Eistauchen spricht man, wenn das Gewässer oder auch nur Teile davon mit einer Eisschicht bedeckt sind. In jedem Fall ist eine Signal- und Führungsleine einzusetzen.

Die Dicke der Eisschicht ist hier vollkommen ohne Belang, da auch sehr dünne Eisschichten von wenigen Millimetern Stärke ein direktes Auftauchen verhindern. Ein Durchstoßen von unten ist in den meisten Fällen nicht möglich und kann als Notfalllösung nicht in Betracht gezogen werden.

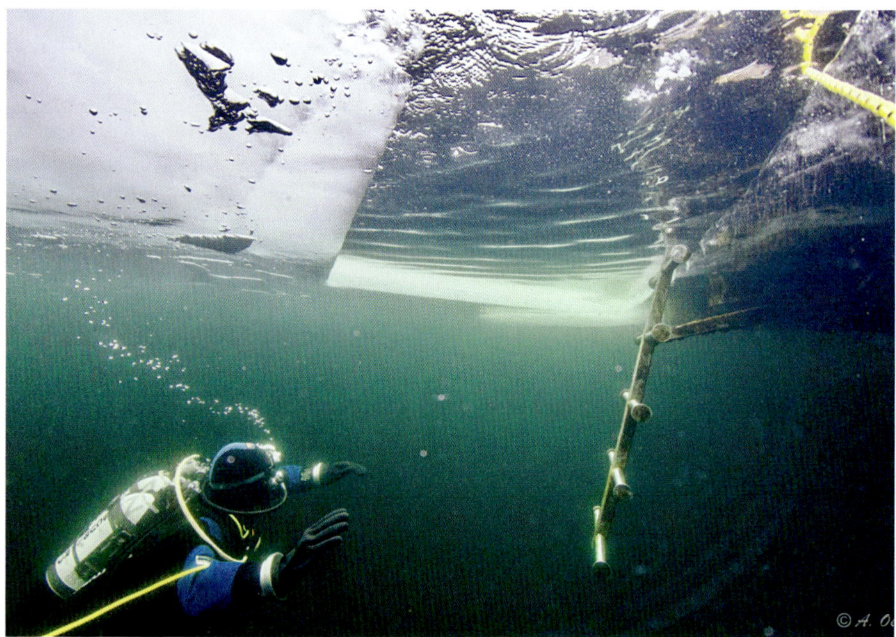

Eistauchgang

Örtliche Gegebenheiten

Eistauchen sollte nur bei tragfähigem Eis begonnen werden, damit die Einstiegsstelle über freiem Wasser liegt und keine Hindernisse (Äste, Felsen) die Leinenführung stören oder behindern. Die Tragfähigkeit des Eises wird von Tauchern mit Kälteschutz und Leinensicherung geprüft.
Eistauchgänge werden nur in bekannten strömungsfreien Gewässern in nicht zu großer Tiefe und nur bei Tageslicht durchgeführt. Die Tauchgänge sind zeitlich so zu planen, dass der letzte Tauchgang und die Absicherung der Einstiegsstelle sicher vor Einbruch der Dunkelheit abgeschlossen sind.
Zum Aufbewahren der Ausrüstung und zum Aufwärmen der Taucher ist eine geheizte Umgebung (Wohnwagen, Hütte, Zelt o. Ä.) sinnvoll.

Ausbildung der Tauchgruppen und Tauchteams

Eistauchgänge dürfen im VDST nur mit abgeschlossenem SK »Eistauchen« oder während der Ausbildung zum SK »Eistauchen« durchgeführt werden. Der SK »Eistauchen« erfordert mehrere Tauchgänge an einer Signalleine ohne Eis, um gerade diesen für den Sporttaucher ungewohnten Umgang mit einer Signal- und Führungsleine ausführlich zu üben und auch die Notfallszenarien zu beherrschen.
Die Taucher sollten über sehr große Erfahrung und geeignete Kaltwasserausrüstung verfügen und schon zum größten Teil unter Eis getaucht sein. Zusätzlich werden Helfer und Taucher für die Sicherung über Wasser benötigt.
Ein Eistauchteam besteht aus einem Signalmann (Leinenführer) und maximal zwei Tauchern unter Wasser.
Für den Signalmann (Leinenführer) gelten die gleichen Voraussetzungen wie für den Taucher unter Wasser (mindestens Taucher** und SK »Eistauchen«).
Die Sicherungsgruppe besteht aus einem weiteren Leinenführer und einem weiteren Taucher, der in geprüfter Ausrüstung bereitsteht.
Pro Einstiegsloch taucht immer nur ein Tauchteam.

Veränderte Bedingungen, Probleme und Gefahren beim Eistauchen

Tauchgänge unter einer geschlossenen Eisdecke gehören zu den extremsten Tauchgängen überhaupt. Es sind besondere Sicherheitsvorkehrungen, besondere Ausrüstung und besondere Aufmerksamkeit beim Tauchen selbst erforderlich. Eistauchgänge entschädigen jedoch für den hohen Aufwand bei der Vorbereitung durch faszinierende Eindrücke, insbesondere beim Tauchen unter der Eisdecke.
Die besonderen Bedingungen beim Eistauchen sind die extreme Kälte und vor allem – ähnlich wie beim Höhlentauchen – die fehlende Möglichkeit, einfach an die Oberfläche aufzutauchen. Die einzige Möglichkeit zum Auftauchen besteht an dem Einstiegsloch und an den Sicherungslöchern. Es ist nicht möglich, dass die

Eisdecke, auch wenn sie dünn ist, durch den Taucher selbst von unten durchbrochen werden kann.
Daher ist die Sicherstellung des Wiederfindens des Einstiegsloches unabdingbar. Da keine noch so gute Orientierung unter Wasser gewährleisten kann, dass das Einstiegsloch immer gefunden wird, kann dies nur durch eine untrennbare Leinenverbindung der Taucher mit der Oberfläche erfolgen.
Da im Notfall kein direktes Auftauchen möglich ist, müssen die Taucher im Notfall möglichst schnell mithilfe der Leinenverbindung aus dem Wasser gezogen werden können. Daher ist immer eine Leinensicherung mit einem Leinenführer erforderlich. Durch richtige Leinenführung ist sicherzustellen, dass sich die Leine unter Wasser nicht verhakt und so gespannt ist, dass Signale gespürt werden können. Sie sollte aber auch nicht so stramm sein, dass sie die Taucher am Vorwärtskommen behindert. Unter Wasser kann das Problem auftauchen, dass der Atemregler vereist. Zur Vermeidung sind richtiges Verhalten und eine geeignete Ausrüstung erforderlich.

Ausrüstung, Ventilmanagement (bei Vereisung)

- Alle verwendeten Ausrüstungsteile müssen kaltwassertauglich sein. Basis für die Beurteilung der Atemregler ist die Kaltwassertauglichkeit gemäß DIN EN 250.
- Jeder Taucher hat ein Gerät mit getrennt absperrbaren Ventilen und zwei getrennten, kompletten Atemreglern (bestehend aus erster und zweiter Stufe). Im Fall der Vereisung geht der betroffene Taucher auf seinen zweiten Atemregler über und das Ventil mit dem vereisten Atemregler wird von dem Taucher selbst oder von dem Partner geschlossen. Der Tauchgang wird dann sofort beendet.
- Die Vereisung eines Atemreglers führt bei Eistauchgängen erfahrungsgemäß am häufigsten zu Problemen unter Wasser. Dieses Notfallszenario (d. h. das Verschließen des Ventils und der Umstieg auf den Zweitatemregler) muss deshalb bei eisfreien Tauchgängen ausgiebig geübt und beherrscht werden. Nur so hat man im Ernstfall die Fähigkeit und die Ruhe, diese Situation unter Wasser sicher und ohne Stress in den Griff zu bekommen.
- Am Hauptatemregler wird ein mindestens 150 cm langer Mitteldruckschlauch verwendet.
- Der Zweitatemregler ist jederzeit gut erreichbar angebracht.
- Der Füllschlauch für das Jacket ist an der ersten Stufe des Zweitatemreglers anzuschließen, der Füllschlauch für den Trockentauchanzug kann sowohl am Erst- als auch am Zweitatemregler angeschlossen werden.
- Nicht gleichzeitig einatmen und über den Inflator tarieren!
- Noch größere Sicherheit wird mit zwei vollständig getrennten Tauchgeräten erreicht.

- Die Taucher sind mit ihrer Ausrüstung sehr gut vertraut und können sie blind bedienen.
- Als Kälteschutz sollte ein Trockentauchanzug verwendet werden.
- Es wird immer eine Buddyleine von ca. 1,5 m Länge verwendet. Das Einhängen der Partner in die Führungsleine mithilfe eines Karabiners ist nicht zulässig, da bei einem Zurückziehen der Taucher durch den Signalmann die beiden Taucher zu dicht aneinandergezogen werden!
- Die Signal- und Führungsleine sollte signalfarben, schwimmfähig und stark genug sein (10–14 mm), um zwei Taucher daran herausziehen zu können (Bruchfestigkeit > 2000 N).
- Die maximal nutzbare Leinenlänge im Wasser beträgt 30 m. Die Notfallleine der Sicherungstaucher ist mindestens 10 m länger. Die Enden werden an einem festen Punkt (Baum, Auto, Eisbohrer o. Ä.) fixiert. Als Gesamtlänge werden für die Signalleine mindestens 50 m und für die Notfallleine mindestens 60 m empfohlen.
- Die Ausrüstung ist vor oder zwischen mehreren Tauchgängen in warmer Umgebung zu lagern. Alternativ kann die Ausrüstung zwischen zwei Tauchgängen auch im Wasser gelagert werden.
- Der Gasvorrat ist nach der Drittelregel zu planen (ein Drittel Hinweg, ein Drittel Rückweg, ein Drittel Reserve).
- Gerade bei Eistauchgängen ist besonders auf ein trockenes Atemgas nach EN 12021 zu achten, um einer Vereisung vorzubeugen.

Vorbereitung und Öffnen der Eisdecke mit Absicherung

- Ein dreieckiges Loch (Kantenlänge mindestens 2 m) – erleichtert den Ausstieg im spitzen Winkel des Dreiecks.
- Die Spitzen des Dreiecks sollte man z. B. mit einem Eisbohrer öffnen, um laute Schläge mit der Axt zu vermeiden.
- Schnitte, wenn möglich, mit großer Baum-Handsäge (absolut umweltfreundlich und wärmt die Helfer!) oder alternativ mit Kettensäge anbringen.
- Beim Einsatz einer Kettensäge umweltfreundliche Schmiermittel verwenden.
- Löcher immer absichern (wegen Passanten, Schlittschuhläufern), d. h. Holzbohlen an die Ränder legen oder eine Rutschbremse (Sand, Splitt o. Ä.) ca. 3 m um die Ränder streuen, rot-weißes Signalband oder Äste zur Absicherung anbringen.
- Die ausgeschnittene Eisscholle unter das Eis schieben und nach Abschluss wieder in die Öffnung einlassen. Die Eisscholle darf die Leinenführung nicht behindern. Alternativ kann die Eisscholle auch auf das Eis gelegt werden.
- Markierungsbahnen zum Einstiegsloch herstellen (z. B. Schnee entfernen, gut sichtbare Leinen spannen, Farbmarkierungen).
- Eventuell Notausstiegslöcher vorsehen.

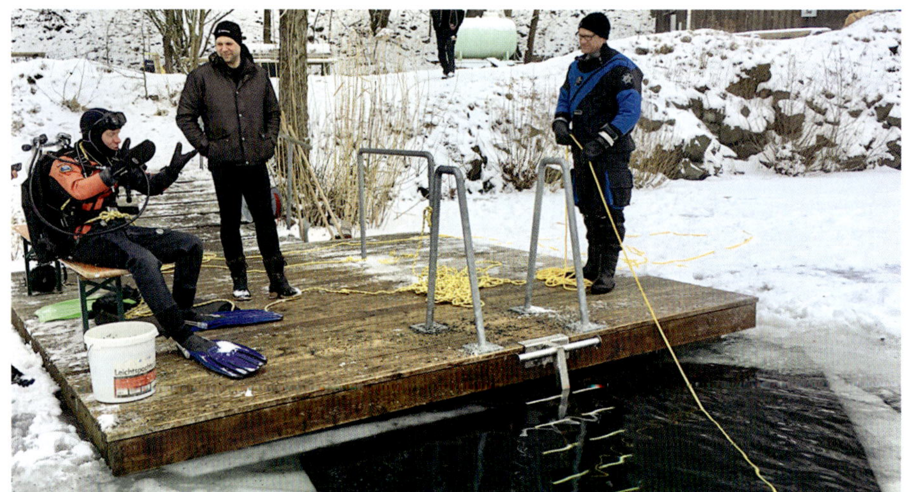

Eistauchen

Schließen und Sichern der Einstiegsstelle

- Die ausgeschnittene Eisscholle wieder in die Eisöffnung schieben. Die Sägeschnitte frieren schnell wieder fest, und die Ausgangslage ist somit schnell wiederhergestellt.
- Die Einstiegsstelle ist bis zum Festfrieren deutlich zu markieren (Äste, Markierungsbänder).
- Die aufgebrachte Rutschbremse (Sand, Splitt) dient als zusätzliche Sicherheit für Passanten oder Schlittschuhläufer.
- Die Gegenstände sind nach ein bis zwei Tagen jedoch spätestens vor dem Einsetzen des Tauwetters wieder zu entfernen.

Notfallplanung

Für die Notfallplanung (Notrufeinrichtungen, O_2-Koffer etc.) gelten grundsätzlich die gleichen Vorschriften wie beim Tauchen in der eisfreien Zeit.
Zusätzlich sind eine geheizte Unterstellmöglichkeit (Wohnwagen, Hütte, Zelt) und warme, nicht alkoholische Getränke bereitzuhalten – dies ist insbesondere für evtl. Notfälle unerlässlich. Der O_2-Koffer wird im geheizten Bereich abgestellt. Die Zufahrten müssen für eventuelle Rettungsfahrzeuge passierbar sein.

Sicherungsgruppe

Während der gesamten Eistauchphase steht eine Sicherungsgruppe (ein Signalmann und ein Taucher) tauchfertig und mit überprüfter Ausrüstung bereit. Die

Sicherungstaucher haben die Aufgabe, bei einem Notfall unter Wasser helfend einzugreifen.

Leinenführung

- Die Verwendung einer Signal- und Führungsleine ist die einzige Möglichkeit, das Einstiegsloch sicher wiederzufinden. Sie ist deshalb absolut unverzichtbar, auch wenn nur noch Eisreste auf dem See treiben.
- Da die Benutzung der Signal- und Führungsleine für den Sporttaucher ungewohnt ist, muss sie vorher bei eisfreier Umgebung geübt und beherrscht werden.
- Während des gesamten Tauchganges muss immer eine »Tuchfühlung« zwischen Signalmann und Taucher unter Wasser bestehen. Ansonsten muss der Tauchgang sofort abgebrochen werden. Der ständige Kontakt erfordert vom Signalmann Fingerspitzengefühl, da ein zu starker Zug das Tauchen unmöglich macht, während ein zu leichter Kontakt evtl. Notsignale verpuffen lässt.
- Die Leine soll gut erkennbar sein und schwimmen. Sie wird vom Signalmann immer auf leichtem Zug gehalten. Eindeutige Zugzeichen werden vereinbart. Die Leine wird nicht an der Ausrüstung, sondern am Signalmann selbst befestigt und auch von diesem gehalten.
- Die Leine darf man nie in Kunststofffösen einhängen, da diese bei Kälte spröde werden und brechen können.
- Die Leine muss sicher befestigt sein (Feuerwehrstek, Palstek, Metallkarabiner mit geflochtenem Leinenende).
- Eine Sicherungsgruppe steht immer bereit.
- Der Signalmann muss einen sicheren Stand haben (Rutschbremse!).

Leinensignale

Da beim Sporttauchen im Gegensatz zum Einsatz von Rettungstauchern keine Richtungsangaben vom Signalmann verlangt werden, sollten nur zwei eindeutige Zeichen vereinbart werden. Die Zugzeichen sind kurz und fest und somit klar verständlich zu geben. Diese Zugzeichen sind in Anlehnung an die Zeichen der Rettungsorganisationen wie folgt sinnvoll:

Zeichen	vom Taucher	vom Signalmann
X	Notsignal – ich bin in Not!	Aufforderung: Sofort austauchen!
XXXXX	Alles in Ordnung!	Alles in Ordnung?

Unklare Signale werden als Notsignale gedeutet.

Der Signalmann fragt regelmäßig die OK-Zeichen ab. Der Zeitabstand wird individuell vor dem Tauchgang abgesprochen. Empfehlenswert sind Zeitabstände von ca. zwei bis drei Minuten. Das OK-Zeichen ist vom Adressaten durch Wiederholung zu bestätigen.

Verhalten unter Eis

Das Tauchen unter Eis soll in Ruhe, ohne Anstrengung und ohne Stress erfolgen. Anderenfalls wäre eine erhöhte Atemventilation die Folge, die wiederum das Entstehen einer Vereisung oder eines Essoufflements begünstigen würde.
Um einem Vereisen vorzubeugen, sollte über den Atemregler oder über den Inflator erst dann Luft entnommen werden, wenn die erste Stufe des Atemreglers sich unter Wasser befindet. Es ist besonders darauf zu achten, dass nicht gleichzeitig eingeatmet und über den Inflator tariert wird.
Die Leinenführung ist schwierig und erfordert eine gewisse Übung. Der mit der Führungsleine verbundene Taucher hält das Ende stets in der Hand, um sofort Zugsignale oder ein eventuelles Verhaken zu spüren und entsprechend zu reagieren. Auch kann er so die Leine von sich selbst fernhalten, um sich nicht darin zu verfangen. Hält der Leinenführer die Leine zu stramm, so ist es unter Wasser kaum möglich, vorwärtszukommen. Ist die Leine dagegen zu locker, so können keine Signale ausgetauscht werden und die Leine kann sich schneller verhaken.
Die Taucher achten darauf, dass sie nicht um Hindernisse oder Vorsprünge herumtauchen, damit die Leine immer eine direkte Verbindung zum Einstieg darstellt. Die Tauchzeit- und Entfernungsvorgaben sowie Kursabsprachen sind einzuhalten.

4.11 Tauchen in kalten Gewässern

Beim Tauchen im Winter sind grundsätzlich die gleichen Regeln wie beim Eistauchen zu beachten. Allerdings entfallen die speziell beim Vorhandensein einer Eisdecke zu treffenden Vorkehrungen. Insbesondere ist ohne Eisdecke auch keine Leinenführung erforderlich. Jedoch gilt auch schon ein Tauchgang in einem teilweise mit Eis bedeckten See als Eistauchgang. Wenn also kein Eistauchgang vorbereitet und geplant wurde, darf nur bei vollkommen eisfreiem See getaucht werden!
Unter dem Tauchen in kalten Gewässern mit den hierfür erforderlichen Sicherheitsvorkehrungen ist jedoch nicht nur das Tauchen in der kalten Jahreszeit zu verstehen. Vielmehr weisen viele Binnenseen ganzjährig ab einer gewissen Wassertiefe Temperaturen von nur 4 °C auf, sodass dann die gleichen Sicherheitsregeln gelten.
Die Organisation eines Tauchevents im Winter erfordert umfangreiche Vorbereitungen. Dabei sollten die Leitlinien für einen umweltverträglichen Tauchsport

berücksichtigt werden. Der Spaß am Tauchen sollte im Vordergrund stehen, ohne dass die Sicherheit und die Umwelt in dieser Jahreszeit außer Acht gelassen werden. Die Organisation beginnt bereits mit der richtigen Auswahl des Tauchplatzes. Bei der Auswahl sollten Gedanken über die Eignung bzgl. Tiefe und Topologie des Gewässers, die Anfahrtsmöglichkeit und den erforderlichen Parkraum für die Teilnehmer einfließen. Der Einstieg in das Gewässer muss dabei den Anforderungen des Umwelt- und Gewässerschutzes gerecht werden. Es sollte ein sicherer Ein- und Ausstieg gewählt werden, auf Rutschgefahr durch Eis oder Schnee ist zu achten. Der Uferzone gilt besondere Aufmerksamkeit bzgl. des Umweltschutzes wie auch dem gefahrlosen Einstieg für die beteiligten Taucher. In der kalten Jahreszeit befinden sich die Flora und Fauna in einer sehr empfindlichen Phase und dürfen durch die Taucher nicht gestört werden. Die meisten Fische sind auch im Winter aktiv, allerdings auf einem niedrigeren Stoffwechselniveau. Einige wenige Arten halten eine Art Winterschlaf oder verfallen in Winterstarre. Störungen durch Berührung oder Ähnliches können zu Fluchtreaktionen und Verletzungen führen, deshalb sind diese zu unterlassen. Für die Tauchveranstaltung sollte eine stabile Wetterlage gewählt werden. Falls sich das Wetter kurzfristig im Vorfeld des Tauchens deutlich verschlechtert, kann eine Verschiebung der Veranstaltung eine sinnvolle Entscheidung sein.

Bei einer solchen Tauchveranstaltung sollte der Organisator bestimmte Anforderungen an die Tauchgangsteilnehmer stellen. Diese Voraussetzungen sollten dabei die taucherischen Fähigkeiten und die verwendete Ausrüstung betreffen. Die Ausrüstung sollte den Ausrüstungsempfehlungen für Kaltwassertauchgänge genügen. Das betrifft insbesondere die Verwendung von zwei separaten und getrennt absperrbaren kaltwassertauglichen Atemreglern und die Anforderungen an eine geeignete Kälteschutzausrüstung. Bei der verwendeten Atemluft ist die Einhaltung der maximalen Feuchte wichtig, da sie einen wesentlichen Einfluss auf das Vereisungsverhalten von Atemreglern hat. Hinsichtlich der Eckdaten für die Tauchgangsplanung sollten keine erhöhten Ansprüche an die Tauchgänge gestellt werden. Dies gilt insbesondere bezüglich der Dekompression, d. h. es sollte ein Nullzeittauchgang geplant werden. Alle Mittaucher werden auf die Gefahren der Kälte hinsichtlich Unterkühlung, erhöhtem Luftverbrauch und verkürzten Nullzeiten hingewiesen. Die Ausarbeitung eines Notfall- bzw. Rettungsplans ist ebenfalls eine wichtige Aufgabe des Organisators. Dieser Plan sollte an alle Teilnehmer vorab weitergegeben werden.

Die nicht tauchenden Teilnehmer können bei der Veranstaltung einen Oberflächensupport bereitstellen. Es sollten warme, alkoholfreie Getränke bereitgestellt und für eine windgeschützte Umkleidemöglichkeit gesorgt werden. Speziell für Nass- und Halbtrockentaucher sollte warmes Wasser zur Verfügung gestellt werden.

4.12 Entstehung von Gezeiten

Mit Gezeiten (Tiden) bezeichnet man periodische Wasserstandsschwankungen der Ozeane.
Die Entstehung von Ebbe und Flut lässt sich durch die Beziehung von Mond und Erde erklären. Beide Himmelskörper bilden ein System mit einem gemeinsamen Schwerpunkt. Mond und Erde kreisen dabei beide um den gemeinsamen Systemschwerpunkt. Da die Masse der Erde deutlich größer als die des Mondes ist, befindet sich dieser Schwerpunkt im Inneren der Erde. Die Erde führt diese Bewegung um den gemeinsamen Systemschwerpunkt aus, wodurch eine Beschleunigung und eine Fliehkraft auf jeden einzelnen Punkt der Erde wirken. Diese Fliehkraft ist parallel zur Verbindungslinie vom Erdmittelpunkt zum Mondmittelpunkt gerichtet, vom Mond wegweisend. Die Gravitation des Mondes erzeugt eine entgegengesetzte Beschleunigung. Das Gravitationsfeld des Mondes wirkt dabei nicht auf jeden Punkt der Erde gleich. Auf der mondnahen Seite der Erde ist die Gravitation stärker als die in die Erde gewandte Fliehkraft, daraus ergibt sich ein Flutberg. Auf der mondabgewandten Seite ist die Fliehkraft stärker als die Mondgravitation, wodurch sich ein zweiter, etwas kleinerer Flutberg bildet.

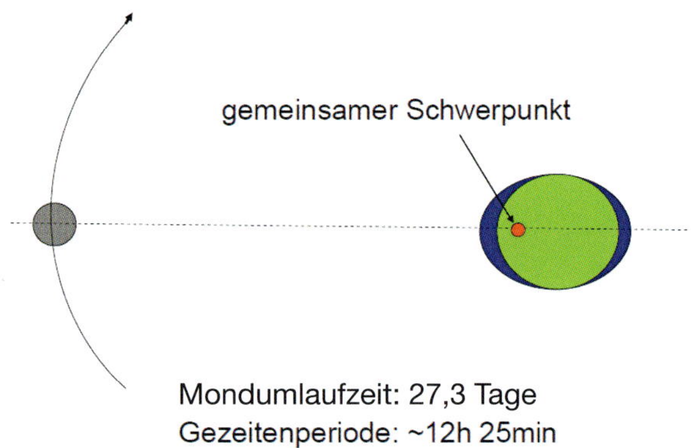

Gezeitenkräfte im System Erde-Mond

Addiert man all diese Kräfte unter Berücksichtigung der Richtung, erhält man die Gezeitenkräfte. Die Bewegung der Wassermassen bewirkt, bezogen auf einen bestimmten Ort, ein periodisches Zunehmen und Abnehmen des Wasserstandes. Der Zustand und Zeitpunkt des höchsten Wasserstandes heißt Hochwasser, der Zustand und Zeitpunkt des niedrigsten Wasserstandes heißt Niedrigwasser. Da zu

diesen beiden Zeitpunkten die Richtung der Wasserbewegung wechselt, bewegt sich das Wasser dann nicht und es herrscht Gezeitenstillstand.
Die Zeiträume zwischen Hoch- und Niedrigwasser werden als Ebbe, die Zeiträume zwischen Niedrig- und Hochwasser als Flut bezeichnet. Die Flut ist also der Zustand des auflaufenden Wassers und die Ebbe der Zustand des ablaufenden Wassers.
Nicht nur der Mond, sondern auch die Sonne wirken mit ihrer Anziehungskraft auf die Erde ein und beeinflussen die Gezeiten. Steht die Sonne in gleicher Richtung zur Erde wie der Mond oder genau gegenüber, so verstärkt sie die beiden Flutberge auf der zugewandten und abgewandten Seite der Erde. Steht die Sonne dagegen im rechten Winkel zur Achse Mond–Erde, so heben sich die Anziehungskräfte wieder teilweise auf, und die beiden Flutberge sind weniger stark ausgeprägt.
Da sich die Stellungen von Mond und Sonne relativ zur Erde ändern, sind aufeinander folgende Hoch- und Niedrigwasserhöhen unterschiedlich ausgeprägt. Der zeitliche Verlauf des Wasserstandes zwischen Niedrigwasser, Hochwasser und darauf folgendem Niedrigwasser ergibt die Tidenkurve, die Zeit von einem Niedrigwasser zum nachfolgenden Niedrigwasser ist die Tide. Den Mittelwert aus Tidenanstieg und Tidenfall bezeichnet man als Tidenhub.
Wenn die Flutberge durch die gleichgerichteten Anziehungskräfte von Mond und Sonne besonders hoch sind, so wird dies auch als Springtide bezeichnet, der Tidenhub ist dann am höchsten. Wirken hingegen die Anziehungskräfte von Sonne und Mond in genau unterschiedliche Richtungen, so ist der Tidenhub am geringsten. Dies wird als Nipptide bezeichnet.

4.13 Wracktauchen

Das Tauchen in Wracks ist besonders attraktiv und vergleichbar mit dem Tauchen in Meeresgrotten. Wracks werden von vielen Lebewesen bewohnt, sind in der Regel schön bewachsen, haben verschiedenste Formen und eine geheimnisvolle Atmosphäre. Sie geben dem Taucher ein Gefühl des Entdeckens. Gerade die Historie von Wracks ist oft sehr interessant. Allerdings birgt das Tauchen in Wracks auch Risiken. Daher ist eine besondere Ausbildung für das Tauchen in Wracks notwendig. Diese wird in dem Spezialkurs »Wracktauchen« vermittelt.

Kriterien und Voraussetzungen für betauchbare Wracks

- Anhand von Skizzen wird ein Überblick über das Wrack gewonnen.
- Es werden möglichst Nullzeittauchgänge durchgeführt.
- Der Ausgang kann jederzeit gesehen und schnell wieder erreicht werden. Die Stabilität der Wrackteile muss gewährleistet sein.

- Innenräume mit Verzweigungen scheiden für den Tauchgang aus.
- Möglichst bei keiner oder nur geringer Strömung tauchen.
- Nur bei guter Sicht tauchen.

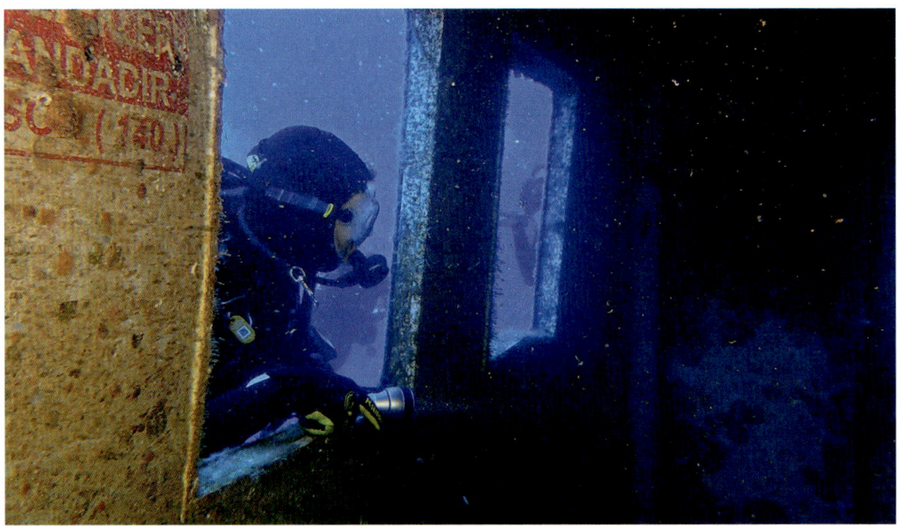

Wracktauchen

Auffinden von Wracks, Informationsbeschaffung

- Seekarte, eingezeichnete Wracks und Untiefen.
- Skizzen.
- Peilungen mit Landmarken.
- Literatur, z. B. in Tauchzeitschriften, Tauchführern, aber auch Berichte über versunkene Schiffe.
- Fischer.
- Tauchbasen, andere Tauchboote.
- Suche mit Echolot, Sonar, Lotblei neben Peilungen.
- Besondere Vorkommnisse, Netzverluste, Angler.
- Lage, Material, Stabilität, Aufbauten, Öffnungen, Fischernetze, Leinen direkt am Wrack oder im nahen Umkreis, gefährliche Ladung.

Handhabung eines Echolots

- Vorbereitung des Ankers und ggf. der Boje.
- Annäherung an das Wrack auf einer Peillinie.
- Beobachtung des Echolots bzw. des Echografen müssen berücksichtigt werden.

- Bei Anzeige einer deutlichen Tiefenverringerung werden der Anker bzw. die Boje geworfen.

Tauchgangsplanung und -vorbereitung

- Auswahl des Wracks nach Tiefe, Überschaubarkeit, Strömung und Sicht.
- Wrack nicht wählen, wenn schon vorher andere Gruppen darin waren und dadurch die Sicht beeinträchtigt ist.
- Der Bootsführer ist für den gesamten Ablauf verantwortlich. Deshalb ist seinen Anweisungen Folge zu leisten.
- Wracktauchgänge sind meistens Tauchgänge mit Rechteckprofil. Dadurch kann anhand der Dekotabelle eine genaue Tauchgangsplanung erstellt werden, die die Dekodaten und die Luftverbrauchsdaten berücksichtigt.
- Der erste TG an einem Wrack ist ein Informationstauchgang!
- Nicht bei Nacht oder starker Strömung tauchen. Nicht in das Innere des Wracks tauchen, wenn nicht der Ausgang jederzeit gesehen und erreicht werden kann.

Kriterien für die Auswahl der Taucher

- Ausreichende Erfahrung.
- Nur ein Wracktauchanfänger je Gruppe.
- Sicherer Umgang mit der Tauchausrüstung.
- Nachttaucherfahrung, da dies dem Wracktauchen in manchen Punkten ähnelt.
- Keine Taucher mit Risikosucht, Selbstüberschätzung, Unwohlsein, Angst, Klaustrophobie.
- Maximal drei, besser zwei Taucher pro Gruppe.
- Bei mehreren Gruppen darauf achten, dass die Sicht durch vorhergehende Gruppen nicht beeinträchtigt wird (Sedimentaufwirbelung).

Tauchgangsvorbesprechung

- Vorstellung des Wracks, Zustand des Schiffskörpers, Historie.
- Name, Typ, Aufgaben.
- Tiefe.
- Lage (Achsen, Himmelsrichtung, Steuerbord, Backbord, Größe, Länge).
- Skizze (Bug, Ankerposition, Heck ggf. mit Schraube, Aufbauten wie Ruderhaus, einzeln liegende Schiffsteile, sehenswerte Details eines Tauchgangs, Wrackbewohner) Richtung der zu erwartenden Strömung.
- Gefahrenpunkte.
- Geplante Tauchroute, Grenzen der gefahrlos zu betauchenden Bereiche.
- Überprüfung des Ankersitzes durch erste Gruppe.
- Planung des Tauchgangs hinsichtlich Nullzeit, Dekompression, Luftverbrauch.

- Abfrage des Wohlbefindens, der Fitness und der Nullzeit aller Taucher im Hinblick auf die besondere Situation.
- Verhalten beim Abstieg an der Leine, wenn eine andere Gruppe auftaucht (Rechtsverkehr).
- Verhalten der eigenen Gruppe beim Sicherheitsstopp oder bei Austauchpausen.
- Auf Anzeichen eines Tiefenrauschs achten und Maßnahmen ansprechen.
- Handhabung des Kompasses insbesondere wegen Ablenkung durch Metall am Wrack.

Für Licht und Luft gilt die **Drittelregel**:
- Ein Drittel für den Hinweg, ein Drittel für den Rückweg, ein Drittel als Reserve (also nicht bis an die 50-bar-Grenze tauchen!).
- Tauchzeit entsprechend planen und einhalten.

Wracktauchausrüstung

Licht
- Bei Wracktauchgängen unverzichtbar!
- Geeignete Unterwasserlampen mit ausreichender Brenndauer (geplante Tauchzeit plus Sicherheitsreserve) und Leistung.
- Eine Lampe pro Taucher, mindestens eine Reservelampe pro Gruppe.
- Notlicht / Blitzer, da durch nicht vorhersehbare Ereignisse wie z. B. Sedimentaufwirbelung die Sichtweite drastisch verringert werden kann.

Luftvorrat
Wracktauchgänge sind Tauchgänge mit erhöhtem Schwierigkeitsgrad. Extremtauchgänge kommen für uns Sporttaucher nicht infrage. Der Luftvorrat ist ausreichend zu bemessen (Drittelregelung)! Unverzichtbar ist ein zweiter Atemregler, besser sind zwei separate Atemregler an einzeln absperrbaren Ventilen.
Nur so führt ein leichter Zwischenfall wie z. B. ein abblasender Atemregler nicht zu einer Notsituation. Bevor in ein Wrack hineingetaucht wird, sollte man sich des Risikos bewusst sein!
Zur Wracktauchausrüstung gehören unbedingt ein Messer, eine Schere oder ein anderes Schneidwerkzeug, da mit Netzen und Leinen zu rechnen ist. Zur Sicherheit gehört auch eine Boje mit Spool, um beim Auftauchen im freien Wasser die Position zu markieren.
Eine Schreibtafel ist nicht nur ein Hilfsmittel zur eindeutigen Übermittlung einer Anweisung oder Nachricht, sondern dient auch der Dokumentation von Daten zur

Reproduzierbarkeit des Tauchgangs. Sie kann auch eine Skizze des Wracks zur Orientierung aufnehmen.
Die Materialbefestigung erfolgt so, dass alle Ausrüstungsteile und Schläuche eng am Körper getragen und ggf. mit Halterungen befestigt werden! Herumbaumelnde Ausrüstungsteile, z. B. Konsolen, können hängenbleiben, abreißen, das Wrack beschädigen oder Sediment aufwirbeln.
Die Instrumente sollten groß, übersichtlich und möglichst nachleuchtend sein. Tauchcomputer mit leuchtendem Display können auch ohne Lampe abgelesen werden.
Konsolen sind ungeeignet, da sie erst ergriffen werden müssen, was auf engem Raum oft nicht möglich ist oder zu Berührungen der Wände oder des Bodens führt. Konsolen bilden oft den tiefsten Punkt des Tauchers und schleifen am Grund. Sinnvoll ist daher das Tragen der Instrumente am Arm oder auf dem Handrücken.
Kurze Flossen bieten den Vorteil, wendiger zu sein und weniger Sediment aufzuwirbeln! Um dies zu erreichen, empfiehlt sich ein Flossenschlag bei angewinkelten Beinen aus dem Fußgelenk heraus (Froschkick). Handschuhe gehören auch in wärmeren Gewässern zur Schutzausrüstung, um Verletzungen zu verhindern.
Besonders bei Wracktauchgängen spielen die korrekte Tarierung und Bleimenge eine große Rolle, denn eine zu hohe Bleimenge führt zu einer Volumenzunahme, geringerer Wendigkeit, schräger Lage mit verstärkter Sedimentaufwirbelung und Essoufflementgefahr. Das Jacket sollte genügend Auftriebsvolumen haben.
Weitere Zusatzausrüstung wie vollständig getrennte Atemsysteme, Sicherungsleine und Verbindungsleine oder doppelte Ausrüstungsteile wären für weitergehende Wrackerforschungen (Hineintauchen) erforderlich. Solche Tauchgänge würden die Grenzen des Sporttauchens überschreiten und sind daher tabu!
Es wird nur so weit in Wrackräume hineingetaucht, dass jederzeit der Ausgang sichtbar und problemlos erreichbar ist.

Veränderte Bedingungen, Probleme und Gefahren

- Beim Tauchen in Innenräume: Fehlendes Tageslicht, daher ist wie beim Nachttauchgang eine Lampe erforderlich.
- Auftauchen ist nicht an jeder Stelle möglich.
- Erhöhte innere Anspannung oder psychische Belastung aufgrund der Enge.
- Erhöhte Verletzungsgefahr und Gefahr des Hängenbleibens aufgrund der Enge.
- Gefahren am Wrack durch überhängende Teile, Taue, Netze, scharfkantige Metallteile (Schnittverletzungen), den Anker und die Ankerkette.
- Bei nicht ausreichendem Abstand vom Boden oder falschem Flossenschlag Sichtverschlechterung durch Sedimentaufwirbelungen mit der Folge, dass der Ausgang nicht mehr gesehen oder wiedergefunden werden kann.

- Durch die Tiefe und das Rechtecktauchprofil gelangt die Tauchgruppe schnell in Dekompressionspflicht. Außerdem erhöhtes Risiko von Essoufflement und Tiefenrausch.
- Orientierungsverlust, da der Kompass durch Metallteile des Wracks abgelenkt werden kann. In ausreichendem Abstand vom Wrack zeigt der Kompass jedoch wieder richtig an.
- Es besteht die Gefahr des Abtreibens, wenn ein freier Aufstieg durchgeführt wird. Daher früh genug zum Anker zurücktauchen und den Tauchgang in Ankernähe bis zum Aufstieg weiterführen.

Ankern und Lösen des Ankers

Der Vorteil des Ankerns beim Wracktauchen ist, dass so ein gefahrloses Ab- und Auftauchen auch bei Strömung möglich ist. Der Nachteil des Ankerns ist jedoch, dass Wracks beschädigt werden können, insbesondere durch mehrmalige Versuche bei nicht haltendem Anker. Wird der Anker hingegen in den Sand statt auf das Wrack geworfen, hält er eventuell nicht und wird ggf. durch das Schiff weggezogen. Beim Ankerwurf ist die erste Gruppe fertig zum Abtauchen (»Ankerfix«), um direkt nach dem Ankerwurf zum Anker zu tauchen. Der Schiffsführer muss dabei die Leine belastungsfrei halten. Die Ankergruppe muss darauf achten, dass bei aufkommendem Zug Schäden oder Verletzungen durch die Leine entstehen können und dass z. B. bei Wellengang oder Änderung der Strömungsrichtung die Leine durchscheuern kann. Es wird eine Zeit vereinbart, nach der die erste Gruppe bei falscher Ankerlage wieder auftaucht. Die erste Gruppe taucht zügig zum Anker, um dessen Position am Wrack zu überprüfen oder ihn ggf. neu zu positionieren. Liegt der Anker nicht gut, so taucht die erste Gruppe wieder auf, der Anker wird eingeholt, und es wird ein erneutes Ankermanöver gefahren. Liegt der Anker nicht am Wrack, blickt sich die Gruppe zunächst nach dem Wrack um, stellt eventuelle Schleifspuren des Ankers und deren Himmelsrichtung fest, um dies dann vor einem neuen Ankermanöver dem Schiffsführer zu berichten.

Nach abgesprochener Zeit tauchen dann die übrigen Gruppen ab. Die letzte Gruppe legt zum Ende ihres Tauchgangs den Anker dann so, dass er problemlos aufgeholt werden kann. Dazu wird die Ankerkette um eine Flunke gelegt (Bestimmung der letzten Gruppe durch Zeichen wie z. B. Verändern des Befestigungspunktes von Gegenständen wie z. B. Hebesack am Anker). Hierdurch kann der Anker nicht mehr halten, da sich die Flunken nicht mehr eingraben, sondern nach oben gezogen werden.

Lässt sich der Anker nicht problemlos wieder einholen, so kann es erforderlich werden, dass eine Tauchgruppe nochmals hinabtaucht, um ihn zu lösen. Dies kann eine frühe Dekompressionspflicht zur Folge haben, weil dies ja bereits der zweite

Abstieg ist. Es tauchen immer zwei Taucher am Anker. Dieser wird von der freien Seite angetaucht, d.h. gegenüber der Ankerkette, insbesondere dann, wenn Zug auf der Leine ist. Nach einer vereinbarten Zeit lockert der Schiffsführer die Spannung der Leine (Achtung, es kann jederzeit unvorhersehbar wieder eine größere Spannung auftreten).

Tauchen an Wracks mit Boje (statt vom geankerten Boot)

Der Vorteil des Wracktauchens ohne Ankern ist, dass die Wracks nicht zerstört werden und dass ein mehrmaliges Anfahren mit dem Schiff und ein leichtes Versetzen des Bojenankers möglich sind, ohne dass das Schiff dabei Zug ausübt. Dadurch werden erneute Ankermanöver vermieden. Nachteilig ist hingegen, dass man sich nicht an der Leine festhalten kann und beim Wiedereinholen der Gruppen die Gefahr des Überfahrens besteht. Gegen eine Strömung muss angeschwommen werden, da ein Festhalten nicht möglich ist.

Zum Setzen der Boje wird beim Erreichen der Wrackposition die Boje mit schlaufenfreier Leine und Grundgewicht, eventuell auch mit einem leichten Anker, ins Wasser geworfen. Damit ist die Boje fixiert, und die Gruppen können sich auf dem nicht ankernden Boot in Ruhe vorbereiten.

Es sollten nur kleine Gruppen gebildet werden. Das Schiff fährt die Boje ständig zur Übergabe oder Aufnahme der Tauchgruppen erneut an. Da die Tauchgruppe die unter Umständen dünne Bojenleine wiederfinden muss, sollte besser eine Markierung am Grundgewicht gesetzt werden.

Kommt eine auftauchende Gruppe nicht an der Boje hoch, so wird eine Strömungsboje gesetzt und alle Gruppenmitglieder tauchen an der Boje auf.

Bewährt hat sich als Grundgewicht ein Anker, an dem ein kleiner Hebesack befestigt wird. Die letzte Gruppe gibt dann so viel Luft in den Hebesack, dass der Anker zwar noch liegen bleibt, aber anschließend mit der Boje leicht, ohne Anstrengung und ohne die Gefahr des erneuten Verhakens am Wrack hochgeholt werden kann. Durch die Volumenvergrößerung im Hebesack ist beim Hochziehen dann kaum Kraft erforderlich.

Hilfsmittel für die Orientierung

- Schon beim Abtauchen sollte man sich einen groben Überblick über das Wrack und die Lage des Wracks (Himmelsrichtung) verschaffen. Ein Vergleich mit der Skizze aus dem Briefing ist sinnvoll.
- Strömungsrichtung zur Orientierung nutzen (Vorsicht bei Wechsel).
- Ankerleine, Ankertiefe, Umgebung und Aufbauten am Anker.
- Sonne.
- Ausrichtung der Fische.

- Schreibtafel zur Skizzierung des Wracks und des Tauchkurses.
- Einprägen der Aufbauten und markanter Punkte.
- Eine grobe Orientierung mit dem Kompass ist in der Regel nur in einem gewissen Abstand vom Wrack möglich (z. B. einige Meter darüber).

Verhalten an Wracks und Sicherheitsvorkehrungen

- Tauchgänge sollten zügig nach dem Ankern durchgeführt werden, insbesondere wenn es mehrere Tauchgruppen gibt.
- Wegen etwaiger Strömung sollte der Weg vom Einsprung bis zur Ankerleine schnell zurückgelegt werden.
- Mehrere Gruppen können gleichzeitig zwei Abstiegszonen neben der Leine nutzen.
- Schon beim Abtauchen Kompasspeilung nehmen.
- Zügig abtauchen, bei Bedarf mit Anfassen der Ankerleine (schnellste Möglichkeit, um auf Tiefe zu kommen und das Wrack zu finden).
- Beim Abstieg an der Leine rechts halten, wenn eine andere Gruppe auftaucht.
- Jede Gruppe sollte den Ankersitz kontrollieren.
- Auf Anker und Kette achten (Verletzungsgefahr).
- Bei Strömung und Seegang besteht die Gefahr des Abscherens der Ankerleine, wenn sie an Metallteilen entlang schleifen kann (Lage korrigieren).
- Guter Gruppenzusammenhalt, dicht zusammenbleiben, häufiger Blickkontakt.
- UW-Zeichen im Lampenschein durch Anstrahlen der Hand geben.
- Beobachte deine Partner (Erkennen von Stress-Symptomen: unkontrollierte Bewegungen, Blasenschwall wegen hoher Ventilation, weit geöffnete Augen, Tiefenrauschrisiko).
- Bei Unruhe oder schlechter Sicht Handkontakt halten und Tauchgang beenden.
- Nur offen liegende Räume und Decks untersuchen, sodass ein gefahrloses Bewegen darin möglich ist.
- In Räumen ist ein häufiger Blick nach hinten sinnvoll (Ist der Ausgang noch zu sehen? Ist Sediment aufgewirbelt? Verlauf merken!).
- Richtig tarieren, d. h. kein Sediment aufwirbeln und nicht an die Decke stoßen.
- Nur die gerade notwendige Bleimenge ermöglicht eine waagerechte Körperlage.
- In Räumen: Flossenschlag nur soweit wie nötig, Abstand zum Boden – soweit möglich – halten (Sediment wird dadurch nicht aufgewirbelt, dass die Flossen in den Fußgelenken seitwärts bewegt werden).
- Kurze Flossen verwenden, keine Ausrüstungsteile herabhängen lassen.
- Tiefenänderungen in Räumen durch Änderung der Atemtiefe, nicht durch Flossenschlag vornehmen, ggf. mit Händen vorwärtsziehen.
- Ruhiges Tauchen, Berührungen wegen Verletzungsgefahr vermeiden.

- Besonders sorgfältig und regelmäßig Tauchzeit, Tiefe, Luftvorrat, Restnullzeit und Lampenbrenndauer kontrollieren.
- Die letzte Gruppe löst den Anker bzw. die Boje. Dazu Gruppe ca. 3–5 m höher an der Leine parken, Kettenschlag um Ankerflunke, ggf. muss Schiff (nach Absprache) dazu vorausfahren, um Leine zu entlasten. Bei Bojenverwendung ggf. Gewicht einstecken, aufwickeln, freilegen.
- Verhalten der eigenen Gruppe beim Sicherheitsstopp oder bei Austauchpausen überprüfen.

Notfallplanung

- Sicherheitsgruppe vom Boot beobachtet das Tauchgebiet und die Luftblasen.
- Bei Schlauchbootbetrieb auf Luftblasen achten und Tauchgebiet meiden.
- Im Notfall z. B. Motor aufheulen lassen als Signal zum Austauchen (vorherige Absprache!).
- Beim geankerten Boot eine Strömungsleine und eine Dekoflasche ausbringen.
- Ein Beiboot sollte einsatzbereit sein. Sonst ggf. das Tauchboot selbst losmachen zum Einholen von Gruppen.
- Auftauchende Gruppen geben OK-Zeichen. Sonst wird vom Notfall ausgegangen.
- Abtreibende Gruppen ohne OK werden vom Schlauchboot eingeholt.
- Bei freiem Aufstieg gegen die Oberflächenströmung vorhalten (Kompass).
- Nicht am Anker oder an der Boje auftauchende Gruppen setzen die Signalboje.
- Bei Bojenbenutzung nur vorsichtig mit dem Schiff zur Gruppenaufnahme annähern. Auf Luftblasen und Signalbojen achten.

4.14 Tauchen in Meeresgrotten

Das Tauchen in Meeresgrotten ist ähnlich interessant wie das Tauchen in Wracks. Durch die besonderen Rahmenbedingungen einer Grotte finden sich dort ein anderer Bewuchs, besondere Bewohner und interessante Formen. Das Tauchen in Meeresgrotten ist mit einem Hauch von Abenteuer und einer geheimnisvollen Atmosphäre verbunden. Taucher haben das Gefühl des Entdeckens. Da in einer Meeresgrotte nicht direkt aufgetaucht werden kann, ist ein Tauchgang auch mit gewissen Risiken verbunden und bedarf einer speziellen Ausbildung, die im Spezialkurs »Tauchen in Meeresgrotten« vermittelt wird.

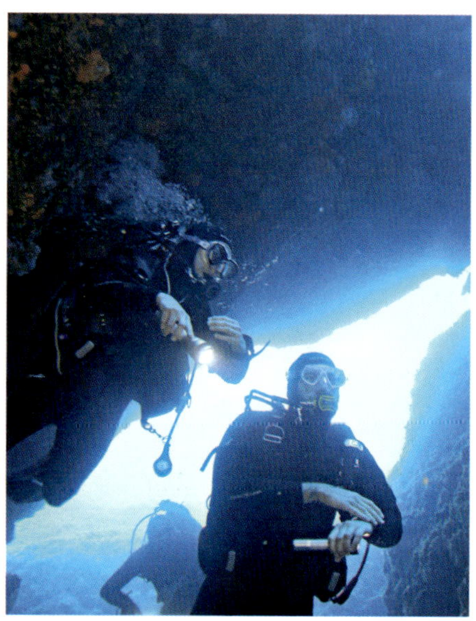

Tauchen in einer Meeresgrotte

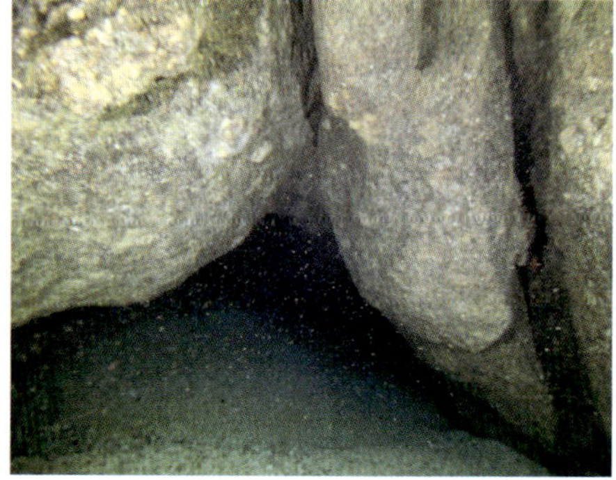

Felsgrotte

Es gibt viele Arten von Grotten. Korallengrotten finden sich in lebenden Korallenriffen und sind meist nicht sehr groß. Felsgrotten sind durch die Gezeiten und Auswaschungen entlang der Meeresküste geformte Grotten. Lavagrotten wurden durch vulkanische Aktivitäten geformt. Karstgrotten entstehen durch Auswaschung von Kalk in Karstregionen.

Manche Grotten können auch eine Öffnung zur Wasseroberfläche haben, sodass ein Auftauchen möglich ist. Bei einer Sackgrotte hingegen befinden sich Eingang und Grotte völlig unter Wasser, und in manchen Sackgrotten gibt es sogar Luftkuppeln, in denen man auftauchen kann. Hat eine Grotte zwei Eingänge in ähnlicher Tiefe, so wird sie als Horizontaltunnel bezeichnet, bei zwei Eingängen in unterschiedlicher Tiefe als Vertikaltunnel.

Je nach Beschaffenheit des Bodens einer Grotte kann mehr oder weniger Sediment aufgewirbelt werden und die Sicht verschlechtern. Optimal ist ein Felsboden, da hier kaum Sediment vorhanden ist. Auch Kiesel haben diese Eigenschaft. Bei Sandboden hingegen ist eine Aufwirbelung leicht möglich, daher ist hier entsprechend Abstand zum Boden zu halten. Ist der Boden mit Mulm bedeckt, so kann je nach Höhe der Grotte dort eventuell überhaupt nicht getaucht werden, da die fast unvermeidbare Aufwirbelung die Sicht zum Ausgang verdeckt.

Da bei Grotten mit Luftkuppel das Gas in der Luftkammer möglicherweise giftige Bestandteile enthalten kann, darf der Atemregler nur dann herausgenommen wer-

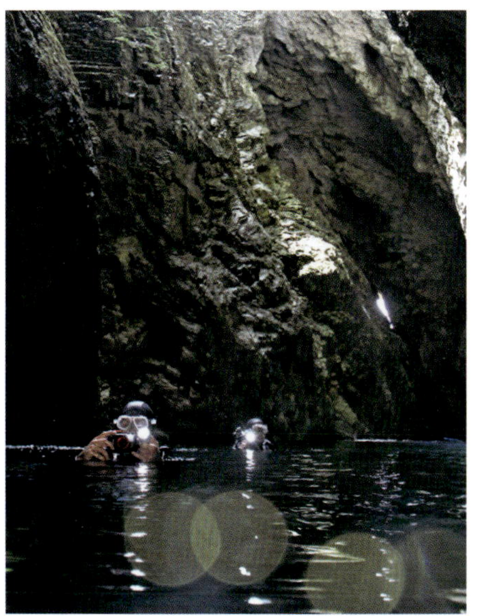

Grotte mit Öffnung zur Oberfläche

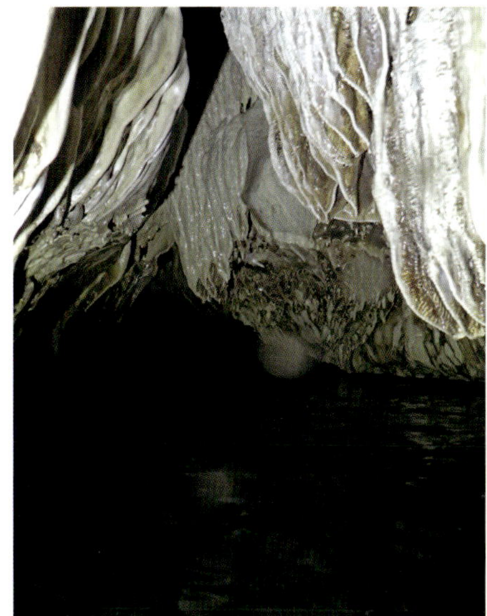

Grotte mit Luftkuppel

den, wenn sichergestellt ist, dass es sich um Frischluft handelt. Das erkennt man entweder an Öffnungen über der Luftkammer oder man erhält die entsprechende Information zum Beispiel von der Tauchbasis.

In manchen Meeresgrotten muss mit Zufluss von Süßwasser gerechnet werden. Süßwasser hat eine geringere Dichte als Salzwasser und steht daher zunächst über einer meistens klar erkennbaren Trennschicht auf dem Salzwasser. Beim Durchtauchen eines solchen zunächst stabilen Systems kommt es durch die Bewegung der Taucher zu einer Verwirbelung und Durchmischung von Süß- und Salzwasser. Dadurch bilden sich Schlieren, die die Sichtweite deutlich herabsetzen können. Wenn dieser Effekt in einer zu betauchenden Grotte bekannt ist, muss bei der Vorbesprechung hierauf hingewiesen werden, damit die Taucher nicht unvorbereitet mit dem Effekt konfrontiert werden und entsprechend auf ihn reagieren können.

Kriterien für betauchbare Grotten

Prinzipiell können alle genannten Arten von Grotten bei übersichtlichem Grottenverlauf und unter Beachtung des Grottenuntergrunds betaucht werden. Mulmiger Boden kann eventuell das Betauchen verbieten. Der Grotteneingang darf nicht tiefer als 40 m liegen und auch bei dieser Tiefe sollten die Taucher sehr erfahren sein. Im Normalfall ist eine Tauchtiefe von maximal 30 m anzustreben. Tauchtiefe und Grottenlänge dürfen zusammen nicht mehr als 60 m betragen. Jedoch kön-

nen auch Grotten in 5 m Tiefe und z. B. 15 m Länge gefährlich und daher für das Sporttauchen nicht geeignet sein.
Gezeiten, Seegang oder Strömungen können sich auch in tiefer gelegenen Grotten in Form von Wasserbewegung bemerkbar machen und müssen daher berücksichtigt werden. Es werden keine Tauchgänge in Meeresgrotten bei starkem Wellengang oder bei Strömung unternommen. Auch Nachttauchgänge finden nicht in Meeresgrotten statt. Voraussetzung ist immer eine gute Sicht.
Tauchgänge in Meeresgrotten sind immer so zu planen, dass sie Nullzeittauchgänge sind.

Veränderte Bedingungen, Probleme und Gefahren

- Fehlendes Tageslicht, daher sind wie beim Nachttauchgang eine Lampe und eine Reservelampe erforderlich. Nachttaucherfahrung ist sinnvoll!
- Auftauchen ist nicht ohne Weiteres möglich.
- Der Weg zur Oberfläche wird durch die Länge der Grotte verlängert.
- Erhöhte innere Anspannung oder psychische Belastung können wegen der Enge und des Gefühls, umschlossen zu sein, auftreten.
- Erhöhte Verletzungsgefahr und Gefahr des Hängenbleibens wegen der Enge.
- Bei nicht ausreichendem Abstand vom Boden oder falschem Flossenschlag kommt es zur Sichtverschlechterung durch Sedimentaufwirbelungen. In der Folge kann der Ausgang nicht mehr gesehen oder wiedergefunden werden.
- Unter Umständen schlieriges Wasser oder Sprungschichten durch Süßwasserzufluss oder auch durch starke Temperaturunterschiede verschiedener Wasserschichten.

Ausrüstung und Ausrüstungskonfiguration

Für das Sporttauchen in Meeresgrotten ist (im Unterschied zum Höhlentauchen) eine normale Sporttaucherausrüstung mit alternativer Atemgasversorgung entweder als Oktopus oder besser mit zwei getrennten Atemreglern an separaten Ventilen ausreichend. Wenn Geräte mit zwei Ventilen verwendet werden, müssen beide Ventile mit Atemreglern versehen werden! So kann verhindert werden, dass ein Luftverlust über ein durch Anstoßen an der Grottendecke versehentlich geöffnetes Ventil auftritt.
Der Hauptatemregler sollte einen Mitteldruckschlauch mit einer Länge von mehr als 1,50 m haben. Besser sind 1,80 m oder 2,10 m.
Sämtliche Ausrüstungsteile (insbesondere Unterwasser-Manometer oder lange Schläuche) müssen körpernah und gut erreichbar fixiert sein, damit sie nicht hängenbleiben. Beim Grottentauchen müssen alle Systeme optimal positioniert sein, und unnötige Ausrüstungsteile müssen weggelassen werden. Um eventuell weniger

Sediment aufzuwirbeln und um wendiger zu sein, sollten keine zu langen Flossen verwendet werden.
Wichtig ist eine gute Tarierung mit der richtigen Bleimenge, denn bei zu hoher Bleimenge nimmt das Jacketvolumen zu. Das führt zu einer geringeren Wendigkeit und zu einer schrägen Lage mit verstärkter Sedimentaufwirbelung.
Instrumente sollten nachleuchtend, groß und übersichtlich sein und möglichst am Arm getragen werden. Konsolen sind ungeeignet, da sie erst ergriffen werden müssen, was auf engem Raum oft nicht möglich ist oder zu Berührungen der Wände oder des Bodens führt. Konsolen bilden oft den tiefsten Punkt des Tauchers und schleifen am Grund.
Jeder Taucher führt mindestens eine Lampe mit ausreichender Brenndauer mit, die geladen ist und direkt vor dem Tauchgang auf Funktion geprüft werden muss. Für die Brenndauer gilt, bezogen auf das Tauchen in der Grotte, die Drittelregel. Bei einem Drittel für den Hinweg, einem Drittel für den Rückweg und einem Drittel als Reserve muss sie mindestens das 1,5-fache der in der Grotte geplanten Tauchzeit betragen. Die Tauchgruppe führt eine zusätzliche Lampe als Reserve mit. Es gelten die gleichen Lampenzeichen wie beim Nachttauchen.
Auch für den Luftvorrat gilt hier die Drittelregel, d. h. ein Drittel für den Hinweg, ein Drittel für den Rückweg und ein Drittel als Reserve.
Weitere Zusatzausrüstung wie vollständig getrennte Atemsysteme, Sicherungsleine und Verbindungsleine sowie doppelte (redundante) Ausrüstungsteile wären für weitergehende Höhlentauchgänge erforderlich. Solche Tauchgänge würden aber die Grenzen des Sporttauchens überschreiten und sind daher tabu!

Sicherheit

Neben der beschriebenen Ausrüstung, deren Funktion und Vollständigkeit vor dem Tauchgang überprüft wird, sind die Ortskenntnis, ein ausführliches Briefing, der Ausbildungsstand der Taucher und die Gruppengröße wesentliche Voraussetzungen für einen sicheren Tauchgang.
Zusätzlich gilt grundsätzlich die Regel, dass jeder Taucher den Tauchgang zu jeder Zeit, aus jedem Grund und ohne sich rechtfertigen zu müssen abbrechen kann!

Planung, Vorbereitung und Durchführung der Tauchgänge

Die Auswahl des Tauchortes erfolgt unter Beachtung der Kriterien und Voraussetzungen für betauchbare Meeresgrotten.
Bei der Planung werden die Fahrzeit zum Tauchplatz, die Wetterverhältnisse, die Gruppenzusammensetzung und das Luftmanagement entsprechend dem vorgesehenen Tauchgang berücksichtigt.
Die direkte Vorbereitung besteht im Wesentlichen in einem ausführlichen Briefing,

in dem neben den normalen Inhalten eines Briefings (Tiefe, Zeit, Wohlbefinden, Ausrüstungscheck usw.) insbesondere die Besonderheiten beim Betauchen einer Grotte angesprochen werden müssen. Unabdingbar ist dabei eine genaue Erklärung der Grotte, möglichst mit einer Zeichnung. Dazu gehören die Tiefe der Grotte, die Tiefe und das Auffinden des Eingangs, Erkennungspunkte, Breite und Verlauf der Grotte, Gefahrenpunkte (z. B. Engstellen, Verzweigungen), Grenzen und die zu erwartende Tier- und Pflanzenwelt.

Die Gruppeneinteilung erfolgt entsprechend der Erfahrung der Taucher. Eventuell werden Untergruppen gebildet, die nacheinander in die Grotte tauchen. Dabei ist aber zu beachten, dass eine Grotte nur nach einer anderen Gruppe betaucht werden kann, wenn die Sicht es zulässt. Speziell anzusprechen ist auch das Verhalten bei Druckausgleichproblemen und bei Notfallsituationen sowie die Nutzung der Lampen mit entsprechenden Lampensignalen.

Vor dem Eintauchen in die Grotte erfolgt eine Berechnung der nötigen Luft mit Festlegung des Umkehrpunktes. Während des Tauchgangs und insbesondere in der Grotte ist daher auf die Kontrolle des Flaschendrucks aller Gruppenmitglieder zu achten! In der Grotte ist auf die Drittelregel zu achten.

Auswahl der Taucher

- Der Taucher muss ausreichend erfahren sein.
- Nur ein Grottentauchanfänger pro Gruppe ist gestattet.
- Sichere Ausstrahlung ist von Vorteil.
- Nachttaucherfahrung ist von Vorteil.
- Keine Taucher mit Risikosucht, Selbstüberschätzung, Unwohlsein, Angst oder Klaustrophobie sollten dabei sein.
- Maximal drei, besser zwei Taucher pro Gruppe sind genug.
- Mehrere Gruppen dürfen nur hintereinander tauchen, und nur, wenn die Sicht nicht beeinträchtigt ist (Sedimentaufwirbelung).

Verhalten bzw. Tauchtechniken in Meeresgrotten

- Die Gruppe sollte dicht zusammenbleiben. Häufiger Blickkontakt ist hilfreich.
- UW-Zeichen ohne zu blenden durch Anstrahlen der Hand geben.
- Beobachte deine Partner (Erkennen von Stresssymptomen: unkontrollierte Bewegungen, Blasenschwall wegen hoher Ventilation, weit geöffnete Augen).
- Bei Unruhe oder schlechter Sicht Handkontakt halten und Tauchgang beenden.
- Häufiger Blick nach hinten zur Kontrolle, ob Sediment aufgewirbelt wurde und ob der Ausgang noch zu sehen ist.
- Merke dir den Verlauf der Grotte.
- Tariere richtig, ohne Sediment aufzuwirbeln und an die Decke zu stoßen.

- Nur die gerade notwendige Bleimenge ermöglicht eine waagerechte Körperlage.
- Flossenschlag nur soweit wie nötig ausführen. Falls möglich, mindestens 1 m Abstand zum Boden halten. Sedimentaufwirbelung wird verhindert, wenn die Flossen in den Fußgelenken seitwärts bewegt werden.
- Verwende kurze Flossen und lasse keine Ausrüstungsteile hängen.
- Tiefenänderungen in der Grotte sind durch Änderung der Atemtiefe, nicht durch Flossenschlag zu erzielen.
- Tauche ruhig und vermeide Berührungen.
- Kontrolliere regelmäßig Tauchzeit, Tiefe, Luftvorrat und Restnullzeit.

Naturschutz

Am Grotteneingang und im Inneren sind Besonderheiten hinsichtlich Flora und Fauna zu erwarten, je nach örtlichen Gegebenheiten zum Beispiel Langusten, Bärenkrebse, Garnelen, Gabeldorsche, Tonnenschnecken, Tritonshörner, Zylinderrosen, Schwämme, Krustenanemonen, Schraubensabellen, Korallen.
Gerade beim Tauchen in Meeresgrotten ist auf den besonderen Schutz von Fauna und Flora zu achten, da durch unvorsichtiges Tauchverhalten in gelegentlich engen Bereichen eine höhere Gefährdung besteht. Schädigungen des Grottenbewuchses sind insbesondere durch Berühren oder Anstoßen möglich. Daher sollte ein ausreichender Abstand von der Wand und vom Boden bestehen, bevor der Flossenschlag einsetzt. Hier können auch Handbewegungen hilfreich sein. Um Berührungen zu vermeiden, sollte der eigene Umfang einschließlich Tauchausrüstung richtig eingeschätzt werden. Bewegungen erfolgen langsam und kontrolliert. Durch zu viele Taucher können Grotten auch überlastet werden. Daher ist die Anzahl der Taucher an die Besonderheiten der Grotte anzupassen. Auch aufsteigende Luftblasen können zu Sedimentaufwirbelungen und Schädigungen des Bewuchses führen.

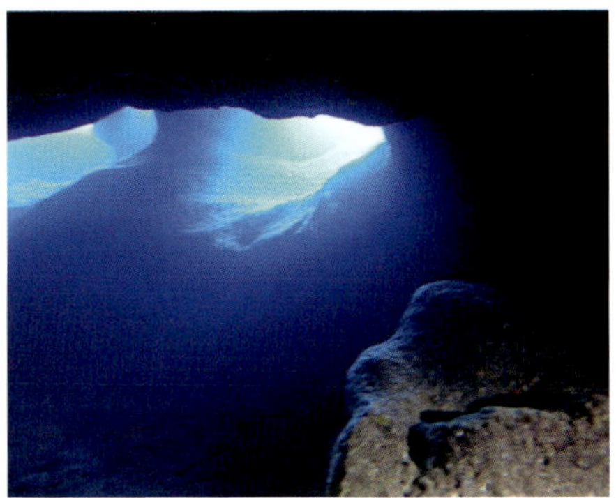

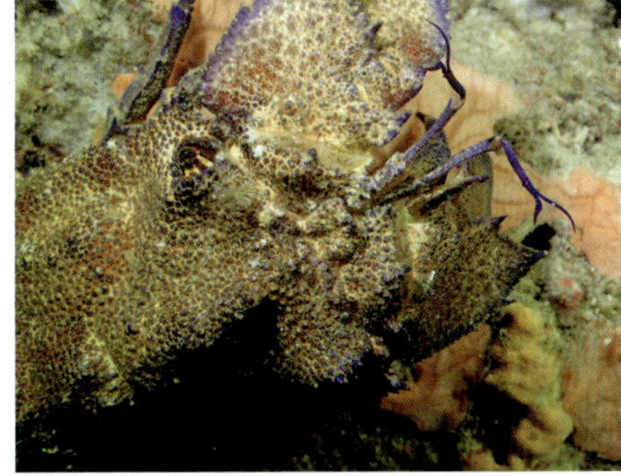

Grotteneingang mit Meerestieren

4.15 Tauchen mit Nitrox

Die Luft als Atemgas hat einen Stickstoffanteil von 78 %. Der Stickstoff ist zwar ein Inertgas und geht daher keine Verbindung im Körper ein. Er nimmt in dieser Form nicht an den Stoffwechselvorgängen teil und ist für die Atmung nicht erforderlich. Er verdünnt jedoch den Sauerstoff, sodass dieser nur einen Anteil von 21 % an der Einatemluft hat. Für das Tauchen ist der Stickstoff jedoch in mancher Beziehung von Nachteil, da er beim Überschreiten eines bestimmten Partialdrucks für den Tiefenrausch verantwortlich ist. Bei erhöhtem Umgebungsdruck wird der Stickstoff vermehrt in den verschiedenen Körpergeweben physikalisch gelöst, sodass beim Auftauchen je nach Tauchprofil längere Austauchpausen erforderlich werden. Um diese nachteiligen Effekte zu vermindern, liegt es nahe, den Stickstoffanteil in dem einzuatmenden Gasgemisch zu verringern. Dies kann nur erfolgen, indem der Anteil anderer Atemgase entsprechend erhöht wird. Der teilweise Ersatz von Stickstoff beispielsweise durch Helium ist durchaus möglich und wird im Spezialgebiet des Mischgastauchens mit »Trimix« praktiziert, geht aber auch mit hohen Kosten und einer speziellen Ausrüstung und Ausbildung einher. Einfacher, kostengünstiger und daher weit verbreitet ist jedoch der Teilersatz von Stickstoff durch Sauerstoff im Einatemgemisch. Ein solches Einatemgas mit einem höheren Sauerstoffanteil als in der normalen Atemluft wird als »Nitrox« bezeichnet (zusammengesetztes Wort aus Nitrogenium für Stickstoff und Oxygenium für Sauerstoff).
Die Bezeichnung des verwendeten Atemgases erfolgt durch das Anfügen des Sauerstoffanteils an das Wort NITROX. Bei einem Sauerstoffanteil von 32 % heißt das Gas also NITROX 32. Üblich ist aber auch die Bezeichnung EAN 32 (EAN ist die Abkürzung von Enriched Air Nitrox). Für die beiden weltweit gebräuchlichsten Gemische werden auch die Bezeichnungen NOAA I für EAN 32 und NOAA II für EAN 36 verwendet. Es gibt auch Nitrox-Gemische mit deutlich höheren Sauerstoffanteilen. In Deutschland ist jedes Gemisch mit mehr als 21 % Sauerstoff sicherheitstechnisch wie reiner Sauerstoff zu behandeln. In anderen Ländern sind spezielle Bestimmungen erst ab höheren Sauerstoffanteilen zu beachten.
Der Vorteil der Verwendung von Nitrox als Atemgas liegt in längeren Nullzeiten, geringerer Stickstoffbelastung, weniger Mikrogasblasen im Körper, reduzierter Tiefenrauschanfälligkeit und verkürzten Zeiten nach dem Tauchen bis zum Fliegen. Bei Anwendung der Austauchregeln für das Tauchen mit Luft bietet Nitrox also eine größere Sicherheit. Für größere Tiefen ist Nitrox jedoch nicht verwendbar, da entsprechend dem reduzierten Stickstoffanteil der Sauerstoffanteil umso höher ist. Neben der Tiefenbegrenzung durch den Stickstoffpartialdruck tritt beim Tauchen mit Nitrox nämlich die Tiefenbegrenzung durch den Sauerstoffpartialdruck in den Vordergrund, dessen Grenzwert 1,4 bar beträgt. Während dieser Grenzwert beim

Tauchen mit Luft erst bei 56 Metern Tiefe erreicht wird, wird er bei einem Sauerstoffanteil von 36 %, also $f_{O_2} = 0{,}36$, schon früher relevant.

$$p_{Umgeb.} = p_{O_2} / f_{O_2} = 1{,}4 \text{ bar} / 0{,}36 = 3{,}9 \text{ bar}$$

Die Grenze befindet sich also bei maximal 29 Metern Tauchtiefe. An vielen Tauchbasen wird zur Erhöhung der Sicherheit Nitrox mit einem Sauerstoffanteil von 28 % verwendet. Damit beträgt der maximal mögliche Umgebungsdruck 5 bar.

$$p_{Umgeb.} = p_{O_2} / f_{O_2} = 1{,}4 \text{ bar} / 0{,}28 = 5 \text{ bar}$$

Mit diesem Atemgas kann also die für das Sporttauchen geltende Maximaltiefe von 40 Metern erreicht werden.
Die so ermittelte maximale Tauchtiefe wird mit MOD für »Maximum Operation Depth« bezeichnet. Sie ist vor einem Tauchgang nach der Messung des individuellen Sauerstoffanteils im Tauchgerät von jedem Nitrox-Taucher zu ermitteln und festzuhalten.
Beim Tauchen mit Nitrox ist diese Tiefenbegrenzung strikt einzuhalten, da sonst aufgrund des erhöhten Sauerstoffanteils der kritische Partialdruck schon in geringeren Tiefen als beim Tauchen mit Luft überschritten wird. So droht eine Sauerstoffvergiftung mit Krampfanfällen, die ohne Vorankündigung auftreten kann.
Für das Tauchen mit Nitrox gelten auch je nach Sauerstoffanteil und landesspezifischen Bestimmungen besondere Sicherheitsbestimmungen zum Umgang mit dem Gas. Das betrifft beispielsweise die Reinhaltung der mit dem Gas in Verbindung kommenden Ausrüstungsteile, denn Sauerstoff in erhöhter Konzentration darf keinen Kontakt mit Fett, Staub und Feuer erhalten. Gegebenenfalls sind hierfür spezielle Ausrüstungsteile erforderlich.
Tauchen mit Nitrox begünstigt u. U. auch eine Hypothermie mit evtl. Folgen wie Konzentrationsverlust, schlechteren Reaktionszeiten, Orientierungsverlust, Beeinträchtigung des Kurzzeitgedächtnisses und der motorischen und psychischen Leistungsfähigkeit.
Wegen der beim Tauchen mit Nitrox zu beachtenden Besonderheiten erfordert die Verwendung auch eine spezielle Ausbildung, die im VDST mit dem DTSA Nitrox* erreicht wird. Hier kannst du die sichere Planung, Vorbereitung und Durchführung von Nitroxtauchgängen mit Gasgemischen, welche aus Stickstoff und Sauerstoff mit einem Sauerstoffanteil von maximal 40 % bestehen, erlernen. Nach dieser Ausbildung solltest du die besonderen Probleme und Gefahren bei Nitroxtauchgängen kennen, die richtige Ausrüstung für Nitroxtauchgänge zusammenstellen und beherrschen sowie sichere Tauchgänge innerhalb der geltenden Grenzen

durchführen können und die Vorsichtsregeln zum sicheren Umgang mit Nitrox und Sauerstoff verinnerlicht haben.

Wenn in deiner Tauchgruppe ein Taucher mit Nitrox taucht, ist darauf ausdrücklich hinzuweisen und vor dem Tauchgang die Nitrox-Ausrüstung zu erklären. Die Nitrox-Einstellung des Tauchcomputers ist zu prüfen, falls nicht die Einstellung für Luft verwendet wird. Ganz besonders ist auf die maximale Tauchtiefe (MOD) hinzuweisen. Diese ist von der gesamten Tauchgruppe streng einzuhalten. Der Sauerstoffpartialdruck von 1,4 bar darf nicht überschritten werden. Das Austauchverhalten richtet sich nach den Tauchern mit den längsten Austauchpausen, also nach den mit Luft tauchenden Mittauchern. Bei technischen Defekten oder anderen Zwischenfällen kann auch mit einem Nitrox-Taucher Wechselatmung mit Luft durchgeführt oder ihm ein Zweitatemregler mit Luft abgegeben werden.

GDL***/DTSA*** (CMAS***) – praktische Übungen

Im Schwimmbad bzw. im Freigewässer übst du mit deinem Tauchlehrer die für das DTSA*** vorgegebenen Übungen. Die jeweilgen Vorgaben dazu findest du in der aktuell gültigen DTSA-Ordnung.

Übungen mit ABC-Ausrüstung

0.1	60 Sekunden Zeittauchen unter stetiger Ortsveränderung (von etwa 10 Metern).
0.2	45 Meter Streckentauchen ohne Neopren oder 40 Meter Streckentauchen mit Neoprenjacke und -hose.
0.3	10 Meter Tieftauchen im Freiwasser.
0.4	60 Minuten Schnorcheln unter Zurücklegung einer Strecke von wenigstens 1.500 Metern, davon je 15 Minuten in Brustlage, Seitenlage, Rückenlage und mit einer Flosse oder der Nachweis Flossenschwimmabzeichen Gold nicht älter als 15 Monate
0.5	150 Meter Schnorcheln zu einem Gerätetaucher, der auf 7,5 Meter Tiefe liegt, Transportieren des Gerätetauchers an die Wasseroberfläche und 150 Meter an der Wasseroberfläche, je 50 Meter mit unterschiedlichen Transportgriffen.
0.6	Befestigen einer Leine mittels Palstek an einem Gegenstand, der auf 5 Meter Tiefe liegt.

Übungstauchgänge mit DTG-Ausrüstung

1.0	**Tauchgang: 20–40 Meter Tiefe / mindestens 15 Minuten Dauer / mindestens 2 Taucher und Tauchlehrer**
1.1	Als Gruppenführer Durchsetzen eines Abstandes aller Mittaucher zum Grund von 1 bis 2 Meter bei mehrfach wechselnden Tiefen, sodass kein Sediment aufgewirbelt wird.
1.2	Geschwindigkeitskontrolliertes Aufsteigen in waagerechter Lage aus 20 Meter Tiefe im freien Wasser bis auf 3 Meter Tiefe mit einem deutlichen Stopp auf 9 Meter Tiefe, einem Stopp von einer Minute auf 6 Meter Tiefe und von 3 Minuten auf 3 Meter Tiefe. Nachtarieren mit dem Mund ist zulässig. Die Benutzung der Flossen ist nur zur Stabilisierung der Wasserlage (Trimm) zulässig.

2.0	**Tauchgang: 20–40 Meter Tiefe / mindestens 15 Minuten Dauer / mindestens 2 Taucher und Tauchlehrer**
2.1	Als Gruppenführer Abgeben des Hauptatemreglers an einen Mittaucher in 20 Meter Tiefe. Der Gruppenführer wechselt auf den Zweitatemregler und steigt anschließend geschwindigkeitskontrolliert mit der gesamten Tauchgruppe im freien Wasser bis auf 6 Meter auf. Danach wird eine Boje mittels Spool an die Wasseroberfläche hinaufgelassen. Fortsetzen des Aufstieges bis an die Wasseroberfläche mit einem Stopp von 3 Minuten auf 3 Meter Tiefe.
2.2	Als Gruppenführer 20 Minuten Zeitschnorcheln mit vollständiger DTG-Ausrüstung in beliebiger Lage.

3.0	**Tauchgang: 20–40 Meter Tiefe / mindestens 15 Minuten Dauer / mindestens 2 Taucher und Tauchlehrer**
3.1	Als Gruppenführer vor dem Tauchgang korrektes Ausrüsten und Funktionstests bei der gesamten Gruppe.
3.2	Als Gruppenführer Setzen einer Taucherboje zu Beginn des Tauchganges in 20 Meter Tiefe und Einholen der Taucherboje zum Ende des Tauchganges.
3.3	Simulation einer Vereisung oder eines Defekts am Hauptatemregler. Der Anwärter schließt im Flachbereich selbst das Ventil seines Hauptatemreglers und steigt auf den Zweitatemregler um. Nach Beendigung der Übung wechselt er auf den Hauptatemregler zurück. Im Warmwasser bei nur einem Ventil mit einer ersten Stufe werden das Erreichen des Handrades und der Atemreglerwechsel geübt.
3.4	Als Gruppenführer Wiederfinden der Taucherboje zum Ende des Tauchganges durch richtiges Orientieren beim Tauchen, oder Auftauchen an die Wasseroberfläche, Anpeilen und Antauchen im Flachwasser, wenn die Boje nicht wiedergefunden wurde.

4.0	**Tauchgang: 6–15 Meter Tiefe / mindestens 15 Minuten Dauer / mindestens 2 Taucher und Tauchlehrer**
4.1	Vorbereiten, Führen und Nachbereiten des gesamten Tauchganges als Nachttauchgang (unter sonst normalen Bedingungen).

5.0	**Tauchgang: 20–40 Meter Tiefe / mindestens 15 Minuten Dauer / mindestens 3 Taucher und Tauchlehrer**
5.1	Als Gruppenführer Transportieren eines »verunfallten« Mittauchers unter Einbeziehung der gesamten Tauchgruppe aus 15 Meter Tiefe auf 5 Meter und dann langsam an die Wasseroberfläche, an der Wasseroberfläche bis zum Ufer bzw. Boot (wenigstens 100 Meter) und anschließend an Land bzw. an Bord.
5.2	Demonstrieren und Erläutern der Einhelfer-Methode.
5.3	Demonstrieren und Erläutern der stabilen Seitenlage und der Schocklage.
5.4	Erstellen eines Notfallplanes für den Tauchplatz vor dem Tauchgang und Einweisung der Mittaucher.

Nach Abschluss der Theorie und der Praxis erhältst du dann das Deutsche Tauchsportabzeichen*** mit diesem Aufkleber für deinen Taucherpass:

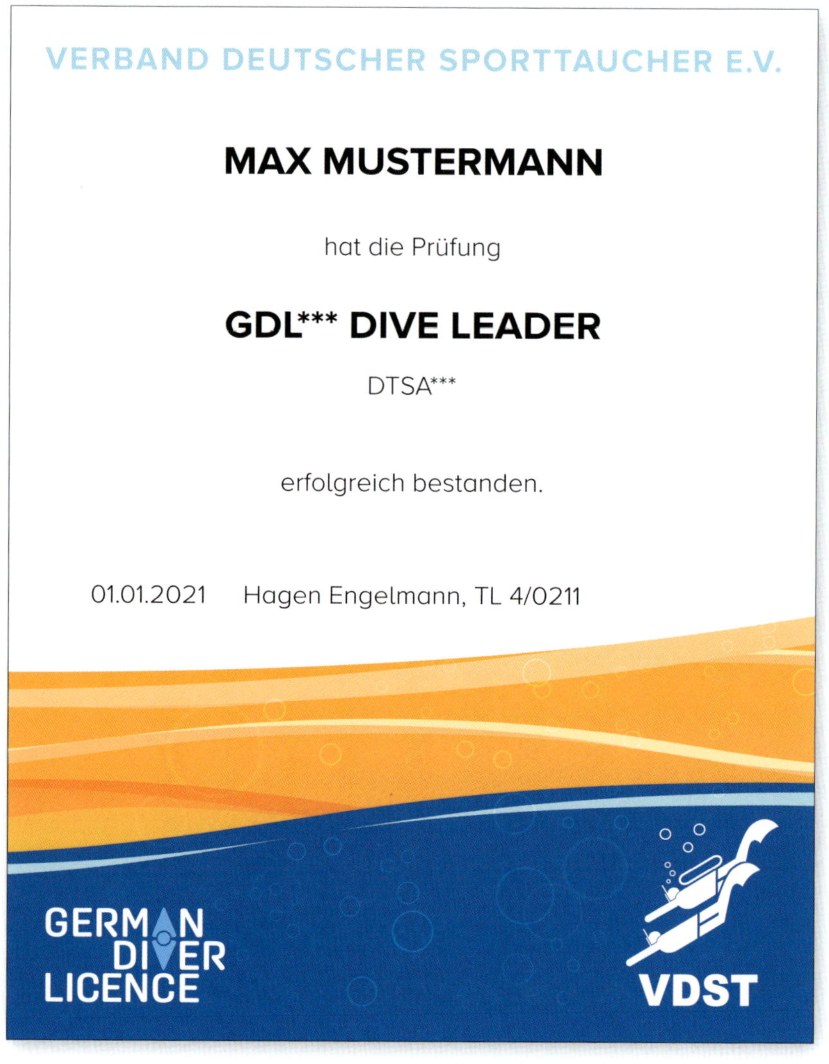

Dieses entspricht dem Brevet CMAS*** des Weltverbandes CMAS. Du kannst über den VDST die CMAS-Karte für dieses Brevet bestellen und diese an allen Tauchbasen im In- und Ausland als Nachweis deiner Qualifikation vorlegen.

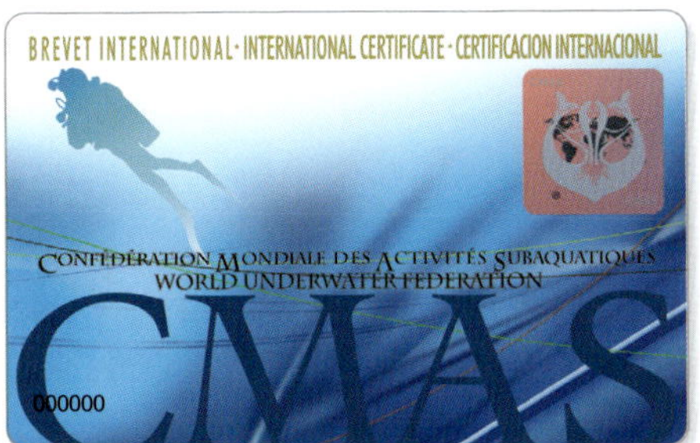

Vorderseite

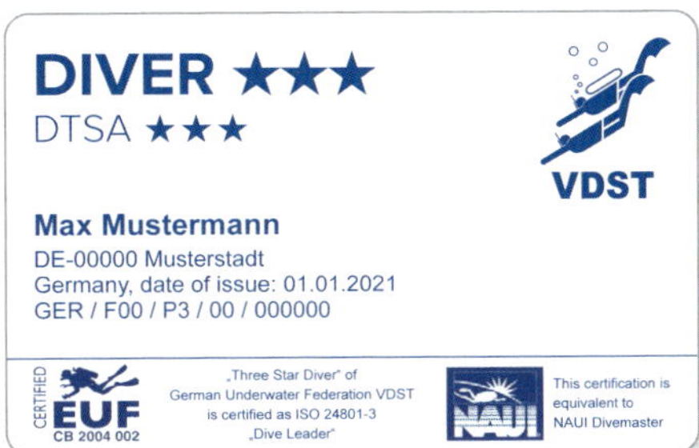

Rückseite

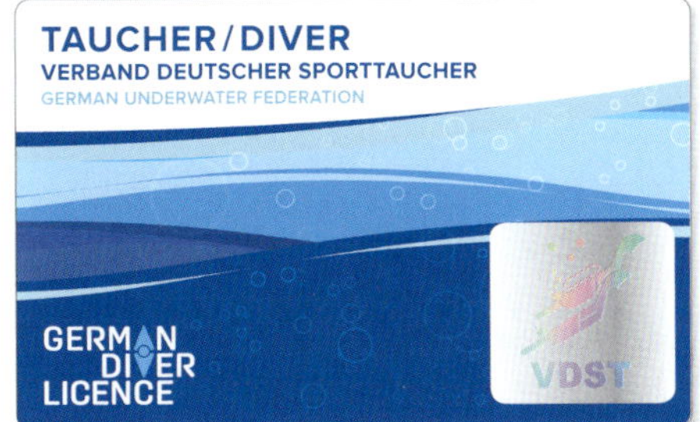

Vorderseite

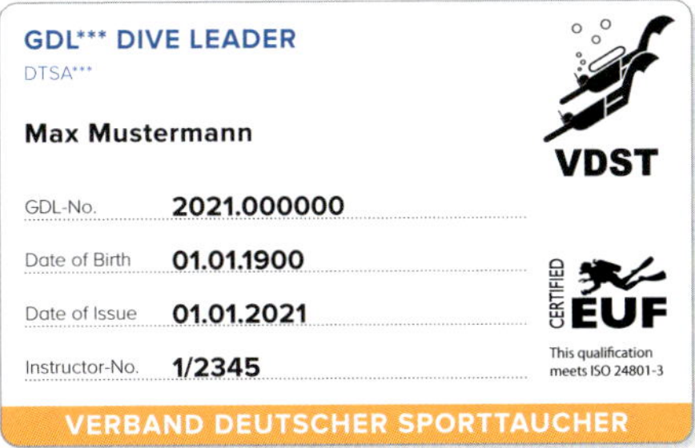

Rückseite

ANHANG

Reiseapotheke

Wer Informationen für die vernünftige Zusammenstellung einer Reiseapotheke sucht, findet viele Merkblätter. Ein aussagekräftiges Merkblatt hat unter anderem die Bundesvereinigung Deutscher Apothekenverbände (ABDA) herausgebracht (www.abda.de/fileadmin/assets/Oeffentlichkeitsarbeit/Reiseapotheke/Checkliste_Reiseapotheke.pdf). Darüber hinaus ist besonders wichtig, an die Medikamente zu denken, die dauerhaft einzunehmen sind, oder die Arzneimittel gegen Beschwerden mitzunehmen, die sich gerne im Urlaub einstellen bzw. eingestellt haben.
Für uns Taucher sind darüber hinaus weitere Aspekte wichtig. Uns treibt es gern an Orte, wo die Verfügbarkeit wirksamer Arzneimittel eingeschränkt sein kann. Auf einem Safarischiff mitten im Roten Meer ist die Bordapotheke einfach nicht umfangreich, aber auch an Land sind in den dortigen Apotheken längst nicht alle Wirkstoffe bekannt und verfügbar. Zu beachten ist dabei, dass die Haltbarkeit temperaturabhängig ist. Die Wirksamkeit kann durch Hitzeeinwirkung schwer leiden. Allein die Nachttemperatur übersteigt in der Regel die maximal erlaubte Lagertemperatur, insbesondere, wenn aus Kostengründen die Klimaanlage ausgeschaltet ist. Aufgrund der rapiden Zunahme von Arzneimittelfälschungen – selbst dem geschulten Auge ist es mitunter kaum noch möglich, die Fälschung zu entlarven – sollte zudem darauf geachtet werden, wo man Arzneimittel kauft. Daher sollten wir grundsätzlich auf eine gute und ausreichende Reiseapotheke Wert legen!
Allerdings gibt es weiterhin ganz spezifische Erkrankungen, die uns Taucher belasten können und gegen die wir uns aber recht gut wappnen können. Im Folgenden eine kleine Auswahl, mit dem Hinweis, sich bei Arzt und Apotheker bzgl. der Einnahmehinweise und der Dosierung hinreichend gut beraten zu lassen. Klar, dass bei länger andauernden Beschwerden ein Arzt hinzugezogen werden sollte.

Magen-Darm

Nicht zuletzt durch ungewohnte Speisen kommt es gern zu Magenverstimmungen. Ein pflanzliches Heilmittel, welches verschiedene, für den Magen speziell geeignete Arzneipflanzen enthält, hat ein breites Wirkspektrum und kennt sicher jeder Apotheker. Bei gelegentlichem Sodbrennen hilft z. B. ein Produkt mit den Wirk-

stoffen Hydrotalcit oder Magaldrat. Bei stärkeren Beschwerden gilt ein Präparat mit den Wirkstoff Pantoprazol in der Stärke 20 mg als Mittel der Wahl.
Durchfall kommt sehr häufig, gerne in südlichen Ländern, vor. Der Wirkstoff Loperamid wird am besten als Tablette eingenommen, die bereits im Mund zergeht, sodass die Aufnahme in den Körper auch wirklich gewährleistet ist. Er stoppt sehr schnell den Durchfall und ist gut geeignet, wenn eine Toilette nicht eben aufgesucht werden kann. Der Wirkstoff bekämpft aber nicht die Ursache und darf nicht bei gleichzeitigem Fieber eingenommen werden. Die Wirkstoffe Tanninalbuminat und Ethacridinlactat in Kombination bekämpfen sowohl Ursache wie Symptome. Wichtig dabei ist, die richtige Dosierung zu beachten!

Auge

Bindehautentzündungen entstehen gerne durch Wind oder Zug (Klimaanlage). Bei leichten Formen ist z. B. an Tetryzolin enthaltende Arzneimittel zu denken. Gute Wirkung zeigen auch homöopathische Augentropfen, gewonnen aus der Heilpflanze Augentrost. Beruhigend wirkt der Wirkstoff Dexpanthenol, den es auch in Form einer Augen- und Nasensalbe gibt.

Nase, Nasennebenhöhlen, Schnupfen

Bei akuten Erkältungskrankheiten sollte man nie tauchen. Sprays, welche die Nase schnell befreien und gleichzeitig pflegen, enthalten Xylometazolin und Dexpanthenol. Auch hier gibt es pflanzliche Produkte, die z. B. Enzian, Ampfer, Holunder, Schlüsselblume und Eisenkraut enthalten. Sie helfen, die Nebenhöhlen zu befreien, den Schleim schneller abfließen zu lassen, und sie verkürzen die Erkältungsdauer.

Ohr, Gehörgang

Durch Tauchen, vor allem im Meerwasser und in Verbindung mit Wind, kommt es gern zu Reizungen des Gehörganges bis hin zu Mittelohrentzündungen. Als wichtige Vorbeugungsmaßnahme ist die Spülung mit Süßwasser unmittelbar nach dem Tauchen zu nennen. Auch eine Mischung aus Eisessig (5,0 ml), dest. Wasser (10,0 ml), Isopropanol 95 % (85 ml) wird als Prophylaxe empfohlen. Dabei ist jedoch wichtig, dass direkt im Anschluss der Gehörgang mit einem hochwertigen Öl gepflegt wird. Hier bietet sich insbesondere Mandelöl an. Auf Cremes oder Salben sollte dabei eher verzichtet werden, da diese den Gehörgang verstopfen können. Keinesfalls dürfen Ohrenstäbchen verwendet werden.
Bei schwereren Problemen werden antibiotikahaltige Ohrentropfen bei einer bakteriellen Ohrentzündung eingesetzt. Diese sind jedoch rezeptpflichtig und vom Arzt zu verschreiben.

Reisekrankheit

Typischerweise kommt es nicht selten bei Reisen vor allem mit dem Schiff zur sogenannten Seekrankheit. Hier ist bei den typischen Mitteln Vorsicht geboten, da sie in der Regel müde machen, die Wahrnehmung verändern und die Reaktionsgeschwindigkeit herabsetzen können. Zu diesen Mitteln gehören in der Regel die sogenannten Reisetabletten. Ein Wirkstoff, der für uns geeignet ist, heißt Cinnarizin. Leider ist der Wirkstoff als Monopräparat in Deutschland seit geraumer Zeit nicht mehr verfügbar, kann aber von Apotheken beschafft werden. In einigen Ländern, z. B. Spanien, ist er gut zu bekommen. Was sich bewährt hat, ist eine höhere Dosis Ingwer, d. h. rund 3 g pro Tag. Andere Therapieformen gibt es darüber hinaus, so die Akupressur. Bei Empfindlichkeit empfiehlt sich eine Rücksprache mit Arzt oder Apotheker.

Antibiotika

Grundsätzlich empfiehlt es sich für Reisen in Gegenden mit beschränkter Arzneimittelverfügungsmöglichkeit ein Antibiotikum bereit zu halten. Hier gilt es jedoch zunächst Rücksprache beim Hausarzt zu halten und sich genau zu informieren. Eine leichtfertige Einnahme sollte vermieden werden.

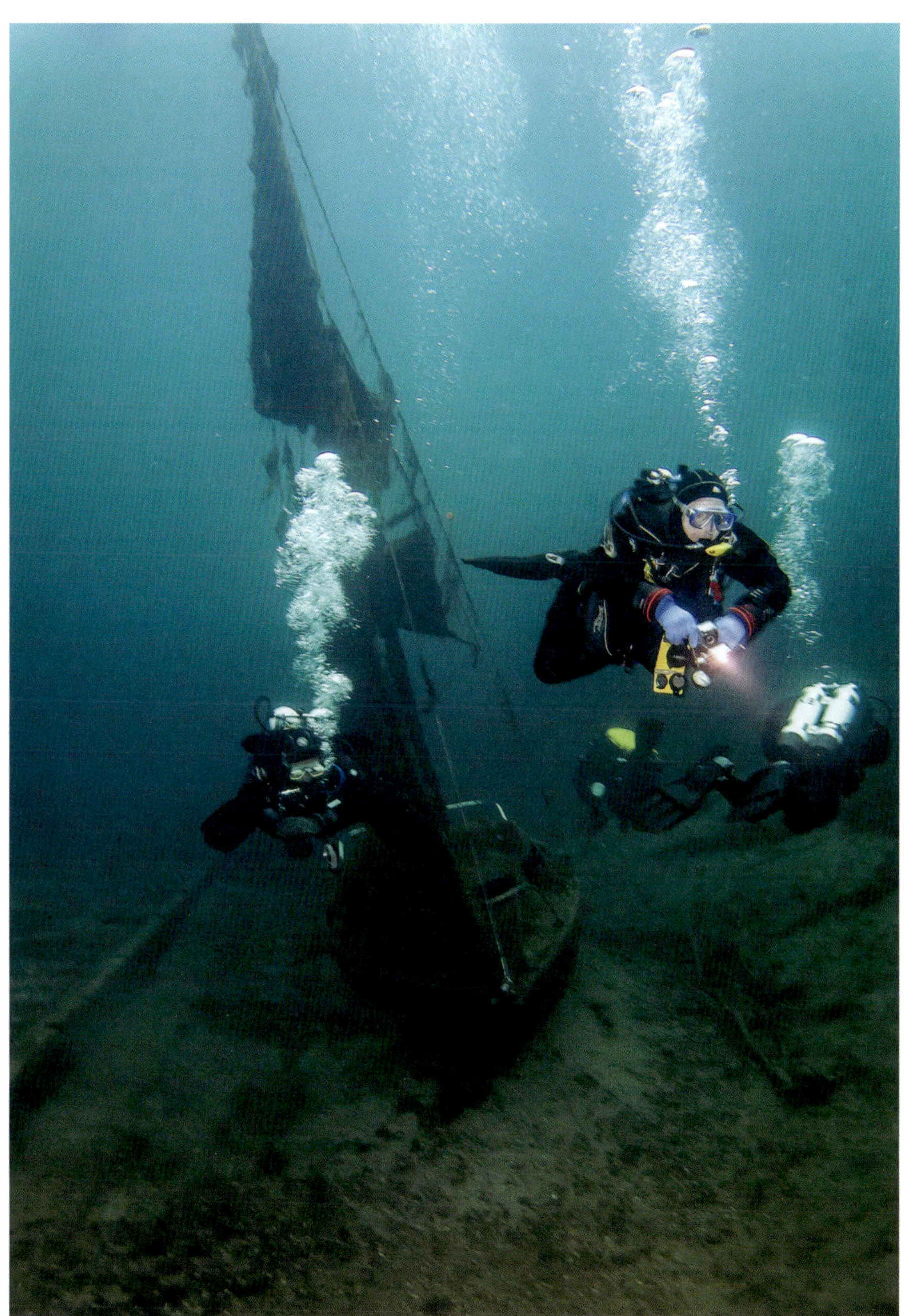

VDST-Tauchunfallprotokoll

VDST-Tauchunfall-Protokoll
für Ersthelfer

VERLETZTER

Name, Vorname

Geburtsdatum

Anschrift

VDST-Mitglied (Nr)

Angehörige/Tel.

UNFALL

Datum / Uhrzeit

Ort

MITTAUCHER

Name, Vorname

Name, Vorname

UNFALLHERGANG

Was ist passiert

Taucher an der Wasseroberfläche

- ansprechbar?
- bewusstlos?
- Luftnot?
- Schmerzen?
- Schwindel?
- Lähmungen?
- NeuroCheck?

Erkrankungen/Medikamente:

TAUCHGANG

Tiefe (Meter): Dauer (Minuten): Wassertemp. (°C):

Atemgas Sicht:

Techn. Problem?

ERSTE HILFE

HLW	AED	Sauerstoff
Lagerung	Wundversorgung	Notruf an
Übergabe an	Rettungsdienst	Notarzt
Uhrzeit		
Krankenhaus	Ort	nicht bekannt
Angehörige informiert?	JA	nicht bekannt

ERSTHELFER

Name, Vorname

Name, Vorname

Arzt am Unfallort?

AUSRÜSTUNG

Tauchcomputer	JA, ausgehändigt an:
Jacket, Tauchflasche	JA, ausgehändigt an:
Tauchanzug	beschädgit/ausgeschnitten
Polizei vorort?	

PROTOKOLL ERSTELLT VON

Name, Vorname

Mobil-Nr. für Rückfragen

VDST-Hotline Anruf?

BITTE LESEN...

- Bitte gut lesbar ausfüllen. Wenn keine Informationen bestehen, bitte im Feld „?" ankreuzen.
- Wenn möglich, das Protokoll dem Rettungsdienst übergeben und einen Durchschlag behalten.
- Das Protokoll kann mit dem Smartphone fotografiert und per E-Mail oder WhatsApp an die VDST-Hotline, den Rettungsdienst oder das Krankenhaus weitergegeben werden.

ACHTUNG

Die Daten unterliegen dem **Datenschutz** und dürfen nur im Notfall an Befugte weitergegeben werden! Die vorsätzliche unberechtigte Weitergabe kann strafrechtlich verfolgt werden.

VDST-NeuroCheck

NeuroCheck für Taucher

Name des Verunfallten: ____________________

Datum: __________ **Name des Untersuchers:** ____________________

Prüfung/Item	Check 1 Uhrzeit: ___:___	Check 2 Uhrzeit: ___:___
1. Bewusstsein *Sprich die Person laut an, rüttele sie ggf. fest an den Schultern.* → Ist die Person wach und ansprechbar?	☐ Ja ☐ Nein	☐ Ja ☐ Nein
Falls nein, weitere Angabe: ☐ Die Person ist schläfrig ☐ Die Person ist nicht erweckbar. (Achtung: Prüfe, ob eine Herz-Lungen-Wiederbelebung erforderlich ist!)		
2. Orientierung → Kann die Person den aktuellen Monat und den Ort korrekt nennen?	☐ Ja ☐ Nein	☐ Ja ☐ Nein
3. Kooperation → Kann die Person zwei Aufgaben korrekt befolgen? *(Aufforderungen: Augen schließen, eine Hand zur Faust ballen)*	☐ Ja ☐ Nein	☐ Ja ☐ Nein
4. Sprache → Kann die Person zwei einfache Gegenstände (z.B. Stift, Uhr, Brille o.a.) korrekt benennen?	☐ Ja ☐ Nein	☐ Ja ☐ Nein
Erscheint die Sprache der Person normal und ist die Aussprache deutlich? *(Fordere sie/ihn auf, einen Satz nachzusprechen. Ist ein Gespräch, bzw. die Verständigung mit der betroffenen Person ungestört möglich?)*	☐ Ja ☐ Nein	☐ Ja ☐ Nein
5. Sehen → Gibt die Person auf Nachfrage an, normal sehen zu können? ***Falls Nein***, ggf. nähere Beschreibung der Einschränkung des Sehens (z.B. Doppelbilder, Verschwommensehen): ____________________ ____________________	☐ Ja ☐ Nein	☐ Ja ☐ Nein
6. Mimik *Bitte die Person, die Zähne zu zeigen.* → Ist die Beweglichkeit des Gesichtes seitengleich? *(Nein: Das Gesicht/der Mund ist schief oder eine Seite deutlich gelähmt.)*	☐ Ja ☐ Nein	☐ Ja ☐ Nein
7. Motorik *Bitte die Person,* ***beide Arme gleichzeitig*** *für 10 Sekunden nach vorn zu halten.* → Können beide Arme gerade herausgestreckt in dieser Position gehalten werden?	☐ Ja ☐ Nein	☐ Ja ☐ Nein
Falls Nein: Welche Seite kann nicht gehalten werden oder nicht angehoben werden? ☐ Rechter Arm sinkt ab ☐ Linker Arm sinkt ab		

Verband Deutscher Sporttaucher e.V. - NeuroCheck für Taucher

Rückseite beachten, bitte wenden! 1

Bitte die Person, im Liegen ***einzeln das rechte/das linke Bein*** *5 Sekunden in die Luft zu halten (ca. 45°).* → Können beide Beine einzeln in dieser Position gehalten werden? ☐ Ja ☐ Nein ☐ Ja ☐ Nein

Falls Nein: Welche Seite kann nicht gehalten werden oder nicht angehoben werden?
☐ Rechtes Bein sinkt ab ☐ Linkes Bein sinkt ab

8. Sensibilität

Frage die betroffene Person, ob er/sie irgendwo am Körper Schmerzen, Taubheitsgefühle oder Missempfindungen verspürt. → **Ist die Empfindung normal?** ☐ Ja ☐ Nein ☐ Ja ☐ Nein

Falls „Nein" (Empfindung gestört), bitte weitere Angabe zu Ort und Art der Empfindungsstörung:

____

____

9. Koordination

Bitte die Person, die Augen zu schließen und nacheinander erst mit dem rechten Zeigefinger und dann mit dem linken Zeigefinger auf ihre/seine Nase zu zielen.
→ Ist die Bewegung auf beiden Seiten zielgerichtet und trifft sie/er die Nase? ☐ Ja ☐ Nein ☐ Ja ☐ Nein

Frage die Person nach Schwindel. → Ist sie frei von Schwindel? ☐ Ja ☐ Nein ☐ Ja ☐ Nein

10. Gang/Stand

Sichere die betroffene Person hierbei davor, zu stürzen! Prüfe diesen Punkt nur, wenn das Befinden der/des Betroffenen ein Aufstehen erlaubt!
→ Ist die Person in der Lage, mit offenen und mit geschlossenen Augen frei und sicher zu stehen? (Ohne dass er/sie schwankt oder droht zu stürzen?) ☐ Ja ☐ Nein ☐ Ja ☐ Nein

→ Kann die/der Betroffene normal gehen? ☐ Ja ☐ Nein ☐ Ja ☐ Nein

Sonstiges, Bemerkungen:

____

____

____

____

____

____

VDST
Medizinische
NOTFALL-HOTL
+49 69 800 88

Hinweise zur Durchführung des NeuroCheck

- Der Test ist auffällig, wenn bei einem oder mehreren Punkten „Nein" angekreuzt wurde.
- Der NeuroCheck soll bei Verdacht auf Tauchunfall keine Verzögerung der Behandlung und der Einleitung der Rettungskette verursachen! (Notruf, HLW, Sauerstoffgabe sind vorrangig). Führe den ersten NeuroCheck am besten mit Beginn oder unmittelbar nach Beginn der Sauerstoffgabe durch.
- Ein unauffälliges Testergebnis schließt einen Tauchunfall nicht aus. Handele bei Verdacht auf einen Tauchunfall immer entsprechend, auch wenn der Test unauffällig ausfällt!
- Zweck des Tests ist es, neurologische Symptome ggf. zu erkennen und zu dokumentieren – sowie deren Verlauf festzuhalten. Wiederhole weitere Checks kurzfristig (z.B. nach 30, 60, 90 min) und dokumentiere sie (Besserung unter Sauerstoffgabe?).
- Die Dokumentation des NeuroCheck verbleibt beim Verunfallten (z.B. dem Rettungsdienst mit Unfallprotokoll mitgeben).
- Die Tests 1-9 werden im Liegen untersucht. Test 10: Lasse die verunfallte Person nur aufstehen, wenn sie/er nur geringfügig betroffen ist und er geh- und stehfähig ist.
- Weitere Informationen zum Vorgehen bei Verdacht auf einen Tauchunfall: VDST Notruf Hotline, Leitlinie Tauchunfall.

Verband Deutscher Sporttaucher e.V. - NeuroCheck für Taucher 2

Literaturverzeichnis

Bredebusch, P.: Gruppenführung – Spezialkurs zur Tauchausbildung, 2. Auflage, Delius Klasing Verlag / Edition Naglschmid, Stuttgart 2010

Kromp, T, H.J. Roggenbach, P. Bredebusch: Praxis des Tauchens, 18. Auflage, Delius Klasing Verlag / Edition Naglschmid, Stuttgart 2024

Verband Deutscher Sporttaucher e.V., Deutsches Tauchsportabzeichen Basic – Deutsches Tauchsportabzeichen* (CMAS*), 5. Auflage, Delius Klasing Verlag / Edition Naglschmid, Stuttgart 2025

Verband Deutscher Sporttaucher e.V., Aufbaukurs Orientierung beim Tauchen / Aufbaukurs Gruppenführung, 1. Auflage, Delius Klasing Verlag / Edition Naglschmid, Stuttgart 2020

Verband Deutscher Sporttaucher e.V., Aufbaukurse Tauchsicherheit und Rettung / Medizin-Praxis / Herz-Lungen-Wiederbelebung, 1. Auflage, Delius Klasing Verlag / Edition Naglschmid, Stuttgart 2021

Verband Deutscher Sporttaucher e.V., Aufbaukurs Nachttauchen / Spezialkurs Trockentauchen / Spezialkurs Strömungstauchen, 1. Auflage, Verlag Stephanie Naglschmid, Stuttgart 2024

Verband Deutscher Sporttaucher e.V., Ausführungsempfehlungen zu den VDST-Aufbau- und Spezialkursen im Fachbereich Ausbildung, 5. Auflage, https://www.vdst.de/download/ausfuehrungsempfehlungen-aufbau-und-spezialkurse/?tmstv=1746110033 Offenbach 2022

Verband Deutscher Sporttaucher e.V., VDST-DTSA-Ordnung, http://www.vdst.de/mediathek/downloads/ausbildung.html, Offenbach 2025

Register

W

Z

Bibliografische Information der Deutschen Nationalbibliothek
Die Deutsche Nationalbibliothek verzeichnet diese Publikation in der Deutschen Nationalbibliografie; detaillierte bibliografische Daten sind im Internet über http://dnb.dnb.de abrufbar.

3. Auflage
ISBN 978-3-667-12494-4

Herausgegeben in der EDITION NAGLSCHMID

Autoren: Peter Bredebusch und Theo Konken für den Verband Deutscher Sporttaucher e. V. unter Mitwirkung von Dr. Konrad Meyne, Frank Ostheimer, Dr. Gerd Maack, Dr. Till Fuxius, Dr. Thomas Muth und Prof. Dr. Franz Brümmer.
Lektorat: Dr. Friedrich Naglschmid
Abbildungsnachweis: Bracklo, Jost 97; Bredebusch, Peter 14–16, 22, 26, 31, 37, 38, 39, 51, 53, 56, 61, 62, 74, 75, 82, 83, 85, 86, 92, 99, 100, 134, 135, 143, 161, 166, 232, 233, 234, 246, 248, 250, 285, 292, 295, 301; Brümmer, Franz 197; Cressi 283; Funke, Bernd 106; Jung, Oliver 105, 113, 123, 164, 171, 209, 361; Konken, Theo 34, 122, 126–129, 151, 155, 167, 170, 175–188, 231, 234–235, 306, 315, 336, 344–349; Naglschmid, Stephanie 106, 191; Oest, Andreas 326; Oldorf, Silke 192, 213; Ostheimer, Frank 96, 100, 289, 290, 330; Ringelmann, Tanja 114, 173, 230; Rinneberg, Georg HBO 256; Rotzinger, Frank 169; Schmitz, Karl-Heinz 120; Schulz, Erhard 196; Scubapro 282; SJM 252; alle anderen Abb. von VDST und VDST-Foliensatz (teilweise von Werner Scheyer); Titel: Tanja Ringelmann
Wir bedanken uns recht herzlich bei den Bildautoren und den Firmen für die Bereitstellung der Bilder und ihre Mitarbeit.
Umschlaggestaltung und Layout: Gabriele Engel
Gesamtherstellung: Print Consult, München
Printed in Hungary 2025

Delius Klasing Verlag GmbH, Siekerwall 21, D - 33602 Bielefeld
Tel.: 0521/559-0, Fax: 0521/559-115
E-Mail: info@delius-klasing.de
www.delius-klasing.de

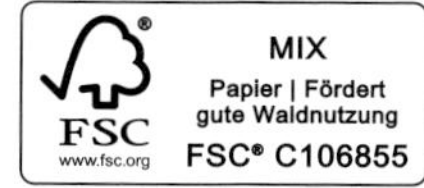